嶺南學報

Lingnan Journal of Chinese Studies

嶺南大學中文系　　　　　　主編　蔡宗齊　復刊　第六輯

明清文學研究

本輯主編　　汪春泓　司徒秀英

（本輯全部論文均經過匿名評審）

上海古籍出版社

圖書在版編目（CIP）數據

嶺南學報. 復刊第六輯：明清文學研究／蔡宗齊主
編.—上海：上海古籍出版社，2016.7
ISBN 978-7-5325-8040-8

Ⅰ.①嶺… Ⅱ.①蔡… Ⅲ.①社會科學—期刊—彙編
—中國 Ⅳ.①C55

中國版本圖書館 CIP 數據核字（2016）第 059064 號

嶺南學報（復刊第六輯）
明清文學研究
蔡宗齊 主編
上海世紀出版股份有限公司 出版
上 海 古 籍 出 版 社
（上海瑞金二路 272 號 郵政編碼 200020）
（1）網址：www. guji. com. cn
（2）E-mail：guji1@ guji. com. cn
（3）易文網網址：www. ewen. co
上海世紀出版股份有限公司發行中心發行經銷
啓東人民印刷有限公司印刷
開本 710×1000 1/16 印張 18.25 插頁 2 字數 290,000
2016 年 7 月第 1 版 2016 年 7 月第 1 次印刷
ISBN 978-7-5325-8040-8
Ⅰ·3038 定價：78.00 元
如有質量問題,請與承印公司聯繫

前　言

汪春泓

　　2015 年春，嶺南大學召開以"明清文學與文論"爲主題的國際研討會，與會者均屬學界資深專家，他們所發表的論文代表著古典文學研究的前沿態勢，具有較高的學術價值。《嶺南學報》編委會經討論，決定以專輯形式，刊登此次會議成果，以與海內外同道切磋分享。

　　本輯《嶺南學報》之編輯，大致根據會議之主旨，即"小説、戲曲及文化"以及"明清詩學、詞學及文化"，這樣兩個板塊來安排，既凸顯縱向的歷史脈絡，也呈現橫向的域內與域外的聯繫。

　　曾永義教授文章專論"戲曲資料"在研究中的使用情形，既有合理的分類，也指出使用不慎會出現的失誤，尤其論述了考古文物資料與田野調查、訪問等資料的價值，對於進入此一研究方向的學者頗具借鑒意義。

　　蔣寅教授精研清代詩學，他的論文關注到從清乾隆中葉以至晚清，在山東高密所出現的以李氏三兄弟所開創的高密詩派，透過大量文獻，以動態的視角，從理論到創作兩端，來探究這一詩派的發展走向，以及此一詩派在當時詩壇洪流中所發揮的影響，宏觀與微觀相結合，詩學理論與詩學創作實際相結合，爲如何研究清詩提供了範例。

　　郭英德教授撰文考察明清之際士人複雜的心態，緊扣順治十七年著名學者陳瑚來到如皋，訪問冒襄，冒襄在自家的得全堂安排夜宴，以饗來客，席間并以家樂演劇娛客。冒氏與陳氏擁有不同的性情與學風，作者根據當事者事後追憶文獻，從"象徵的儀式"、"儀式的象徵"及"儀式的遺響"三個層面，來深入地探索易代之際，經歷血雨腥風的士人如何安頓身心。文章文史互證，筆觸細膩，有知人論世之效。

　　潘建國教授依據韓國《朴通事諺解》，認爲此書所引《西遊記》可視作爲元代文本，而其注文所引《西遊記》則並非元代文本，而屬明代早期"舊本"，潘教授此文以此對元本和舊本《西遊記》的面貌，進行探索，揭示它們與百回本之間的關係。此文探賾索隱，精細確鑿，頗見考證之功力。

　　陳文新教授的文章考察明初文化格局中地方儒學與臺閣文風之間的互動，揭示出政治與文學、儒學與文風、朝廷與地方之間的微妙關係。

　　陳水雲教授文就晚清詞壇的演變，作出清晰的梳理，指出嘉慶、道光時期，常州、吳中兩派崛起，他們更崇尚比興寄託，講求聲律諧美，浙西與常州兩派由抗衡轉向交融，從此可見晚清詞學從流派意識向典範意識轉移的重大變化。

　　陳益源教授文集中爬梳 17—19 世紀越南使節在中國廣東的文學活動，以豐富的文獻資料佐證了中越兩國歷史上緊密的聯繫。文章用力之深，令人欽佩！

　　曹虹教授文以朝鮮使臣金景善《燕轅直指》爲考索對象，是實踐從域外看中國研究思路的顯著一例，而 18—19 世紀這一特殊的時代，朝鮮士大夫如何看待清朝，就十分耐人尋味了。

　　而劉燕萍教授析論《聊齋誌異·織成》與民俗之淵源關係，司徒秀英談《牡丹亭》、《南柯記》之佛教因素，等等，均術業有專攻，取得了可喜的成績。

　　明清離我們的時代相對不遠，且文獻寶藏非常豐富，有足够的空間供學者驅馳，而這一廣闊時段的文獻、文學、文化諸方面的研究方興未艾。本輯《嶺南學報》的編輯出版，寄託著希望推動明清文學研究向前發展的初衷，望與學界同道交流切磋，並得到大家的批評指正。

目　　録

Contents

名家論壇

論説"戲曲資料"之五種類型

曾永義

【摘　要】治戲曲之艱難,不下於治經史。就其學程而言,經史已逾兩千年,可資憑藉者甚富;戲曲不過百年,苑圃新開,花果未蕃。就其資料而言,經史基本上爲文獻,兼及考古文物;戲曲則文獻、文物之外,亦應顧及訪查與觀賞。觀賞用於對現存戲曲劇種表演藝術的評論,訪查用於對現存戲曲劇種及其表演者情況的認知,考古則通過文物了解古代戲曲,文獻則從記載中探索古代戲曲。可見研究戲曲,文獻、文物、調查、訪問、觀賞五種資料缺一不可。

【關鍵詞】戲曲資料　文獻　文物　調查　訪問　觀賞

引　言

臺灣學術最高機構"中央研究院",於 2010 年院士會議,有年登耄耋者二人謂"戲曲没有文化"、"戲曲没有思想"。其鄙視戲曲,即使古人亦難望其項背;若起静安先生於地下,恐亦不免大嘆"孺子不可教也"。

戲曲研究雖然是静安先生開創的新興學問,爲時不過百年。但就人文學科而言,其高難度者,較諸其他學門,實有過之而無不及。即就所須運用之資料而言,除文獻外,尚須田野考古文物、調查資料、訪問紀録與劇場觀賞之評論等;所須之基本修爲,除傍史依經、聲韻訓詁外,尚須音樂、歌舞、美術之認知,與乎民俗、民藝之體驗,而歷代之雅文學與俗文學之各種體類,尤不可陌生;否則不止不能入室,即欲登堂亦必有望嶽之嘆。而戲曲實爲中華文化之整體反映,亦爲民族思想薈萃之所,豈能謂之"没有文化"、"没有思想"而輕易抹殺!

所以"隔行如隔山",學問之間相尊重才是"君子之道";無端輕蔑,除惹人笑柄,實無一點好處可言。

本文論説"戲曲資料"之五種類型,由於調查資料和訪問資料,每每連類相及,故合併討論,因之約爲以下四章;又由於文獻與文物資料最爲重要,且涉獵較廣,所佔篇幅自然較多,讀者鑒之!

一、文　獻　資　料

然而戲曲之資料,雖應五種兼備而不可偏失,但仍以文獻爲主。因爲文獻不止包括劇本,還記載歷代名家之戲曲理論,乃至於戲曲之活動、掌故藝術等等,是討論戲曲最根本和最豐富的資源。

友人孫崇濤認爲戲曲文獻大致可分爲八大類:

1. 戲曲作品
2. 記載、評論
3. 相關的著録資料與工具書
4. 相關的其他材料
5. 與戲曲有關的其他文體的總集、專集、别集、專書、專文
6. 與戲曲有關的其他圖文實物
7. 用現代科技手段記録下來的文獻
8. 後人撰寫的論著①

孫先生對於這八大類戲曲文獻,都有進一步的説明。譬如對於"戲曲作品",他説:"包括不同年代、不同時期、不同版本、不同樣式、不同編撰形式、不同出版方式的各類戲曲劇本。這是戲曲文獻中最基本、最原始,也是最重要的文獻,也可説是第一手的戲曲文獻。"對於"後人撰寫的論著",他説:"包括傳記、回憶録、年譜、曲譜、學術專著、專文,以及近現代編撰的字典、辭書、志書等工具書。"

---

① 孫崇濤:《戲曲十論》(臺北:"國家"出版社,2005 年),《中國戲曲文獻學導論》,頁87—89。

可見戲曲文獻資料所包羅者是何等的廣闊,其緣故是因為發展完整的戲曲是綜合的文學和藝術,其構成的元素是如此的多元,而且又環環相扣成為有機體,其牽涉的文獻資料自是幾於"浩瀚無邊"。

孫氏又認為充分掌握和準確使用戲曲文獻,與做好戲曲研究工作之間的關係至為密切。他概括這些關係,大致有以下八個方面,節録其説如下:

1. "文獻對象錯位,一切研究變成徒勞",他舉《元曲選》為例,用伊維德(Wilt L. Idema)之説[1],謂不足以代表元雜劇。2. "文獻對象出入,一切推斷偏離真實",他舉元雜劇分期問題為例,謂王國維以鍾嗣成《録鬼簿》為依據,但鍾氏僅憑一己所見,並没有呈現元雜劇之總體面貌,所以王氏之分期就有問題。3. "文獻材料掛漏,一切見解勢必動搖",他舉《荊釵記》作者問題為例,謂不能僅憑"丹邱生作"之題署就判定朱權是作者,因為號為"丹邱"的還有很多人。4. "文獻材料新生,一切定見必須修正",他舉西班牙典藏《風月錦囊》之發現,使南戲劇本增加四十多目,於是錢南揚和莊一拂所謂的南戲"總目"或"全目"就必須修改。5. "文獻材料誤讀,一切推導必致失誤",他舉朱建明、彭飛為例,説他們因誤讀材料而有《論〈琵琶記〉非高明所作》[2]的錯誤看法。6. "文獻材料歧解,一切見解無法統一",他舉"戲曲"一詞為例,認為它是"戲文"的別稱,但學者多不追本溯源,而產生種種誤解。7. "文獻版本不一,一切判斷必將不同",他舉張炎【滿江紅】詞題,因版本繁簡不同,而學者對"韞玉"便有人名和劇目的爭議。8. "文獻句讀差異,一切解釋肯定不一",他舉祝允明《猥談》為例,因為標點不同,於是南戲產生的時間便有"南戲出於宣和之後、南渡之際,謂之'温州雜劇'"和"南戲出於宣和以後,南渡之際謂之'温州雜劇'"兩種解釋[3]。

凡此都可以看出,戲曲文獻的運用,首在正確無誤,而其實這也是治任何學問所必須講究的基礎工夫。

只是在這裏我對崇濤兄否定靜安先生等學者,論述元代北曲雜劇之分期及其盛衰情況,個人並不贊同。理由是:

第一,《録鬼簿》對北雜劇的記録和呈現就文獻而言是最周全而無可取代的,也就是説,其他相關文獻至多只能拿來和它比對或驗證,而鮮少能補

---

① 該文中譯本,見宋耕譯:《我們讀到的是"元"雜劇嗎? ——雜劇在明代宫廷的嬗變》,《文藝研究》2001 年第 3 期,頁 97—106。

② 朱建明、彭飛:《論〈琵琶記〉非高明所作》,《文學遺產》1981 年第 4 期,頁 26—35。

③ 摘録自孫崇濤:《戲曲十論》,頁 63—79。

其不足。可見其本身已具概括有元一代北雜劇的大致面貌之特点。

第二,田野文物雖然可以印證晉中、晉南北雜劇盛行不稍衰;但那只能説明民間演劇在晉中、晉南的持續盛況,而無法説明北雜劇在創作方面的盛衰與文學藝術的演進與遞嬗。所以靜安先生據鍾嗣成窮畢生之力所撰成的《録鬼簿》所作論斷縱使有所掛漏,終究描述了北雜劇在有元一代盛衰的總體面貌。

戲曲文獻自然是戲曲研究的根本。靜安先生於 1913 年元月完成撰著《宋元戲曲史》之前,先完成《曲録》(光緒三十四年八月,1908)、《戲曲考原》(1908)、《優語録》(宣統元年十月,1909)、《唐宋大曲考》(1909)、《曲調源流考》(1909,已散佚)、《録曲餘談》(1909)、《古劇脚色考》(民國元年八月,1912)、《戲曲散論》(1913)等八種專著作爲基礎,然後撮取其菁華,完成此戲曲史開山之作。他實質上運用乾嘉治學的傳統,亦即從版本、目録、斠讎、訓詁等最堅實的文獻工夫做起,也因此《宋元戲曲史》,縱使在今天尚不失其學術地位。

業師鄭騫因百先生戲曲論著中,也大部分採取這種"乾嘉之學"治理文獻的方法。他在《評介馮沅君著〈古劇説彙〉》中説:

也許有人要想何以若干年來研究戲劇史以及小説史的人,總是在零碎的考證上用功夫。殊不知這是無可奈何的。俗文學史的研究是一種新興的學問,還在篳路藍縷的時期,就戲劇史來説,雖有幾部系統敘述的專著,如王國維先生的《宋元戲曲史》,日本青木正兒的《中國近世戲曲史》之類,那只是粗具大綱的間架,需要補正的地方還多得很。尤其是所謂古劇方面,即南宋金元三百年間,更有許多存疑待决的問題。正需要一般學者爬羅剔抉,旁搜博採,方能弄出些頭緒來。如果這部分功夫沒有作到,則敘述半天還是不實不盡。所以現在研究戲劇史還是只能從搜集史料考證零星問題上著手,不是不想作系統的敘述,而是還沒有到時候。正如同蓋房子,即使間架算是有了,門窗户壁甚至房子的頂蓋都還不完全,若嫌鋸木頭搬磚瓦瑣碎麻煩,而馬上就想要一所完整的房子來住,不亦太性急乎?①

① 鄭師騫:《評介馮沅君著〈古劇説彙〉》,《鄭騫戲曲論集》(臺北:"國家"出版社,2012 年),頁 715。

鄭師不止肯定馮氏此書的成就，更說她具有“十足的乾嘉樸學精神”。馮書中所收的七篇文章：《古劇四考》、《說賺詞》、《金瓶梅詞話中的文學史料》、《南戲拾遺補》、《金院本補說》、《元劇中二郎斬蛟的故事》、《〈古優解〉補正》，可以說無一不是這種“乾嘉精神”的具現。而因百師對馮氏所說的那段話，何嘗不也是“夫子自道”。於是鄭師在曲學上就有《校訂元刊雜劇三十種》、《北曲套式彙録詳解》、《北曲新譜》、校點《天樂正音譜》等書①，以及《辨今本〈東牆記〉非白樸所作》、《元雜劇的紀録》、《元劇作者質疑》、《元人雜劇的逸文及異文》、《〈太和正音譜〉、〈北詞廣正〉二譜引劇校録》、《白仁甫年譜》、《白仁甫交遊生卒年考》、《〈西廂記〉作者新考》等等論文②。

鄭師所謂的“乾嘉手法”，兹以其所著《〈西廂記〉作者新考》爲例，説明如下：

元雜劇的名著《西廂記》，其作者歷來有四種説法，即王實甫作、關漢卿作、王作關續、關作王續。對此問題，老師有新的看法，乃撰爲此文。

老師首先臚列有關《西廂記》作者的各種舊説，共四項二十條，據此歸納下列四點：

第一，《西廂》爲王實甫作之説，見於最早記録者，即元代的《録鬼簿》及明初的《太和正音譜》。

第二，明代前期，有關漢卿作《西廂》之説，且似駕王作之説而上之。

第三，王作前四本關續第五本之説，在明代流行最廣且久，其主要論據是第五本與前四本筆墨不同。前四本藻麗，後一本質樸。有人認爲後一本遠遜於前四本（見徐復祚説），有人認爲各有千秋（見凌濛初説）。

第四，關漢卿作王實甫續之説最不通行，持此説者只有都穆《南海詩話》和那四首語意並不太明確的【滿庭芳】。【滿庭芳】《西廂十詠》見於《雍熙樂府》之外又見於弘治本《西廂記》，都穆卒於嘉靖四年，見《國朝獻徵録》等書，此説之起至晚當在成化間。我以爲此説只是王作關續的顛倒訛傳，最不足信。

在這二十條文字資料之外，還要看一看實際刊本的題名。現在所見到

---

① 鄭師騫：《校訂元刊雜劇三十種》（臺北：世界書局，1962 年）；《北曲套式彙録詳解》（臺北：藝文印書館，1973 年）；《北曲新譜》（臺北：藝文印書館，1973 年）；方豪、鄭師騫同校：《天樂正音譜》（臺北：郭若石刊行，1950 年）。

② 上述文章分別收於鄭師騫：《景午叢編》（臺北：中華書局，1972 年）；《龍淵述學》（臺北：大安出版社，1992 年）；後又收於《鄭騫戲曲論集》。

的明刻本《西廂記》，或者根本没有題署作者姓名，或題王實甫撰，或題王實甫撰關漢卿續，没有一本題關漢卿撰或關撰王續。這種情形容易解釋。因爲現存明刻諸本，除弘治本未題作者姓名外，其餘都是萬曆以後刊行；在此時期，關漢卿撰《西廂記》之説已成過去，此説只流行於嘉靖以前，已見上文；關作王續之説始終未能正式成立；盛行於世者只有王作及王作關續兩説，刊本題名也就不出此二者。到現代，有些人雖然承認王作關續，而畢竟王作部分多，關續部分少，爲了簡單省事，無論寫文章或談話，提起此書來就説"王實甫《西廂》"，而把關漢卿省略掉了，所以表面似乎是王作之説占優勢，其實此兩説乃是勢均力敵①。

　　老師對於《西廂記》作者的新假設是：《録鬼簿》中王實甫名下著録的《西廂記》，亦即王作原本，久已失傳；從明朝到現代的《西廂記》，其作者既非王實甫更非關漢卿，而是元末明初的一個佚名作家，其中可能有若干部分因襲王實甫原作。

　　老師對這個假設的論據是（以下從老師原文擇取要點）：

　　第一，題目正名與《録鬼簿》不同。我們取《録鬼簿》所載題目正名與各種刊本的《西廂》相較：《録鬼簿》只有兩句，也就是一本的，各本《西廂》則有二十句，也就是五本的。而且，《録鬼簿》的兩句，其文字與各本《西廂》的二十句無一相同。如果明朝以來的《西廂》是王實甫原作，何以《録鬼簿》只載一本的題目正名而不全載其五？何以文字無一句相同？這是我懷疑《西廂》非王實甫作的第一項理由。

　　第二，折數特別多而《録鬼簿》未注明。元雜劇照例是每本四折，例外之作没有比四折少的，比四折多的則有八種：《趙氏孤兒》、《東牆記》、《五侯宴》、《降桑椹》各有五折，《賽花月秋千記》六折，《西廂記》共五本二十一折，《西遊記》共六本二十四折，《嬌紅記》共兩本八折。真正元人雜劇只有《秋千記》超過四折。《秋千記》是張時起所作，原劇不存，只根據《録鬼簿》的附注知其爲六折。《録鬼簿》既因《秋千記》折數突出而加以注明，何以對於折數更多情形更突出的《西廂記》反而一字未注？換言之，《趙氏孤兒》等六劇或有後人添改，或者根本是後人作品，當然《録鬼簿》無注，因爲鍾嗣成並未見過這些添改本或後人作品。如果二十一折的《西廂記》是王實甫所作而鍾嗣成也曾見過，何以不與同爲元人作品的《秋千記》一樣注明折數？

―――――――――

① 鄭師騫：《〈西廂記〉作者新考》，《鄭騫戲曲論集》，頁 657―658。

這是我懷疑《西廂》非王實甫作的第二項理由,與上述第一項理由都是根據《録鬼簿》而生出來的提問。

第三,**多用長套**。無論用於散曲或雜劇,北曲套式的發展有一種趨勢:初期每套用曲較少,也就是説套式較短,中期以後用曲漸多套式較長,到了後期則流行長套。據我統計的結果,元雜劇初期及中期作品,每折少者不過五六曲,多者十二三曲,甚少超過十五曲的長套,後期雜劇每折用曲才多起來,但也很少到達十五六曲以上。這是元雜劇各折用曲數量多少亦即套式長短的一般情形。

《西廂》各折用曲,二十一折中,十一曲者一,十二、十三曲者各四,十四、十五、十六曲者各二,十七曲者一,十九曲者三,二十曲者二。最少者也有十一曲,最多者達二十曲,絕無十曲以下的短套,而十五曲以上者有十折。全劇二十一折共三百一十五曲,平均每折也恰爲十五曲。以上統計可以肯定説明《西廂》各折是普遍使用長套的。這是元雜劇後期的現象,而王實甫是早期作家,那時使用長套的風氣還未興起,如此多的折數,如此長的套式,恐非當時歌者及聽衆能習慣接受。王實甫是"書會才人",他不會不隨著環境風氣寫作劇本。這是我懷疑《西廂》非王實甫作的第三項理由。

第四,**不守元雜劇一人獨唱的成規**。元雜劇的規矩,照例是全劇由同一個脚色獨唱到底,其餘脚色只能説白不能唱曲。換言之,一本之中,末角唱就始終由這一個末角唱,旦角唱就始終由這一個旦角唱,所以有末本與旦本之分;一折之中更不能有兩人唱曲。元人守此規矩極爲嚴格。但我們綜觀《西廂》全劇,其對這種成規的破壞卻很厲害。有一本之中旦末各唱全折者,如第二本第五折旦唱,第六折末唱;第四本第十九折末唱,第二十折旦唱。有一折之中旦末俱唱者,如第七折張生(末)唱【快活三】,紅娘(旦)唱其餘諸曲;第十三折張生(末)唱【調笑令】,紅娘(旦)唱其餘諸曲;第十七折鶯鶯(旦)唱【喬木查】等五曲,張生(末)唱其餘諸曲。有一折之中兩個旦角俱唱者,如第十八折紅娘唱【掛金索】,鶯鶯唱【錦上花】,紅娘唱【幺篇】,張生唱其餘諸曲;第八折張生(末)唱【慶宣和】等三曲,紅娘唱【江兒水】,鶯鶯唱其餘諸曲。更有一折之中末與兩旦及其他脚色俱唱者,如第二十一折紅娘唱【喬木查】等三曲,鶯鶯唱【沉醉東風】等三曲,"群唱"【沽美酒】、【太平令】兩曲,使臣唱【錦上花】,不知何人唱【清江引】、【隨尾】兩曲,張生唱其餘諸曲。

由此可知《西廂記》是如何大量破壞了一人獨唱的成規。這種多人唱曲的情形顯然是受了南戲的影響。南戲萌芽雖在南宋之世，其正式發展流行則在元末明初，元朝前期及中葉則全是北雜劇的天下，這是治中國戲劇史者所公認的事實。王實甫的時代，最晚是元中期，因爲中後期之間的鍾嗣成作《錄鬼簿》，已把他歸入"前輩已死名公才人"之列。寫作劇本是供給優伶表演觀衆視聽的，不能脫離環境及風氣的限制。在實甫當時，南戲尚未流行，北劇正處於全盛，他不會違反習慣而憑空想出這種多人俱唱的新法來破壞大家正在嚴格遵守的成規。這是我懷疑《西廂》非王實甫作的第四項理由。

第五，體製篇幅極像《西遊記》及《嬌紅記》。我懷疑《西廂記》非王實甫作的第五項理由是：《西廂記》體製篇幅極像楊景賢的《西遊記》及劉兌《嬌紅記》，而楊、劉都是元末明初人；這三種雜劇可能是同時相先後的作品。《西廂記》之像《西遊記》及《嬌紅記》，可分四項：

（1）《西遊記》二十四折分爲六本，《西廂記》二十一折分爲五本，同爲元代未有的長篇雜劇。《嬌紅記》八折兩本，篇幅雖不及《西遊記》、《西廂記》，卻也比正規元雜劇長一倍。（2）《西遊記》六本、《嬌紅記》兩本，每本各有題目正名，《西廂記》五本也是如此。（3）《西遊記》、《嬌紅記》俱不守一人獨唱的成規。（4）三劇曲文風格相類。

上列第一、第三兩項是這三種劇本的最大特點，因其全非元雜劇科範而純爲南戲規模。南戲發展流行於元末明初，上文已言及，而《西遊記》與《嬌紅記》乃元末明初作品又爲確定事實，《西廂記》體製篇幅既異於正規元雜劇而與此二劇極相類似，自可推定其爲同時期作品，王實甫則是遠在這個時期以前的作家，他之不能寫出長至五本二十一折而且嚴重破壞獨唱成規的《西廂記》，正如同清咸同年間人寫不出民國以來各種形式的小說一般。

第六，曲文屬元劇末期風格。末期元雜劇，其曲文風格與早期有所不同。簡單地説，末期作品比較藻麗、精緻、流暢、工穩，而缺乏早期所特有的質樸面目與雄渾蒼莽的氣勢。這是一切文體由發展而趨成熟的共同現象。我們讀過《西廂記》之後，會感覺到這個劇本的曲文風格有如下幾點：

（1）辭藻雅麗，對仗工巧，而缺少樸拙之致。

（2）流暢穩妥，無生硬不順之處。

（3）細膩風光，沙明水淨。

（4）全屬細筆，缺少粗線條的描寫。

這幾項是《西廂記》曲文的特點，卻正是元末以至明初雜劇所以異於早期作品之處。尤其是《惠明下書》折那一套【正宮·端正好】，極力想表現"莽和尚"的雄勁之氣，也就是所謂"粗線條"，卻顯得非常吃力而不自然，這正是時代不同勉强摹擬的現象。試取《西廂記》與早期的關漢卿、白仁甫、馬致遠之作及末期的喬夢符、鄭德輝、賈仲名之作個別比較，便可看出《西廂記》之成熟細緻的風格同於後者。而王實甫的時代即使比關、白、馬稍晚，也遠在喬、鄭、賈之前。《西廂》曲文風格既與喬、鄭、賈諸人作品類似，當然有理由懷疑其不出於王實甫。再進一步看，王實甫自己作的《麗春堂》，與《西廂記》也不似同一人的筆墨①。

老師根據這六項論據來支持他的假設，他最後還很客氣地說："王實甫作《西廂記》之說，畢竟流傳已久，根深柢固，不容輕易推翻。我的假設雖然持之有故言之成理，卻因文獻不足，不能像孫楷第考證《西遊記》作者那樣確鑿分明。我撰寫這篇論文，只是把胸中所疑寫出來，供治曲學者參考，無意強人信我。"（頁673）但無論如何老師是扎扎實實地將"六項論據"作最平正通達的論述，他的結論其實也是最"平正通達"而確然可信的。

筆者從鄭師治曲學27年，也頗能領會"乾嘉精神"的要義，因之諸如《先秦至五代"戲劇"與"戲曲小戲"劇目考述》、《也談"北劇"的名稱、淵源、形成和流播》、《也談"南戲"的名稱、淵源、形成和流播》、《元雜劇體製規律的淵源與形成》、《參軍戲及其演化之探討》②等論文都模倣鄭師治學，所以也都略具創見與發明。同時我也深深體會到研究戲曲，首先要對關鍵的名詞概念做清楚確立，否則見仁見智，疑義叢生，便很難有論述的準則。也因此，我在近著《地方戲曲概論》裏，便在《緒論》第一節，開宗明義作"戲曲名詞概念之確立"，提出（1）"戲劇"、"戲曲"，（2）"小戲"、"大戲"，（3）"腔調"、"聲腔"、"唱腔"，（4）"戲曲劇種"等四組戲曲名詞，作明確之定位③。因爲自王國維《宋元戲曲史》以來，學者對於"戲劇"與"戲曲"這兩個最緊要的名詞就模糊不清，更不必說其他三組名詞的定位了。

---

① 鄭師騫：《〈西廂記〉作者新考》，《鄭騫戲曲論集》，頁661—671。
② 上述文章收於《戲曲源流新論（增訂本）》（北京：中華書局，2008年）。
③ 曾永義、施德玉：《地方戲曲概論》（臺北：三民書局，2011年），頁1—35。

　　而即就運用最頻繁的文獻資料而言，如果運用不得體，必然有損論文的成就；如果解讀不明確，甚至於錯誤，必然小則無法給人信服的論述，大則導人於乖謬而不自知。

　　文獻資料之運用不得體，上文孫崇濤論述已詳，這裏補充一點，光就因節錄不當而言，就有以致湮滅許多重要信息的可能。譬如：明顧起元《客座贅語》卷九"戲劇"條云：

　　　　南都萬曆以前，公侯與縉紳及富家，凡有讌會、小集多用散樂，或三四人，或多人，唱大套北曲，樂器用箏、簫、琵琶、三絃子、拍板。若大席，則用教坊打院本，乃北曲大四套者，中間錯以撮墊圈、舞觀音，或百丈旗，或跳隊子。後乃變而盡用南唱，歌者祇用一小拍板，或以扇子代之，間有用鼓板者。今則吳人益以洞簫及月琴，聲調屢變，益爲悽惋，聽者殆欲墮淚矣。大會則用南戲：其始止二腔，一爲弋陽，一爲海鹽。弋陽則錯用鄉語，四方士客喜閱之；海鹽多官話，兩京人用之。後則又有四平，乃稍變弋陽而令人可通者。今又有崑山，較海鹽又爲清柔而婉折，一字之長，延至數息，士大夫稟心房之精，靡然從好，見海鹽等腔，已白日欲睡，至院本北曲，不啻吹篪擊缶，甚且厭而唾之矣！①

此條資料極爲重要，每被引用，但幾爲節錄，茲以其含有許多戲曲史劇種遞嬗演出與腔調推移興衰之信息，故全條錄出，並予分析，以供參考。

　　據此可見明萬曆前後，以南京爲中心的南北曲劇與弋陽、海鹽、四平、崑山諸腔在萬曆前後消長的情形，可知：其一，萬曆以前大户人家讌會時，若小集則用散樂之四人或多人唱北曲散套，用箏、琵琶、三絃子、拍板，蓋爲絃索調，情況與《金瓶梅》所見相同。其二，若大席之讌會則演出元雜劇，每折之間錯以撮墊圈、舞觀音，或百丈旗，或跳隊子等雜耍特技，可見元雜劇四折並非一氣演完，所以正旦正末一劇團一演員足以勝任獨唱全劇。其三，萬曆以後讌會變用南唱，歌者祇用一小拍板，或以扇子代之，間有用鼓板者，亦與《金瓶梅》所記不殊。而顧起元，生於世宗嘉靖四十四年（1565），卒於思宗崇禎元年（1628），其寫作《客座贅語》知在萬曆四十六年（1618），則所云"今則吳人"當指寫作時萬曆中晚葉之崑腔而言。其四，南戲之盛

① 〔明〕顧起元：《客座贅語》（北京：中華書局，1987 年），頁 302—303。

行,先以弋陽腔與海鹽腔,故萬曆初大會先用之。弋陽腔之特色是：錯用鄉語,故最爲雅俗共賞,其後又由之而產生四平腔。海鹽腔因接近官話,故流播南北兩京。海鹽腔向“官話”靠攏,應當是它爲士大夫喜好的原因之一,後來魏良輔改良崑山腔爲水磨調也改用中州韻,也同樣向官話靠攏。而萬曆中晚葉之後,崑山腔崛起,因較海鹽腔更爲清柔婉折,特色是一字之長,延至數息,爲士大夫所喜好；海鹽腔、弋陽腔、四平腔等就逐漸被士大夫所排斥了,而北曲更無人顧問了。

像這樣內蘊豐富的一段資料,居然幾無人引據全文,豈不折煞了它給我們諸多戲曲史方面的信息。

而晚近學界對於引據西方理論以治漢學的現象,可說日趨熾烈；戲曲既爲漢學之一環,自不能“免俗”。

但是,今年(2014)5 月 27、28 日在香港中文大學舉行的“今古齊觀——中國文學的古典與現代國際學術研討會”,筆者以《論説戲曲之內外在結構》作開幕之主題講演,强調治漢學之態度方法當從漢學本身求之,不宜套用西方理論,否則不免如輸血之將 B 型血或 AB 型血輸入 A 型血,而產生差異的錯誤、危險的現象與後果。是日下午李歐梵院士所主持之“圓桌會議”,集海內外學者八人暢論西方理論之運用,最後法國學者安必諾教授説：

　　　你們東方人治學喜歡套用西方理論,你們知道這些理論的根據嗎？那是本自咱們法國的哲學家,他們的理論思想已經很難懂,被用到文學批評中來,更模糊不清；卻被美國人翻成英文,又被你們翻成中文。你們又進一步套用它來論述漢學；這種情形臺灣最爲嚴重。

安必諾教授雖然沒説出這樣一來,其“學術”必然走火入魔,但其語意卻是很明顯的。李院士因此也説,他讀學生的論文,因此便很注重其理論的根源。

而對於文獻資料的解讀,筆者有《論説戲曲文獻資料之解讀》[1],舉出金

---

[1] 曾永義：《論説戲曲文獻資料之解讀》,宣讀於黑龍江大學“古典戲曲辨疑與新説”國際學術研討會(2012 年 12 月 29 日),後收於拙著：《戲曲與偶戲》(臺北：國家出版社,2013 年),頁 25—74。

元間人杜仁傑《莊家不識勾欄》①，由於諸家對於其中"院本"、"么末"、"趨散"、"粧哈"、"爨罷將么撥"諸詞語之解讀，或誤以"爨"爲艷段，或誤以"爨"之演出爲"么末"之演出，或誤將"么末"視同腳色之"末"，或誤將"北曲雜劇"之"雜劇"與宋雜劇中正雜劇之"雜劇"混而爲一，或未弄清"爨"與"院本"前後文之對應關係。以致衆説紛紜，對於金院本面貌便有不清楚的現象。

　　再説有關崑山腔資料：魏良輔《南詞引正》、周玄暐《涇林續記》之解讀②，或有論崑山腔必出海鹽腔者，其錯誤乃一則不明"腔調"源生之道，二則不明"腔調"流播交融之方，因之結論必有所閃失；或因亦不明"腔調"所以源生以及歌者"唱腔"之精益求精，亦可以改良而使"腔調"提升之故，以致徒生諸多疑慮；或亦不明"腔調"源生之由，因之誤以爲顧堅可通過與友人合作而"創立"崑山腔；其實顧堅與友人但能改良提升崑山"土腔"，何能有所"創立"？

　　又如元人陶宗儀《輟耕録》所謂"宋有戲曲、唱諢、詞説"③，到底是指什麼劇種或技藝，學者除葉長海《曲律與曲學》謂"這裏的'戲曲'當係特指宋代的雜劇本子"外④，縱使引據，亦皆不作詮釋。而筆者以爲：《輟耕録》與《青樓集》之"戲曲"皆與"雜劇"相對而言，可以明顯看出"雜劇"是指"北雜劇"（元雜劇），"戲曲"是指"南戲曲"（宋戲曲）；則"戲曲"實爲足與"北雜劇"抗衡之大戲，亦即"戲文"之異名而已。《輟耕録》所謂"宋有戲曲、唱諢、詞説"，正説明宋代有戲文、雜劇、説唱三種表演文學和藝術。推究"説唱"所以稱作"詞説"，則猶如"詞話"，以"詞"言其唱詞，以"説"、"話"言其説白；而"唱諢"所以爲"雜劇"，因爲宋雜劇與金院本不殊，尚屬以唱念科諢

---

① 曾永義編撰：《蒙元的新詩——元人散曲》（臺北：時報文化出版公司，1998 年），頁 182—183。
② 〔明〕周玄暐：《涇林續記》正編《姑蘇志》，卷三："周壽誼，崑山人，年百歲。其子亦躋八十，同赴蘇庠鄉飲，徒步而往。既至，子坐於階石，氣喘，父笑曰：'少年何困倦乃爾！'飲畢，子欲附舟，父不可，復步歸舍。崑山距蘇七十餘里，往返便捷，其精力强健如此。後太祖聞其高壽，特召至京。拜階下，狀甚矍鑠。問：'今歲年若干？'對曰：'一百七歲。'又問：'平日有何修養而能致此？'對曰：'清心寡欲。'上善其對，笑曰：'聞崑山腔甚佳，爾亦能謳否？'曰：'不能，但善吳歌。'命歌之。歌曰：'月子彎彎照幾州，幾人歡樂幾人愁；幾人夫婦同羅帳，幾人飄散在他州。'上撫掌曰：'是個村老兒。'命賞酒飲罷歸。後至一百十七歲，端坐而逝。子亦九十八，家有世壽堂。其孫多至八十外，蓋緣稟賦厚素，其歸有由矣。"收入於嚴一萍輯：《百部叢書集成》第 1071 册（臺北：藝文印書館，據清光緒潘祖蔭輯刊功順堂叢書本影印本），頁 11—12。
③ 〔元〕陶宗儀：《南村輟耕録》（北京：中華書局，1997 年），卷二五"院本名目"條，頁 306。
④ 葉長海：《曲律與曲學》（臺北：學海出版社，1993 年），頁 172。

“務在滑稽”的“小戲群”,與同名稱但已發展爲大戲的“元雜劇”不同。至於“戲文”所以又稱作“戲曲”,不過如同“戲文”一般,強調其故事情節,則稱“文”;強調其音樂歌唱,則稱“曲”;亦即重其以“文”演“戲”則稱“戲文”,重其以“曲”演“戲”則稱“戲曲”。“戲文”與“戲曲”不止詞彙結構相同,也同時表示其所汲取以壯大爲大戲的滋養一樣是説唱文學和藝術。就“戲曲”而言,其得之説唱的音樂歌唱,也是斑斑可考。

二、考古文物資料

戲曲史上,像唐參軍戲、宋金雜劇院本皆爲宮廷優伶小戲,而亦流播民間。若以時代論,堪稱古劇。其所流傳可資蒐羅的文獻資料,幸以其具“寓諷諫於滑稽詼諧”之特質,尚被文士錄下其零星片羽之嘉言警語,以資世道;靜安先生乃輯有《優語錄》,任二北先生更有增補。但以之探討唐宋古劇,不過“窺豹一斑”,難得全貌。幸有黃竹三先生於山西師範大學創設“戲曲文物研究所”,從事戲曲文物之調查研究,主編《宋金元戲曲文物圖論》①,嘉惠學界。他在和延保全合著的《戲曲文物通論·緒論》中,首先給戲曲文物作了界義,進而舉例説明,文物對戲曲研究的重要性。他説:

> 所謂戲曲文物,是指存留在社會上或埋藏在地下的有關戲曲的歷史文化遺物,包括舞臺建築、與戲曲有關的繪畫、雕刻、碑石題記,傳抄或版印的劇本、資料,以及各種墓葬遺物等。這些實物資料,或者與史籍所載文字相印證,使我們加深對原有文獻史料的理解和認識,或者補充史載的不足,糾正某些記載的錯誤和偏頗,這都有助於我們正確認識中國戲劇發展的本來面目,瞭解戲曲藝術的歷史成因,因而是不可或缺的。戲曲文物的重要意義,首先在使我們加深對原有文獻史料的認識。一些重要的戲曲文物,能與歷史資料相印證。②

---

① 山西師範大學戲曲文物研究所編:《宋金元戲曲文物圖論》(太原:山西人民出版社,1987 年)。
② 黃竹三、延保全合著:《戲曲文物通論·緒論》(臺北:“國家”出版社,2009 年),頁 10。

於是他們舉文獻中有關宋雜劇演出的文獻爲例，和所發現的戲曲文物相印證，可以説不謀而合。

如此看來，研究古劇，豈能捨文物不顧。而今在黄先生的篳路藍縷、披荆斬棘之後，"戲曲文物學"已成爲一門新興的學問；不止從事的學者越來越多，而且已使古劇研究乃至整個戲曲研究，非仰仗戲曲文物不可。

於是戲臺、戲曲繪畫、戲曲雕塑、戲曲碑刻、出土古代劇本、傳世祭祀演出抄本都成了研究戲曲最爲堅實的資料①。

於是新疆呼圖壁大型儀式舞蹈巖刻，使我們從兩舞隊圍繞著中間交媾儀式的表演，了解到先民的生殖崇拜②。

從山東濟南無影山漢墓樂舞雜伎俑，看到了西漢民間宴飲時技藝的演出場面有舞蹈、器樂、雜技等"百戲競奏"的情況③。

從陝西三原縣焦村唐李壽墓樂舞線刻，了解到李唐樂舞繁盛的場面：

1. 舞伎：舞女六人兩兩相對起舞。
2. 坐部伎：女樂十二人，跪坐，分三排，每排四人，所執樂器依次爲豎琴、箜篌、琵琶、箏；笙、橫笛、排簫、篳篥；銅鈸、答臘鼓、腰鼓、貝；含絃樂、管樂、打擊樂。
3. 立部伎：女樂亦十二人，分三排，每排四人，所執樂器依次爲：笙、排簫、豎笛、銅鈸；橫笛、篳篥、琴、大箏；琵琶、曲項琵琶、琵琶、豎箜篌。這種畫面證實了唐初立坐二部伎及其樂器的配置。④

山東沂南北寨東漢樂舞百戲畫像石、山東安丘東漢樂舞百戲畫像石，都可以拿來印證張衡《西京賦》所描寫的漢代角觝百戲御前承應的盛況；而山東臨沂金雀山西漢墓帛畫角觝圖，圖中一男頭戴箭形茨菰葉飾，像牛角，與另一男相對，雙方擺開架勢，正準備格鬪的畫面，正是"角觝"本義的

---

① 以下所舉出文物均參見黄竹三、延保全合著：《戲曲文物通論》，讀者鑒之。
② 王炳華：《鑿在巖壁上的史頁——新疆呼圖壁縣原始宗教舞蹈畫面研究》，《中國敦煌吐魯番學術討論會論文》（1988 年 8 月）；王炳華：《呼圖壁縣康家石門子巖畫生殖崇拜巖雕刻畫》，《新疆文物》1988 年第 2 期。
③ 濟南市博物館：《試談濟南無影山出土的西漢樂舞、雜技、宴飲陶俑》，《文物》1972 年第 5 期，頁 19—24。
④ 陝西省博物館、文館會：《唐李壽墓發掘簡報》，《文物》1974 年第 9 期，頁 71—88、61、96、99。

寫照①。

　　而從四川成都天回山東漢墓説唱陶俑②、四川綿陽市河邊鄉東漢墓説唱陶俑、③四川綿陽市吳家鄉孔雀村漢墓説唱陶俑④、四川成都市羊子山東漢墓説唱陶俑⑤、四川成都市市郊東雜技説唱畫像磚⑥、四川忠縣臥馬氹山蜀漢崖墓群樂舞説唱陶俑⑦等説唱陶俑的具體形象，我們起碼可以斷言，在漢代，四川地區，民間説唱藝術已經相當發達，但由於其模樣皆作滑稽詼諧狀，也可以想見其内容多半與令人發笑有關。爲此，使我想起，1970 年代，我在臺大中文系的學術發表會上，曾説漢樂府詩中，有好些如《陌上桑》、《孤兒行》、《婦病行》等等，乃至於《孔雀東南飛》，都應當是説唱文學。當時引起兩位老師的强烈否定，甚至説，如果我能够證實，就可以獲得諾貝爾文學獎。可惜那時兩岸隔絶，我無法舉出諸如四川成都天回山那樣的説唱陶俑作證據。

　　而新疆維吾爾自治區吐魯番市阿斯塔那唐張雄夫婦墓傀儡戲俑⑧，可以拿來和《封氏見聞録》卷六"道祭"條所載大曆中的傀儡戲"祭盤"相印證⑨，又從其造型也可見與唐"參軍戲"有密切的關係。

　　而陝西西安市郊唐鮮于庭誨墓戲俑⑩，由其戲俑皆戴軟腳襆頭，穿綠色圓領長衫，繫帶，著長筒靴；及其一人袖手胸前，噘嘴瞋目；一人緊皺雙眉，撇嘴視地，作愁苦狀，雙手袖於腹前的神態，可以印證是一場"參軍戲"的演出。

　　而從故宮博物館藏南宋雜劇二幅絹畫⑪、山西省浮山縣上東村宋墓參

---

① 曾昭燏：《關於沂南畫像石墓中畫像的題材和意義——答孫作雲先生》，《考古》1959 年第 9 期。

② 見《文物》1959 年第 10 期扉頁插圖。

③ 何志國：《四川綿陽河邊東漢崖墓》，《考古》1988 年第 3 期，頁 226、289—290。

④ 鞏發明、季冰：《綿陽市出土的漢代説唱俑》，《四川文物》1989 年第 2 期，頁 72。

⑤ 見《中國音樂文物大系·四川卷》（鄭州：大象出版社，1996 年）。

⑥ 馮漢驥：《四川的畫像磚墓及畫像磚》，《文物》1961 年第 11 期，頁 35—42。

⑦ 四川省文物管理委員會：《四川忠縣塗井蜀漢崖墓》，《文物》1985 年第 7 期，頁 49—87。

⑧ 金維諾、李遇春：《張雄夫婦墓俑與初唐傀儡戲》，《文物》1976 年第 12 期，頁 44—50、99。

⑨ 〔唐〕封演《封氏聞見記》卷六"道祭"條："大曆中，太原節度辛景雲葬日，諸道節度使使人脩祭。范陽祭盤最爲高大，刻木爲尉遲鄂公與突厥鬭將之戲，機關動作，不異於生。祭訖，靈車欲過，使者請曰：'對數未盡。'又停車設項羽與漢高祖會鴻門之象，良久乃畢。"見〔唐〕封演撰，趙貞信校注：《封氏聞見記校注》（北京：中華書局，1958 年），頁 56。

⑩ 田進：《唐戲弄俑》，《文物》1959 年第 8 期，頁 43—46。

⑪ 周貽白：《南宋雜劇的舞臺人物形象》，《中國戲曲論集》（北京：中國戲劇出版社，1960 年），頁 374—383。

軍色壁畫①、河南安陽蔣村金墓戲臺模型②、山西侯馬市董明墓金代戲臺模型與戲俑模型③、浙江黃巖市靈石寺佛塔宋雜劇磚雕④、山西洪洞英山舜帝廟北宋樂舞雜劇碑趺線刻⑤、河南禹州白沙宋墓雜劇磚雕⑥、河南偃師酒流溝水庫宋墓雜劇磚雕⑦、河南溫縣前東南王村宋墓雜劇磚雕⑧、宋雜劇藝人丁都賽畫像磚⑨、河南溫縣博物館藏宋雜劇腳色磚雕（三處）⑩、河南溫縣西關宋墓雜劇磚雕⑪、山西垣曲縣後窰（一説坡底村）金墓雜劇磚雕⑫、山西稷山馬村段氏墓群宋金雜劇磚雕⑬、山西省稷山化峪金墓雜劇磚雕（二處）⑭、山西省稷山縣苗圃金墓雜劇磚雕⑮、山西侯馬晉光金墓雜劇磚雕⑯，等等，可見：

其一，雜劇原爲宋金所共有，金末始有院本。

其二，宋金雜劇的腳色有末泥、副末、副淨、引戲、裝孤，正與耐得翁《都城紀勝·瓦舍衆伎》、吳自牧《武林舊事》卷二〇《伎樂》所記相符。

其三，其腳色形象：末泥色多戴襆頭，長袍束帶，執扇置前或肩上，正面站立；副末色、副淨色多醜扮諢裹。其化妝用黑白二色，白色成團狀，塗於眼鼻之間，或圓形或三角形者爲副淨；其身穿直裰或短衫，手執磕瓜（皮棒槌）或木杖，以手指眼或作打口哨狀者爲副末。裝孤帶展角襆頭，圓領寬袖

---

① 黃竹三：《"參軍色"與"致語"考》，《文藝研究》2000 年第 2 期，頁 58—67。

② 楊健民：《河南安陽金墓戲樂俑和舞臺的考察——兼對元雜劇藝術形式之蠡測》，《地方戲藝術》1986 年第 4 期。

③ 劉念茲：《中國戲曲舞臺藝術在十三世紀初葉已經形成——金代侯馬董墓舞臺調查報告》，《戲劇研究》1959 年第 2 期。

④ 王中河：《浙江黃巖靈石寺塔發現北宋戲劇人物磚雕》，《文物》1989 年第 2 期，頁 72—73。

⑤ 金小民：《宋代樂舞雜劇碑趺線刻的新發現》，《中華戲曲》第 31 輯（2004 年 12 月），頁 32—40 + 4。

⑥ 宿白：《白沙宋墓》（北京：文物出版社，1987 年）。

⑦ 董祥：《偃師縣酒流溝水庫宋墓》，《文物》1959 年第 9 期，第 84 頁。

⑧ 張思青、武永政：《溫縣宋墓發掘簡報》，《中原文物》1983 年第 1 期，頁 19—20 + 80。廖奔：《溫縣宋墓雜劇雕磚考》，《文物》1984 年第 8 期，頁 73—79。

⑨ 劉念茲：《宋雜劇丁都賽雕磚考》，《文物》1980 年第 2 期，頁 58—62。

⑩ 張新斌、王再建：《溫縣宋代人物雕磚考略》，《考古與文物》1988 年第 3 期。

⑪ 羅火金、王再建：《河南溫縣西關宋墓》，《華夏考古》1996 年第 1 期，頁 17—23。

⑫ 楊生記、呂輯書、韓樹偉：《垣曲古墓戲劇磚雕探微》，《戲友》1987 年第 4 期。

⑬ 楊富斗：《山西稷山金墓發掘簡報》，《文物》1983 年第 1 期，45—63 + 99—102。

⑭ 同上注。

⑮ 同上注。

⑯ 謝堯亭：《侯馬兩座金代紀年墓發掘報告》，《文物季刊》1996 年第 3 期，頁 65—78。

長袍,執笏恭立。引戲早期男扮,即參軍色,手執竹竿;後期爲女性裝扮,著長襦,扭捏作態,頭上簪花。

其四,文物中有明確紀年者:山西萬榮橋上村后土聖母廟北宋舞亭碑刻爲宋真宗天禧四年(1020),山西洪洞縣英山舜帝廟北宋樂舞雜劇碑趺線刻爲宋仁宗天聖七年(1029),河南安陽善應宋墓伎樂圖爲北宋神宗熙寧十年(1077),山西沁縣城關關侯廟碑刻爲宋神宗元豐三年(1080),河南禹州白沙宋墓樂舞壁畫爲北宋哲宗元狩二年(1099),山西平順東河村聖母廟北宋舞樓碑刻爲宋哲宗元狩三年(1100),河北宣化遼墓樂舞壁畫爲遼道宗大安九年(1093)與遼天祚帝天慶元年(1111),山西萬榮廟前村后土廟内"蒲州滎河縣創立承天效法厚德光大后土皇地祇廟象圖石"爲金太宗天會十年(1137),山西高午二仙廟金代露臺及樂舞雜劇線刻爲金海陵王正隆二年(1157),山西繁峙天巖村巖山寺酒樓説唱壁畫爲金海陵王正隆三年(1158),河南安陽蔣村金墓戲臺模型爲金世宗大定二十六年(1186),河南修武史平陵墓金代石棺樂舞線刻爲金章宗承安四年(1199),河南焦作王莊金墓石棺樂舞線刻亦爲承安四年,河南登封中嶽廟《大金承安重修中嶽廟圖》碑爲金章宗承安五年(1200),山西陽城崦山白龍廟金代舞亭碑刻爲金章宗泰和二年(1202),四川廣元072醫院南宋墓樂舞雜劇石刻爲宋寧宗嘉泰四年(1204),山西侯馬董明墓金代戲臺模型爲金衛紹王大安二年(1210),南宋朱玉《燈戲圖》爲宋理宗寶祐年間(1253—1258)等,可見宋金樂舞雜劇的繁盛與兩代相終始。

至於金元北曲雜劇、宋元南曲戲文,中國戲曲大戲成立的時代,其文物如:

1. 戲臺

山西臨汾魏村三王廟元代戲臺(元世祖至元二十年1283初建)、山西芮城永樂宮龍虎殿無極門元代戲臺、山西萬榮孤山風伯雨師廟元代戲臺(元成宗大統五年1310修建)、山西永濟董村二郎廟元代戲臺(元英宗至治二年1332建)、山西翼城武池村喬澤廟元代戲臺(元泰定帝泰定二年1324建)、山西洪洞縣景村牛王廟元代戲臺遺址(戲臺建於元順帝至正二年1342,已毀)、山西沁水海神池天齋廟元代戲臺遺址(元順帝至正四年1344建,已毀)、山西臨汾東洋村東嶽廟元代戲臺(元順帝至正五年1345建,已毀)、山西萬榮西村岱嶽廟元代舞廳遺址(元順帝至正十四年1354建,已毀)、山西石樓張家河聖母廟元代戲臺(元順帝至正年七年1347建)、山西臨汾王田村東嶽廟元代戲臺、山西翼城曹公村四聖宮元代戲臺（建於元順帝至正年間）、山西澤州冶底村東嶽廟元代舞樓（或疑爲金海陵王正隆二年1157）等。

元代由於山西的地理環境，保存下來的戲臺有這許多；而無論如何正可以證實元代山西平陽地區戲曲演出是如何的繁盛。

而明清以後的新南戲、傳奇、亂彈、皮黃由於戲曲劇種更加成熟，其演出之情況自然更加繁盛，戲臺之修建也隨之更爲衆多。據《中國戲曲志》各省分志不完全統計，已公佈的明清戲臺即有五六百座之多。這也是我們研究明清戲曲可貴的文物資料。

2. 戲曲雕塑

如前文所云，戲曲雕塑，可以具象地認知其腳色人物及其妝扮服飾。

元代戲曲雕塑，其重要者爲：山西芮城永樂宮潘德沖墓石棺元雜劇線雕、山西新絳吳嶺莊衛家墓雜劇磚雕、山西稷山店頭村元雜劇磚雕、山西新絳寨里村元雜劇磚雕、江西豐城元代青花釉裏紅戲曲表演瓷雕。

明清戲曲雕刻據《中國戲曲志》各省卷初步統計，有五十組之多，除元代之山西、江西外，遍及四川、河南、安徽、浙江、廣東、江蘇、上海、雲南、山東、甘肅、天津等省市。由此亦可想見明清戲曲盛行全國。

3. 戲曲碑刻

內容爲記述某地露臺、舞亭、舞樓、戲臺建造的年代和經過，以及修建者、捐資者姓名等。

元代戲曲碑刻重要者爲：山西萬榮太趙村稷益廟舞廳石碑（元世祖至元八年1271）、河南孟縣三官廟《重修天地三官廟記》碑（元世祖至元二十四年1287）、山西陽城崦山白龍廟《重修顯聖王廟記》碑（元成宗大德元年1297）、山西萬榮孤山風伯雨師廟碑（元武宗至大二年1309）、山西芮城岱嶽廟《岱嶽廟創建香臺記》碑（元仁宗元祐五年1318）、山西洪洞霍山水神廟重修明應王殿之碑（元仁宗延祐六年1319）、山西沁水下格碑村聖王行宮創修聖王行宮之碑（元英宗至治二年1322）、山西萬榮西景村岱嶽廟修舞廳石碣（元順帝至正十四年1354）等。其中萬榮風伯雨師廟的元代石柱刻字記載元成宗大德五年1301"堯都大行散樂張德好在此作場"，較諸山西洪洞霍山水神廟明應王殿戲曲壁畫上端所書"堯都見愛　大行散樂忠都秀在此作場　泰定元年四月　日"頗相類。泰定帝元年（1328）與之相距二十七年，可見平陽（今臨汾）之堯都戲班的活動持續時間頗久。而張德好與忠都秀皆爲末色,亦可見如《青樓集》所記,元代樂户歌妓多有女扮男妝者。

明清戲曲碑刻,已知明代有四十餘,清代據《中國戲曲志》初步統計約有二百八十餘。

4. 戲曲繪畫

其中以山西洪洞霍山水神廟明應王殿元代戲曲壁畫最爲重要。此畫繪於元泰定元年(1324),在殿内南壁東側。畫面高4.11米,寬3.11米,上部橫額正書"大行散樂忠都秀在此作場",上款直書"堯都見愛",下款直書"泰定元年四月　日"。畫面繪一戲臺,後部設繡花帳額,把戲臺區分爲前臺和後臺。帳額繪圖兩幅,右爲蒼松青龍,左爲壯士揮劍,欲與青龍格闘。帳額左方一人掀帳外窺,露出頭部,面容姣好,似爲女役。前臺用方磚鋪砌,分站十人,前排五人爲演員,左一戴垂腳襆頭,著藍色圓領宫衫,繡有圖案,足登薄底烏靴,右手持宫扇置肩上,左手撩披衣角,露出内襯紅衫,爲女扮男腳。左二戴黑帽,穿黄色滾邊藍底紅花大衣,束褲腳,著黄色圓口鞋,粗眉糾髯,張口露齒,塗白眼圈,眼眉及鬚髯皆粘貼,雙手置胸前作表演狀。左三戴展腳襆頭,穿圓領寬袖紅袍,下垂及地,著烏靴,僅露靴尖,雙手執笏拱於胸前,面目清秀,兩耳有環孔,内衣左衽,當爲女性所裝扮。左四戴吏帽,穿淡青滾邊藍底紅花大袍,束帶,腰間斜插一黄色棒狀物,疑爲磕瓜,著薄底烏靴,戴懸線髯口,又手於胸前。左五亦戴吏帽,穿黄色圓領窄袖宫衣,兩肩及胸腹繡有圖案,手執長柄刀置右肩上,右手掩於袖内。後排五人,爲奏樂藝人及雜役,所持樂器有大鼓、笛、拍板等,樂奏藝人中一人有化妝,當亦參加演出。這幅壁畫是目前發現的元代最大的戲曲壁畫,展示了當時戲劇演出前爲顯示戲班陣容"亮臺"情景。其中藝人的化妝有"素面"、"花面"之分,所用假髯也有塗飾、粘貼、懸掛等類,又有滿髯、露口、三綹等不同樣式,這是史籍所没有記載的①。

對此,筆者於1975年8月出版之《"國立"編譯館館刊》第4卷第1期發表《有關元雜劇的三個問題》,其"院么"一節云:

　　《輟耕録·院本名目》中,有"院么"一類,含海棠軒等二十一目。以下討論院么的意義。杜仁傑《莊家不識勾欄》套【六煞】云:
　　　　見一個人(手撐)著椽做的門,(高聲)的叫請請。道遲來的滿了無

———————————

① 見黄竹三、延保全合著:《戲曲文物通論》,頁226—227。

處停坐。説道前截兒院本調風月，背後么末敷演劉耍和。高聲叫：趕散易得，難得的粧哈。①

《藍采和》雜劇第四折【七弟兄】云：

那時我對敵，不是我説嘴；我著他笑嘻嘻。將衣服花帽全新置，舊么麼院本我須知，論同場本事我般般會。②

又《録鬼簿》賈仲明於高文秀之弔詞云：

除漢卿一個，將前賢疏駁，比諸公么末極多。

又於石君寶弔詞云：

共吳昌齡么末相齊。

於王伯成弔詞云：

怕成涿鹿俊丰標，公（應是么之誤）末文詞善解嘲。③

由賈仲明弔詞看來，“么末”顯然係北曲雜劇的俗稱。因高文秀的雜劇作品，據《録鬼簿》著録，多達三十本，僅次於關漢卿，居元人第二位。吳昌齡、石君寶各十本，所以説“么末相齊”。《藍采和》劇所云之“么麼”當即“么末”；至於“么麼院本”連讀，當有兩解：一指雜劇與院本，譬如杜仁傑所説的“前截兒院本調風月，背後么末敷演劉耍和”是指不同的兩種劇體。一則將么麼作爲院本的修飾語，指雜劇化的院本，也就是改進的

---

① 曾永義編撰：《蒙元的新詩——元人散曲》（臺北：時報文化出版公司，1998 年），頁 182。
② 隋樹森編：《元曲選外編》（北京：中華書局，1959 年），頁 980。
③ 《中國古典戲曲論著集成》只參照天一閣賈仲明增補本做注，但是並無完整刊印。《歷代曲話彙編·唐宋元編》，將賈仲明增補的內容（【凌波仙】《弔詞》）增列於原本的正文之中，同時呈現鍾氏原文及賈氏增補的內容，引文所引，見俞爲民、孫蓉蓉主編：《歷代曲話彙編·唐宋元編》，頁 321、331、338。

院本。若取其第二義,則頗能與“院么”一語連屬。因此頗疑“院么”乃元雜劇的前身,亦即院本的改進者,也因爲它是雜劇的前身,所以稱“舊么麽院本”。院么名目中如“王子端捲簾記”、“女狀元春桃記”、“玎璫天賜暗姻緣”等已經很接近雜劇的名稱。馮沅君《古劇説彙·才人考跋》釋“院么”爲院本的後段,然院本名目中,稱爲“院本”者數百種,何以其後段才二十本? 故院么必與院本有別。倘以上之論證可信,則院么與元雜劇間,爲一物之蜕變,更得有力的確證。又金代侯馬董墓舞臺模型的架構和山西萬泉縣四望鄉后土廟元代建築的戲臺如出一轍,其舞俑的服飾也與山西洪趙縣廣勝寺明應王殿的元代戲劇壁畫大同小異。它們的時代先後或差七十餘年,或差百餘年,而地域都屬金元時代的平陽府,平陽一帶在當時是很重要的文化中心,它們可以説是在同一地域發展的戲劇,而且一脈相承。董墓中的舞俑,它們的表情動作,和元雜劇已經很接近。正中著圓領紅袍的官吏,他的神情目光正注意右側兩人,好像正在聽取他們的談話。另外四人,據劉念兹的調查報告是這樣的:

　　左起第一人,身高二十點五公分,戴黑色襆頭,黄衣黄褶裙,衣無扣,露胸,左手置於腹間,握一黄色物件,像一卷紙,足穿黑靴,面容愁苦,眉目不展,似爲平民身份,表情像負罪正在陳述自己的意見,與左起第二人的怒容,一愁一怒,構成鮮明的對比。

　　左起第二人,身高二十一點五公分,黑色帽,其帽之形狀與今天舞臺上皂隸所戴的帽子有相似之處,黑衣圓領,窄袖,腰繫黄帶,衣角斜掖於腰間,右手握成拳形置胸前,左手掖住衣襟,面孔微向左傾斜,怒目而視,似正在將左起第一人帶來見紅袍秉笏者,怒目囑咐左起第一人答話,左起第一人好像奉命指著心胸在表明心事。這個人物從裝飾和面容表情看來,是正中紅袍者的侍從武人,大概就是一個皂隸之流的腳色。

　　左起第四人,身高二十公分,著團花紅襖,窄袖,腰繫黄帶,頭梳高髻,髻上插一紅色簪子,髻後戴一頂黑色花紋圖案的帽子,髮鬢及耳,係一女子模樣,右手握一紈扇,食指小指伸作舞扇狀,左手握腰帶,右腳在後,腳尖及地,腳跟向上,左腳在前,雙足微蹲,張口露齒作舞蹈狀,體形向右,面容朝左,扭捏多姿,神情活潑。

左起第五人，身高十九公分，比其他四人都矮，穿黃色虎皮花紋鑲滾黑色厚邊的衣服，露胸，紅褲，黑靴，頭上梳一偏髻；臉呈肉色，白粉抹鼻作三角形狀，今天舞臺上丑角勾臉的“豆腐塊”與之相近。用墨粗粗地在眼睛上從上到下勾了一筆，作爲眉毛的誇張表現；面頰兩側各抹一個團不規則的墨，兩隻手腕各戴一支紅色鐲子，左手的衣袖僅及臂膀，食指及大拇指放置口中，其他三根指頭貼著面頰作口哨狀。左手握一黃色大棒，上粗下細。[①]

以上這五個陶俑所站立的舞臺部位有其一定的規律：紅袖者站中間，應該就是主角，其餘四人的神情也都和主角相呼應，他們顯然正在共同表演一段情節，爲戲劇的演出，毫無疑問。我們再拿元代的一幅雕刻和一幅壁畫的舞臺表演形象來比較看看：

在山西芮城永樂宮舊址，發現元初宋德方墓石槨前壁上有一座舞臺雕刻，上立四人：左起第一人頭裏軟巾，身著長衫，口含右拇指，正吹口哨。身材矮小，眉毛倒垂。左起第二人戴展角襆頭，穿圓領袖袍，雙手抱笏，面容清秀而端正。左起第三人帶尖帽，著長衫，敞胸露腹，腰束帶，左手指點，右手上舉，肘掛衣袋，與吹口哨人相呼應。左起第四人戴卷角襆頭，穿長袍，雙手叉拜。四人似在合演一雜劇故事。

將金代董墓舞臺模型所表現的戲劇場面來和上述元雕刻與壁畫的演出情況相比，不是極爲接近嗎？它們除了舞臺的形狀、人物服飾大同小異外，一場由四五人演出，主角的身份，以及相類腳色所站的部位又幾乎相同，這是很可注意的現象。我們甚至於可以說侯馬董墓舞臺模型所表現的戲劇場面，已經脫離了以滑稽爲主的金院本形式，而在内容和演技上作了極大的改進，它正是元雜劇的前身，所以我們拿來和表現元代舞臺情況的雕刻和壁畫相比，會如此的接近。那麼，這種由金院本過渡到元雜劇的劇體是什麼呢？我想應當就是所謂“院么”，也就是侯馬董墓舞臺模型所表演的可能是“院么”的一個場次。如此說來，元雜劇係由金院本改進而來，大概没什麼疑問了。

總上所論，宋金雜劇院本和元雜劇之間，無論從體製、樂曲、劇目、代

[①] 劉念兹：《中國戲曲舞臺藝術在十三世紀初葉已經形成——金代侯馬董墓舞臺調查報告》，《戲劇研究》1959 年第 2 期。

言、劇場、搬演等方面來觀察,都有極其密切的關係,宋金雜劇院本對於元雜劇的形式無疑是具有很大影響力的。而由侯馬董墓金代舞臺模型及其演劇陶俑的發現,更使我們相信元雜劇事質上是由金院本一變而來①。

筆者拿侯馬戲俑和元雜劇壁畫相印證,從而認爲金代"院么"爲元代"么末"之前身,也就是説元雜劇成立之時稱"么末",它是從"院本"、"院么"逐次發展而成的。這種看法經四十年而迄今未變②;也可見筆者早在四十年前就運用考古文物來印證戲曲研究。後來筆者另有《論説"五花爨弄"》③,亦得諸考古文物的强力證據。

黄竹三先生之外,楊太康、曹占梅著有《三晉戲曲文物考》也很值得我們重視④,而廖奔也是一位善用文物研究戲曲的學者,從其《中國古代劇場史》和《中國戲曲發展史》不難看出其立論之堅實⑤,正得力於此。

三、田野調查與訪問資料

就戲曲而言,田野調查是指對戲曲本身之劇種,譬如劇種構成之特色含體製規律、腔調、劇目、劇團、演員、藝術呈現等,以及劇種之生態環境、發展與現況等;而訪問則單就對戲曲演員與從業人員乃至學者之訪談而言。

今年(2014)在李歐梵、王德威、夏志清、丁邦新、李壬癸五位院士的推薦下,我成爲中研院第三十屆的院士候選人,在推薦書對我學術研究成果之認定第四項説:

> 曾教授於1981年加入中華民俗藝術基金會,歷任董事、執行長、董事長。三十三年來,率領學生作全臺灣地區民俗技藝諸如:歌仔、南北

---

① 詳見曾永義:《有關元雜劇的三個問題》,《編譯館館刊》第4卷第1期(1975年8月),頁129—158。
② 筆者另有《也談"北劇"的名稱、淵源、形成和流播》,《中國文哲研究集刊》第15期(1999年9月),頁1—42。
③ 曾永義:《論説"五花爨弄"》,《中外文學》第23卷第4期(1994年9月),頁215—243。
④ 楊太康、曹占梅:《三晉戲曲文物考》(臺北:財團法人施合鄭民俗文化基金會,2006年)。
⑤ 廖奔:《中國古代劇場史》(鄭州:中州古籍出版社,1997年);《中國戲曲發展史》(太原:山西教育出版社,2000年)。

管、高甲、車鼓、布袋、傀儡、皮影等戲曲，及大陸閩、粵、滇、黔、桂、陝、甘、晉、豫、徽、齊、湘、鄂、贛等各省戲曲之調查，有《戲曲經眼録》四十餘萬言，有《説民藝》十餘萬言，有《藝文經眼録》三十餘萬言；主持文建會"民間劇場"，推動觀衆達百萬人次之大型展演活動四年，締造政府與學校尤其青年學子重視鄉土傳統藝術之熱潮；主持"高雄市民俗技藝園"之規畫，有《臺灣民俗技藝》四十餘萬言，其理念與構想今已落實於宜蘭"傳統藝術中心"；又由此推動兩岸歌仔戲、梨園戲、莆仙戲、地方戲曲等鄉土傳統戲曲，以及崑曲之交流演出與學術探討，録製大陸六大崑劇團經典性劇目 135 齣，主持培訓班以傳承崑曲藝術，有《從腔調説到崑劇》十數萬言；並指導博碩士研究生以鄉土藝術爲論文題目，乃至於主張"以民族藝術作文化輸出"，親率劇團歷歐、美、韓、日、中美、東南亞、澳洲、南非、大陸作巡迴演出，宣揚民族藝術文化。

可見我於戲曲研究也很重視田野調查已爲學界同仁之共識，而調查之際也自然涉及訪問。及門弟子中，林鶴宜、蔡欣欣與施德玉可説在這方面承傳衣鉢，她們對於臺灣戲曲的調查研究都有可觀的成績：林鶴宜有《臺灣戲劇史》、蔡欣欣有《臺灣戲曲景觀》、施德玉有《新營竹馬陣研究計畫》、《臺南縣車鼓竹馬之研究》等①。

筆者所從事的田野調查訪問工作，以 1985 年主持"高雄民俗技藝園規劃"所作的臺灣地區民俗技藝的全面調查最爲盛大。規劃是以 1985 年的"民間劇場"展演活動和同仁積年累月的調查研究和 1985 一年間的密集補强作爲基礎，加上對於民俗技藝的深入認識所體悟的理念作爲準則，所完成的一項關係民族藝術維護與發揚的大工程。筆者在《高雄市民俗技藝園規劃報告書》的《序》中説：

　　自 1983 年至 1986 年，我們工作同仁爲行政院文化建設委員會一連製作四屆"民間劇場"，本著"廣場奏技、百藝競陳"和"動態文化櫥窗"的製作方針，將散落在鄉土的百藝，經過鑒定和選擇，匯聚在一起，

---

① 林鶴宜：《臺灣戲劇史》（臺北：空中大學，2003 年）；蔡欣欣：《臺灣戲曲景觀》（臺北："國家"出版社，2011 年）；施德玉：《新營竹馬陣研究計畫》（臺北：文建會傳統藝術中心，1998 年），《臺南縣車鼓竹馬之研究》（宜蘭：傳統藝術中心，2005 年）。

提供民眾作一年一度的“民藝大饗”，希望民眾能從中再認識即將消失或衰落的民俗技藝，並藉此省察民俗技藝在現代社會的意義和價值，因而達到維護與發揚的目的。

每一屆“民間劇場”都相當的盛大，1986 年更擴大至一百零九類一百六十九個團體二千餘人參加演出，在展演的五天五夜裏，觀眾高達百餘萬人次，將臺北市的青年公園擠得摩肩接踵。

作爲“動態文化櫥窗”的“民間劇場”除了文化的意義之外，還具備三種基本功能，那就是娛樂、觀光與教育。然而其展演時間畢竟只有五天五夜，因此所具的功能至多只是“暫時性”的。爲了彌補這樣的缺失，早在 1982 年，文建會前主任委員陳奇禄教授就有籌設“民俗技藝園”的構想，希望民俗技藝有一個永久性的展演場所，乃積極推動其事，經高雄市政府同意擇定左營春秋閣蓮池潭邊作爲園址，於 1986 年 5 月委託中華民俗藝術基金會進行規畫，由本人主持其事。

擔任“民俗技藝園”規畫的人員，大部分是“民間劇場”的製作同仁。我們本著“民間劇場”已有的良好基礎，更進一步做全面性的田野調查，將五花八門、紛披雜陳的民俗技藝作別其部屬、析其層次的工夫。論其部屬，則可分爲藝能和工藝兩大部。前者又分爲民樂、歌謠、説唱、雜技、國術、舞蹈、小戲、偶戲、大戲等九屬，每屬之下皆包含若干種類。如歌謠之屬即有閩南歌謠、客家歌謠、山地歌謠等；偶戲即有傀儡戲、皮影戲、布袋戲等；凡此皆屬表演藝術範圍。後者又分爲雕藝、編藝、塑藝、畫藝、染藝、製藝、裁藝、織藝等八屬，每屬之下亦包含若干種類，如“雕藝”，即有紙雕、皮雕、木雕、石雕、玉雕、瓢雕、冰雕、毫芒雕、果菜雕等；“畫藝”，即有木書畫、民俗彩繪、國劇臉譜、畫糖、畫佛像等；凡此皆屬手工藝的範圍。論其層次，則大約有三：

其一是極具原始性或傳統性而如非刻意維護則即將瀕臨没落甚至滅絕的。

其二是具有涵容力與開展性而從傳統中創新的。

其三是保留傳統的某些因素而在形式技巧乃至於內容精神上已屬蜕變轉型的。

以布袋戲爲例，則李天禄先生的亦宛然和許王先生的小西園，尚以北管古樂伴奏，掌中絕技操演，近年極受重視，爲第一層次；黃海岱先生的五洲園及其子弟群，在木偶的形製和音樂布景上皆有創意革新，頗爲觀衆歡迎，爲第二層次；至於黃俊雄先生等黃家班的電視布袋戲則爲第三層次；誰都知道它和傳統布袋戲大相逕庭，幾於脫胎換骨，因爲它的劇場由小彩樓走上螢光幕，以致表現方式大異其趣，雖擁有廣大觀衆，而事實上已經不能再稱作“掌中戲”，所以黃俊雄先生也主動的改稱作“電視木偶戲”。

民俗技藝之層次既明，我們乃將第一層次而於社會風俗不致產生不良影響者，規畫納入民俗技藝園中展演，並使之一脈相傳、永恒不墜，以作爲動態文化的“標本”；凡屬第二層次者，則擇優展演，以使園區顯現新鮮的活力；至於第三層次以其傳統成分不多，則暫不納入園中，但如逢年過節，園區舉辦類似嘉年華會的活動，則亦可使之展演於園中，使之與第一、第二兩種層次相映成趣，從而顯現整個民俗技藝發展的歷程。

我們規畫小組的工作同仁，憑藉著各人的專業知識和經驗，在契約期限的一年之內，竭盡所能，終於有了具體的工作成果。我們的規畫報告書凡三十五萬餘言，實質環境設計圖共六十餘張，另附藝人資料卡一千餘張、相片四百餘張、幻燈片一千三百餘張。規畫報告書分總論、活動內容規畫、實質環境規畫、經營方式規畫四章。其中活動內容規畫又分民樂歌謠說唱、雜技小戲、偶戲大戲、工藝、民俗小吃與土產五部分，每部分均先就學術立場作導論，然後再作調查、分類介紹和鑒定。而根據活動內容設計所作的實質環境規畫，我們將技藝園分爲藝能表演區、工藝製作展示區、街市區、鄉村地區、景園區、庭園區等六個情味不同的區域，其中主要區域及建築設施則包括：入口有南北及西岸龍舟碼頭三處，小吃土產區採閣樓形式，工藝區採街市形態，劇場分室內（大小各一）、半室內（大小各一）、室外、亭臺四種類型；民俗技藝資料館用以展示民俗技藝資料以供參觀和研究，民俗技藝傳習所則供藝師傳習技藝，住宿區供藝人住宿，及其他行政和公共設施。[1]

由此可以概見我們所規劃的基礎和概念，以及所調查的民俗技藝之內容及其鑒定的類別和方法。而由筆者所撰述的《總論》，其目次是：

---

[1] 曾永義主持：《高雄市民俗技藝園規劃報告書》（臺北：中華民俗藝術基金會，1987 年），頁1—2。

引言
一、民俗技藝的特質與功能
二、民俗技藝的內涵與現況
三、當前臺灣民俗技藝的調查與研究
四、當前臺灣民俗技藝的保存與發揚
五、民俗技藝園的緣起
六、民俗技藝園的規劃理念、方法與成果
結語

　　就此綱領而言,前四章可以說是對調查對象"臺灣民俗技藝"的背景所作全方位的深切認知;如果沒有這樣的認知,可以說就沒有調查的堅實基礎,不止難於設計調查訪問的方法,而且也往往會身入寶山又空手回;即使獲得某些信息,也很少能有分析和運用的能力。因之背景知識的掌握是在進行對象調查之前,首先要具備的,我們規劃的工作同仁,可以說是一時之選,其組織如下:

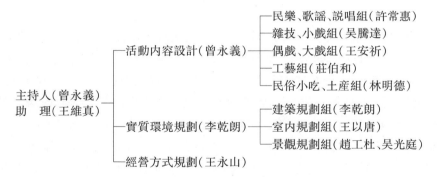

　　而友人中如葉明生《宗教與戲劇研究叢稿》、庹修明《巫儺文化與儀式戲劇》①,尤其王秋桂所主持,集大陸各省市的衆多學者之力,由《民俗曲藝》出版的"中國祭祀儀式與儀式戲劇"叢書,也莫不是經由田野調查、訪問所獲得的學術成績。蓋自從王國維《宋元戲曲史》對於戲曲起源,提出"巫覡說"之後,經過 20 世紀五六十年代各儺戲、目連戲和法事戲的被發掘,至 80 年代宗教與戲曲之關係研究,才有突破性的發展,今日儼然已成爲一門

① 葉明生:《宗教與戲劇研究叢稿》(臺北:"國家"出版社,2009 年);庹修明:《巫儺文化與儀式戲劇》(臺北:"國家"出版社,2010 年)。

顯學。

　　這期間大陸方面舉辦多次儺戲、目連戲學術會議，發表爲數可觀的論文，出版了論文集；區域性研究也有多種成果刊行，如雲南、湖南、巴渝、廣西，而以貴州爲盛。臺灣方面則王秋桂教授組織兩岸學者，出版相關調查報告和論著八十餘種，堪稱集大成。而英國牛津大學龍彼得教授、日本東京大學田仲一成教授等也都有重要著作，使得這門新學問成爲國際性研究的學科。

　　而在這裏要特別强調的是調查、訪問的態度方法，一定要謹嚴而縝密，除了對對象有充分的基礎認識和了解之外，更要弄清楚目的何在，然後設計出可行而有效的實踐步驟和具體方式，如果茫然無知的胡亂從事，不止事倍功半，甚至將獲得錯誤的信息和判斷而不自知，那麼影響所及，豈止徒勞無功而已。

四、戲曲觀賞評論資料

　　然而戲曲之真正意義，必須經由演出被觀賞，然後才算完成。古人記錄戲曲觀賞的資料雖然也有如李開先《詞謔·詞樂》記載周全教唱、顏容演劇；張岱《陶庵夢憶》記述朱楚生、彭天錫之傑出表演；尤其潘之恒《亘史》和《鸞嘯小品》中之表演觀賞評論，學者縱使也能從中見出其表演藝術論之體系；但畢竟均出諸短論雜篇；這種現象，即使清人問津漁者等之《消寒新詠》、小鐵笛道人之《日下看花記》、張際亮之《金臺殘淚記》、粟海庵居士之《燕臺鴻爪集》、楊懋建之《夢華瑣簿》與《丁年玉筍志》、羅癭公之《菊部叢談》等亦莫不如此。

　　但是自京劇成爲“國劇”之後，乃至近二十年來兩岸的戲曲演出，於演出前後，每有導引和評論的文章，也就是説，“劇評”已經成爲“司空見慣”的“時髦”。我很少爲戲曲在演出後寫評論，但演出前的介紹導引卻“車載斗量”，見諸《戲曲經眼錄》和《藝文經眼錄》的篇章①，如果自吹自擂的話，堪稱“屈指難數”，而且所涉及的包括梨園戲、莆仙戲、崑劇、京劇等傳統劇種，

---

① 曾永義：《戲曲經眼錄》（臺北：中華民俗藝術基金會，2002 年）。曾永義：《藝文經眼錄》（臺北：“國家”出版社，2012 年）。

以及秦腔、湘劇、豫劇、婺劇、客家戲、歌仔戲等地方劇種，乃至於偶戲和現代歌劇；只是由於旨在“導引”，所以重在介紹揄揚而幾於不作負面批評，所以難免“淺薄”之譏。

而在我的朋友中，傅謹和周傳家是著名的大陸戲曲評論家。

在我的徒兒中，王安祈的京戲評論，早已蜚聲兩岸，她鞭辟入裏的創發觀點，每教人擊節嘆賞；因爲她從京劇的世界中成長，對之關愛備至，感受之深，淪肌浹髓而有餘；不止研究，不止創作，不止推展，更從中建立了“新京劇”的論述。

其次沈惠如也時有劇評發表報章雜誌，她善於改編舊劇，莫不通過研究省思而後重新梳理，於是她心中自有一套編劇理論，以此來觀劇來評劇，自然能別具慧眼。

而蔡欣欣著有《臺灣戲曲景觀》周延而深入地呈現了臺灣眼前往昔的戲曲面貌。她説：“本書以‘臺灣戲曲景觀’爲題，乃是基於筆者多年來投身於臺灣戲曲的研究，從爬梳文獻典籍，蒐集史料文物，訪談口述歷史，進行田野採錄，參與劇壇生態，賞評戲曲演出，策劃廣推活動，與執行製作演出等層面，關注臺灣戲曲景觀的發展演化。”可見欣欣撰著本書的基本修爲是多麽的豐厚，而其對於臺灣本土藝術文化的綜合體“臺灣戲曲”的研究，是何等的熱愛有餘，全心全力投入而面面俱到。如果要説“愛臺灣”，她才是非徒託空言的力行者。在我徒兒之中，如果論“看戲”之多，無人能出其右；因她不止兼及兩岸，而且遍及中外，只要她不生病，她行止所至，必然“無役不與”；但她很少寫單篇的劇目演出評論，而是將觀賞所得化作整體綜觀的學術論文，本書就是最有力的呈現。

而李惠綿縱使重度殘障，也擋不住她觀劇的熱忱，她在《戲曲表演之理論鑒賞·自序》中説：

歲月倏忽，沉浸戲曲領域轉眼二十餘年，沉思這一段生涯，總是慶幸自己走進了戲曲桃花源。爲了看戲，我通常是單槍匹馬駕駛機車前往各個表演場所。早期多在中山堂、國軍文藝活動中心、臺灣藝術教育館；而後國父紀念館、市立社教館；近十年“國家”戲劇院、新舞臺更是我最常出入的場所。爲了掌握座落臺北市各個表演場所的方位，第一次都先從地圖勘查路線。以後隨著節目演出地點不同，我就像個遊牧民族，逐水草而去。

　　曾幾何時,在"教室舞臺"之外,生活中新增了一個舞臺。我不是
演員,只是一個過客,一個觀衆。凡是音樂、舞蹈、話劇、曲藝表演,我
都樂在其中;尤其傳統戲曲,更令我心神嚮往。不論爲教學研究,或爲
愉悦自己,由於增添心靈活動的舞臺,讓深居簡出的我走進藝術殿堂,
因而精神豐富、視野遼闊。在浩瀚的戲曲海洋我乘著小舟,與戲曲永
結無情遊。陶醉在春江花月夜之下,我無須飲酒忘憂,卻也可以與李
白一樣,享受"對影成三人"的熱鬧。①

　　每當我在劇院中看到惠綿坐在輪椅上位居劇院角落時,我内心總洶湧
著莫名的欣慰和感動。2007 年 10 月 8 日,突破颱風的障礙,趙國瑞老師和
我陪同惠綿取道韓國首爾赴北京參加"崑曲《牡丹亭》國際學術研討會",她
發表的論文,贏得許多肯定和掌聲。主其事的華瑋教授更投其所好地爲她
安排在北京國家大劇院裏的一個舒適的輪椅坐位,使她觀劇的場域,及於
大陸。她也每每在觀賞劇目演出之後寫成評論。這本《戲曲表演之理論鑒
賞》便是她這方面成績的具現。她是兩岸研究戲曲理論的名家,因之也往
往把理論化入鑒賞之中,成爲她"劇評"的特色。她在該書的《自序》中
又説:

　　　潘之恒《亙史》、《鸞嘯小品》、《梨園原》和《審音鑑古録》是明清時
代崑曲表演藝術論的重要著作,分別代表明代評論家和清代藝人對崑
曲表演藝術之理論與實踐;而對古典表演理論之研究以及戲曲文本/
表演之實際鑒賞,也恰好呈現個人在戲曲寫作上交錯互替的成果,嘗
試突破"紙上談兵"的研究形式,因而有了下編的篇章。討論的劇作除
《男王后》之外,其餘近十餘年都曾在舞臺搬演,包括青春版《牡丹亭》
及多齣崑曲折子戲;京劇《美女涅槃記》、《徐九經升官記》、《孔雀東南
飛》、《巴山秀才》、《王熙鳳大鬧寧國府》、《三個人兒兩盞燈》;歌仔戲
《青天難斷·陳世美與秦香蓮》。其中大多是演出後的劇評,《孔雀東
南飛》、《三個人兒兩盞燈》及兩岸崑劇匯演"風華絶代"則是爲演出前
而寫。不論從什麼立場書寫,大抵扣緊文本/表演之間的關聯而發揮,
其中兩三篇甚至不純然是"劇評"的篇幅,而是"論文"的規模。《徐九

① 李惠綿:《戲曲表演之理論鑒賞》(臺北:"國家"出版社,2006 年),頁 17。

經升官記》和《美女涅槃記》是中國當代新時期兩部新編故事劇,分別刻畫一個醜男、一個醜女,劇情著重點都以美醜爲觀照,探討基石也同樣是“以貌取人”的議題,編導的處理原則都是“以醜爲美”。一個醜男如何由貶官而升官而罷官,一個醜女又如何變成美女而臻於涅槃,筆者從主人翁的“形殘之迷”悟“神全之境”作爲共同的切入點,探討二人心理意識的蛻變歷程。“形殘”、“神全”之詞係從《莊子·養生主》轉化而來。莊子論形體之殘並非只就手足而言,亦包括面貌醜陋之人;而奇醜無比的徐九經、胡翠花,自可納入“形殘”人物。徐九經和胡翠花由“形殘之迷”悟“神全之境”,都經過“見山是山、見水是水”的認同,到“見山不是山、見水不是水”的質疑,終於進入“見山是山、見水是水”的圓融。

　　《徐九經升官記》和《美女涅槃記》是就當代新編戲的藝術特質入手,《三個人兒兩盞燈》與《男王后》則是古今劇作之觀照。《三個人兒兩盞燈》取材於唐代詩話筆記征衣藏詩的故事,借古典長門宮怨之主題,略微注入女同性戀視角,刻畫女性的情欲世界,關懷的視角爲新編戲曲開啓另一扇視窗。明代萬曆年間,王驥德《男王后》雜劇取材於記載君臣同性戀的史傳《韓子高傳》及小説《陳子高傳》,演述男同性戀、異性戀、雙性戀,在中國戲曲作品中可謂奇葩。這一古一今的劇作,《男王后》側重書寫權力結構下的情欲世界與性別錯亂,《三個人兒兩盞燈》側重描繪特殊族群的女性,在深鎖宮廷苑囿的城牆中試圖追尋情感的歸屬。兩齣戲都探觸了人類情感異於常軌常態的另一種幽微與類型,而且各有其社會結構與文化風潮作爲故事的重要背景,恰好呈現古典劇作與當代新編戲曲之觀照。筆者用“情欲流動”與“性別越界”區分兩齣戲,乃是行文之便。相對於《男王后》的情欲錯亂,《三個人兒》止於情欲流動,這是兩齣戲差別之一;而其共同性正是“性別越界”的課題。雖然都觸及性別認同之觀點,卻因敘事文類體製結構之異、敘事視角之剔,而呈現不同的美學情境,提供讀者不同的審美意趣。[1]

舉此已可以概見其餘,惠綿的劇評不止有理論基礎,而且更有她的觀

----

[1]　李惠綿:《戲曲表演之理論鑒賞》(臺北:“國家”出版社,2006年),頁13—14。

照力,因此能進一步發揮劇作底蘊的内涵和思想。

　　而即此不禁使我想起,王安祈念博士班的 80 年代,有天夜晚,我帶她和陳芳英、沈冬到臺北市中華路的國軍文藝活動中心,觀賞京劇演出,至子夜十一時許戲才演完,我以計程車一一送她們回到自家門口,然後才安心的返回長興街宿舍,已是凌晨二時許;而我也才安心的入睡。

　　又記得先師張清徽(敬)教授,常帶我參加曲會,我也常陪她到"國家"劇院看演出。猶記一次夜晚,戲散後,找不到計程車,師生淪落臺北街頭,冒著雨濛濛的場景。

　　而今數十年已過,但師生同場看戲,各抒己見的温馨和愉悅,則永駐心頭。

餘　論

　　以上是著者認爲戲曲研究應同時兼顧的五種資料: 文獻、文物、調查、訪問、觀賞。其中知性感性並用而令人愉快的莫過於戲曲演出的觀賞,最辛苦艱難的自是田野的調查、訪問。

　　田野調查、訪問的艱辛,主要因爲有時不得其門而入,有時要翻山越嶺頗傷體力。友人臺師大教授吕鍾寬,師承我的老哥許常惠的田野工夫,深入兩岸窮鄉僻壤,單槍匹馬,住農家與農夫共吃臉盆盛裝的疙瘩麵,能習以爲常;也因此所獲得的資料與成果,往往不失爲絕世奇珍與出人意表。

　　但好逸惡勞的我,則視之爲等同"苦行僧",效法絕無可能,也就"敬而遠之",而改用"出巡式"的"策略";那就是先責成"地頭蛇"安排,確定對象與時間的先後秩序,以及預擬的調查訪談内容與題目;並請代備交通工具與住宿,還有餘暇偷空,趁便賞玩名勝山水。

　　譬如 1992 年趁寒假,我"利用"上海戲劇學院葉長海教授的"人脈",安排一趟黔中桂中的戲曲訪查之旅。因爲全國各劇種的團長編導都要到學院進修,於是長海便有了許多省市劇界的幹部學生,由他運用這層關係來做訪查,都能按照計劃進行,真是順暢無比。我們元月 24 日由上海出發往貴陽,29 日至桂林,2 月 2 日返臺。其間曾出貴陽往安順、普定、黄果樹,由桂林下南寧與陽朔。半月中考察劇種十二,與學者、劇團團長、編導、名角座談六次,有五個劇種並作現場演出。餘暇則觀光旅遊,品嘗風味小吃。迄今令我歷歷在目的是普定縣張官屯的地戲,以及當地婦女未改時代裝扮的髮式和服裝。當時還口占兩首七絕:

暖日清風新麥場,山村地戲正高昂。踏謠鑼鼓喧天響,面具羅巾雉尾妝。

泥牆泥路泥村坊,老幼團團看作場。風俗宛然明故國,居民不改舊時裝。

舉此已可以看出我的"田野調查訪問",並不辛苦,但我有計劃方法,分配給學生的工作也周詳而仔細,提問的提問,紀錄的紀錄,錄音錄影錄像的也各司其職;所以所獲得的成果也算不少。那次田野調查,郝譽翔提了一大包資料回來,對她碩士論文的撰著給了許多的幫助。

其實資料對研究成績之高下最為關鍵,除了周全外,就是運用的得體;得體與否,固然取決於方法的正確,但欲使之正確切當,實在也要靠平日的努力和積漸,並非一蹴可及,而這實在是另一項學術修為的課題了。

（作者:世新大學講座教授,臺灣大學特聘研究講座教授,福建師範大學兩岸關係和平發展協同創新中心、文化發展研究中心首席專家,中央研究院院士）

高密詩學的理論品格及其批評實踐

蔣　寅

【摘　要】作爲清代自乾隆中葉一直綿延到晚清的地域性詩歌流派,高密詩派,始終是在對前人詩學的批判中深化,同時也是在與當代詩學的對話中展開的,其中不只包含着對王漁洋神韻詩學、沈德潛正統詩學、袁枚性靈詩學的揚棄,也包含了對明代以來山東格調詩學的繼承和改造。它通過《重訂中晚唐詩主客圖》對中唐詩歌的獨到發掘和把握,爲詩壇引入一種新的美學理想和藝術典範,并以縝密的批評为其師法路径加以定位與拓展,以其平易近人的品格再度搖撼"詩必盛唐"的傳統壁壘,給乾隆後期到嘉、道之際的詩歌以有力的影響。

【關鍵詞】清代詩學　高密　《重訂中晚唐詩主客圖》　格調派　批評　影響

作爲清代自乾隆中葉一直綿延到晚清的地域性詩歌流派,高密詩派由李氏三兄弟的創作所確立,并通過編纂《重訂中晚唐詩主客圖》而振名鄉里,最後以李憲喬游宦粵西時與袁枚的交游爲契機,實現它由山東到嶺南的傳播。高密詩派這一建構、發展歷程,同時也是高密詩學觀念確立與展開的過程。它始終是在對前人詩學的批判中深化,同時也是在與當代詩學的對話中展開的,其中不只包含著對王漁洋神韻詩學、沈德潛正統詩學、袁枚性靈詩學的揚棄,也包含了對明代以來山東格調詩學的繼承和改造。它對中唐詩歌的獨到發掘和把握,爲詩壇引入一種新的美學理想和藝術典範,并以其平易近人的品格再度搖撼"詩必盛唐"的傳統壁壘,給乾隆後期到嘉、道之際的詩歌以有力的影響。目前學界對高密詩派的研究,只觸及

《重訂中晚唐詩主客圖》的編纂及李氏兄弟詩學觀念本身的若干問題①，尚未能在乾隆朝詩學史的特殊語境及歷史展開中把握高密詩學的理論品格及批評實踐，本文擬從四個方面來略加論述。

一、格調派的底色

孔子曾説：“始吾于人也，聽其言而信其行；今吾于人也，聽其言而觀其行。”（《論語‧公冶長》）這句話也可讓我們奉爲考察後代詩學觀念的座右銘，判定一個詩人或詩歌流派的詩學傾向，不光要看他們怎麽主張，怎麽標榜，還要看實際怎麽取捨，更要看他們接受什麽樣的傳統。這在唐代以後已成爲決定一種詩學基本傾向的核心因素。李懷民兄弟雖然對王漁洋詩學頗有微詞，但暗裏卻實亦步亦趨地繼踵王漁洋的足迹。因爲他們同樣受到山東詩學小傳統的影響，承傳了明代格調詩學的基質，僅詩風取向略有不同而已。

三李詩學的格調取向是非常清楚的，他們的詩學觀念完全立足於嚴羽詩論之上，非但强調“作詩以古人爲準的”②，而且要取法乎上。李憲喬告誡後學：“明之歷下派、公安派、竟陵派，國初之漁洋、竹垞、初白等，非已有十分定見，十分定力，切不可即寓目雜看，致便淆惑，且不能得其底裏，用其功夫，而僅浮慕虛襲，亦必不能相及也。歸根到底是無所成就。滄浪謂正法眼、識第一義，正是這個説話。”③他對施晉的評論可與此相印證：“雪帆亦黃仲則之友也，故在江南詩人中最爲矯矯。獨惜其從高青丘入手，將筆放低了。後雖極力騰跋，而故習尚在。故予教人學詩，耳目不可令雜，志趣須求其上。五古不究陶、謝，七古不究韓、蘇，便不成地道藥材。半路轉販，難得真貨。”④這也就是嚴羽“入門須正，立志須高”之義⑤，同樣立足於“詩必盛

---

① 關於學界迄今對高密詩派的研究及高密詩學自身的歷史演進，可參看蔣寅《“高密三李”與高密詩學的歷史展開》（《南國學術》2015 年第 2 期）一文。

② 李憲喬：《凝寒閣詩話》，《山東文獻集成》第三輯（濟南：山東大學出版社 2007 年版），第 47 冊第 254 頁。

③ 李憲喬：《凝寒閣詩話》，《山東文獻集成》第三輯，第 47 冊第 267 頁。

④ 李憲喬：《七言古聲調》，《山東文獻集成》第三輯，第 47 冊第 130 頁。原列于李懷民《紫荊書屋詩話》中，據内容考之，當爲李憲喬作。

⑤ 嚴羽：《滄浪詩話‧詩辯》，何文焕輯：《歷代詩話》（北京：中華書局 1981 年版），下冊第 687 頁。

唐”式的思維方法。上面這段話是就古體詩而言的,若近體詩則另有宗尚。李懷民《主客圖詩論》開宗明義即主張:"學唐詩者,斷自沈、宋律體。律者,法律也。猶今制科之《四書》文,雖有韓、歐之筆,不得縱其馳騁。後生或襲古文格調,識者譏其破體。王鳳洲謂賦之與文,猶竹之與木,予謂古律亦然。"①這裏不僅使用了格調一詞,而且用法與明代格調派一樣,不是用作中性概念,而是特指有某種審美傾向的體制正宗②,古律皆然。所以他也認爲:"唐初不能除陳、隋之習,陳子昂、李太白起,奮然以復古爲任,稍改其駢儷綺靡之陋,究亦自成其體,實於古無涉。張九齡、元次山、韋蘇州、沈千運、柳宗元等,差爲近古,然亦未盡脱《選》體,故李滄溟謂唐無五古詩,亦通論也。"李攀龍《唐詩選序》説"唐無五言古詩,而自有其古詩",等於是説唐代的古詩不是漢魏六朝那樣的古詩,純粹一句廢話,但由此卻可知其所謂格調就是唐代五古所無而獨存於漢魏五言詩中的那種品質,那種帶有特定美學特色和風格傾向的格與調。袁枚《再答李少鶴尺牘》提到:"足下論詩,講體格二字固佳,僕意神韻二字猶爲要緊。體格是後天空架子,可仿而能;神韻是先天真性情,不可强而至。"③這裏的"體格"也是李懷民常用的概念,義同於骨格,是格調的下位概念。正如我在另一篇論文曾觸及的,李懷民昆季論詩的核心概念如性情、識見、骨格都指向韓、孟一派矯激立異的詩歌風貌④,若比附前人評王漁洋"直取性情歸之神韻"的説法⑤,也可以説是直取性情歸之格調,只不過不是以漢魏、盛唐爲指歸而是以中唐爲指歸的格調罷了。相比較而言,格調是一種風格傾向,所謂"惟寂惟淡,乃合古格"即此義,而神韻則是一種審美趣味。兩者在預設藝術目標一點上雖有本質的相通,卻有外在和内在之别。袁枚説神韻也是先天真性情,正是就其内在性而言的。如果就外在的藝術傾向而言,則李憲喬與王漁洋一樣,都崇尚渾淪不切。李憲喬曾説:"'青天無片雲',何必是牛渚?'江山留勝迹',

---

① 李懷民:《紫荊書屋詩話》,《山東文獻集成》第三輯,第 47 册第 40 頁。

② 李憲喬批韓愈《東方半明》詩:"此等詩憂深思遠,比興超絶,真真雅也。即以格調論,亦曠絶古今矣。"轉引自李福標《〈韓昌黎詩集編年箋注〉李憲喬批校在粤地的流傳》(《文獻》2012 年第 2 期)一文。

③ 袁枚:《小倉山房尺牘》卷一〇,王英志主編:《袁枚全集》(南京:江蘇古籍出版社 1993 年版),第 5 册第 206—209 頁。

④ 蔣寅:《"高密三李"與高密詩學的歷史展開》,《南國學術》2015 年第 2 期。

⑤ 王士禛輯《十種唐詩選》盛符升序,清康熙(1662—1722)刊本。

何必是峴山？古人登臨懷古，惟在意興，無取臚衍故實，乃爲切也。"①這乃是典型的格調派見解，王漁洋詩論中也有類似的議論②。李憲喬的説法無論是否受到王漁洋的影響，我們都可以肯定三李詩學是在接受王漁洋詩學的基礎上傳承了山東格調派詩學的精神，兩者在一些基本問題上都表現出格調詩學的傾向。

　　格調詩學的基本宗旨首先是辨雅俗，高密三李論詩同樣也嚴於雅俗之辨。李憲喬《崇桂紀程》載友人間論詩佚事："小痴嘗謂予曰：'吾負詩名卅年，然必得少鶴先生一言以爲定，吾果不如李松圃乎？'予曰：'譬諸女子，松圃亦不過中人之色，然縞衣綦巾，不失爲貞靜。若足下倚市門而抹青孔，雖有毛麗之質，非吾之所敢知矣。'小痴大恚。"③小痴即時任貴縣知縣的紀曾藻，這裏的李、紀之辨，實即爲雅俗之辨。李懷民批嚴羽《滄浪詩話》"學詩先除五俗，一曰俗體，二曰俗意，三曰俗句，四曰俗字，五曰俗韻"條，説"要之俗病亦不此五者"④。《主客圖詩論》又就兩個著名的詩例作了討論：

　　　　吾鄉阮亭先生爲詩不能盡脱時蹊，其論俗字甚精，即如老杜詩中之聖，阮翁稱其"綠垂風折笋，紅綻雨肥梅"等句爲俗，明高季迪《梅花》詩，三百年無異辭，阮翁謂其"雪滿山中高士臥，月明林下美人來"爲真俗，是真巨論也。按：工部以"垂"字形容風竹，以"綻"字刻會（繪）雨梅，時人所謂工於匠物也；季迪以高士方梅之品，以美人比梅之質，又時人所謂妙於品梅也，而阮翁總斷曰俗。彼豈好翻案哉？良謂詩之忌俗，猶詩之貴清，所系在神骨而不在皮膚。

總而言之："俗在骨不在貌，俗關性情不關語句。"⑤這種觀念乃至譬喻本身全襲自王漁洋⑥，相比文本層面他們更關心的是精神、氣質層面的雅俗。李

---

① 俞儀：《生香詩話》卷四引，道光七年（1828）自刊《生香花蘊合集》本。
② 參看蔣寅《清代詩學史》第一卷（北京：中國社會科學出版社 2012 年版），第 662—666 頁。
③ 李憲喬：《少鶴先生日記》稿本，轉引自劉漢忠：《"高密詩派"傳衍廣西考述》（《廣西地方志》2003 年第 4 期）。
④ 李懷民：《紫荆書屋詩話》，《山東文獻集成》第三輯，第 47 冊第 52 頁。
⑤ 李懷民：《紫荆書屋詩話》，《山東文獻集成》第三輯，第 47 冊第 45—46 頁。
⑥ 李懷民《紫荆書屋詩話》"批諸家詩話"也引漁洋"爲詩且勿計工拙，先辨雅俗。品之雅者，譬如女子，靚妝明服固雅，粗服亂頭亦雅；其俗者，縱使用盡妝點，滿面脂粉，總是俗物"云云，許爲通論。《山東文獻集成》第三輯，第 47 冊第 59 頁。按：王説見何世璂述《然燈記聞》。

懷民説"世所謂率真,衹是率俗"①,即就此而言。由是我們又看到了高密詩派與桐城派的一致之處,姚鼐《與陳碩士》寫道:"大抵作詩古文,皆急須先辨雅俗,俗氣不除盡,則無由入門,況求妙絶之境乎?"②這也印證了我論姚鼐詩學的結論,桐城派詩學的底色同樣是格調派③。當然,李懷民對雅俗的看法是有自己立場的,元輕白俗自然不是俗,張、王樂府亦然。《主客圖詩論》特別就此辨析:"《紀事》稱賈島變格入僻,以矯艷于元、白。元、白誠無可矯,遂啓後人忘(妄)訾,乃謂元、白、郊、島總病一俗字,元、白譬若祖裼裸裎,郊、島等之囚首垢面。無論所譬不當,即如其言,亦非俗也。吾故云今人認錯俗字。"④明代陸時雍曾説:"人情物態不可言者最多,比盡言之則俚矣。知能言之爲佳,而不知不言之爲妙,此張籍、王建之所以病也。"李懷民批:"由此一言,知時雍未能立論。"⑤對李懷民來説,中唐詩人雖風格各有不同,但都具有戛戛獨造、異於時尚的精神,這决定了其詩歌脱棄庸俗的品格。至於晚唐,在李憲喬眼中就不免"沾帶俗諦"了。如皮日休詩中,"《和壓新醅》云'秦吳只恐篘來近,劉項真應釀得平','酒德有神多客頌,醉鄉無貨没人爭',是謂傖俗;《和魯望病中有寄》云'蝶欲試飛猶護粉,鶯初學囀尚差簧',是謂嫩俗;《謝竹夾膝》云'大勝書客裁成簡,頗賽溪翁截作筒',是謂淺俗。似此之類,并當取以爲戒。"⑥僅憑他將俗剖析得如此之細,也可體會其避忌之嚴。

格調派論詩的基本傾向是將詩學的問題限定在可討論的文本範圍内,落實於字句,高密詩學全盤繼承了這一精神,論詩全都落到實處。顯然他們也認爲,所有更高的追求,都只能從最粗淺的地方開始。司空圖的名言"梅止於酸,鹽止於鹹,飲食不可無鹽梅,而其美常在鹹酸之外",本是由實求虛,著重揭示超越文本的象外之象、味外之味、韻外之致,而李懷民卻在"飲食不可無"下批:"先知不可無。"又總評其説曰:"此説便無病。"⑦可見他是在先實後虛的意義上理解司空圖之説的,因而許其圓通無礙,這其實

---

① 李憲喬:《凝寒閣詩話》引,《山東文獻集成》第三輯,第 47 册第 266 頁。
② 姚鼐:《與陳碩士》其三十五,《惜抱先生尺牘》卷六,宣統元年(1909)小萬柳堂重刊本。
③ 蔣寅:《姚鼐詩學品格淵源芻論》,將刊於《文藝理論研究》2015 年第 3 期。
④ 李懷民:《紫荆書屋詩話》,《山東文獻集成》第三輯,第 47 册第 46 頁。
⑤ 李懷民:《紫荆書屋詩話》,《山東文獻集成》第三輯,第 47 册第 57 頁。
⑥ 李憲喬:《凝寒閣詩話》,《山東文獻集成》第三輯,第 47 册第 231 頁。按:"翁"字原缺,據《全唐詩》卷六一四皮日休《魯望以竹夾膝見寄因次韻酬謝》詩補。
⑦ 李懷民:《紫荆書屋詩話》,《山東文獻集成》第三輯,第 47 册第 49 頁。

是將神韻詩學的精義作了格調派的詮釋。不僅如此，他甚至還吸收了江西詩派“活法”説的精神，將詩學的高級理論和初級理論作了區分。對某些詩法，在總體否認其理論價值的同時也承認初級意義上的合理性。比如《白石道人詩説》有云：“人所易言，我寡言之；人所難言，我易言之，自不俗。”又曰：“難説處一語而盡，易説處莫便放過；僻事實用，熟事虛用；説理要簡切，説事要圓活，説景要微妙。多看自知，多作自好矣。”①李懷民批：“此亦是死蛇論頭，説詩不宜如此。然以啓初學則有裨益。”②先斷言這是死法，然後又承認對初學仍有幫助。這是在初級意義上肯定死法的價值。對某些詩法，又在總體承認其理論價值的同時否定其高級意義上的可行性。如《金玉詩話》云：“杜少陵云：作詩用事，要如釋語，水中著鹽，飲水乃知鹽味。此説詩家秘密藏也。”李懷民批：“論詩者俱如此説，做詩者卻全不如此作。”③這便是在高級意義上質疑活法的可行性。對他們來説，所有正確的詩學原則都應該是切實可行的。

理解了高密詩學的格調派傾向，對他們在詩體方面也贊同嚴羽“律詩難於古詩，絕句難於八句，七言律詩難於五言律詩，五言絕句難於七言絕句”之説，就不難預料了。李懷民極許“四語真有見地，知其難則不敢妄作矣”④，同時對李攀龍《唐詩選序》“七言律體，諸家所難。王維、李頎頗臻其妙，即子美篇什雖衆，憒焉自放矣”之説，也出人意外地批道：“不謂滄溟亦見及此。”⑤實際上尊崇七律，以七律爲詩中最難之體，正是格調派的觀念，性靈派則無不視七律爲易，搖手立成。李懷民是首重五言近體的，他對七律的敬畏是出於對五律的親和感，但自己可能都没意識到，這一論詩路數正合於格調派。

實際上，清代詩學具有濃厚的開放性和包融性，格調作爲詩學的基本内容是任何詩學流派也無法回避的。在這個意義上看高密詩學，就讓我感覺，與其説它是格調派詩學，還不説是詩學的專門名家。事實上，高密三李是我們在馮班、金聖嘆之後看到的又一批有專業精神的詩論家。其詩話的體裁也可以説就是專題論文彙編，如李懷民《紫荊書屋詩話》有《主客圖詩

---

① 姜夔：《白石道人詩説》，何文焕輯《歷代詩話》，下册第680頁。
② 李懷民：《紫荊書屋詩話》，《山東文獻集成》第三輯，第47册第58頁。
③ 李懷民：《紫荊書屋詩話》，《山東文獻集成》第三輯，第47册第58頁。
④ 李懷民：《紫荊書屋詩話》，《山東文獻集成》第三輯，第47册第53頁。
⑤ 李懷民：《紫荊書屋詩話》，《山東文獻集成》第三輯，第47册第73頁。

論》、《批衆家詩話》、《書單子受詩後》、《與某論詩》、《評弟叔白詩三首》、《評弟子喬詩摘録》、《論袁子才詩》諸題，李憲皓《定性齋詩話》分《古今詩評》與《詩話》兩部分，李憲喬《凝寒閣詩話》有《四家古詩選叙》、《選孟東野詩評》、《選韓昌黎詩評》、《選蘇長公詩評》、《選陸放翁詩評》、《七古之聲可調》、《評兄石桐先生詩》、《與紀小痴論詩》、《與袁子才論詩教》、《文中子論詩》、《陶淵明詩甲子辨》諸題，都是一篇篇專題論文，有點像賀裳《載酒園詩話》，專業水平頗高。

李懷民很欣賞嚴羽"辯家數如辯蒼白，方可言詩"的説法，更補充"須多看詩"[1]。不僅如此，從《批衆家詩話》來看，他們對前人詩論從歐陽修到仇兆鰲都曾認真研讀。嚴羽説"看詩須著金剛眼睛"，李懷民批"須立主見，不隨人同異"[2]，這是對獨立批評立場的強調，歷來凡較具專業精神的批評家，像嚴羽、金聖嘆、葉燮等都很強調獨立見解。而三李的詩律學，更顯示出高密詩學濃厚的專業色彩。他們對詩律的鑽研是那麽細緻，就連開闢詩歌聲律之學的王漁洋，也不免被他們揪住破綻。李懷民《代簡答王學博問七言古體詩聲調源流》附李憲喬按語云："趙秋谷作《聲調譜》，但取韓集《石鼓歌》一首爲式，愚意謂應并録柳柳州寄韋珩七古，則聲調確然可定矣。"[3]這是覺察到王、趙《聲調譜》統計取樣中使用孤證的問題，認爲只有多方取證，才能避免抽樣統計結果的偶然性。他自己又撰《七言古聲調》一篇，稱："七古平韻到底者，自以《石鼓》、《韓碑》以後聲調爲正。吾鄉秋谷先生發之，而不知者尚多，即前校(韓)公復集，亦有乖錯。及看外間所作，大都皆合，可知吾鄉之僻也。"[4]山東是清代詩歌聲調學發軔之鄉，後學對聲調的掌握竟滯後於他人，這不能不激發起李懷民兄弟承傳、捍衛學術傳統的責任感和榮譽感。李憲喬撰有《拗法譜》一卷，附《通轉韻考》一卷，或許就出於這種意識，客觀上也確實彌補了鄉前輩治詩歌聲律學的不足。李懷民《過嶺集批詩話答》還提到："要之齊梁體，王、趙實未曾解明，余與胡大千講究再四，亦未得的據。"[5]由此不難窺見其論詩於聲律揣摩之細。這類詩歌聲律研究

---

① 李懷民：《批衆家詩話》，《紫荆書屋詩話》，《山東文獻集成》第三輯，第 47 册第 53 頁。
② 李懷民：《紫荆書屋詩話》，《山東文獻集成》第三輯，第 47 册第 53 頁。
③ 李懷民：《紫荆書屋詩話》，《山東文獻集成》第三輯，第 47 册第 77 頁。
④ 原列於李懷民《紫荆書屋詩話》中，《山東文獻集成》第三輯，第 47 册第 129 頁。今據内容考之，當爲李憲喬作。
⑤ 李懷民：《紫荆書屋詩話》，《山東文獻集成》第三輯，第 47 册第 86 頁。

正是清初以來山東詩學最突出的傳統，需要專文討論，這裏只就高密三李
對中唐詩的鑽研和取法作些分析。

二、高密詩風的中唐取向

　　高密詩學的基本傾向雖近於格調派，但李懷民兄弟同編的《重訂中晚
唐詩主客圖》卻決定了其取法途徑將脱離初盛而趨於中晚唐。對他們來
説，晚唐可取者也僅李商隱、杜牧、温庭筠三家而已，清初虞山派奉爲圭臬
的《才調集》恰是李懷民最不喜歡的。他在《論袁子才詩》中曾説：“唐人自
選詩，余最惡《才調集》。當是子才擅奉宗承，而粗鄙直率，又爲《才調集》之
罪人。”①實際上他有所取法的主要仍是中唐，更力挺元明以來爲詩壇冷落
的孟郊、賈島：

　　　　自東坡有郊寒島瘦之謔，嚴滄浪有蟲吟草間之誚，世上寡識之流
　　遂奉爲典要，幾薄二子不值一錢，宜乎風雅之衰靡日下也。試看韓、歐
　　集中推崇二子如何，豈其識見反出蘇、嚴下耶？ 再，子瞻詆樂天爲俗，
　　而其一生學問專尊一樂天。此等處須是善會。黄泥搏成人，多是被古
　　人瞞了。②

他們很清楚，公然否定蘇東坡、嚴滄浪這兩位歷史上有重大影響的批評家，
需要拿出强硬的理由，僅援引韓愈、歐陽修是不夠的，會遭遇詩壇格調派、
神韻派、性靈派乃至宋詩派各大宗派的共同抵觸。爲此他們也采取了與錢
謙益提倡宋元詩相同的策略。錢謙益欲倡宋元，先破除明人四唐説的壁
壘，懷民兄弟同樣也反對仍爲沈德潛《唐詩別裁集》相沿的四唐觀念以及時
俗流行的唐宋之辨。李憲喬評李秉禮詩，於《送李蕙林之桂林》詩云：“此詩
自佳，然頗難辨。初看似王右丞派，細味轉方元英，以此蓋知世俗妄分初、

---

① 李懷民：《紫荆書屋詩話》，《山東文獻集成》第三輯，第 47 册第 105 頁。
② 李憲喬《選韓昌黎詩評》，原列於《紫荆書屋詩話》中，《山東文獻集成》第三輯，第 47 册第 120
　頁。今據内容考之，當爲李憲喬作。按：李福標《〈韓昌黎詩集編年箋注〉李憲喬批校在粵地的
　流傳》（《文獻》2012 年第 2 期）一文載《韓昌黎詩集編年箋注》李憲喬批語中亦有此則，可證實
　爲李憲喬之説也，後同。

盛、中、晚之非。”於《盆菊》云：“此詩豈有深意，然没半點俗膩氣。我所以説莫薄宋人詩，正是唐人味。”①反對四唐之分，反對唐宋之别，不外乎都是對獨宗盛唐的反撥，他們由此確立起選擇中唐的前提。至於其所以選擇中唐而不是其他，則又繫乎獨特的身世之感和藝術趣味。

高密派之所以學張籍、賈島，首先是慕其爲人，再就是懲於性靈派的流行。袁枚《隨園詩話》論李憲喬詩曾説：

    “莫憑無鬼論，終負托孤心。”何言之沉痛也！“升沉閣下意，誰道在蒼蒼！”何求之堅切也！“知親每相見，多在相門前。”何刺之輕薄也！“生應無輟日，死是不吟時。”何吟之溺苦也。俱非唐人不能作。李少鶴《哭人》云：“世緣猶有子，死日始無詩。”亦本於唐。②

這裏的“亦本於唐”準確地説應該是本於中唐，即孟郊、賈島、李賀那樣的嘔心瀝血、以詩爲性命的寫作態度和苦吟方式。其秋蚤啼寒式的淒苦情調，與格調派那種空腔高調不啻有天壤之别，因而顯示出詩歌趣味的尖銳對立。李憲喬評李秉禮《栖鶴樓憶子·喬》稱：“情味深遠，真不減大曆十才子也。若明季七子及國初朱王、嶺南陳屈故作大聲響以震俗耳者，對此能不俯首否？”③李懷民編《晉唐六家五言詩選》，評語雖多採李攀龍《唐詩選》與鍾、譚《古唐詩歸》之説，但按語表明其見解更傾向於竟陵，都可見皈依中晚唐詩的趣向。

高密三李閲歷不廣，生計清寒，對慣於嘆老嗟卑的中唐詩深有共鳴。李懷民甚至説“嘆老嗟卑是唐人習氣，即是唐人氣骨，故凡閑居漫興之作，須看其卓然自命處”④，簡直是將嘆老嗟卑視作唐詩的精神命脉所在。李憲喬《選韓昌黎詩評》也專門對嘆老嗟卑作了一番主題史的回溯：

    李習之譏昌黎嘆老嗟卑，後人總不免以老卑爲嗟嘆，不知自《十九首》已開之矣。其云“所遇無故物，焉得不速老”，又云“人生非金石，豈能長壽考”，但所嗟嘆者，期有爲於當世，立名於萬世，故可尚也。若僅

---

① 均見李秉禮：《葦廬詩內集》卷四，清嘉慶三年（1798）家刊本。
② 袁枚：《隨園詩話》卷八（南京：江蘇古籍出版社 2000 年版），第 193—194 頁。
③ 李秉禮：《葦廬詩內集》卷四，清嘉慶三年（1798）家刊本。
④ 李懷民：《雜記》，《紫荆書屋詩話》中，《山東文獻集成》第三輯，第 47 册第 98 頁。

庸庸無志，則貧與賤以至衰老，正其宜耳，可勝嗟嘆哉？孔子曰"疾没世而名不稱"，與《楚辭》所謂"恐修名之不立"，正是一樣意志。此名即德業之不朽，非世俗之浮名也。李習之譏昌黎，後人亦多襲其説以詆中晚唐詩人，大概以老卑自傷，不知所感實有如此，亦不必自諱，而作吉祥怡愉語也。①

因沉迹下僚不得用世，孟郊、賈島一派詩人的作品中多懷才不遇之感，於自身溺于苦吟，於天地得其秋聲。同樣對詩人身份懷有强烈的意識，吟詩作爲重要的生活内容在他們詩中反覆出現，而郊、島也自然地成爲他們傾慕的對象。高密派詩人鹿林松《懷李五星》稱"天遣作詩人，前生郊島身"②，《由臺灣内渡抵厦門有訪不遇》稱"袖携郊島句，吟罷自傾杯"③，《過高密訪五星丹柱》稱"并世有郊島，雲山獨往尋"④。而吟詩既是他們生活的重要内容，自然也成爲寫作的日常素材。李經《勺海歸自南中見過》稱"吟詩過山寺，沽酒上江樓"，《冬夜柬熙甫》稱"明朝新得句，杖策復來尋"，《南原曉興寄前村友人》稱"初曉樹濛濛，微吟披遠風"⑤。賈島詩中"狂搜海欲枯"之句，更觸發高密詩人對苦吟境界的追慕。李懷民《後四靈集》載："族子經字五星，少孤，與弟綸賈以養母。其父門人王寧煒勸之學，始從余學詩，受唐人《主客圖》及《六家詩鈔》，苦吟數歲，輒能工。性孤僻，喜孟郊、賈島爲人，而詩肖之。"⑥鹿林松詩中多言苦吟⑦，《苦吟有寄》寫道："緣底愛孤僻，沈吟難自明。草堂終日坐，白髮少年生。寺遠鐘微度，窗虚月漸傾。誰憐四時内，所得盡秋聲。"⑧這便是苦吟的境界及其審美體驗。爲表現這種體驗，他們也像孟郊、賈島一樣研精五律。張維屏序鹿林松詩，即稱其諸體皆

---

① 今誤編於李懷民《紫荆書屋詩話》中，《山東文獻集成》第三輯，第 47 册第 115 頁。
② 鹿林松：《雪樵詩集》卷二，清刊本。
③ 鹿林松：《雪樵詩集》卷三，清刊本。
④ 鹿林松：《雪樵續集》卷二，清道光（1820—1850）刊本。
⑤ 李懷民輯：《後四靈集》，中國社會科學院文學所圖書館藏吳瀛鈔本。
⑥ 李懷民輯：《後四靈集》，中國社會科學院文學所圖書館藏吳瀛鈔本。
⑦ 鹿林松《雪樵詩集》卷二《五字苦心得》："海枯尋欲出，天遠聽還驚。"《續集》卷一《贈步武》："先生性寡歡，半世苦吟寒。力卻千金易，輕抛一字難。"《過友人山居》："吟苦較猿清。"卷二《過高密訪五星丹柱》："酒罷唯枯坐，鍾餘更苦吟。"《早秋夜坐寄懷盧坡》："影孤清露濕，吟苦近鄰知。"《憶友人村居》："到老貧相送，苦吟人不聽。"卷四《贈謝稼亭》："苦吟尋快活，閒坐忘冬春。"
⑧ 鹿林松：《雪樵詩集》卷一，清刊本。

工,尤精於五言律①。出於相同的藝術淵源,他們對前人的取法下延至姚、賈嫡裔南宋"四靈"派。李經有《讀四靈詩》,小序云:"四靈者宋詩人,官皆不顯,攻五言近體詩。自宋南渡後,詩道陵夷,四子皆希踪賈、姚,毅然復古。余近從十桐先生游,授所訂《主客圖》,以爲絕響,得四靈詩,欣合宗派。"②至於古詩,則由韓愈而下延至黄庭堅。李秉禮作古詩苦無進境,問李憲喬其病安在,憲喬對曰:"語句太妥適,章法太完全處,便是病。"又問:"然則不妥不完可乎?"憲喬答:"韓退之、黄魯直詩,無一字不是攟撲不破,然讀去卻不同世俗之所謂妥適,老杜、蘇子瞻詩無一篇不是格法天成,然讀去卻不同世俗之所謂完全也。"③可見他對古詩藝術的獨特體會。

這種藝術取向明顯與崇尚元白一路的性靈派異趣,所以三李論詩也與之劃清界綫。李憲喬《題後四靈集》云:"永世不師古,聖言非所聞。文章雖小技,師古者得存。"又云:"堪笑浮薄子,師心不師人。"④矛頭所指明顯是性靈派,這從他們的藝術趣味全異於袁枚也可以看出。王寧埏《讀山谷詩》云:"腹中靈氣自凝結,冷光湛照心肝脾。有時吐出向霜月,楞楞百道寒琉璃。"李憲喬評:"近如隨園翁不能喜山谷,且痛斥之,讀之可發深省。"⑤李懷民《論袁子才詩》最清楚地顯示了他們與袁枚詩學觀念的分歧:"詩貴興象、聲韻、色澤,故與文不同。宋初儈者譏杜工部爲村夫子,不知杜詩正善體會六字者。白樂天詩,八十老嫗亦解,要其風韻情味,千古無兩,非可學而能。袁子才詩,蓋學杜、白詩而去其長者也。"⑥高密派不學杜、白,但絕不鄙薄兩家,袁枚在他們看來只是學得了杜、白的短處。這樣,他們與袁枚的詩歌趣味就幾乎没有交合點了,袁枚的詩作在他們眼中也乏善可陳。《余小住桂林城與馬嶙山浦柳愚兩山長李松圃郎中朱心池明府朱小岑布衣宴甚歡臨行時五人買舟相送依依不捨余爲愴然到全州賦詩卻寄》一首李懷民批:

"苔岑未免惜分携,久住黄鶯尚欲啼。"黄鶯比阿誰?"舟子鳴鉦催

① 張維屏:《雪樵續集序》,《雪樵續集》卷首,清道光(1820—1850)刊本。
② 李懷民輯:《後四靈集》,中國社會科學院文學所圖書館藏吳瀛鈔本。
③ 李憲喬:《凝寒閣詩話》,《山東文獻集成》第三輯,第47册第237—238頁。
④ 李懷民輯:《後四靈集》,中國社會科學院文學所圖書館藏吳瀛鈔本。
⑤ 李懷民輯:《後四靈集》,中國社會科學院文學所圖書館藏吳瀛鈔本。
⑥ 李懷民:《紫荆書屋詩話》,《山東文獻集成》第三輯,第47册第105頁。

客散”，色象太欠雅。“暮雲含雨壓篷低”，“青山耐久情原在，白髮重逢
事怕提”，《玉嬌梨》、《平山冷燕》，惡道不至於此！“知否（凡言知否
者，必有可以不知之故。若故人相思，似不用）袁翁行半月，夢魂還繞
桂林西”，疑總是無聊賴凑結，往往如此。

李懷民論袁枚詩暨批點其篇什，都在乾隆五十年（1785）奉母北還途中。這
是詩壇從詩歌藝術而非道德作風的角度批評袁枚詩歌的先聲。幾年後李
憲喬與袁枚長札論詩，愈益凸顯他們與袁枚詩歌觀念的分歧。

三、師法路徑的定位與拓展

　　應該承認，中唐詩分韓、孟和元、白兩大派是歷來詩家的共識，兩派也
都有人師法傳承。袁枚步趨元、白，提升了白居易的經典性；而韓、孟一派
隨著韓愈詩歌進入經典化進程，行情也日益看好。邊連寶《病餘長語》稱：
“余久欲撰《詩家外編》一書，以韓、孟、盧、李四家爲主，而以前後乎此者各
以其類附焉，亦一快事，惜老病未能也。”①應該説韓、孟、元、白這幾位中唐
巨擘，在乾隆前期就已確立了宗師地位，倒是張、王、姚、賈乃至大曆才子的
典範性仍有待於論定。現在看來，這批詩人在詩史上地位的確定，主要依
賴於高密詩學對中唐詩的重新分析和重新定位。
　　李懷民《主客圖詩論》針對楊慎的中唐詩觀，將歷來有關中唐詩的偏
見，如格調卑靡、俚俗之風、不用事、流水對等問題，逐一作了辯駁，然後就
其對盛唐的繼承和藝術表現力的卓絕作了獨到的揭示。比如論流水對：
“初盛人平舉板對而氣自流動，總提渾括，而義無不包。降格而下，力量不
及，則不敢忘（妄）襲其貌，於是化平板而爲流走，變深渾而爲淺顯，乍看似
甚易能，細按始驚難倒。要其體會物理，發揮人情，實能得初盛人內裏至
詣。”②因爲看到中晚與初盛精神上的相通，他們認爲中唐和盛唐有時很難
區分。如李憲喬評李秉禮《送人還鄉》即稱：“極得古意。起有格，便覺不
同。三四如畫。此亦難判爲盛唐、中唐，但不是初與晚耳。五六句南宋人

---

① 邊連寶：《病餘長語》卷二，《邊連寶集》（北京：中華書局 2007 年版），第 5 册第 1488 頁。
② 李懷民：《紫荊書屋詩話》，《山東文獻集成》，第 47 册第 43—45 頁。

亦頗有之。"這裏將中唐與盛唐相提并論,無形中提升了中唐的地位,由此帶來對中唐詩的深入研討就是水到渠成的事了。

　　據我研究,相比大家,名家和小家更代表著一個時代詩風的主流,或者説是時尚的集中體現①。相對於韓、孟、元、白這些中唐大家來説,張、王、姚、賈一輩作家的創作顯然更多地體現了大曆以後詩歌發展的主流——意象化進程的加速,賈島在晚唐的偶像化乃是最典型的表徵②。李懷民兄弟《重訂中晚唐詩主客圖》將中晚唐詩人區分爲張籍、賈島兩派,首先意味著將韓愈一派推到中晚唐詩的主流位置上來。爲什麽這麽説呢? 因爲將張籍、賈島劃爲兩派,也可以説是當時詩家的共識。如方薰《山靜居詩論》云:"元和、長慶間,詩有兩歧,韓門諸子專尚質實,張籍、皇甫故爲敏妙,以及郊寒島瘦,各有勝處。"③余成教《石園詩話》云:"韓門諸人詩分兩派,朱慶餘、項斯以下爲張籍之派,姚合、李洞、方干而下則賈島之派也。"④我們看到,兩位詩論家對張、賈兩派的劃分是在韓門内部進行的,換言之兩者在詩壇處於二級流派的位置。而李懷民《重訂中晚唐詩主客圖》將張爲的六大門户簡約爲張籍、賈島兩大中晚唐詩流派,無形中就將他們提升到一級流派的位置,同時也使韓愈一門躍升爲中晚唐詩當然的主流。這不僅爲揣摩、取法張、賈提供了更充足的理由,也爲追趨韓愈鋪設了順理成章的軌道。在此基礎上進行的對兩派詩歌的細緻比較和分析,是他們研究中晚唐詩真正獨到的貢獻。李懷民《雜記》寫道:

　　　　張、賈分處,全在氣味格力,張寬賈狠,張疏賈嚴,張淡賈幽,張平賈奇,非以物類色象也。世無知者,但認"門前有橘花"是張派,"怪禽啼曠野"是賈派矣;須知"卻望并州是故鄉"是賈非張,"時見猩猩樹上啼"是張非賈。⑤

---

① 説詳蔣寅:《家數·名家·大家——有關古代詩歌品第的一個考察》,《東華漢學》第 15 輯(2012年 6 月),第 177—212 頁。
② 詳蔣寅:《賈島與中晚唐詩歌的意象化進程》,《文學遺産》2008 年第 5 期;收入《百代之中》(北京:北京大學出版社 2013 年版),第 105—120 頁。
③ 方薰:《山靜居詩論》,中國社會科學院文學所藏咸豐(1851—1861)間陸杏蓀鈔本。
④ 余成教:《石園詩話》卷二,郭紹虞輯《清詩話續編》,第 3 册第 1773 頁。
⑤ 李懷民:《紫荆書屋詩話》,《山東文獻集成》第三輯,第 47 册第 98 頁。

這裏由物色、意象的表面深入到氣味、格力的深層，從四個方面分析了張、賈兩人詩歌美學特徵的對立，見解相當深刻。而體認既細，取法也隨之分流。李憲喬題王克紹《閑雲南中集》云：“石桐先生倡爲律格，與弟少鶴分主張、賈兩派，一時韻應最著者王氏五子，少鶴《焦尾集》中所謂新蜀希穎和是也。”又稱許王詩“清超”，佳作如《宣河鄉中雜咏》云：“儳屋荒村住，鄰家無幾多。魚蝦聚江市，雞鶩散山坡。稻壟喧秋獲，蓮舟唱晚歌。此中足幽曠，何必住巖阿。”看來是宗主張籍一派詩風。高密單氏一門似乎也傾向於張派。李兆元《十二筆舫雜録》論及單可垂，“愛其氣清筆老，意趣曠達”①。林昌彝《射鷹樓詩話》論及單芥舟七古學長慶體②、單可惠詩有張籍之風③，都可爲佐證。

　　李憲喬雖自稱主賈島一派，但對張籍同樣很推重，曾有詩云：“曾聞并世重韓張，直氣由來副所望。卻怪紛紛尊吏部，無人更得著文昌。”④他很欣賞張籍不刻意求高而自然爲高的本色詩風，説：“水部酬韓庶子詩，此皇皇泰山之韓夫子也，乃只用家常閑話淡淡酬之，更不作意。不知不作意處，正是高處，一時之胸次交情，莫真切於此矣。在後人反不知添多少矜持張皇，都成客氣。”⑤不過後來他的取法路徑明顯由張、賈向韓愈轉移，到晚年更發展爲專主韓愈。以至後人有“子喬在粵，於門人學詩，皆教以張、賈，自詩乃獨宗韓”的説法⑥。李憲喬本人《爲桂未谷作二古印詩》也説：“好韓詩癖孰似我？”又《讀韓詩戲題》云：“退之爲小律，豈唯不能工。拗捩多支撐，調嬉乃孩童。格張不敢笑，佛賈不敢譏。樂天廣大主，且謂薄不爲。及乘五岳頂，或泛四瀛大。搖筆擺風霆，六合不足隘。張儼目瞿瞿，賈餒行僬僬。獨傾北千杓，餘瀝誰敢釂。乃知營大廈，大匠不他屬。下士蒼蠅聲，責令安牀足。”而《書王令詩後》則云：“有宋諸子皆學韓，誰其首者梅都官。都官腕有退之鬼，雖無其貌神則完。左蘇右石列鼎足，大抵籍島多酸寒。坡公天授

① 李兆元：《十二筆舫雜録》卷一二，清道光（1821—1850）刊本。
② 林昌彝：《射鷹樓詩話》卷三（上海：上海古籍出版社 1988 年版），第 51 頁。
③ 林昌彝：《射鷹樓詩話》，第 404 頁。
④ 陳邇冬舊藏《昌黎詩集編年箋注》過録李憲喬批語，末卷封底有李憲喬《爲正孚考定韓集書後兼呈敬之郎中錫蕃秀才》二首其一，轉引自郭隽杰《〈韓詩臆説〉的真正作者爲李憲喬》，《首都師範大學學報》1995 年第 3 期。
⑤ 李憲喬：《凝寒閣詩話》，《山東文獻集成》第三輯，第 47 册第 260 頁。
⑥ 李憲喬批《韓昌黎詩集箋注》王拯跋，中山大學圖書館藏，轉引自李福標《〈韓昌黎詩集編年箋注〉李憲喬批校在粵地的流傳》（《文獻》2012 年第 2 期）一文。

得其氣,騎龍披髮相拍肩。西江得味坐苦澀,口焦舌敝愁肺肝。對此令人意不快,遺法峻峭留後山。(中略)學韓得骨不用肉,皮毛剥盡猶鑱鐫。"所論均見於韓詩體會之深。《少鶴先生詩鈔》中直接顯示崇韓、學韓意趣的篇章,還有《學韓秋懷詩九首》、《袁州謁韓文公祠》、《斫輪》、《示歸順諸生》等。《示歸順諸生》一詩更云:"治水有砥柱,乃通星宿源。治詩有砥柱,乃溯《三百篇》。詩中砥伊河,萬古矗一韓。"將韓愈的地位擡舉到空前的高度。

　　李憲喬取法中唐由張籍轉向韓愈,雖也出於理之必然——畢竟張籍、賈島都是韓門之一派——但直接動因看來與高密詩學取徑過狹的流弊直接相關。崔旭《念堂詩話》曾提到"高密派盛行於山左,覃溪先生頗有微詞"[1]。所謂微詞,就是一個"窄"字[2],即局促不大方。乾隆六十年(1795)曾燠與王夢樓論詩書,很像是暗指高密詩派而言:"詩家體格詞意,最要大方,而以清氣行之,古之名公無不如此。此不能學,然後逃而入於險僻,務於小巧,以悦庸流之耳目,遂以此得名。其有從事大方家者,或反厭而輕之。其實千秋論定,如涇渭立判也。"儘管延君壽《老生常談》說:"近日高密李十桐增選《詩人主客圖》,亦五律入門正法。但山東學者多爲此本所圈,洋洋大國之風,幾乎息響。非十桐之過,學之者之過也。"[3]言下不無爲李懷民開脱之意,但事實上高密詩派的取徑過窄,不僅當時的詩論家所見略同,其詩派中人自己也意識到這個問題。李憲喬在粤西的追隨者紀小痴論憲喬詩短處,一言以蔽之曰隘,憲喬誠服受教[4]。李作哲《題李憲喬過嶺集》叙述兩人相見時,憲喬"自言取徑窄,不寄人籬落。浪仙與水部,主客細衡酌(有《主客圖詩》選,以張水部籍、賈浪仙島爲主,餘皆賓)。元白近輕俗,王孟亦膚廓。玉臺并西昆,尖刻而浮薄。論古辟奇思,鐫物造微漠。鑿險復錘幽,蜀山五丁鑿"[5]。可見憲喬自己也很清楚,高密詩學取徑的確有點狹

---

① 崔旭:《念堂詩話》卷四,民國二十二年(1933)崔氏海雲書屋刊本。

② 翁方綱《近人有仿張爲主客圖取張司業長江以下五律成集者賦此正之四首》自注:"五七律同穀率也,而謂唐人拈髭句不屬七言,可乎? 近日惲南田謂打不破畫家一字圍,曰窄也。此仿《主客圖》者,正坐一窄字。"《復初齋詩集》卷六三,《清代詩文集彙編》影印清刊本,第 381 册第 593 頁。

③ 郭紹虞輯:《清詩話續編》,第 3 册第 1798 頁。

④ 李憲喬:《與紀小痴論詩》,《山東文獻集成》第三輯,第 47 册第 175 頁。原列於李懷民《紫荆書屋詩話》中,今據内容考之,當爲李憲喬作。

⑤ 王賡言:《東武詩存》卷七下,清嘉慶二十五年(1819)化香閣刊本。

窄，只不過出於不甘寄人籬下的夙志，不肯隨流從俗而已。這在他本人不是什麽問題，但後學盲目追從即演成流弊，如紀小痴所言："近見南中宗法《主客圖》者，多止用山雲竹石等物，及一生、五字，求古合、少人知等話頭，而以按桐、鶴全集，卻不儘然也。"①山東諸城人王宗獻，以乾隆四十二年（1777）拔貢，任廣西候補州同。抱才自負，少所許可。在廣西同官中只與李憲喬、劉大觀交接。有《寄呈十桐先生》詩云："用盡幾年力，尚嫌趨徑偏。心知品題處，格出宋元前。"②大約他們雖都自覺取徑偏窄，但與時調相比，猶以格出宋元前自負。他們也清楚時流未必都認可這一點③，因此并沒有忽視自身的缺陷，反而由反省激發起突破自身局限性的努力。李憲喬《凝寒閣詩話》中論六朝、唐宋詩的文字，表明他從《文選》到南宋詩都下過不小的功夫。他曾説："《十九首》，《三百篇》後詩之本源也。故教學者爲詩，必先熟此，然後可及他家。□舍《選》而先唐，已爲半路出家，況自宋元以後入手乎？"④他晚年鋭意學韓，或許也可視爲要努力拓寬取法範圍的一個表現。

　　李憲喬之師法韓愈，同時表見於兩個方面：一是創作中的效法，一是批評中的揣摩。關於前者，憲喬《凝寒閣詩話》所載施晉的評論足資參考："施晉進之云：'少鶴先生學韓，要於穩妥質實處觀之。'四字似泛常，然予甚許爲知言。黄山谷云'韓、杜無一字無來處'，無來處則不妥。張文昌云：'獨以雄直氣'，止是質實。進之又云：先生《歸順書感》是學'峨峨進賢冠'篇，《龔生行》是學《劉生》、《區弘》諸作，亦煞有見。然當作此詩時卻無意。"⑤這裏點出憲喬學韓的成就，除了具體作品的擬似之外，在於以書卷和氣勢深造穩妥質實之境。但就現存作品來看，雄直有餘，穩妥似還不足。關於後者，李福標已通過憲喬批點韓詩，揭示了他重視詩法品評的特點⑥。這種用心使他的批評抵達不尋常的深度，從而得以列名於古來最優秀的韓詩評論家之中。

　　李憲喬評韓愈詩涉及面頗廣，而最吸引人之處在於能自出手眼，不隨聲附和前人定論。研究者已注意到，李憲喬批韓詩，能特別抓住其風格中

① 李憲喬：《凝寒閣詩話》，《山東文獻集成》第三輯，第 47 册第 237 頁。
② 王廣言輯：《東武詩存》卷九引，清嘉慶二十五年（1819）化香閣刊本。
③ 如邊浴禮《對岳樓詩續録序》即言"漁洋尊唐，實則波靡於元明；高密亦尊唐，實則皮傅殘宋"。
④ 李憲喬：《與衆家論詩》，《凝寒閣詩話》，《山東文獻集成》第三輯，第 47 册第 221 頁。
⑤ 李憲喬：《凝寒閣詩話》，《山東文獻集成》第三輯，第 47 册第 263 頁。
⑥ 李福標：《〈韓昌黎詩集編年箋注〉李憲喬批校在粤地的流傳》，《文獻》2012 年第 2 期。

含蓄蘊藉的一面,一改歷來以險怪雄渾及以文爲詩概括其詩風的習慣看法①。我想這很可能與憲喬兄弟讀韓詩的獨特參照系有關。李懷民曾主張"讀韓詩與讀韓文迥別",因爲他感覺韓愈寫作詩、文的態度和原則截然不同:"公於《原道》、《原性》諸作皆正言之以垂教也,而於詩中則多諧言之以寫情也。"②李憲喬更加以引申發揮,斷言韓愈文學兼有正法眼和狡獪神通的一面:"文皆正論也,其詩多滑稽也,滑稽即狡獪神通之謂也。"意謂詩中多反語和幽默筆調:

> 如退之不信仙,而曰"翩然下大荒,披髮騎麒麟";退之不好色,而曰"朱顔皓頸訝莫親,此外諸餘誰更數";退之不爲游俠,而曰"咄哉識路行勿休,往取將相酬恩酬";退之不信禳禱,而曰"潛心默禱若有應,豈非正直能感通"。且退之性真率,而曰"韓子稍姧黠";退之本忠直,而曰"得無虱其間,不武亦不父。仁義飾其躬,巧姧敗群倫"。凡此之類,皆狡獪神通之。③

他批《落齒》"因歌遂成詩,持用詫妻子"兩句也説:"此等自是游戲之作,故有取於蒙莊之旨,若正論則豈宜有此? 後來東坡詩多近此種。"④歷來批評家都比較注意韓愈詩中崇高的一面,李憲喬也没有忽略於此⑤,但更留意到韓詩滑稽的一面及其對蘇東坡的影響,這不能不説是很有眼光的。看看唐人筆記中所載韓愈佚事,即可知道他是個很詼諧的人,有很好的幽默感,并且反應敏捷。韓愈詩文中的幽默色彩,已得到當代學者的重視⑥,但在古代評論家中,李憲喬似乎是較早注意這一傾向的人。

　　上文提到,李憲喬是一位真正具有專業素質的批評家,他的《選韓昌黎

---

① 丁俊麗:《李憲喬評點韓愈詩歌之成就新論》,《周口師範學院學報》2013 年第 6 期。

② 李憲喬:《選韓昌黎詩評》,《山東文獻集成》第三輯,第 47 册第 117 頁。

③ 李憲喬《與李秉禮論詩札》册頁,浙江浙商拍賣有限公司 2011 年春季藝術品拍賣會 http:// auction. artxun. com/paimai－57109－285542246. shtml。

④ 中山大學圖書館藏《韓昌黎詩集編年箋注》李憲喬批本,轉引自李福標《〈韓昌黎詩集編年箋注〉李憲喬批校在粵地的流傳》(《文獻》2012 年第 2 期),下文引李憲喬批韓愈詩,均據本文。

⑤ 李憲喬批《馬厭穀》云:"集中如此等詩皆直氣徑達,無半點掩飾,非以孟子自任者不能爲之,非真信得韓子是孟子者亦不能讀之。"即爲一例。

⑥ 川合康三《終南山的變容》(上海:上海古籍出版社 2007 年版)第二輯中"游戲的文學——以韓愈的'戲'爲中心"一章對此有專門論述,可參看。

詩評》完全可以證明這一點。他對具體作品的批評,都有著清楚的理論主導。有時從類型學的角度,站在寫作範式的高度來品評具體作品的得失,如論游山詩:"千古游山詩,五言以謝客爲祖,七言以公《山石》爲祖,後蘇子瞻極力擬之,終莫能及也。"又説:"李、杜如《登太山》、《夢天姥》、《望岱》、《西岳》等篇,皆渾言之,不盡游山之趣也,故不可一例論。子瞻游山諸作,非不快妙,然與此比并,便覺小了。此唯子瞻自知之。"①這簡直是一篇六朝、唐宋游山詩論,足見學識。在詩體方面,他甚至還注意到:"白戰之令雖出於歐,盛於蘇,不知公已先發之,咏雪諸作可按也。"②

有時他又從詩體辨析的角度説明韓詩的得失及奇特之處。如評韓愈律詩云:"退之律詩,如老杜絶句,別存一體可也。若欲與張、王、賈島等較工拙,則不必矣。格律之工,自屬張、賈諸人;絶句之妙,自歸李供奉、王龍標輩,然韓、杜豈以此貶損哉?"③這是説七律非韓愈所長,在整個創作中只能説是備體而已。又如批《會合聯句》:"聯句不必盡讀,然不可不觀玩,蓋韓、孟奇變處於此見之。若《城南》、《鬭雞》等,尤卓犖與正集相發耳。"這又暗示了韓、孟聯句的創新價值與可讀性的悖反,見解犀利。

在詩歌語言方面,李憲喬首先注意到韓愈的俚俗色彩。批《新竹》曰:"補林、爭地,并是俗語,特大大海中容得此渣滓耳。後來楊誠齋輩專意掎披此等,往往不能免俗。"他并没有正面肯定俗語,但承認無礙於韓詩,後人專學此道卻終難免俗。這麼看問題還是不失分寸的。在評《送區宏南歸》時,他指出"句法之變,此篇濫觴。如'落以斧引以纆徽'、'子去矣時若發機'是也",非但注意到這種上三下四的特殊句法,而且指出最早出現在本篇,不能不説是目光如炬,洞見細微。通常論韓愈詩歌,無論如何肯定其創新意義,也無法回避那些創新同時帶來的對可讀性的傷害。對此李憲喬採取了一種寓褒於貶的批評方式。《郴州祈雨》"行看五馬入,蕭颯已隨軒"兩句旁批:"公於此等實不能工,索性還他不工,正見高處。"《縣齋讀書》"南方本多毒,北客恒懼侵"兩句旁批:"此等處工妙不及柳州遠甚,而別有一種古味可念。"由此揭示韓愈非要將詩寫到不求人愛的執拗態度,即先師程千帆先生所説的,"韓愈是要將不是詩的東西硬做成詩,而且要人承認它是詩"④。

---

① 李憲喬:《選韓昌黎詩評》,《山東文獻集成》第三輯,第 47 册第 116—117 頁。
② 李憲喬:《選韓昌黎詩評》,《山東文獻集成》第三輯,第 47 册第 118 頁。
③ 李憲喬:《選韓昌黎詩評》,《山東文獻集成》第三輯,第 47 册第 116 頁。
④ 蔣寅:《立雪私記》,《學術的年輪》(南京:鳳凰出版社 2010 年版),第 288 頁。

　　王拯題李憲喬批本《韓昌黎詩集編年箋注》，極稱憲喬“平生尤用力韓詩者，評點精闢，多所發明”，但持不同評價者顯然也不乏其人。書內一葉白紙浮簽批云：“子喬於韓詩可謂性命以之者矣。見人妄議者，則奮然抨擊，有不自知甚過處，(中略)所謂嗜痂之癖也。”①實際上，作爲真正意義上的批評家，李憲喬當然不會因個人趣味而喪失應有的判斷力。他對韓詩的缺點也毫不客氣地提出過批評，如《謝自然》詩眉批：“韓集中惟此及《豐陵行》等篇②，皆涉議論直致，乃有韻之文，可置不讀。”又“感傷遂成詩，昧者宜書紳”兩句批：“説理極高妙，然是文體，非詩體也。”又曰：“以下直與《原道》中一樣説話。在詩體中爲落言詮矣。”這是韓愈以文爲詩的失敗例證。《宿龍宮灘》眉批：“起句實無好處，涪翁矯爲此論，某不欲强爲附和也。三四尤淺。時予舟過陽朔，日夜行灘間，求所謂周旋之妙，殊未見也。”這裏同時批評了韓詩的平庸和黃庭堅的評判失誤。

　　雖然李憲喬的批評相當精彩，一時過録其批語的傳本頗多，但年久事遐，源流漸泯。民國間王雲五編《國學小叢書》，收入程學恂《韓詩臆説》一種，據今人考證就是據李憲喬批語改竄，後人不知多引其説，而憲喬之名卻晦而不彰，幸而李憲喬手批的傳録本流傳至今，得以澄清黑白，他批評韓愈詩歌的成就也得到了肯定③。

四、以中唐爲參照系的本朝詩歌批評

　　高密詩派的詩學史意義不只體現在創作觀念的倡導上，從批評學的角度看也有其獨特的價值，一個最明顯的事實就是它比當時各詩派都更重視藝術表現，對作品的研究和剖析更爲細緻。從李憲喬評李秉禮《清明作》説“沈歸愚選詩多取忠孝之言，須知必如此乃真孝思，不然但言臣當盡忠，子當盡孝，里巷兒皆能語矣”④，即可看出其論詩先藝術表現而後倫理內容的

①　中山大學圖書館藏《韓昌黎詩集編年箋注》王拯題識，轉引自李福標文。
②　按：原本過録時“陵”誤作“陸”字。
③　有關此書論韓愈的得失，李建崑《〈韓詩臆説〉之論詩要旨與批評成就》(《國文學志》第21卷，彰化：彰化師範大學2010年12月)一文有細緻評述，可參看。
④　李秉禮：《韋廬詩集》卷三，清嘉慶三年(1798)家刊本。下文所引李憲喬評李秉禮詩語，皆見此書，只注明卷書。

態度,同時知道這種藝術表現取向,不僅貫穿在他們的中唐詩研究中,同時也延伸到當代詩歌批評。

隨著乾隆間詩話寫作風氣的丕變,當代詩歌批評在詩話中占據越來越大的比重,論詩而不及當代詩歌,簡直就不能算是詩論家。三李所撰詩話從這個意義上説也體現了時代風氣。李懷民多評點時輩詩集,還有《論袁子才詩》這樣的專門評論;李憲皓《定性齋詩話》中也有《評明末國初人詩》一篇,評僧南潛以下十七人詩,其中包括吳梅村、汪琬、李天馥、王士禄、王士禛、吳兆騫、梁佩蘭、姜宸英等名家;李憲喬不僅是高密詩學的傳播者,更是個熱心的當代詩歌評論家,對本籍山東和游宦地粵西的詩人都有不少評論。他們對本朝詩歌的批評,基本傾向是少所許可,多指摘前人詩作的缺陷,不僅可見前文提到的重法度的特點,也頗具詩歌史眼光。當李憲喬論及國初以來作者時,中唐詩常成爲一個背景性的存在或藝術上的參照,韋應物尤爲其中一個重要的參照系。《偶論四名家詩》評漁洋《龍潭登舟樓霞僧相送》詩,以爲"意取韋左司之格韻,而自加以粉澤,不知其中已非左司也。左司好處,全在不求好而味之無盡;阮翁極意求好,而味去卻無甚意思"①。評《毗陵歸舟》詩又云:"此等皆極擬韋蘇州'歸棹洛陽人,殘鐘廣陵樹'諸作,而無其幽靜孤逸之妙,且似有意著加色澤,便如畫家之王翬、吳宏仿倪雲林、黃大痴筆,雖極意求高,終不免帶甜俗氣。"這裏以韋應物爲衡量王漁洋詩作的尺度,頗值得玩味。王漁洋對韋應物,雖然評價高於歷來齊名并稱的柳宗元,但自己寫作未必就學他。李憲喬在此偏要坐實漁洋學韋,并且還斷言學得有點走樣,這就將王漁洋納入一個特定的評價框架中。事實上,王漁洋本是他要推倒的偶像之一,但他清楚無論以自己微弱的話語權抑或以中唐詩爲準的,都不足以否定甚至撼動王漁洋神韻詩學的地位。既然他不能漠視它,又無力反抗它,那麼就只好將它淡化。人們面對與己相左的藝術傾向,只有這三種方式可選擇。將王漁洋放到中唐詩的美學背景下討論,無形中就使神韻説淡出批評視野,同時又將王漁洋的創作與中唐詩的傳統疊合起來,使它們一同成爲高密詩學的背景性存在。在王漁洋詩學被淡化的同時,高密詩學相應地凸顯出來,成爲前景。

---

① 李憲喬:《偶論四名家詩》,山東師範大學圖書館藏青絲欄篆稿鈔本,封面題"偶論四名家詩厲山人附",封裏有"庚申春二月吳下後學何錦敬覽數過"題記,内容詳蔣寅:《清詩話考》(北京:中華書局 2007 年第 2 版),第 390—391 頁。

　　李憲喬曾爲摯友李秉禮評點《韋廬詩内集》，是他晚年評點僚友詩最重
要的一種，也是唯一流傳下來的一種。李秉禮（1748—1830）字敬之，號韋
廬，以父業鹺流寓桂林，捐資爲郎中，卻未赴銓，家擅園林之勝，李憲喬游宦
粤西日是賓座常客。秉禮所著《韋廬詩集》四卷，内集有憲喬評點，評語顯
示他晚年論詩每以中唐詩爲參照系。如卷一《我園四咏》憲喬評道：“此體
源於劉文房《龍門八咏》，其閑静幽渺之致亦遂不減。三、四發難顯於目前，
覺文房‘伊水連白雲，東南遠明滅’二句尚未爲深至。閬仙詩‘秋月離喧見’
可作末二語注脚。”按常識説，題咏自家園林的組詩昉於王維《輞川集》二十
首，但李憲喬這裏卻將體裁淵源追溯到劉長卿《龍門八咏》。《龍門八咏》是
題咏景觀的組詩，其源頭是沈約《八咏詩》，在類型上本與題咏園林有别。
李憲喬執拗地將李秉禮詩攀附於劉長卿——姑不考慮缺乏詩史常識的可
能性，應該意味著中唐詩是他們共同的藝術楷模，同時也是審美判斷的標
準。這種標準有時具體化爲某個局部的藝術表現，如同卷評《秋日園居雜
咏》其一“一葉因風下，四時如水流”，其二“舊事浮雲過，新涼薄簟知”兩
聯，憲喬施以同樣的評語：“三、四如此銜接，如此對法，所謂格也。”雖未説
明什麽格，但顯然是大曆詩慣用的“流水對”，這正是從格調的角度體認中
唐詩的例子。它反過來又成爲評論的參照，如卷三《題故開元寺》一首：“松
杪拂微霄，到來詩景饒。碑殘紀唐曆，寺闢自隋朝。塔影立斜照，鐘聲回遠
飈。幾多人世感，會向此中消。”憲喬評曰：“純是追模古格，可惜時人不能
知之。若得翁靈舒、趙紫芝輩來，便能知之。”正如前文已指出的，相似的藝
術追求使高密詩派成爲中唐姚合、張籍和南宋四靈的異代知音，現在我們
更清楚地看到，貫穿於其間的紐帶正是“格”，對這種中唐之“格”的認同不
可避免地使李憲喬的判斷不脱姚、賈一派的小巧趣味。比如，他會贊賞卷
一《春寒》頷聯“二月寒如此，孤篷思悄然”，説“三、四集中射雕”。有時甚
至因强事牽合而判斷走眼，像卷三《晤荻浦》詩云：“一别十餘載，百年能幾
何。自然雕鬢髮，況乃歷風波。握手翻疑夢，當杯且放歌。浮雲成底事，沉
水有青裳。”這乃是典型的大曆格調，字句也都從戴叔倫、司空曙詩脱化而
來，但憲喬卻推許其“一氣盤旋，摶挽處大有力。不知者詫爲擬初擬盛，都
不必然，止是直攄胸臆，無渣滓無隔礙，而筆與氣足以達之。無論初、盛、
中、晚、宋、元名手，到功力熟時皆有此境。但空滑無學者不得藉口耳。”又
稱贊其“不必有意學杜，而駸駸欲度高、岑前矣”。這裏雖表明不同意説其
擬初擬盛和學杜，但所以要樹立這麽個假設敵，不正是部分認可這種印象，

覺得此詩會給人那樣的感覺麼？然而這種感覺恰恰是很離譜的,若由此判斷他對唐詩的感覺,那就要説誤差很大。好在這只是偶然的例外,而且發生在五言詩中。七言李憲喬完全是宗法韓愈的,卷一《酬子喬見貽韋左司集》評語直接挑明了這一點:"直起似歐、梅。此七言體格,以韓爲宗主,歷宋元明國初諸大手皆因之。其訣不外妥帖排奡四字。但排奡不在氣勢,妥帖不在字句,卻從骨子堅挺處辨別。即如此作,正好在顛僕不破。若無其骨,難免一磕粉碎矣。"由此可見,他對七言詩的評判,無論是風格趣味還是批評的著眼點都與五言明顯不同。這是一個老到的詩論家應有的見識。

　　如果説上面這些批評實例表明,李憲喬的藝術判斷偶然有失誤之處,那麼一些負面批評似乎更能顯示他剖析作品的功力。評朱彝尊《董逃行》"清風細雨吹襟,提壺設席盍簪"一聯,指出:"擬古之作既全用古句法,不宜忽著此時俗常語,如宗廟彝勺之旁參以市磁,殊覺鄉氣。"①這是批評作品語言風格的不純,體會微至。又評王漁洋《蕭尺木楚辭圖畫歌》詩云:

> 畫爲《楚辭》,即説《楚辭》可矣。屈子之放流係在頃襄王時,《史記》因其繫心懷王,故叙懷王入關事。又原有"何不殺張儀"一語,故帶叙張儀欺楚一段,皆非《離騷》本旨也。此詩因《離騷》而及商於六百,已迂遠矣;乃又因張儀而及秦之賂盟,去題更遠。石桐先生謂之頭皮厚,秋谷所惱亦正在此。此等止就原詞鋪排,必遇有未曾讀《騷》者,乃驚喜矣;《騷》既人人讀過,何勞更爲抄寫傳告?

他批評王詩一味填充故實而流於陳熟,反致主旨迂遠而不明晰。類似的例子還有《南將軍廟行》,憲喬批道:"試讀王逢原、張巡詩,雖隔六七百年,尚如熱血淋漓。此詩不過才百年,已奄奄如冷灰,其中無生氣也。大概凡此等題,皆非阮亭所長,强爲之耳。"其中"賀蘭未滅將軍死,嗚呼南八真男子"一聯批:"用他現成話,卻不如本文有聲色。""中丞侍郎同日亡,碧血爛斑照青史"一聯又批:"到要緊處,不過如稗史贊忠烈話頭,太常熟,何以使人感動?"在他看來,這些不足都緣於題材不適於作者的才性而偏强作,以致適暴其短。《焦山古鼎詩同西樵賦》詩評又指出風格與作者才性的不合:"此

---

① 李憲喬:《偶評四名家詩》,山東師範大學圖書館藏稿鈔本。

漁洋變調,似欲學韓體者。不知公之性情、志氣、詣力與韓不相入,雖極爲排宕以取古拙,而中實無奇筆,貌爲奇耳,何殊望屠門大嚼也?"無論他的論斷是否準確,都給我們一個很好的提醒:王漁洋指點後輩學詩,以就各體之宜、隨性分之近爲宗旨①,但按李憲喬所見,他上面幾首詩恰好違背了這一宗旨,强賦不適合自己才性的題材,刻意模擬不適合自己才性的風格,最終落個畫虎不成、自暴其短的結果。這促使我們注意,在一個詩人的理論主張和創作實踐之間,因主客觀兩方面的原因,會出現各種不一致的情形。

儘管李憲喬晚年在擴大取徑範圍上已有所努力,爭奈終不出杜甫、韓愈藩籬,表現在對本朝詩歌的取捨上,就帶有明顯的偏嗜和傾向性。乾隆五十九年(1794),憲喬致袁枚長札,其中對查慎行有所批評,認爲其詩開卑靡之習,袁枚很不認同他的看法,辯駁道:

> 夫他山以前,詩之卑靡者,無萬萬數,不過不傳于世,故足下未見耳,非自他山濫觴。他山是白描高手,一片性靈,痛洗阮亭敷衍之病,此境談何容易! 若以流弊而論,則槎丫粗硬之弊,亦何嘗不自老杜開之? 韓昌黎之"蔓涎蝸出殼,角縮頭敲鏗",與《笑林》中所云"蛙翻白出闊,蚓死紫之長"又何以異? 足下之詩,酷摩韓、杜,故縱筆及之,爲思患預防之戒。②

這明顯是覺察到李憲喬論詩取徑之狹隘,而示以摒弃門户之見、容納異量之美的開放態度。袁枚回顧批評史上詩歌趣味的衝突,指出:"杜少陵不喜陶詩,歐公不喜杜詩;竟陵、公安、七子互相詆娸,王阮亭痛訾元、白,專主中唐;蔣心餘、錢嶼沙痛詆阮亭,專主初白。僕以爲皆是也,皆非也。是者,是其獨得之見,不隨人爲步趨;非者,非其所見之偏,不平心而察理。范蔚宗所謂能識同體之善,而忘異量之美,莊子所謂蔽於古而不知今,此學者之大病也。"四十八歲的李憲喬,非復吳下阿蒙,對詩已有了根深蒂固的見解和立場,袁枚的訓誡估計他很難接受。這封書札的起因是"憂近今詩教有以

---

① 這個問題我在《清代詩學史》第一卷第六章"清代詩學的發軔——山東詩學"曾有專門論述,見第695—699頁。

② 袁枚:《答李少鶴書》,《小倉山房尺牘》卷八,王英志主編:《袁枚全集》,第5冊第169—170頁。又見李憲喬:《與袁子才論詩教》,《山東文獻集成》第三輯,第47冊第177—179頁。

温柔敦厚四字訓人者，遂致流爲卑靡庸瑣”①，希望袁枚起而共挽之。這裏
“以温柔敦厚四字訓人者”，乃是指沈德潛而言。他在《凝寒閣詩話》中曾舉
《唐詩別裁集》裏的迂腐議論，説“吾所惡以温柔敦厚自命而流爲卑靡，致壞
詩教者，正此類也。兩粤士子爲詩者，大半爲此老所誤，不得不亟爲正
之”②。袁枚對此更覺得無謂，沈德潛過世多年，“此時如雪後寒蟬，聲響俱
寂，何勞足下以摩天巨刃，斬此枯木朽株哉”③！李憲喬這通書札讓袁枚深
感其持論過於固執，不得不就書中提到的詩學命題，從詩言志、體格到取法
乎上的師法原則，逐一破除其固執之見，最後揭示詩無定格、取法宜寬的原
則，從而解構杜甫、韓愈的唯一典範性。袁枚這一詩學路向李憲喬未必能
認同，但他後來對沈德潛的看法卻有所改變——不是緣於接受了袁枚的教
訓，而恰恰是讀了《隨園詩話》，讓他對沈德潛有了新的認識：“予初讀歸愚
《別裁集》，意大不喜之，曰何其靡也。其所謂温柔敦厚者，皆糟粕耳。及見
袁子才《詩話》所載，乃多鄙悖猥瑣，於是轉嘆是尚不如歸愚之爲愈也。”④
不過這對他本人和詩壇來説都已不重要。三年後憲喬卒於官守，他的詩學
心解只能留待親故、門生輩去傳揚了。

　　張維屏《聽松廬詩話》論及李懷民，稱“石桐先生生於漁洋、秋谷之後，
而能自辟町畦，獨標宗旨，可謂岸然自異，不肯隨人步趨者”⑤，高度肯定了
李懷民詩學的獨創性。的確，高密詩派以鮮明的理論主張與風格追求建構
了屬於自己的詩學理論，最終成爲清代中葉詩學史上一個不可忽視的重要
流派。
　　高密詩派的出現，對於清代詩學具有雙重歷史意義。就詩學史而言，
由於他們的鼓吹，中唐詩的地位得到大幅度的提升，韓、孟和姚、賈這兩股
中唐詩風的重要支流同時强化了其典範性。雍、乾之際雖出現了桐城二方
詩論中的中晚唐取向，但典範作家只限於劉禹錫、李商隱、杜牧、温庭筠等

① 袁枚：《答李少鶴書》，《小倉山房尺牘》卷八，王英志主編：《袁枚全集》，第 5 册第 169 頁。又見
　李憲喬：《與袁子才論詩教》，《山東文獻集成》第三輯，第 47 册第 177 頁。
② 李憲喬：《凝寒閣詩話》，《山東文獻集成》第三輯，第 47 册第 230 頁。
③ 袁枚：《再答李少鶴尺牘》，《小倉山房尺牘》卷一〇，王英志主編：《袁枚全集》，第 5 册第
　206 頁。
④ 李憲喬：《凝寒閣詩話》，《山東文獻集成》第三輯，第 47 册第 244 頁。
⑤ 張維屏：《國朝詩人徵略》初編卷四一，《續修四庫全書》影印清道光十年（1830）刊本，第 1713
　册第 13 頁。

工於七言的作家,而五言方面則如袁枚所説的"近學郊、島詩者最少"①。高密三李在中晚唐詩中偏取張籍、姚賈的清奇幽秀,旁及韓愈的雄肆排奡,整體上凸顯了中晚唐詩的價值觀。就詩歌創作而言,李氏昆季以《重訂中晚唐詩主客圖》指示後學,引領一方風氣,不僅從大傳統的層面上改變了一時詩風的取向,更在小傳統的層面上刷新了明代以來山東詩學宗法盛唐的格調派傳統。張昭潛《淡園先生墓志》稱:"山左自漁洋先生以明麗博雅爲詩壇圭臬者百年,其後流弊所至,以獺祭爲工,以聲調爲諧。高密李石桐懷民以張、賈之律救之,一時學者奉爲憲令,遂成風氣。"②高密詩學當時風靡山東詩壇的情形可見一斑。

　　(作者:中國社會科學院文學研究所研究員、嶺南大學中文系客座教授)

---

① 袁枚:《隨園詩話》補遺卷四,第 492 頁。
② 張昭潛:《淡園先生墓志》,《山東通志》卷一四五藝文志《淡園詩選》敘錄引《無爲齋文集》(臺北:華文書局影印本),第 4248 頁。

儀式與象徵：清順治十七年冒襄得全堂夜宴演劇述論

郭英德

【摘　要】清順治十七年（明永曆十四年，1660）五月，太倉（今屬江蘇蘇州）著名學者陳瑚（1613—1675）率門人瞿有仲（1626—?），拜訪如皋（今屬江蘇南通）名士冒襄（1611—1693）。冒襄在冒氏祖宅的得全堂開樽夜宴，出家樂，先後演出《燕子箋》、《邯鄲夢》兩部劇作。

　　賓主觀演《燕子箋》，激發起他们"故國不堪回首月明中"的追憶，冒襄以此説服陳瑚，不妨享受人生的有限逸樂，從而使這一觀劇活動成爲晚明風流生活的象徵儀式。而賓主觀演《邯鄲夢》，則喚醒了他们"別有一番滋味在心頭"的憤慨，陳瑚以此感召冒襄，應該堅守儒者的永恒氣節，從而使這一觀劇活動成爲清初隱逸生活的象徵儀式。

　　著意選取蘊含興亡感慨與人生況味的劇目，藉以傳達心中難以抑止的新愁舊恨，這是冒襄別具慧心的文化選擇，並成爲得全堂演劇活動含蘊丰富的儀式性象徵。作爲一種文化儀式，得全堂賞心悦目的演劇活動彌漫著明清易代之際士人的悲憤情緒與悼念氣息，並象徵著他们的往迹追懷和恢復憧憬。

　　冒襄纂輯、刊刻的《同人集》，作爲一種文本影像和文化記憶，強化了得全堂演劇的象徵儀式和儀式象徵。得全堂演劇活動是冒襄與同人精神對話的最佳方式，也是冒襄進行自我救贖的有效媒介，還是冒襄生存意義的鮮明象徵。

　　【關鍵詞】冒襄　陳瑚　演劇　儀式　象徵　《同人集》

一、儀式的場景："以勝國之逸民，
　　作騷壇之宗主"

　　清順治十七年庚子（1660）四月初，在"海内秦煙驚逐鹿"①的兵戈擾攘之中，太倉（今屬江蘇蘇州）著名學者陳瑚（1613—1675）②，率門人瞿有仲（1626—?）③，攜帶書劍行李，風餐露宿，歷經江蘇常熟、無錫、常州、丹徒、鎮江、揚州、泰州等地④，歷時 51 天。五月下旬，師徒一行至如皋（今屬江蘇南通），拜訪當地名士冒襄（1611—1693）⑤。

　　陳瑚與冒襄是明崇禎十五年（1642）秋應天府鄉試同年，房考同爲時任揚州（今屬江蘇）推官的湯來賀（1607—

圖一：冒襄畫像（《同人集》）

---

① 陳瑚：《別李艾山》，《確庵文稿》卷五上《淮南集》，《四庫禁毀書叢刊·集部》第 184 册影印清康熙五十三年（1714）序毛氏汲古閣刻本（北京：北京出版社 2001 年版），第 260 頁。此卷題注云："起庚子四月，盡九月。"

② 陳瑚，字言夏，號確庵，別署無悶道人、七十二潭漁父，私諡安道先生，太倉人。明崇禎十五年（1642）舉人，入清不仕。著有《聖學入門書》、《四書講義》、《求道錄》、《確庵文稿》、《頑潭詩話》等。參見王堥《陳先生瑚傳》，錢儀吉纂《碑傳集》卷一二七（北京：中華書局 1993 年版），第 3754—3757 頁；陳溥《安道公年譜》，《北京圖書館藏珍本年譜叢刊》第 71 册影印清光緒十八年（1892）太倉繆氏刻《東倉書庫叢刻初編》本（北京：北京圖書館出版社 1999 年版），第 273—386 頁。

③ 瞿有仲，號健毅，常熟（今屬江蘇）人。著有《焚餘集》、《瞿有仲集》等。雍正《昭文縣誌》卷七有傳，《中國地方誌集成》第 19 册《江蘇府縣誌輯》影印本（南京：江蘇古籍出版社 1991 年版），第 304 頁。

④ 陳瑚：《得全堂夜宴記》，冒襄輯：《同人集》卷三，《四庫全書存目叢書·集部》第 385 册影印清康熙間刊刻、乾隆修訂冒氏水繪庵刻本（濟南：齊魯書社 1997 年版），第 85 頁。該文又見陳瑚《確庵文稿》古文卷，第 383 頁。

⑤ 冒襄，字辟疆，號巢民，別署朴庵、樸巢，私諡潛孝先生，如皋人。明崇禎十五年（1642）舉人，入清不仕。著有《巢民詩集》、《巢民文集》、《影梅庵憶語》，輯錄《同人集》。參見冒廣生輯《冒巢民先生年譜》，《北京圖書館藏珍本年譜叢刊》第 70 册影印清光緒至民國間如皋冒氏刻《如皋冒氏叢書》本，第 359—510 頁。

1688）①。明清鼎革之後，陳瑚隱居昆山（今屬江蘇蘇州）之蔚村，與冒襄天各一方。整整闊別十八年，兩位好友再度相逢，冒襄興奮不已，攜同二子禾書（1635—?）、丹書（1639—1695），熱情地接待陳瑚師徒，將他們安置在冒家別院水繪園。

　　水繪園座落在如皋縣城東北隅碧霞山山麓，位於中禪寺和伏海寺之間。該園雛形，始建於明萬曆年間，原爲冒辟疆曾叔祖冒一貫所有②。清順治年間，冒襄在其祖父冒夢齡（1565—1635）所建逸園的基礎上，聘請著名園藝師張漣（1587—1673）等，重新加以規劃，構建了水繪園③。取名“水繪”，蓋因“繪者，會也”，“南北東西，皆水會其中”，而園中林巒花卉，亭臺樓閣，掩映若繪畫④。

　　陳瑚到如皋的第二天，冒襄父子特地在如皋集賢里冒氏祖宅的得全堂開樽夜宴。廳堂園亭演劇娛客，是明末以來江南士大夫重要的文化活動内容⑤。於是得全堂夜宴時，冒襄鄭重其事地出家樂演劇。得全堂演劇活動，對賓主雙方而言，既是一場非同尋常的象徵儀式，也蘊含著難以言喻的象徵意義⑥。

---

① 陳瑚《得全堂夜宴記》云：“昔崇禎壬午，予游維揚。維揚，吾師湯公惕庵宦游地也。予與冒子同出公門，因得識冒子。”冒襄輯：《同人集》卷三，第 85 頁。

② 楊受延等修、馬汝舟等纂：《如皋縣誌》（三）卷二二“古迹”，《中國方誌叢書》影印清嘉慶十三年（1808）刻本（臺北：成文出版社 1970 年版），第 2150 頁。關於明代如皋冒氏家族的狀況，參見白寶福：《明代如皋冒氏家族研究》（西南大學碩士學位論文，2010 年）。

③ 參見陳維崧：《明中憲大夫嵩少冒公墓誌銘》，陳維崧：《湖海樓集》卷六，清乾隆六十年（1795）浩然堂刻本；冒廣生輯：《冒巢民先生年譜》，第 368 頁；袁充美：《如皋冒氏逸園祠堂碑記》，冒襄輯：《同人集》卷三，第 87 頁；闕名《游冒氏水繪園記》，同上，第 83 頁。

④ 闕名《水繪庵記》，冒襄輯：《同人集》卷三，第 83—84 頁。按此文内容與《如皋冒氏宗譜》卷八陳維崧《水繪園記》基本相同，當爲陳氏撰。水繪園曾一度易名水繪庵，冒襄《水繪庵約言》云：“園易爲庵，庵歸僧主。我來是客，靜聽鐘鼓。”冒襄著、冒廣生編《巢民文集》卷五，《叢書集成三編》第 53 册影印《如皋冒氏叢書》本（臺北：新文豐出版公司 1999 年版），第 634 頁。

⑤ 關於明清時期廳堂園亭演劇風氣，參見陸萼庭：《昆劇演出史稿》（上海：上海文藝出版社 1980 年版），第 120 頁；劉水雲：《明清家樂研究》（上海：上海古籍出版社 2005 年版），第 387—396 頁。

⑥ 儀式是人類文化的一種存在方式，是“一系列具有可重複模式並表達共同價值、意義和信念的正式活動。”A. Edgar & P. Sedgwick eds. , *Cultural Theory: The Key Concepts*. （London and New York：Routledge,2003），p340. 象徵是人類文化的一種信息傳遞方式，既指文化表現的載體（即“象徵符號”），也指文化行爲的表達（即“象徵意義”）。本文對儀式與象徵之關係的論述，主要借鑒現代象徵人類學（Symbolic Anthropology），尤其是英國學者維克多·特納（Victor Turner, 1920—1983）的觀點。參見維克多·特納《象徵之林：恩登布人儀式散論》（*The Forest of Symbols: Aspects of Ndembu Ritual*），趙玉燕等譯（北京：商務印書館 2006 年版）。

圖二：得全堂近照

圖三：陳瑚（《清代學者像傳》）

出乎意料之外的是，陳瑚一見冒襄出家樂演劇，立即"色變，起固辭，而重違冒子意，乃復坐"①。這種反常的舉動，顯示出陳、冒二人的性格差異。陳瑚與冒襄之所以惺惺相惜，臭氣相投，當然是因爲在滄桑巨變之後，二人都同樣高蹈鄉里，拒絕清廷徵召，志節耿耿如日。但是，作爲復社同志、科舉同年、遺民同仁，陳、冒二人的性格品德、爲人處世卻迥然不同②。

陳瑚素來以嚴謹端方的學者著稱於世。他九歲時即"端重有成人度"③，成年時與同志"約爲聖賢之學"④，講求"進德修業之

---

① 陳瑚：《得全堂夜宴記》，冒襄輯《同人集》卷三，第 85 頁。
② 黃語稱陳瑚爲"苦隱者"，冒襄爲"善隱者"，可備一説。見黃語《善隱者與苦隱者的情感共鳴——得全堂夜宴始末及其影響》，載於《西北師大學報（人文社會科學版）》2010 年第 3 期，第 44—49 頁。
③ 陳溥：《安道公年譜》卷上，第 289 頁。
④ 王鏊：《陳先生瑚傳》，錢儀吉纂《碑傳集》卷一二七，第 3754 頁。

法"①。入清後,陳瑚隱居昆山蔚村,立志著書傳道,清貧自守。時人與後人無不對他讚譽有加,稱許他："恂恂自好,式金式玉,絕無廉隅圭角之迹,蕭角蓬蓽。"②"磨礲名行,磢礪經術,學者確然奉爲大師。"③"躬耕樂道,言可師而行可法。"④

而冒襄在明末就是一位風流倜儻的文人,給時人的印象是"舉止藴藉,吐納風流"⑤,"兀傲豪華,睥睨一世"⑥。他時常招搖過市,"飾車騎,鮮衣裳,珠樹瓊枝,光動左右",人們驚歎爲"神仙中人"⑦。入清後,冒襄雖然隱居如皋,卻始終不甘寂寞,常常在水繪園中呼朋喚友,"耽詩酒、園亭、絲竹之盛"⑧。他曾不無得意地説："《閒情》自賦,托身於孤雲野鶴之間;舊社堪尋,問侶於明月吹簫之畔。"⑨在後人的記憶中,冒襄的形象儼然是"以勝國之逸民,作騷壇之宗主,跌宕文酒,逍遙林壑"⑩。

在清初改朝換代、山河板蕩的社會文化情境中,身爲遺民,像陳瑚這樣潔身自守、甘於寂寞,自然有口皆碑,堪爲表率;而像冒襄這樣飛揚跋扈,縱情聲色,肯定多遭非議,爲人不齒。瞿有仲説："東皋人士無不樂道先生行事,獨其溺情聲歌,有以此少先生者。"⑪這可以代表當時的社會輿論。當然也有人爲冒襄的行爲巧爲辯解,認爲生活在這樣的年代裹,與其靜心枯守,不如自娛解脱。蓋州(今屬遼寧營口)人卞永吉就曾稱許冒襄爲"善隱",並承漢淮南王劉安之意,説："彼高尚者,何必終其身對古木怪石、冷澗孤峰,

---

① 陳瑚;《得全堂夜宴記》,冒襄輯:《同人集》卷三,第85頁。
② 白登明:《確庵文稿序》,陳瑚:《確庵文稿》卷首,第201頁。
③ 錢謙益《陳確庵集序》,錢謙益撰、錢曾箋注、錢仲聯標校:《牧齋有學集》卷二〇(上海:上海古籍出版社1985年版),第847頁。
④ 張伯行:《陳確庵先生文集序》,陳瑚:《確庵文稿》卷首,第198頁。陳瑚這種性格的養成,跟他的家教不無關係。其父陳朝典(1581—1662),字徵五,號温如,課徒湄川,好談古來高人獨行,學者稱温如先生,著有《眉川詩集》、《南沙集》、《蔚村集》。
⑤ 吳偉業:《冒辟疆五十壽序》,吳偉業撰、李學穎集評標校:《吳梅村全集》卷三六(上海:上海古籍出版社1990年版),第773頁。此文又見冒襄輯:《同人集》卷二,題爲《祝冒辟疆社盟翁先生雙壽序》,第48—49頁。
⑥ 余懷:《冒巢民先生七十壽序》,冒襄輯:《同人集》卷二,第68頁。
⑦ 陳瑚:《得全堂夜宴記》,同上卷三,第85頁。
⑧ 葛雲芝:《五十雙壽序》,同上卷二,第51頁。
⑨ 冒襄:《友人稱觴詩引》,冒襄著、冒廣生編:《巢民文集》卷五,第604頁。
⑩ 顧翰:《鳳皇臺上憶吹簫》詞序,顧翰:《拜石山房詞鈔》卷四,《續修四庫全書·集部》第1726冊影印清光緒十五年(1889)許增榆園刻本(上海:上海古籍出版社2002年版),第139頁。
⑪ 瞿有仲:《巢民冒先生五十榮壽序》,冒襄輯:《同人集》卷二,第55頁。

餐雲霞,侶麋鹿哉!”“高人何必長踽踽,神放雲阿身廊廡。小隱大隱迹不拘,拂拂清風自今古。”①

　　其實,陳瑚在崇禎年間也曾經年輕氣盛,放浪不羈。彎弓舞劍,縱酒觀樂,這原本就是身處亂世的明末文士普遍的生活方式和行爲風貌。他後來回憶道:“昔崇禎壬午(十五年),予游維揚……予寓魯子載馨家②,魯子爲予置酒,亦歌《燕子箋》。一時與予交者,冒子、魯子而外,尚有王子螺山、鄭子天玉。諸君皆年少,心壯氣豪,自分掉舌握管,驅馳中原,不可一世。”但是因爲身逢鼎革之變,陳瑚立志頓改前行,選擇了與冒襄截然不同的生活方式:“倦觀歌舞也,十有七年矣。”直至順治十六年(1659)在太倉王時敏(1592—1680)家坐館,才又觀樂聽歌:“其家有伶人張者,年七十五,能唱‘大江東’曲。主人召之爲予歌,不勝‘何堪舊人’之感。”③

　　因此,陳瑚在内心裏應該很能體諒冒襄溺情園林聲樂的生活方式,甚至羨慕冒襄能得江北的地利之便,在清初動蕩年代裏尚能獨享其樂。水繪園重逢之後,他爲冒襄夫婦撰寫壽序,由衷感慨道:“江北地饒而賦輕,俗樸而風儉。年來官斯土者,又多賢有司……故巢民得享其碧水紅泉之盛。若江南則賦煩役重,富家大室蕩然於鈎考征比之中,催科之吏日噪於門,武陵雞犬所過無遺。”④

　　時人稱道冒襄:“然先生大節挺然,不獨以風流文采擅場……晚年卻掃家居,游觀色藝,諸奉御頓不及前,而朋友聚會觴詠之樂,終不能釋。”⑤可以説,風流名士與氣節遺民的奇妙組合,這正是冒襄的“長項”,體現出清初此類文士獨具風標的雙重人格。

　　值得注意的是,冒襄的這種人格特徵得以獲得當時社會的普遍認可,

---

① 卞永吉《招隱詩》並序,同上,第 62 頁。卞永吉於康熙十二年至二十一年任揚州管糧通判,清伊會一等纂修《揚州府誌》卷一九,《中國方誌叢書·華中地方》第 146 號影印清雍正十一年(1733)刻本(臺北:成文出版社 1975 年版),第 241 頁。

② 魯載馨,名東錡,江都(今屬江蘇揚州)人。《同人集》卷三誤刊爲“魯戴馨”,據《確庵文稿》改。

③ 陳瑚:《得全堂夜宴記》,冒襄輯:《同人集》卷三,第 85 頁。

④ 陳瑚:《冒巢民年兄蘇孺人年嫂合百歲壽序》,同上卷二,第 54 頁。同樣將江北的揚州與江南的蘇州作對比,吳偉業致信冒襄時也説:“因念風雅道喪,一二遺老,汩没於窮愁催科之中,不能復出;若兄翁之陶寫詩歌,流連賓從,有子弟以持門户,有田園以供饘粥,海内誠復幾人哉!”吳偉業撰、李學穎集評標校:《吳梅村全集》卷五九《補遺·與冒辟疆書》,第 1176 頁。此信寫於丁未年(康熙六年),又見冒襄輯《同人集》卷四,第 163 頁。參見馮其庸、葉君遠:《吳梅村年譜》(北京:文化藝術出版社 2007 年版),第 407 頁注釋17。

⑤ 盧香:《冒巢民先生傳》,冒襄輯:《同人集》卷首,第 14 頁。

在某種意義上，恰恰得益於這次陳瑚造訪冒家，尤其是得益於得全堂夜宴觀劇活動的象徵儀式及其書寫。第二年（順治十八年，1661），太倉人王挺撰《祝冒辟疆社盟翁先生雙壽序》，道："庚子夏，余友確庵陳子，渡江過訪，唱和浹旬，縱觀其園亭聲伎之盛，歸而述之，乃知冒子固有才而高隱者也。"①"乃知"二字頗有深意，隱然道出冒襄"以勝國之逸民，作騷壇之宗主"的形象，從不爲人知到爲人所知的過程。看來，陳瑚在得全堂觀劇之後，"歸而述之"，不僅描述了水繪園"園亭聲伎之盛"的實況，而且揭示了冒襄"有才而高隱"的心迹。那麼，這種心迹究竟是什麼呢？

二、象徵的儀式："撫今追昔，能不泫然"

據陳瑚《得全堂夜宴後記》記載，順治十七年五月兩次參加得全堂夜宴觀看戲曲演出的，除了冒襄、陳瑚、瞿有仲以外，還有佘啓美（字公佑）、錢季翼、錢持正、石璜（字夏宗）、張季雅、張小雅、宗裔承、郤昭伯、冒席仲等。這些人之所以因陳瑚師徒的來訪而歡聚一堂，因爲他們都是趙自新（1595—1647）的"門生故舊"②。

早在明崇禎元年（1628），陳瑚十六歲時，就受《易經》於趙自新③。崇禎甲戌、乙亥間（七年至八年，1634—1635），趙自新開帳於如皋隱玉山房，一時從游者甚衆④。在明清之際，趙自新是一位具有"剛果之氣，挺然不拔之操"的文士，從游於他門下的這些人士，也"皆有志爲古人之學"⑤。因此，冒襄組織的得全堂夜宴演劇活動，並不是一般的友人宴飲，而是有著密切的學緣關係的知己聚會。他們在觀劇時，"談（趙）先生遺言往行，相與歡

---

① 王挺：《祝冒辟疆社盟翁先生雙壽序》，冒襄輯：《同人集》卷二，第 52 頁。
② 陳瑚：《得全堂夜宴後記》，同上卷三，第 86 頁。該文又見陳瑚《確庵文稿》古文卷，第 384 頁。參見陳瑚：《再宴得全堂，爲主人者皆遊於吾師我完先生之門者也，追悼吾師，泫然有作》，《確庵文稿》卷五上《淮南集》，第 261 頁。趙自新傳見翁州老民《海東逸史》卷一七，《續修四庫全書》第 444 冊"史部·雜史類"影印民國二十三年（1934）張氏約園刻《四明叢書》第二集本，第 451 頁。
③ 陳溥：《安道公年譜》卷上，第 291 頁。陳瑚《吳匡威先生詩序》云："長而受《易》於樽匏趙先生。"陳瑚《確庵文稿》古文卷，第 316 頁。
④ 陳瑚：《冒穀梁制義序》，同上，第 356 頁。
⑤ 陳瑚：《得全堂夜宴後記》，同上，第 384 頁。

息"①，激蕩起發自深心而難以言表的一種情感共鳴。由此，得全堂觀劇評曲，便成爲這種情感共鳴的象徵儀式。

　　這種發自深心而難以言表的情感共鳴，由所觀演的劇目益發得以激發和張揚。得全堂第一次夜宴演出阮大鋮（1587—1646）的《燕子箋》，第二次夜宴演出湯顯祖（1550—1616）的《邯鄲夢》。冒襄刻意選擇這兩個演出劇目，不僅因爲這是冒家班的拿手好戲，而且還另具深意②。

圖四：明末刻本《燕子箋》書影
（《古本戲曲叢刊二集》）

阮大鋮的《燕子箋》敘寫唐代扶風士子霍都梁和曲江妓女華行雲、宦家小姐酈飛雲的戀情故事。該劇約撰成於明崇禎十五年（1642）③，恰巧是冒襄與陳瑚中舉之年。這年陳瑚在揚州，冒襄在南京，都曾經觀賞此劇演出。時隔十八年，重觀此劇，撫今追昔，他們不勝感慨萬千。

　　像烙印一樣銘刻在陳瑚心中的，是崇禎十五年在揚州同魯載馨等友人同觀《燕子箋》的情形。順治十七年途經揚州時，他撰《揚州雜感六首》組詩，其五云："看看賓榻藉高眠，忽忽蘇卿塞外年（原注："一別十九年矣"）。入夢尚疑吞鳥藻，移情還記撥湘弦。春衫夜踏瓊花觀，綺席聽歌《燕子箋》。此日聞君最蕭瑟，種瓜已傍邵平田。"④

　　暌隔十八年，在得全堂再度觀看《燕

---

① 陳瑚：《得全堂夜宴後記》，同上，第 384 頁。
② 冒襄家班演劇，劇目選擇大都別具深心。如清康熙四年（1665）三月三日，王士禛（1634—1711）至水繪園修禊，冒襄在園中寒碧堂，命家樂演出《紫玉釵》、《牡丹亭》等劇，以迎佳賓。冒襄：《水繪庵修禊記》，冒襄輯：《同人集》卷三，第 94 頁。因爲宴會的主角王士禛是一位風流倜儻的少年新貴，所以冒家班特意演出才子佳人劇，在笙歌鼓樂中，重現明末江南的太平風貌，以體現盛世之音。
③ 郭英德：《明清傳奇綜錄》卷三（石家莊：河北教育出版社 1997 年版），第 388 頁。並參孫書磊：《明末清初戲劇研究》（北京：社會科學文獻出版社 2007 年版），第 236—240 頁。
④ 陳瑚：《確庵文稿》卷五上《淮南集》，第 258 頁。此詩末注："懷魯載馨也。"瓊花觀爲揚州著名道觀。所謂"一別十九年矣"，當爲前後年合以計之。

子箋》，陳瑚不禁悲從中生，竟至不能終曲："歌未半，予避席，興，揖冒子曰：'止。'客問曰：'何爲？'予曰：'古人當歌而哭，謂不及情。然憂從中來，竊有所感而不能舍然也。'"遙想十八年前，"時四方離亂，淮海晏如，十二樓之燈火猶繁，二十四橋之明月無恙"。揚州的繁華氣象和少年的沖天豪情，恍惚猶在目前，但卻宛如隔世："曾幾何時，而江河陵谷，一變至此。"①

清順治十七年前後，恰是"萬方多難日，豺虎正紛紛"②。順治十六年（1659）正月，清軍襲取昆明（今屬雲南）；閏正月，永曆帝朱由榔（1623—1661）出奔緬甸。南明王朝已經命懸一絲。五月，鄭成功（1624—1662）、張煌言（1620—1664）大舉北上。六月，鄭成功連克瓜洲、鎮江（今皆屬江蘇），包圍江寧（今江蘇南京）。七月，張煌言兵徇大江南北府州縣，連下十九城，遠近響應，東南大震。但是不久鄭成功兵敗江寧，損失慘重，與張煌言兵遁入海，退守廈門（今屬福建），所得州縣復失。抗清勢力陷入孤絕之境。歲末，清廷繼興"通海案"，網羅酷嚴，株連甚廣。順治十七年正月，嚴禁江南不得妄立社名，投刺往來③。

這年四五月間，陳瑚從太倉到如皋，一路行來，"所見皆馬矢駝塵，黃沙白草。問昔年之故人，死者死而老者老矣"④！他在《揚州雜感六首》其一中寫道："亂餘無夢度維揚，此日重遊淚數行。鼓角一城空鳥雀，風沙千隊散牛羊。笙歌院落橫樵涇，燈火樓臺作戰場。蕭瑟只應前代柳，顰眉含怨倚斜陽。"⑤

有感於此，在得全堂夜宴觀演《燕子箋》劇時，陳瑚對冒襄深深感歎道："撫今追昔，能不泫然而忍復終此曲哉？"⑥觀劇之餘，他仍然心有餘悸地慨歎："千里烽煙入夢寒，殘山剩水異鄉看。"⑦直到回鄉後，他還耿耿於懷地

① 陳瑚：《得全堂夜宴記》，冒襄輯：《同人集》卷三，第 85 頁。
② 陳瑚：《映碧橋梓攜樽餞別於五里亭，又以义兵船衛送至泰州，因詠二首》其二，《確庵文稿》卷五上《淮南集》，第 260 頁。
③ 蔣良騏：《東華錄》卷八，《續修四庫全書》第 368 冊"史部·編年類"影印清乾隆間刻本，第 332—334。參見中國人民大學清史研究所編：《清史編年》第一卷（順治朝）"順治十六年"、"順治十七年"（北京：中國人民大學出版社 1985 年版），第 527—565 頁。
④ 陳瑚：《得全堂夜宴記》，冒襄輯：《同人集》卷三，第 85 頁。
⑤ 陳瑚：《確庵文稿》卷五上《淮南集》，第 258 頁。
⑥ 陳瑚：《得全堂夜宴記》，冒襄輯：《同人集》卷三，第 85 頁。
⑦ 陳瑚：《訪巢民先生宴集得全堂即次元韻》其一，同上卷六，第 266 頁。此詩又題《得全堂夜宴次巢民原韻四首》其一，陳瑚：《確庵文稿》卷五上《淮南集》，第 261 頁。

説：“每回首舊事,未嘗不感憤悲涼,停杯三歎也。”①

　　聽完陳瑚一番感慨今昔的痛切陳辭,冒襄仰天而歎,苦笑著答道：“君其有感於《燕子箋》乎？予則更甚。不見梅村祭酒之所以序予者乎②？猶記金陵罵座時,悲壯激昂,奮迅憤懣,或擊案,或拊膺,或浮大白,且飲且詬詈。一時伶人,皆緩歌停拍。歸告懷寧,而禍且不旋踵至矣。當是時,《燕子箋》幾殺予。”③冒襄的這段自我陳述出自陳瑚的手筆,更顯得言者有意而聽者有心。

　　冒襄所説的,是崇禎十五年秋在金陵,偕秦淮名妓董小宛(1624—1651)④,與諸友人觀看《燕子箋》,以至得罪阮大鋮的故事⑤。

　　冒襄與董小宛在崇禎十二年(1639)初會於蘇州半塘。此後幾經波折,歷時三年,這一對才子佳人終於在崇禎十五年端午日得以聚合⑥。這年中秋之夜,復社文人陳則、李標首倡,在秦淮河畔劉履丁寓所桃葉渡水閣,聚集同人宴飲觀劇,爲冒襄和董小宛洗塵。同時在座的有董小宛的好友顧媚、李小大等秦淮佳麗,冒襄友人李雯(1607—1647)、魏學濂(1608—1644)也前來湊趣。多年以後,冒襄追憶道：“一時才子佳人,樓臺煙水,新聲明月,俱足千古。至今思之,不異遊仙枕上夢幻也。”⑦

　　但是這次桃葉渡觀劇的喜慶歡宴,卻意外地發展成爲一個“觀劇罵座”

---

①　陳瑚：《冒巢民年兄蘇孺人年嫂合百歲壽序》,冒襄輯：《同人集》卷二,第 53 頁。

②　指吳偉業《冒辟疆五十壽序》,見吳偉業撰、李學穎集評標校：《吳梅村全集》卷三六,第 773—774 頁。冒襄《往昔行·跋》云：“憶庚子春,犬馬之齒五十,其年同兩兒乞梅村祭酒文,爲余舉觴。中間反覆敘述,多致歎余與其年尊人定生、侯朝宗,置酒雞鳴塒,大罵懷寧,後申、酉幾禍,得脱。此文祭酒集中盛傳,在其年實述之一稍誤也。”冒襄輯《同人集》卷九,第 376—377 頁。其年即陳維崧,參見其《恭賀冒巢民老伯暨伯母蘇孺人五十雙壽序》,同上卷二,第 60 頁。

③　陳瑚：《得全堂夜宴記》,冒襄輯：《同人集》卷三,第 85 頁。

④　董小宛,名白,一字青蓮,別署青蓮女史,江寧(今江蘇南京)人。傳見冒襄《影梅庵憶語》,《續修四庫全書》第 1272 册影印清道光間世楷堂刻《昭代叢書》本,第 232—249 頁；張明弼《冒姬董小宛傳》,冒襄輯：《同人集》卷三,第 104—105 頁。參見孟森：《董小宛考》,孟森：《心史叢刊三集》(北京：中華書局 2006 年版)；吳定中：《董小宛彙考》(上海：上海書店出版社 2001 年版)。

⑤　李孝悌《冒辟疆與水繪園中的遺民世界》以爲復社人士觀劇得罪阮大鋮之事,發生在崇禎十二年,見《戀戀紅塵：中國的城市、欲望與生活》(上海：上海人民出版社 2007 年版),第 59—60頁。此係失考,誤將《留都防亂公揭》事件與觀劇事件混爲一談。參見冒襄《往昔行·跋》,冒襄輯：《同人集》卷九,第 376—377 頁。

⑥　關於冒襄與董小宛的遇合情緣,參見王利民等《冒辟疆與董小宛》(北京：中华书局 2004 年版),郭鋭《江城細雨碧桃村：冒辟疆與董小宛》(濟南：齊魯書社 2000 年版)。

⑦　冒襄：《影梅庵憶語》,第 236—237 頁。參見張明弼：《冒姬董小宛傳》,冒襄輯：《同人集》卷三,第 105 頁。

的"政治事件"。冒襄等事先預約阮大鋮家樂演出，阮家伶人卻臨時以家宴推辭，復社諸人即命僕人前往阮家，在其門前鼓噪。阮大鋮正想要巴結復社人士，於是立刻派僕人持名帖，押同全班家樂，至河亭供演，並約定明日登門拜訪冒襄。冒襄當即故作姿態，留下阮家伶人演劇，卻聲稱伶人乃定於淮清戲寓，並不知是誰氏家樂。同時拒絕阮大鋮的約訪，退回來帖。

　　當晚，《燕子箋》"演劇妙絕"，復社諸子"每折極讚歌者，交口痛罵作者。諸人和子一（按，即魏學濂）聲罪，醜詆至極，達旦不休"。伶人回去後，泣告阮大鋮，阮遂心生怨恨①。

　　這一"觀劇罵座"事件，成爲阮大鋮得勢於南明弘光政權後，大肆迫害復社士子的導火索，至少對冒襄來説是如此②。

　　《燕子箋》積聚著如此沉重的往事舊恨，對冒襄來説，已經成爲一種刻骨銘心的"文化記憶"③。於是該劇的演出就成爲一種獨特的象徵儀式，足以連接過去、現在和將來，從而泯滅了歷史和時間，不斷地以重演和再現等方式喚起對往昔的記憶，並通過對這些記憶的重構、增飾和渲染等行爲，彰顯這一儀式的象徵性意義和合法性旨趣。

　　正因爲如此，該劇成爲冒氏家樂的保留劇目，前後幾十年，幾代伶人一直傳演不息。直到康熙二十四年（1685）夏天，泰州（今屬江蘇）詩人黃雲（1621—1702，字仙裳）至如皋，拜訪七十五歲高齡的冒襄，冒襄仍然開得全堂，令家樂演出《燕子箋》。他深深地感慨："己卯《公揭》百四十人，壬午罵座三十餘人，今無一存。"並當場賦詩道："《燕子箋》成極曼殊，當年看罵動南都。非關舊恨銷亡盡，細數同聲一個無。""如今萬有全無有，天與歌兒付老郎。"④

---

① 以上兩段，參見冒襄：《往昔行·跋》，冒襄輯：《同人集》卷九，第378頁。
② 當然，阮大鋮迫害復社士子，更爲重要的原因，還是著名的崇禎十二年《留都防亂公揭》事件，參見陳貞慧：《書事七則》之《防亂公揭始末》，《叢書集成續編·史部》第26册影印《昭代叢書》本（上海：上海書店1994年版）；錢杭、承載：《十七世紀江南社會生活》（臺北：南天書局1998年版），第77—86頁。
③ 此處論述借鑒德國學者簡·奧斯曼（Jan Assmann，1938—　）的"文化記憶理論"，他指出："文化記憶是一個集體概念，它指所有通過一個社會的互動框架指導行爲和經驗的知識，都是在反復進行的社會實踐中一代代地獲得的知識。"根據阿斯曼的觀點，文化記憶形成的關鍵性環節，在於文本和儀式的經典化，即被確定爲具有某種神聖性的典範。Jan Assmann，"Collective Memory and Cultural Identity"，Jan Assmann & John Czaplicka eds.，*New German Critique*，No. 65，*Cultural History/Cultural Studies*.（Spring – Summer，1995），pp. 125 – 133. 中譯文見陶東風、周憲主編：《文化研究》第11輯（北京：社會科學文獻出版社2011年版），陶東風譯，第3—10頁。
④ 冒襄輯：《同人集》卷一〇，第433頁。又汪之珩輯：《東皋詩存》卷三三，錄清乾隆間冒春榮（字含山）《與水繪園歌人金菊》詩，其二道："《燕子》《春燈》阮大鋮，當年顧曲恨難平。紫雲已去楊枝死，對爾猶然見老成。"可知乾隆年間冒氏家樂仍然傳演《燕子箋》。參見陸萼庭：《昆劇演出史稿》，第127頁。

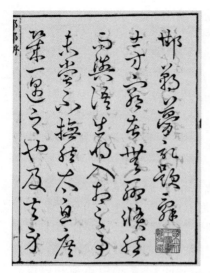

圖五：明末刻本《邯鄲夢》書影
（《古本戲曲叢刊初集》）

觀演《燕子箋》的第二天晚上，冒襄又請陳瑚觀賞《邯鄲夢》演出。如果說，觀演《燕子箋》，激發起“故國不堪回首月明中”的追憶，冒襄以此說服陳瑚，不妨享受人生的有限逸樂，從而使這一觀劇活動成爲晚明風流生活的象徵儀式；那麽，觀演《邯鄲夢》，則喚醒了“別有一番滋味在心頭”的憤慨，陳瑚以此感召冒襄，應該堅守儒者的永恒氣節，從而使這一觀劇活動成爲清初隱逸生活的象徵儀式。

冒襄一面觀賞《邯鄲夢》演出，一面傷感地對陳瑚說：“嗟乎！人生固如是夢也，今日之會，其在夢中乎？”①湯顯祖的《邯鄲夢》傳奇，敍寫書生盧生在邯鄲縣趙州橋小店中，得到仙人呂洞賓贈送的磁枕，高臥枕上，酣然入夢，歷盡六十年榮華富貴，一覺醒來，店主人煮的黃粱飯尚未熟透。盧生於是頓然憬悟，飄然出家。此劇激發起冒襄心中强烈的幻滅之感，無論是故國昇平還是繁華人生，都猶如黃粱一夢，倏忽即逝，留存在心中的只有刻骨的慘痛和無奈的超脱。

冒襄似乎還沉浸在昨夜觀賞《燕子箋》時的感慨之中，難以解脱。當時他曾說：“迄於今，懷寧之肉已在晉軍，梨園子弟復更幾主。吾與子尚俯仰醉天，偃蹇濁世，興黃塵玉樹之悲，動喚宇彈翎之怨。謂之幸耶，謂之不幸耶？”②對往昔繁華煙消雲散的沉痛追憶，成爲冒襄晚年生活中時時“反芻”的情感寄託③。在冒襄看來，人生就像黃粱一夢，終歸幻滅④。入清以後，這

---

① 陳瑚：《得全堂夜宴後記》，冒襄輯：《同人集》卷三，第 86 頁。
② 陳瑚：《得全堂夜宴記》，同上，第 85 頁。
③ 劉體仁《悲吒一篇書水繪庵集後》說：“辟疆得名久而年又高，念故人零落，生平勝賞豪舉，皆如夢幻，時時追述，以抒其悲。”同上卷三，第 113 頁。
④ 從湯顯祖《邯鄲夢》傳奇中，明末清初的讀者往往體悟到“人生如夢”的感傷。如明季沈際飛《題邯鄲夢》，即云：“死生，大夢覺也；夢覺，小死生也。不夢即生，不覺即夢。百年一瞬耳。奈何不泯恩怨，忘寵辱，等悲歡離合於漚花泡影，領取趙州橋面目乎？”湯顯祖著、沈際飛評：《獨深居合選玉茗堂集·邯鄲夢》卷首，明末刻本。

種宗教信仰一直成爲他撫慰受創心靈的良藥①。

然而，同樣觀賞《邯鄲夢》演出，陳瑚卻超越了"人生如夢"的感傷，而直接品嘗現實人生的苦難。他以詩言志云："雪滿弓刀血裏巾，燕然山下夢中身。楚囚空灑新亭淚，不見邯鄲作夢人。"②

因此，聽到冒襄"人生如夢"的感慨後，陳瑚先是"仰而歎，俯而躊躇久之"，然後便抒發了一通對明末士大夫"皆好功名，嗜富貴，如青蠅，如鶩鳥，汲汲營營，與邯鄲生何異"的嘲諷。他以湯顯祖拒絕大學士張居正（1525—1582）"求天下名流以厭群望"的故事③，強調湯"可爲狂流之一柱"的錚錚氣節。這種錚錚氣節，恰恰是古往今來儒者的情懷："鶉首之剪，翟犬之賜④，亦當時君子睠念宗周，興懷故國。怪夫強暴如秦，何以一天下；悖逆如趙，何以享晉國。涕之無從，不得已而呼天。"

陳瑚進而引申道："物之有生必有死也，有始必有終也。"而佛、道二家，畏懼死亡，"而思避之，避之不得，乃設爲妄誕之辭，以炫惑當世"。所以"夢幻泡影之説"純屬虛幻，不可憑據，只能使"大丈夫莫大莫遠之任，一切付之雲飛煙散、酒闌夢覺間"。天地間唯有儒者之道，"獨無窮極也"，"與天地同其健，與日月同其明，與山川草木、鳥獸魚龍同其變化，且天賴以成，地賴以平，日月賴以明，山川草木、鳥獸魚龍賴以咸"。儒者之道，亘古永存，不僅與天地日月、山川草木、鳥獸魚龍同存並在，而且成爲天地日月、山川草木、鳥獸魚龍的精神所聚。因此，必須終生堅守信持儒者之道，張揚錚錚氣節，豈可以"人生如夢"相推諉？

因此，陳瑚強調説："今吾與諸君子同遊吾師之門，緣有志爲古人之學。吾師往矣，而其剛果之氣，挺然不拔之操，尚有能言之者，當與諸君子共勉之！"這番言辭如雷貫耳，在座諸人聽罷，皆起而謝之，説："善，敢不早夜以

---

① 關於冒襄的宗教信仰，參見李孝悌：《儒生冒襄的宗教生活》，見其《戀戀紅塵：中國城市、欲望和生活》，第103—126頁。

② 陳瑚《和有仲觀劇斷句十首》其七，自注："歌《邯鄲夢》。"冒襄輯：《同人集》卷六，第267頁。"楚囚"之典，爲時人常用，如錢謙益《苦海集·甲申端陽感懷十四首》其五亦云："楚囚空灑新亭淚，望蜀誰招故主魂。"錢謙益撰、錢曾箋注、錢仲聯標點：《牧齋雜著》，第109頁。

③ 事見鄒迪光《臨川湯先生傳》："丁丑會試，江陵公（即張居正）屬其私人咳以巍甲而不應。庚辰，江陵子懋修與其鄉之人王篆來結納，復咳以巍甲而亦不應。曰：'吾不敢從處女子失身也。'公雖一老孝廉乎，而名益鵲起，海内之人益以得望見湯先生爲幸。"湯顯祖撰、徐朔方箋校：《湯顯祖詩文集·附錄》（上海：上海古籍出版社1982年版），第1511頁。

④ 鶉首，古以爲秦之分野，借指秦地。"翟犬之賜"本《史記·趙世家》，用趙襄子滅代國，封其侄於趙周事。

思,從吾子之訓,毋敢忘今日之盟也。"①

　　請注意"今日之盟"四個字。冒氏得全堂中一場絲竹並奏、生旦同歌的演劇活動,居然成爲遺民逸士弘揚道義、堅守氣節的一次盟會儀式,張揚了他們信持"剛果之氣,挺然不拔之操"的氣節,堅定了他們堅守"大丈夫莫大莫遠之任"的志向,這也許是冒襄始料所不及而私心所稱願的事情。

　　在得全堂演劇的象徵儀式中,甚至連舞臺上的漢官威儀,也可以成爲遺民寄託故國故君之思的象徵符號,藉以表達"睠戀宗周,興懷故國"的情懷。陳瑚有詩道:"曲曲明珠轉玉盤,聲聲吹向碧雲寒。無端愁殺江南客,袍笏威儀見漢官。"②

　　儀式本身就是一種世界,一種文化存在。文化借助於儀式,以想像的表現方法詮釋世界的意義,也賦予世界以意義。通過冒氏得全堂演劇的象徵儀式活動,遺民群體的特定世界觀、人生觀得到了描述和強化。這時,共同觀賞劇目的儀式活動便具有了獨特的象徵意義,即遺民群體的身份認同、價值彰顯與精神歸依。所有參與儀式者都獲得了強烈的參入感、體驗感以及存在感,同時也促進了象徵意義的延續和推廣。

　　於是,與得全堂演劇活動這場象徵儀式相伴隨的,不是歡欣的笑語,而是悲傷的眼淚。陳瑚痛切地感慨道:"筍輿迎我向園亭,夜夜紛紛奏絲竹……就中獨有江南人,十載愁聞歌舞聲。今宵忽聽江南調,淚似珍珠百斛傾。"③瞿有仲也吟詠道:"更闌重唱《後庭歌》,客是江南感最多。莫拂花枝流碧水,好停雲影護蒼蘿。曲中楊枝催腸斷,笛裏關山憶夢過。卜夜有情留醉月,無煩更倩春陽戈。"④這正是:"問君能有幾多愁? 恰似一江春水向東流。"

---

① 以上引文,均見陳瑚:《得全堂夜宴後記》,冒襄輯:《同人集》卷三,第 86 頁。
② 陳瑚:《和有仲觀劇斷句十首》其三,同上卷六,第 267 頁。在清初剃髮易服的現實情境中,陳瑚對持守"漢衣冠",無疑有著特殊的感慨。明崇禎十七年(1644),他"聞京師陷,痛哭,焚衣冠"。王垚《陳先生瑚傳》,錢儀吉纂:《碑傳集》卷一二七,第 3754 頁。在清初漢族士人心目中,演劇時表徵漢官威儀的戲服,也被賦予特定的象徵意義,足以喚起遺民群體跨越時空的情感共鳴。如陳瑚友人李清《得全堂夜宴記跋》寫道:"梨園之爲忠義一大鼓吹也……故今者梨園家獨冠故冠,以尋源於唐,豈非兩唐忠義之餘波也?"冒襄輯:《同人集》卷三,第 119 頁。
③ 陳瑚:《蘭陵美人歌示辟疆》,陳瑚:《確庵文稿》卷五上《淮南集》,第 261—262 頁。
④ 瞿有仲:《得全堂宴集次巢翁先生原韻》其四,冒襄輯:《同人集》卷六,第 266—267 頁。

三、儀式的象徵："選新聲而歌楚調"

其實,就冒襄的社會身份而言,無論演出的是什麼劇目,演劇儀式本身就傳達著獨特的象徵意義,這在當時也是有口皆碑的。復社友人吳偉業(1609—1672)曾向冒襄推薦昆曲名師蘇昆生(1600—1679),希望他能"振拔之水繪園中",特地說明："方今大江南北,風流儒雅,選新聲而歌楚調,孰有過我老盟翁者乎?"①

清初水繪園中宴集名流佳朋的戲曲活動,就是冒襄日常生活中的賞心樂事之一,尤其是他友朋交往的一種重要的活動方式。王挺稱："冒子以朋友爲性命,園亭聲伎之樂,蓋欲與朋友共之,而不徒以自娛樂也。"②當他攜友人在洗鉢池上泛舟,傾聽小曲清唱時,最是情趣盎然："每當月明風細,老夫與佳客各刺一舟,舟內一絲一管一茶灶,青簾白舫,煙柁霜篷,或由右進,或自左入,舉會食於小三吾下。"③

圖六：清人繪《水繪園圖》

與洗鉢池泛舟清唱的日常化高雅生活不同,得全堂演劇活動以"宴集名流"著稱,更像是一場盛大的慶典儀式,體現出更爲重要的象徵意義④。如順治十五年(1658)十一月初七,陳維崧(1625—1682)奉父親陳貞慧(1604—

---

① 吳偉業：《與冒辟疆書》,同上卷四,第 164 頁。

② 王挺：《祝冒辟疆社盟翁先生雙壽序》,同上卷二,第 52 頁。明清人每以"園亭聲伎"並提,以表現"江左風流",參見姚旭峰：《明清江南園林演劇研究——從明中葉到清中葉》(上海戲劇學院博士學位論文,2007 年),第 28—29 頁。並見董雁《明清戲曲與園林文化研究》(陝西師範大學博士學位論文,2012 年),第 138—146 頁論冒襄。

③ 冒襄：《水繪庵六憶小記》,冒襄著、冒廣生編：《巢民文集》卷四,第 628 頁。參見冒襄《洗鉢池泛月詩引》："今夕何夕,舟橫四五,樂雜三部……既觀酒人之殊態,復審南北之清音。"同上卷五,第 605 頁。

④ 查爲仁《蓮坡詩話》卷上載："巢民宴集名流,必出歌童演劇,有楊枝、秦簫、徐郎諸人。"《續修四庫全書》第 1701 冊"集部·詩文評類"影印清乾隆刻蔗塘外集本,第 115 頁。

1656）遺命，應邀至如皋，拜訪陳貞慧的復社友人冒襄①。初九日，冒襄在得全堂宴集同人，爲維崧接風，席間出歌僮演劇，場面相當熱鬧②。又如余儀曾《往昔行·引》云："己未（康熙十八年）重陽之夕，於得全堂看演《清忠譜》劇，乃五人墓事也。"③

而順治十七年款待陳瑚師徒的多次演劇活動，其盛況堪稱空前絕後。瞿有仲稱："記觀劇之夜，紅燭高照，白月初上，奏絲竹之清音，徵《春雪》之妙伎。"④這一演劇盛況深深地印記在陳瑚的記憶中，直到他返回故里後，還多次爲友人津津樂道。王挺記載道："陳子爲余言水繪庵之勝：樹木掩映，亭榭參差，曲水環流，山亭獨立。嘗於其中高會名流，開尊張樂。其所教童子，無不按拍中節，盡致極妍。紫雲善舞，楊枝善歌，秦簫雋爽，吐音激越，能度北曲，聽者悽楚。冒子之樂，蔑以加矣。"⑤

在這種儀式性的演劇活動中，冒氏家樂伶人無疑是衆目聚焦、衆口稱賞的主角。

冒氏家樂爲男班，始建於明天啓年間⑥。在冒襄主持家樂時期，有一些伎師來自阮大鋮家樂⑦，知其姓名者有陳九、朱音仙等⑧。在明末諸家樂中，阮氏家樂以伎藝高超著稱，"講關目，講情理，講筋節，與他班孟浪不同"，"故所搬演，本本出色，腳腳出色，出出出色，句句出色，字字出色"⑨。承此遺風，冒氏家樂在清初也頗享盛名⑩。

---

① 周絢隆：《陳維崧年譜》（北京：人民出版社 2012 年版），第 189 頁。
② 參見冒襄：《戊戌仲冬九日陳其年初過寒廬，宴集同人，即席限韻，分賦四首》，冒襄：《巢民詩集》卷四，第 538—539 頁；陳維崧：《戊戌冬日，過雉皋，訪冒巢民老伯，宴集得全堂，同人遝至，出歌僮演劇，即席限韻四首》，冒襄輯：《同人集》卷六，第 260—261 頁。
③ 冒襄輯：《同人集》卷九，第 376 頁。
④ 瞿有仲：《新聲楊柳枝·序》，同上卷六，第 268 頁。
⑤ 王挺：《祝冒辟疆社盟翁先生雙壽序》，同上卷二，第 52 頁。
⑥ 見冒夢齡《陳紹卿參軍同諸社友飲逸園，有作見貽，依韻奉答，兼訂齋期，時夏五十有三日》中云："最喜同人開酒社，更憐選妓繞歌聲。"《如皋冒氏詩略》卷二，《如皋冒氏叢書》本。
⑦ 冒襄《往昔行·跋》云："懷寧墜馬死於仙霞嶺，已三十年矣，伊昔伶人，復爲吾家主謳。"冒襄輯：《同人集》卷九，第 379 頁。
⑧ 參見黃語：《以冒襄爲中心的文人雅集》，第 98—99 頁；周絢隆：《陳維崧年譜》，第 201—202 頁。
⑨ 張岱：《陶庵夢憶》卷八"阮圓海戲"（南京：江蘇古籍出版社 2000 年版），第 133 頁。
⑩ 如康熙二十七年（1688）仲春，許承欽觀看冒襄家樂演出《秣陵春》，將其與俞潑（字錦泉，號水文）家女樂並稱，推爲當世雙魁。見許承欽：《戊辰仲春偶游雉皋，兼再訪巢民先生，蒙枉顧，邀赴歡場，是夕演〈秣陵春〉，達旦始別，生平僅見之樂也，率成十絕志感》，冒襄輯：《同人集》卷一〇，第 448 頁。

　　冒氏家班的歌僮則多爲家生子①。順治十七年前後最著名的,有徐紫雲(1644—1675)、秦簫、楊枝、陳靈雛等②。順治十五年除夕觀劇後,陳維崧撰《徐郎曲》、《秦簫曲》、《楊枝曲》等詩,描述這些家樂演員的高超伎藝③。如:"江淮國工亦何限,徐郎十五天下奇。一聲兩聲秋雁叫,千縷萬縷春蠶絲。滌除胸臆忽然妙,檢點腰身無不爲。"④形容徐紫雲嗓音高亢若鴻雁,細膩若蠶絲,胸無雜塵,體態婀娜,舞姿曼妙。又如:"忽然高唱受降城,壻作冰車鐵馬聲。須臾如抗復如墜,老馬郭索沙場行。廣陵花月不知數,小樓玉笛無朝暮。幾人不聽秦簫歌,一生總爲秦簫誤。"⑤形容秦簫歌喉悽愴激越。又如:"婆娑門舞白翎雀,開元弟子黃幡綽。緩舞珊珊屏後來,嬌歌嫋嫋燈前落。就中誰更得人情,弱質輕軀近長成。詢來知是楊家子,我取楊枝作小名。"⑥形容楊枝舞姿妍媚嫋娜,歌喉嬌柔宛轉。

　　陳瑚記載得全堂觀劇情景道:"因命歌《燕子箋》,回風舞雪,落塵遏雲。忽念吾其年《秦簫》、《楊枝》諸詞,真賞音者也。"⑦顯然他在觀劇前,已先期閱讀過陳維崧的這幾首詩,現在"眼見爲實",不禁歎爲觀止。他和瞿有仲分別撰寫若干首詩,歌詠冒家歌僮的高超伎藝。如瞿有仲寫道:"歌聲婉轉落珠璣,放誕風流試舞衣。可道楊枝都占盡,半妝早已讓徐妃。"⑧"徐妃"即指徐紫雲。又道:"秦簫爲歌楊枝舞,就中紫雲尤媚嫵。紅兒雪兒無足數,桃葉桃根如糞土。低眉斂袖不肯前,如怨如嗔殊可憐。忽然宛轉發清響,月亦爲之欲墜不墜懸青天,停雲飛塵何足言。"⑨

　　尤其值得注意的是,冒氏家樂擅長的演劇類型,不是喜劇,而是悲劇,至少在像陳瑚這樣的觀劇者看來是如此。所以陳瑚記載觀劇情景時說:"越一日,諸君招余復開樽於得全堂,伶人歌《邯鄲夢》。伶人者,即巢民所教之童子也。徐郎善歌,楊枝善舞。有秦簫者,解作哀音,每一發喉,必緩

---

① 冒襄《附書邵公木世兄見壽詩後》云:"家生十餘童子,親教歌曲成班,供人劇飲,歲可得一二百金謀食款。"同上卷三,第117頁。
② 參見黃語:《以冒襄爲中心的文人雅集》,第100—103頁。冒氏家樂後期的重要演員,有金菊、小楊枝等,亦見此文。
③ 周絢隆:《陳維崧年譜》,第196頁。
④ 陳維崧:《徐郎曲》,冒襄輯:《同人集》卷六,第263頁。
⑤ 陳維崧:《秦簫曲》,同上。
⑥ 陳維崧:《楊枝曲》,同上,第264頁。
⑦ 陳瑚:《得全堂夜宴後記》,同上卷三,第85頁。
⑧ 瞿有仲:《觀劇雜成斷句呈巢翁先生並似榖梁、青若兩年道兄一粲》其六,同上卷六,第267頁。
⑨ 瞿有仲:《留別巢民先生》,同上,第268頁。

其聲以激之,悲涼倉兄,一座欷歐。"①

正是秦簫"悲涼倉兄"的"哀音",深深地打動了陳瑚,引起他的情感共鳴。他吟詠道:"秦簫北曲響摩天,刻羽流商動客憐。擬譜唐宮凝碧恨,海青心事倩伊傳。"②盛讚秦簫北音高亢動人,融情入曲,借曲傳恨,猶如唐明皇時的樂工雷海青(716—755)。他還特地撰寫一首古風《秦簫歌》,歌詠秦簫"悲壯慷慨"的聲調,兼及雷海青千秋凜然的氣節:

> 秦簫秦簫調最高,當筵一曲摩雲宵。《邯鄲》盧生橫大刀,磨厓勒銘意氣豪。漁陽撾鼓工罵曹,曹瞞局蹐如猿猱。長安市上懸一瓢,義聲能激袁家獒。(歌《邯鄲》、《漁陽》、《義盧獒》諸曲。)一歌雨涼涼,再歌風蕭蕭,三歌四歌皆起立,欲招鳴鶴驚潛蛟。喜如蘇門嘯,思如江潭騷。怒如秦廷筑,哀如廣武號。引我萬種之愁腸,生我一夕之二毛。淚亦欲爲之傾,心亦欲爲之搖。吁嗟乎秦簫,爾居楚地但解作楚歌,胡爲乎悲壯慷慨乃能爲燕趙之長謠? 我愛秦簫聲,不惜秦簫勞。願將義士忠臣曲,遍付秦簫緩拍調。君不見黃幡綽、敬新磨,嘲笑詼諧何足慕? 惟有千秋雷海青,凝碧啼痕感行路。③

秦簫與雷海青原本並無直接關聯,陳瑚不過有感於秦簫的"哀音",偶然觸動心事:"引我萬種之愁腸,生我一夕之二毛。淚亦欲爲之傾,心亦欲爲之搖。"於是他擬想譜寫雷海青故事劇作,以傳演"悲壯慷慨"的"義士忠臣曲"。正是這種"觀劇有感",賦予得全堂演劇儀式以獨特的象徵意味。

---

① 陳瑚:《得全堂夜宴後記》,同上卷三,第86頁。倉兄,出《詩·大雅·桑柔》,與愴怳同,悲閔之意。時人觀演《邯鄲夢》,亦多激發悲劇情懷。如錢謙益詠歎道:"《邯鄲》曲罷酒人悲,燕市悲歌變柳枝。醉覓荆齊舊徒侶,侯家一嫗老吹箎。"錢謙益:《有學集》卷四《辛卯春盡,歌者王郎北游告別,戲題十四絕句,以當折柳……》,《四部叢刊》影印本。尤侗《漢宮春·觀演邯鄲夢》下闋云:"休笑盧生癡絕。算一場春夢,大家收煞;黃粱半甑,炊過幾朝年月。曲終人醒,玳筵前、酒杯猶熱。又歸來、獨眠孤館,今夜應添白髮。"尤侗:《百末詞》卷四,《續修四庫全書》第1407冊影印清康熙間金閶周君卿刻本《西堂全集》所收本,第145頁。
② 陳瑚:《和有仲觀劇斷句十首》其六,冒襄輯《同人集》卷六,第267頁。"凝碧"即凝碧池,唐代洛陽禁苑中池名。"海青"即雷海青,唐玄宗時著名的宮廷樂師。天寶末,安禄山叛軍入洛陽,大會於凝碧池,逼使梨園弟子奏樂,衆樂人欷嘘相對泣下。雷海青投樂器於地,西向慟哭。安禄山當即下令,將雷海青肢解於試馬殿上。參見唐鄭處晦:《明皇雜録補遺》,《景印文淵閣四庫全書》第1035冊(臺北:臺灣商務印書館1986年版),第520頁。
③ 陳瑚:《秦簫歌》,《確庵文稿》卷五上《淮南集》,第261頁。

其實,工演《邯鄲夢》中旦角的徐紫雲①,也時作"哀音",感人肺腑。瞿有仲寫道:"紫雲紫雲真妙絕,情怯心慚歌未歇。俄而奪春暉,俄而亂白雪。哀音滿座風騷屑,不顧吳儂腸斷折。"②楊枝歌曲,也多哀音,瞿有仲寫道:"伶工猶記新翻曲,唱到楊枝聲最哀。"③

經歷易代之變的文人,原本就常常以悲傷之情相鳴相感,作爲强化群體意識、群體存在的情感基因。如浙江仁和人金堡(1614—1680),清初歷盡流離,曾説:"夫新故既移,天地猶吾天地,民猶吾民,物猶吾物,寧有睹其顛沛,漠然無動,復爲之喜形於色者耶?"④因此,當他們聽到冒氏家樂擅長的這種悲惋淒涼的劇曲時,自然更容易激起興亡之感,引起唏噓悲歡。湖廣麻城人李中素(約1637—1697)寫道:"多情輕按拍,一聲松去,地老天荒。似鶯雛燕乳,軟語雕梁。不管新愁舊憾,須重换、百轉柔腸。關心事,吳山楚水,遮莫便參商。"⑤

冒襄後期家樂常演吳偉業的《秣陵春》傳奇,也是因爲看重這部傳奇作品中含蘊的新愁舊恨:"西宮舊恨婁東譜,四十餘年紅淚冰。""今日曲中傳怨恨,一齊遙拜杜鵑魂。"⑥因此,冒襄才"橄果之味同甘苦,頻年翻繹神魂並"⑦。以至於在吳偉業去世後,還"日日演《秣陵》,歌哭吳司成"⑧。

著意選取蘊含興亡感慨與人生況味的劇目,藉以傳達心中難以抑止的新愁舊恨,所謂"選新聲而歌楚調",這是冒襄別具慧心的文化選擇,並成爲得全堂演劇活動含蘊豐富的儀式性象徵。於是,得全堂演劇實際上成爲勝朝遺民之間交流情感、互通心曲的一種文化儀式,得以使他們在觀劇聽曲

---

① 陳維崧:《滿江紅·過邯鄲道上呂仙祠,示曼殊》,原注:"曼殊工演《邯鄲夢》劇。"陳維崧:《迦陵詞全集》卷一一,第252頁。

② 瞿有仲:《留別巢民先生》,冒襄輯《同人集》卷六,第268頁。

③ 瞿有仲:《新聲楊柳枝》其四,同上。

④ 金堡:《李灌溪侍御碧幢集序》,金堡:《遍行堂集》卷四,《四庫禁毁書叢刊·集部》第128冊影印清乾隆五年刻本,第394頁。

⑤ 李中素:《滿庭芳·雉皋元夜聽冒巢民先輩家新演梨園東同游諸子》,張宏生主編:《全清詞·順康卷補編》(南京:南京大學出版社2008年版),第760頁。

⑥ 冒襄:《步和許漱雪先生觀小優演吳梅村祭酒〈秣陵春〉十斷句原韻》,冒襄輯:《同人集》卷一〇,第448—449頁。

⑦ 冒襄:《九日扶病南城文昌閣登高,同志狎至,歸演〈秣陵春〉,再和羽尊長歌原韻》,同上卷一一,第454頁。

⑧ 冒襄:《對菊飲酒五言古詩二十首,張孺子首倡和陶飲酒韻,余即次第步之》其三,同上,第457頁。

的雅集中,相互舔舐著難以癒合的人生創傷,激勵著難與人言的心胸志向。冒襄曾經對陳瑚和瞿有仲説:"時人知我哉? 風蕭水寒,此荊卿築也;月樓秋楊,此劉琨笛也;覽雲觸景,感古思今,此皋羽竹如意也。故予之教此,每取古樂府中不合時宜者教之。只與同心如子者言樂耳,終不以悦時目。"①

荊軻、劉琨、謝翱這三個古人的事迹,都涉及亡國遺恨與復國志向,而且也都充溢著悲涼慷慨的悲劇情感。冒襄借此向陳瑚師徒説明,他專門"取古樂府中不合時宜者"教授家樂,以表達自己有所寄託的心聲。此情此感,只能與知己道,不足以悦時目②。

的確,冒氏得全堂演劇活動無論多麼頻繁,多麼喧鬧,都彌漫著易代之士的悲憤情緒與悼念氣息。賞心悦目的廳堂園林演劇活動,作爲一種文化儀式,蘊含著深沉的悲劇意味,成爲易代文士追懷往迹、憧憬恢復的情感象徵。

冒襄表示"只與同心如子者言樂",陳瑚師徒也的確堪稱知己,真正讀懂了冒氏得全堂演劇儀式獨特的象徵意義。所以瞿有仲稱許冒襄:"日坐水繪園中,聚十數童子,親授以聲歌之技,示無意天下用。"③所謂"示無意天下用",指明冒襄歌曲演劇,僅僅是一種外在的姿態,藉以掩飾内在的志向。所以陳瑚稱道:"無雙國士數偏奇,啼笑於今總不宜。泚水功名絲竹裏,江州涕淚琵琶知。入山只合招裴迪,傾蓋空勞説項斯。世路風波誰最險,一回搔首一回思。"④瞿有仲亦云:"漫教小豎飾雲鬟,旦夕開尊花月間。最似風流謝安石,酒棋絲竹卧東山。"⑤東晉時,謝安(320—385)隱居山陰東山,

---

① 瞿有仲:《巢民冒先生五十榮壽序》,同上卷二,第 55 頁。並見陳瑚《得全堂夜宴記》錄冒襄語:"予之教此童子也,風雨蕭蕭,則以爲荊卿之歌;明月不寐,則以爲劉琨之笛;及其追維生死,憑弔舊游,則又以爲謝翱之竹如意也。"同上卷三,第 85 頁。"荊卿"即荊軻(? —前 227),事見《史記》。劉琨(270—318)奏胡笳事,見《晉書》卷六二本傳。"皋羽"即謝翱(1249—1295),以竹如意擊石事,見其《登西臺慟哭記》,謝翱《晞髮集》,《景印文淵閣四庫全書》第 1188 册,第 350 頁。
② 余懷也是冒襄的知己,在《冒巢民先生七十壽序》中即云:"然自我觀之,巢民之擁麗人,非漁於色也;蓄聲樂,非淫於聲也;園林花鳥,飲酒賦詩,非縱酒泛交,買聲名於天下也: 直寄焉爾矣。古之人,胸中有感憤無聊不平之氣,必寄之一事一物,以發洩其堙鬱,如信陵君之飲醇酒、近婦人,嵇叔夜之鍛,劉玄德之結毦,劉伯倫之荷鍤,米元章之拜石,皆是也。巢民寄意於此,著爲詩歌,盈篇累帙,使天下後世,讀其書,想見其人,即以爲信陵、元章,何不可者?"冒襄輯:《同人集》卷二,第 68—69 頁。
③ 瞿有仲:《巢民冒先生五十榮壽序》,同上,第 54 頁。
④ 陳瑚:《訪巢民先生宴集得全堂即次元韻》其三,冒襄輯:《同人集》卷六,第 266 頁。此詩又題《得全堂夜宴次巢民原韻四首》,見陳瑚:《確庵文稿》卷五上《淮南集》,第 261 頁。
⑤ 瞿有仲:《觀劇雜成斷句呈巢翁先生,並似穀梁、青若兩年道兄一粲》其一,冒襄輯:《同人集》卷六,第 267 頁。

再仕後，在淝水一舉戰敗前秦軍隊，立下赫赫功名。陳瑚師徒二人不約而同地稱許冒襄猶如謝安，胸懷韜略，暫臥東山，待時而起，這恐怕不僅僅是泛泛的阿諛之辭，而是包含著內心的深深期許。這種期許無疑是不切實際的，但對遺民群體而言，作爲一種精神象徵，終究聊勝於無。

四、儀式的遺響：“最是泥人惟顧曲，
細於筆墨倩誰傳”

如前所述，入清以後，冒襄有意韜光晦迹，自覺地選擇以園林聲伎作爲獨特的生存方式，表現出浸淫其中、樂不思返的鮮明姿態。他有詩道：“豪酣醉夢不聞聲，娛悅雖知亦楚傖。活鳳生花春漠漠，性情融液即歌情。”“二十年來何所事，稱詩握管意茫然。最是泥人惟顧曲，細於筆墨倩誰傳？”①

清初一些歷經滄桑、堅守志節的文士，“羞非義之禄，卻卿相之榮，不屑乎奔走閭侯，信道篤而守行確然，或逃之緇黄，托之耕釣，混之方術”②，或“消磨於考校鈎稽之役”③，分別選擇了各自不同、各適其性的生存方式。而冒襄則選擇隱於園林聲伎，將怡情山水、觀劇聽曲作爲生命的寄託和生存的意義。冒襄真切地希望世人能夠體諒他的這份苦心，而順治十七年的得全堂

圖七：冒襄書對聯

---

① 冒襄：《與其年諸君觀劇，各成四絶句》其三、其四，《巢民詩集》卷六。蘇州昆曲博物館藏有冒襄所書對聯：“風流顧曲情如緒，寥廓橫空鑒若華。”參見日本學者大木康《冒襄與〈影梅庵憶語〉研究》（東京：汲古書院 2012 年版），第一部分第四章“冒襄戲曲活動”，考察冒襄的戲曲活動及其觀看過的戲曲劇目。
② 侯玄涵：《祝冒辟疆社盟翁先生雙壽序》，冒襄輯：《同人集》卷二，第 51 頁。
③ 王挺：《祝冒辟疆社盟翁先生雙壽序》，同上，第 52 頁。

演劇活動便爲他提供了絕佳的契機。

陳瑚師徒在水繪園逗留二十日，流連忘返①。在此期間，陳瑚先後撰寫《得全堂夜宴記》、《得全堂夜宴後記》等文章，《和瞿有仲觀劇斷句》、《訪巢民先生宴集得全堂即次元韻》等詩歌，記述在冒家觀劇聽曲的生動情形。瞿有仲也寫了《觀劇雜成斷句呈巢翁先生並似穀梁、青若兩年道兄一粲》、《樸樹歌爲冒巢民賦》、《醉後口號別冒巢民》、《新聲楊柳枝》、《留別冒穀梁、青若》等詩歌②。這些精彩紛呈的文字，成爲得全堂演劇的歷史記錄和文本影像。

陳瑚離開水繪園後，還在友朋之間廣泛宣傳水繪園景致之美、雅集之盛和冒襄的高才懿行。他曾先後向江蘇錫山（今無錫）高世泰（1604—1676）、婁東吳克孝、太倉王挺、婁江華乾龍和葛雲芝，以及浙江嘉定侯玄涵（1620—1664）等人，津津樂道地談起水繪園之行③。其弟子瞿有仲也向虞山孫朝讓（1593—1682）盛讚冒氏父子④。陳瑚師徒甚至懇請江南遺老名賢，爲冒襄及其妻子作壽序、題壽詩，先後得文十篇、詩百餘首⑤。

康熙十二年（1673），冒襄將陳瑚師徒和其他江南遺老名賢的詩文，連同他自己及家人與水繪園有關的大量詩文一起，輯錄爲《同人集》，出資刊刻，廣爲流傳⑥。於是得全堂演劇儀式的文本影像，作爲一種永恒的文化記憶，在流播與傳誦的過程中，愈益強化了得全堂演劇活動所彰顯的象徵的儀式和儀式的象徵。

在這些文本影像與文化記憶中，冒襄被塑造成一位品格高潔、抱負遠大的曠世遺民："丰姿玉立，神情遐舉，所談惟經世大務，又豪宕可喜。"更有甚者，冒襄還被寄託了一種"兼濟天下"、"待時而起"的深切期許："冒子豈

---

① 瞿有仲：《冒巢民先生五十榮壽序》云："庚子夏，余從確庵師游廣陵，迂道訪先生於東皋。先生開園張宴，出家樂侑酒，歡洽酣嬉，流連二十日不忍去。"同上，第54頁。

② 均見冒襄輯：《同人集》卷六。

③ 參見高世泰：《冒辟疆五十壽序》，王挺：《祝冒辟疆社盟翁先生雙壽序》，葛雲芝：《祝冒辟疆社盟翁先生雙壽序》，侯玄涵：《祝冒辟疆社盟翁先生雙壽序》等，同上卷二，第50—52頁。

④ 孫朝讓：《祝冒辟疆社盟翁先生雙壽序》，同上，第50頁。

⑤ 文見冒襄輯：《同人集》卷二《壽文》，第46—55頁；詩見該書卷一二《五十雙壽贈言·庚子暮春祝巢民先生蘇夫人五十雙壽》，第494—500頁。

⑥ 《同人集》一二卷，全名《六十年師友詩文同人集》，清康熙十二年（1673）開刻於水繪園中。後屢經增補，至康熙二十八年（1689），補刻各卷目錄。此書共收錄456位師友、門生與冒襄相互往來的詩文書信。此書曾遭清廷查禁。清乾隆年間，冒氏後人加以修訂，刪除其中一些觸及時諱的內容。

真終隱者哉？其於天下之故，籌之已熟，顧亦待其時耳⋯⋯余知其非終隱者也，因其壽而貽之一言，以俟他日之有驗也。"①

因此，在這些文本影像與文化記憶中，冒襄沉迷於園林聲伎的生活方式，被誇耀爲在亂世之中，隱不絕俗而又保全清譽的明智選擇。如高世泰轉引陳瑚之評云："巢民之友，尚志之友。居友以園林，則避世之桃花源；娛友以絲竹，則嬉笑怒罵之文章也。"因而稱歎："巢民豈非賢豪哉！"②孫朝讓轉引瞿有仲之語云："巢民與同志讀書賦詩其中，暇則飲酒清談，絲竹雜進⋯⋯"於是感慨道："豈巢民能蟬蜕囂塵之中，自致寰區之外，雖居人世，別有乾坤耶？抑天之望巢民也遠，愛巢民也深，獨留此煙霞竹石、魚鳥林泉，全其孤潔耶？"③

更重要的是，在這些文本影像與文化記憶中，冒氏別院被塑造成超脱於現實世界之外的一片世外桃源般的文化樂園④，堪與元代末年昆山文人顧瑛（1310—1369）主持的玉山草堂、月泉吟社相媲美。吳偉業憑藉想像，淋漓盡致地描繪這一文化樂園中彬彬風雅的情景："老盟翁開名園，揖名士，又有兩令子穀梁、青若，如機、雲競爽，此世界可易得哉！上流有杜于皇之詩，戴務旃之畫，陳伯磯之識，林茂之、邵潛夫以八九十老人談開元、天寶遺事，君家橋梓提挈其間。王貽上公祖即内除，尚以公事小留，按部延訪，揚扢風雅，共商文事。石城、邗溝之間，不太落寞也，視吳會遠過之矣。"⑤葛雲芝則借助傳聞，深情綿邈地嚮往這一文化樂園中遺民風範的展示："頃陳子確庵復遊雉皋，歸，爲余道冒子友朋詩酒、園亭絲竹之樂甚盛也⋯⋯十餘

① 王挺：《祝冒辟疆社盟翁先生雙壽序》，冒襄輯：《同人集》卷二，第52—53頁。有的友人甚至將冒襄作爲文化傳承人的形象，追溯自明末。如侯玄涵《祝冒辟疆社盟翁先生雙壽序》云："與南北諸公後先呼應，負太學黨魁之目，幾然於窮陰沍寒之餘，獨以其一身，系江南北道義之一線。俾當世之士，倚之若山嶽而趨之如舟航。"同上，第50頁。

② 高世泰：《祝冒辟疆社盟翁先生雙壽序》，同上，第49頁。

③ 孫朝讓：《祝冒辟疆社盟翁先生雙壽序》，冒襄輯：《同人集》卷二，第50頁。

④ 王利民等《冒辟疆與董小宛》説："水繪園、得全堂是明末遺民在社會的邊緣和夾縫中拓開的保存民族文化、避免文明野蠻化的桃源。"（第169頁）李孝悌《冒辟疆與水繪園中的遺民世界》也説："在現實政治世界中遭到重大創痛的冒辟疆，不但在水繪園中爲個人找到慰藉，也迅速在蕭條的氛圍中，爲江南的士大夫重建一片文化的樂園。"李孝悌：《戀戀紅塵：中國的城市、欲望與生活》，第68頁。

⑤ 吳偉業：《與冒辟疆書（甲辰）》，吳偉業撰、李學穎集評標校：《吳梅村全集》卷五九《補遺》，第1174頁。此信又見冒襄輯：《同人集》卷四，第162—163頁。所謂"吳會"，當隱指明末清初蘇州虎丘復社人士的聚會。吳偉業以昔喻今，頗有深意。這也是下文葛雲芝感慨"不重可念"之意。

年間,大江以南,蕭然颯然,向所稱風臺月榭、歌樓舞館之屬,皆已蕩然無有,而一二賢人志士,蹙蹙然如蟄蟲寒蟬之不鳴不躍而已。世所傳玉山、月泉之風,疑於化人之國,華胥之域,聞其名而莫之信也。今辟疆捐棄一切,而獨與友朋耽詩酒、園亭、絲竹之盛,視昔有加,若起玉山、月泉諸君子於一堂,與之遊處焉,不重可念耶!"①

在其後漫長的歲月裏,清順治十七年冒襄得全堂演劇活動的儀式與象徵,仍然餘音嫋嫋,演繹出多重的文化價值。

首先,得全堂演劇活動是冒襄與同人遙隔時空,進行精神對話的最佳方式。通過對這一演劇活動的追述與評論,冒襄及其友人不斷地激發、維持和强化著自身的遺民身份和遺民意識②。陳瑚《得全堂夜宴記》脱稿後,以各種方式在同人中廣爲傳播,激蕩起層層漣漪。興化(今屬江蘇泰州)人李清(1602—1683)閲讀此文後,寫下了自己的感想:"自予友陳確庵攜及門瞿有仲過雉皋時,冒巢民見其二子,出梨園佐觴,而確庵乃嗟師傷友,輒喚奈何。且相與闡理學,揚風節,以徐及文章,或記、或詩、或序,如與好歌相響答,而所操皆南音,梨園至是其不孤唱乎? 快已,然無如駡懷寧快。懷寧者,巢民前駡之阮大鋮也。誰使趙家半壁,不獲保其一塊? 若遇所南、皋羽輩,懊惱悲歌,視前駡,孰甚今座上人是乎? 無乃今昔所歌《燕子箋》,譜自懷寧者,非關正平善駡,實緣孟德召歌,渠歌我駡,有由來已。雖然,君等亦讀屠赤水《曇花記》至《凶鬼自歎》一劇乎? '駡我盧杞者不少,學我盧杞者還多。'雖云謔筆,實堪刺心。故予願與同志諸君子力誼勉行,共保歲寒,無使盧杞歎而懷寧又笑,所謂劇而正言之也。"③這種"闡理學,揚風節,以徐及文章","所操皆南音"的行爲方式,這種"力誼勉行,共保歲寒,無使盧杞歎而懷寧又笑"的品格意願,猶如陳、冒等人在得全堂演劇時的盟誓一般,成爲遺民確立自身身份、强化自身意志的精神交流,跨越時空,交相回響。

---

① 葛雲芝:《祝冒辟疆社盟翁先生雙壽序》,冒襄輯:《同人集》卷二,第 50—51 頁。查爲仁《蓮坡詩話》卷上也説:"冒巢民司理襄居如皋,堂名得全,園名水繪,往來名士之勝,不啻玉山諸勝。"(第 115 頁)四庫館臣認爲,《同人集》"蓋仿顧阿瑛《玉山草堂雅集》而作"。見紀昀等:《四庫全書總目》卷一九四(北京: 中華書局 1965 年版),第 1767 頁。

② 法國社會學家愛彌兒·涂爾幹(Émile Durkheim,1858—1917,又譯迪爾凱姆、杜爾凱姆等)指出,作爲一種行爲方式,儀式"必定要激發、維持和重塑群體中的某些心理狀態"。愛彌兒·涂爾幹:《宗教生活的基本形式》(*Les Formes Élémentaires de la vie Religieuse*),渠東、汲喆譯(上海: 上海人民出版社 1999 年版),第 11 頁。

③ 李清:《得全堂夜宴記跋》,冒襄輯:《同人集》卷三,第 119 頁。

　　其次，得全堂演劇活動也是冒襄進行自我救贖的有效媒介。自此以後，冒襄洗卻"溺情聲歌"負面形象①，作爲遺民典範的氣節和聲望日益高漲。瞿有仲離別冒氏，作詩云："明日別君期何處，東西南北惟馬首。"②時隔二十餘年，清康熙二十一年（1682）冒襄七十二歲時，時任吏科給事中的楊周憲（？—1685 後）仍稱賞道："余雖托籍京華，而往來於淮揚吳越間者獨最數，所接冠蓋之倫以及布衣韋帶之士，無不翕然稱巢民不置口。"③

　　再次，得全堂演劇活動還是冒襄生存意義的鮮明象徵。"以勝國之逸民，作騷壇之宗主，跌宕文酒，逍遙林壑"④，清初碩果獨存的這種"晚明風貌"，正因爲冒襄的現實存在而得以生生不已，綿延至數十年⑤。康熙三十三年（1694），冒襄去世第二年，内閣學士兼禮部侍郎、長洲（今屬江蘇蘇州）人韓菼（1637—1704）正辭官賦閒，居於蘇州，爲之撰寫墓誌銘。他撫今追昔，由衷地歉惋追懷，道："蓋自先生歿，而東南故老遺民之風流餘韻，於是乎歇絶矣，其可痛也！"⑥

　　實際上，冒襄得全堂演劇活動作爲一種象徵性的儀式，固然因爲冒襄的去世而漸漸淡出歷史舞臺，但是卻借助於《同人集》等文本影像，留下了悠久而綿長的文化記憶，成爲後人不斷追懷和憑弔的精神資源。時過境遷，得全堂演劇這種象徵性的儀式雖然不再現實重演，但卻常常在後人心中激蕩起重重回响。康熙後期張符驤（1664—1727）《百字令·鴻雪堂聽歌，追懷巢民》寫道：

　　　　徵歌縱酒，只區區、不壞吾生名節。樂部忍教零落盡，雲散風流嬌怯。卻喜今朝，仍如舊樣，嫵媚無差別。檀槽漫撚，聽來妙處難説。　　　依稀還樸齋頭，冒家花乳，興廢堂前月。一輩詞人皆老去，

① 瞿有仲：《巢民冒先生五十榮壽序》，同上卷二，第 55 頁。
② 瞿有仲：《留別巢民先生》，同上卷六，第 268 頁。
③ 楊周憲：《冒巢民先生七十有二壽言》，同上卷二，第 74 頁。
④ 顧翰《鳳皇臺上憶吹簫》詞序，顧翰：《拜石山房詞鈔》卷四，《續修四庫全書》第 1726 册"集部·別集類"影印清光緒十五年（1889）許增榆園刻本，第 139 頁。
⑤ 孫朝讓《祝冒辟疆社盟翁先生雙壽序》中，回顧晚明以來金陵與揚州由盛而衰的變遷，即以冒氏水繪園爲"世外桃源"，因其"占形勝，冶亭樹，爲人物所萃，以極游覽之娛"，可與明季之金陵與揚州相媲美。冒襄輯：《同人集》卷二，第 50 頁。李孝悌指出："冒辟疆卻在水繪園中重建了一個笙歌不斷、訪客川流的樂土，讓明末江南的風華聲教得以賡續，實在是亂世遺民中少有的歸宿。"李孝悌：《戀戀紅塵：中國的城市、欲望與生活》，第 101 頁。
⑥ 韓菼：《冒潛孝先生墓誌銘》，冒襄輯：《同人集》卷首，第 15 頁。

孤負燕鶯稠疊。怪雨盲風,柔絲脆竹,觸著心都折。割愁何術,莫遣差之毫髮。①

2013 年 1 月 10 日起草
2015 年 1 月 10 日改定

(作者: 北京師範大學文學院教授)

---

① 張宏生:《全清詞·順康卷補編》,第 1711 頁。

明清詩學、
詞學及文化

明初文化格局中的地方
儒學與臺閣文風

陳文新　方　憲

【摘　要】明初文學中一個引人注目的現象是永樂至宣德間臺閣文風的盛行。以朝廷爲主導的臺閣文風,如何成功地覆蓋了在野的、地方的、下層的廣泛社會文化場域? 追溯其來龍去脈,地方儒學官是值得關注的群體。相較於明中後期學校的荒廢,明初是地方儒學發展的興盛期。地方儒學官在政治、文化生活中作用顯著,永宣時代的臺閣要員就多有任教地方的仕宦經歷;經由考覈選拔、親族鄉誼等聯結因素,地方儒學官與臺閣要員往來密切,交流頻繁,大量酬贈詩序體現出受臺閣影響的旨趣和文風。臺閣體的長期風行,是廣泛的士人群體參與的結果,體現了不同社會階層之間的文化整合。臺閣文風可視爲明初打破朝與野、地方與中央二元對立從而實現以皇權爲中心的政治大一統格局的文化標誌。

【關鍵詞】明初　文化格局　地方儒學　臺閣文風　文化整合

明代官方教育體系分爲中央、地方兩個層面,中央官學以國子監爲主,地方官學以府、州、縣儒學爲主。它們與民間啓蒙教育的社學一起,構成一個完備的教育體系。明代"科舉必由學校",地方儒學既是民間、地方向上輸送國家各級官員的基層環節,也是國家制度力量控制和影響士人乃至地方社會的關鍵。

明初文化格局中有兩個現象值得關注:一是相較於中後期地方學校的

廢弛，明初地方儒學十分興盛，一是永樂至宣德間臺閣文風盛行。地方儒
學的興盛與臺閣文風的盛行，兩者之間是時間上的偶然重合，還是有其內
在的關聯？本文認爲：臺閣文風影響日盛是明初文化整合的結果，作爲官
方的、中央的、上層的臺閣文學，之所以成功地覆蓋了在野的、地方的、下層
的廣泛社會文化場域，地方儒學曾經發揮了至關重要的影響。对明初的文
化整合過程中，地方儒學曾經扮演了重要腳色，而臺閣文風則是明初新的
文化格局形成的標誌。兩者之間的關聯是密切的、内在的。

　　史學領域對明初地方儒學的研究已取得了一定成果，教育通史類著作如
吳宣德《中國教育制度通史·明代卷》、宗韻主編《中國教育通史·明代卷》中
的相關章節對明初教育情況有全面論述。專題研究方面，徐永文《明代地方
儒學研究》對地方儒學的發展情況、師生構成、學校管理等進行了細緻探究。
張學强對明清地方儒學教師的功能、升遷等問題也作出了有益探索①。

　　文學研究領域對臺閣文風的探索，集中在中央文化權力方面，如朝廷
政治環境與文學思潮，館閣作家的職志、心態，文官制度的調整等方面。羅
宗强探討了帝王文藝政策和朝廷政治、文化環境對文學思潮和文風演變的
影響，指出臺閣文學思想產生的文化環境、思想特徵在永樂時已奠定基礎，
其思想特點有二：一是傳聖賢之道與鳴國家之盛，一是提倡和平温厚的文
風，這與經過“靖難之役”後士人心態的巨大轉變有關，也是廟堂文化全盛
的結果。臺閣文學推動的主要力量是政權，“土木之變”後臺閣文學失去政
治基礎，臺閣文學觀念也就逐漸淡化，文風出現新的轉向②。黃卓越從職
分、體式、身份、文統、文風、頌世模式、儒家政治理念等方面對以“三楊”爲
主的早期臺閣體的思想基礎展開了探討，還從頌世模式面臨質疑、思想分
化的趨勢、文章特權的外移、政治權力的變遷等四個層面分析了臺閣文學
模式衰降的緣由及演變③。鄭禮炬的翰林文學研究已涉及明初翰林院制度
與臺閣文學的關聯。此外，較爲全面系統研究制度對文學影響的是葉曄的

---

① 參見吳宣德：《中國教育制度通史·明代卷》（濟南：山東教育出版社 2000 年版）；宗韻主編：
　《中國教育通史·明代卷》（北京：北京師範大學出版社 2013 年版）；徐永文：《明代地方儒學研
　究》（北京：中國社會科學出版社 2012 年版）；張學强：《爲官與爲師——明清地方儒學教師出
　路研究》，《西北師大學報（社會科學版）》2006 年第 6 期。
② 參見羅宗强：《政策、思潮與文學思想傾向——關於明代臺閣文學思潮的反思》，《文史哲》2011
　年第 3 期；《論明代景泰之後文學思想的轉變》，《學術研究》2008 年第 10 期。
③ 參見黃卓越：《明永樂至嘉靖初詩文觀研究》（北京：北京師範大學出版社 2001 年版）。

《明代中央文官制度與文學》，從翰林院職掌與朝廷文學權力的掌控、庶吉士培養與官方文學標準的建構、京城詩文風會及其制度背景、館閣背景下文學文體的功用化四個方面展開，內容較爲豐富①。

對於明初的地方文化權力，學者們的研究主要著眼於文學內部，從地域文學群體、流派的角度展開，如魏崇新從地域角度研究了明代江西文人與臺閣文學之間的關係，指出臺閣體的主要成員爲江西文人，而江西科舉之盛、閣臣翰林之多是產生此一現象的主要原因。臺閣文學的創作及文風的形成得力於秉承江西鄉邦文學傳統的江西文人的努力②。饒龍隼分析了西昌雅正文學在明初特定政治環境中逐漸成長、入主館閣的歷史過程③。

就上述研究狀況來看，每一個獨立的領域均成果甚豐，但對於明初地方儒學的興盛、臺閣文風的風靡天下這兩個重要文化現象之間的關聯，則研究成果甚少，幾近闕如，因此本文致力於從這個角度展開分析。

一、明初地方儒學官的地位與 臺閣要員的教官經歷

明初地方儒學的興盛表現在三個方面：一是各地均設有儒學，二是教官數量鉅大，三是教官地位較高。

洪武二年（1369），詔天下府州縣皆立學，這種依據地方行政區劃而建立的地方儒學，在儒學系列中居於主導地位。此外，還有爲“教武臣子弟”而按特定編制設立的都司儒學、行都司儒學、衛儒學、在貨殖集散處設立的“其制如府”的都轉運司儒學，以及在“土官”管理的民族聚居區設立的宣慰、安撫司儒學等類型④。明初地方儒學之完備，可見一斑。

按照規定，“府，教授一人，（從九品。）訓導四人。州，學正一人，訓導三

---

① 參見鄭禮炬：《明代洪武至正德年間的翰林院與文學》（北京：中國社會科學出版社 2011 年版）；葉曄：《明代中央文官制度與文學》（杭州：浙江大學出版社 2011 年版）。
② 魏崇新：《明代江西文人與臺閣文學》，《中國典籍與文化》2004 年第 1 期。
③ 饒龍隼：《接引地方文學的生機活力——西昌雅正文學的生長歷程》，《文學評論》2012 年第 1 期。
④ 吳宣德：《中國教育制度通史·明代卷》，第 175—180 頁；徐永文：《明代地方儒學研究》，第 14—16 頁。

人。縣，教諭一人，訓導二人。教授、學正、教諭，掌教誨所屬生員，訓導佐之。"①洪武十三年（1380），改各州學正爲未入流，先是從九品；二十四年，定儒學訓導位雜職上。這樣作一是確立教授、學正、教諭的品級秩序，二是由於訓導負有佐教之責，故而位於雜職上，體現尊師之意。至洪武末，"教官四千二百餘員，弟子無算，教養之法備矣"②。而"太祖欽定官制，自尚書下至雜職，萬四千二百九十員，在京官千一百八十八員"③，地方儒學官佔王朝文官的三分之一左右④，即使是在永樂初教官缺員比較嚴重的情況下，仍是"天下郡縣學官不下三千餘人"⑤。無論是從數量來看，還是就地位而言，明初地方儒學官都是不可忽視的文官群體。

　　從教官群體的選任來看，"朝廷興學校養賢才，其於師儒之選，類非一途，或取用舉人，或保薦儒士，或考除監生"⑥。明初教官的選任起初以薦舉爲主，其後隨著國子監的規範化管理、科舉考試的制度化運行，監生及科舉出身者也成爲教官的重要來源。大致而言，儒學教官的構成可以分爲四種類型：一是薦舉者，二是國子監生、歲貢生充任者，三是科舉會試副榜舉人及下第就教職者，四是進士及其他願就教職者。

　　洪武時期，朱元璋曾多次下令薦舉人才充任教官。洪武三年（1370），令"中外舉流外官文行兼優者教府縣學"⑦；洪武十四年（1381），"命郡縣訪求明經老成儒士爲儒學訓導"⑧；次年，諭禮部大臣，謂"學官非老成篤學之士莫宜居是"，要求各按察司精考其儒學教官，凡不通經術者送吏部別用，"其有通經術能文章滯於下僚者悉以名聞"⑨。國子監生和歲貢生也是洪武時期教官的重要來源。洪武八年（1375），由於歷經戰亂，學校荒廢，朱元璋下令選國子生三百餘人分教北方，洪武二十六年（1393），以監生年三十以上、能文章者授教諭等官。

---

① 《明史》卷七五《職官志四》（北京：中華書局 1974 年版），第 1851 頁。

② 《明史》卷六九《選舉志一》，第 1686 頁。

③ 《明孝宗實錄》卷一五四，弘治十二年九月甲戌條。

④ 郭培貴：《明代府州縣學教官選任來源的變化及其原因和影響》，載《河南師範大學學報（哲學社會科學版）》1991 年第 4 期，第 134 頁。

⑤ 楊士奇著，刘伯涵、朱海點校：《送國子學正黃信道致仕詩序》，《東里文集》卷六（北京：中華書局 1998 年版），第 88 頁。

⑥ 《禮部志稿》（臺灣商務印書館影印《文淵閣四庫全書》本，史部第 598 册）卷七〇，第 179 頁。

⑦ 《東里續集》（影印《文淵閣四庫全書》本，集部第 1239 册）卷三六，第 142 頁。

⑧ 《明太祖實錄》卷一三六"洪武十四年三月戊申"條。

⑨ 《明太祖實錄》卷一四九"洪武十五年十月戊子"條。

永樂朝科舉走向常態化和制度化,對科舉中各類人才的進一步安置、培養有了更周詳的制度設計,副榜制度應運而生。"副榜"又稱爲"備榜",是科舉考試中的一種附加榜示,即於録取正卷之外,另取若干名。會試副榜始於永樂時,鄉試副榜始於嘉靖時。從永樂年間開始,會試副榜舉人成爲地方教官的又一來源。當提及地方儒學教官的任用事宜時,副榜舉人成爲人們心目中的理想人選。天順元年(1457)禮科給事中王鉉、成化元年(1465)巡按湖廣左僉都御史王儉就在奏疏中表達了同樣的看法,要求堅持在會試副榜中選取教官的作法,以提升教官素質①。此外,也有會試下第的舉人乞恩就教到地方擔任教官的。

進士是經由科舉考試選拔出的社會精英,多出任朝廷清要官職或地方令宰,任地方教職的比重並不大。明初進士任地方儒學官的,多出於本人意願。其中一部分人是"志在教化",如永樂十三年(1415)進士陳素,自請吏部,得授漳州府學教授②。更多的是出於養親之需,願便地就教而不赴遠方任職。如永樂四年(1406)進士解繪,原本拜廣西道監察御史,"力請爲教官以便養",改授廬陵縣學教諭③;永樂十三年(1415)進士彭勖、正統元年(1436)進士蔡廉都是以養親爲由改授地方教職④。

明初地方教官九年一考,既可循著訓導、教諭、學正、教授的方向由低到高在地方教職系統中升遷,也有出任地方行政長官的機會,在儒學教官和地方行政長官之間,並没有截然的鴻溝。這是明初和明中葉以後很不一樣的地方。明初以學官升任府州縣官員的並不少見,如追隨永樂靖難的成璡,在洪武間即是由代州儒學學正升蔚州知州,後官至北京布政司參議;王景,以縣學教諭遷知州,後仕至翰林學士⑤。

明初地方教官還有機會到朝廷任職。一是從地方儒學到國子監、中都國子學等朝廷教育機構任職。由於明初重教職出身的人才,故而從地方儒學教官升遷爲國子學的助教、博士、司業等,往往有被委以重任的可能。洪

① 《明英宗實録》卷二七五,"天順元年二月戊戌"條;《明憲宗實録》卷一四,"成化元年二月己卯"條。
② 《金文靖集》卷四(影印《文淵閣四庫全書》本,集部第1240册),第644—645頁。
③ 《抑庵文後集》卷二五(影印《文淵閣四庫全書》本,集部第1242册),第40頁。
④ 參見過庭訓:《本朝分省人物考》卷六〇"江西廣信府彭勖"條,卷一〇九"嘉定州蔡廉"條。
⑤ 參見焦竑:《國朝獻徵録》卷八二"直隸北平布政司參議成璡傳",陳建:《皇明通紀法傳全録》卷一一"建文四年八月"條。

武朝刑部尚書開濟就是一例。一是直接升遷到中央行政機關,任通政司參議、六部主事、王府伴讀官等職。而尤爲顯赫的,是升任科道官員以及内閣、翰林院、詹事府官員。科、道監察系統起著糾察朝政、監督群僚的重要作用,故而其選任十分慎重,而地方教官在與選之列①。洪武時尚書任昂就是由教官擢爲御史,後爲禮部尚書的。而翰林院、詹事府爲皇帝的近侍文學之臣,其職尤爲清要,自洪武至宣德間,教官簡入翰林的例子也所在多有。直到正統十四年(1449),明代宗繼位不久,由於土木之變導致翰林院嚴重缺員,時任户部尚書兼翰林院學士的陳循還建議通過擢升本院官員和從學官中選拔充任來解決這一問題②。這樣一種升遷路徑充分顯示了明初教官的地位之高。在明初以教化治國的格局中,地方教官的作用不可低估,其政治前景相當開闊,其人才儲備也相當可觀。

　　明初重要的臺閣成員多有過作地方儒學官的經歷,如楊士奇年輕時曾仕爲學官,攝琴江教事,洪武十八年(1385)爲石城縣學訓導③;胡儼,洪武二十一年(1388)會試中副榜,以舉人身份授華亭教諭,"能以師道自任",永樂初入閣與機務,後出閣掌國子監。其他重要翰林、春坊成員也多有任地方學官的經歷。如梁潛在洪武二十九年(1396)鄉試中舉,次年授四川蒼溪縣學訓導;王汝玉,洪武末以薦攝郡學教授,改應天訓導,永樂初擢翰林五經博士,歷遷左春坊贊善;鄒緝,自學官用薦升國子助教,永樂初擢翰林侍講,升左庶子仍兼侍講;陳仲完,自教官入翰林爲編修,兼左春坊左贊善④;徐善述,洪武中以歲貢入太學,後被詔選爲桂陽學正,改和州學正,以薦升國子博士,永樂二年(1404)春,"詔簡東宮官屬,時詹事、春坊、司經局,其長貳以廷臣兼之,次簡六科中書及太學、郡縣學官升而用之"⑤,被簡選爲東宮屬臣。"郡縣學官"在翰林春坊官員候選人中雖然不是名次靠前,但至少也在預選之列。由此可見,地方學官在明初政治格局中是頗爲朝廷所重視的群體,館閣之門對這個群體是敞開的。王鏊曾感慨説:"今夫聞有知一縣而良

① "給事中、御史謂之科道官:科五十員,道百二十員。明初至天順、成化間,進士、舉、貢、監生皆得選補。其遷擢者,推官、知縣而外,或由學官。其後監生及新科進士皆不得與。"龍文彬纂:《明會要》卷四八(北京:中華書局 1956 年版),第 897 頁。
② 《明英宗實録》卷一八六,"正統十四年十二月辛酉"條。
③ 胡令遠:《楊士奇年譜》(上海:復旦大學中國古典文獻專業 1988 年碩士學位論文)。
④ 以上諸人仕宦經歷參見《明史》卷一四七列傳三五《胡儼傳》,卷一五二列傳四〇《梁潛傳》、《王汝玉傳》,卷一六四列傳五二《鄒緝傳》;《八閩通志》卷六二"陳仲完"條。
⑤ 黄佐:《翰林記》卷一〇(北京:中華書局 1985 年版),第 130 頁。

者焉,則召入矣,有教一縣一州而良者焉,則吾未之聞也。豈其才果必不如彼耶? 則何怪士之有所輕重耶! 前數十年,蓋有自是爲御史者矣,祖宗之世有自是爲翰林者矣,而近世名臣有若楊文貞,有若魏文靖,有若年尚書,多出其間,而謂今之世無其人耶?"①這段話道出了一個事實,地方儒學教官在明初有著重要的政治地位和較大的升遷空間,明代中期以後,這種地位和升遷空間已不復存在。

二、儒學官員與臺閣群體的互動
促成了臺閣文風的盛行

明初地方儒學官員與臺閣群體的互動對臺閣文風的盛行起到了持續而顯著的推動作用。

明初重師儒之選,教官之職的候選人須經過翰林院嚴試,"赴吏部,就試翰林,中其選,乃授"②,"先是,凡舉任訓導者皆嚴試於翰林。宣德初,慮吏之入官與求賢舉之濫也,詔諸大臣學士群試於廷中,而訓導亦與焉,加嚴矣"③。黄佐《翰林記》"考教職"條云:

> 《會典》云:"凡考試願就教職舉人、監生,吏部奏請出題,本部官赴內閣領題,試畢,送卷本院官批定中否,送部奏請施行。"又云:"凡各處儒學訓導九年考滿,吏部出題考試,初場'四書'本經義各一道,二場論、策各一道,印封文卷送內閣,委本院官批定去取,送部奏請施行。"④

這裏有兩點值得注意,其一,遴選舉人、監生爲教官的考試由內閣出題、批卷,地方儒學官的考察雖然由吏部出題,但其批定、去取仍在翰林院,可見,選取地方教官的權力是掌握在內閣翰苑手中的。其二,考試內容上,既有見理學造詣的"四書"經義,又有見學識文才的論、策,與科舉考試的題目類型是一致的。通過考察與被考察,內閣翰苑就與地方學官建立了一種

---

① 《震澤集》卷一〇(影印《文淵閣四庫全書》本,集部第 1256 册),第 251 頁。
② 《抑庵文後集》卷七(影印《文淵閣四庫全書》本),集部第 1241 册,第 474 頁。
③ 《抑庵文集》卷五(影印《文淵閣四庫全書》本,集部第 1241 册),第 114 頁。
④ 黄佐:《翰林記》卷一四,第 185—186 頁。

師生關係,在文化趣味方面易於趨於一致。

　　由於地方教官在明初的政治、文化格局中比較重要,開國帝王又一再強調興儒學、行教化,地方教官在時人心目中是比較受尊重的。而隨著科舉的中層精英如副榜舉人、會試下第舉人被廣泛地納入到教官隊伍中,讀書業儒的縉紳之家,世代簪纓的名門望族,乃至臺閣要員之家,多有族人子弟出任教官。再加上這些人的姻親、同僚、鄉友,臺閣要員的社交圈中,教官群體就更廣泛了。這些教官中不乏聞名一時的人物,爲數不少的臺閣作家甚至就是他們培養出來的。如陳顔,字士希,福建浦城人,洪武三十年(1397)中鄉舉,會試選爲教官,任教廬陵、泰和,後升任國子監學正,“與今少師東里公交三十餘年,地位雖殊而志則同”。他是與楊士奇相交多年的老朋友,同時也是聲譽卓著的教官,桃李滿天下。其“門人以明經魁天下士,或登第爲顯官者甚衆”,“公初典教廬陵,門生之賢者有若翰林庶吉士王訓、工部侍郎羅汝敬、四川參議劉孟鐸、吏部郎中李子譚,在泰和則有若翰林侍講學士陳循、臨安知府陳禮、懷慶知府李湘、兵科給事中劉渙、兵部郎中曾宏,其太學門生顯者不可勝紀”①。陳顔的好幾個門人,如羅汝敬、陳循,後來都是臺閣體的重要追隨者。

　　鄉誼是一種重要的社交紐帶。明代學校舉士多寡,很大程度上繫於學官的教學品質,而本地科舉事業的興旺與否,直接關乎該地在朝影響力的隆盛衰弱。因而,地方學官受到本郡望的達官顯宦的注目。臺閣大臣甚至爭相延請名師宿儒到本地任教以惠其鄉里,他們與儒學官員的聯繫和交往相當密切,也相當自然。楊士奇在《送鮑教授詩序》中對此有具體陳述:武昌鮑禮夫將由瑞州教授改任吉安,“凡仕兩郡者,其賢不肖與才之稱否輒相聞……吉人士在京師者皆喜相語曰:‘鄉郡之學將來所成益盛哉!’相率爲詩送之”②。江西吉安府在明初尤其是永樂至宣德間是有名的科舉鼎盛之鄉,有“翰林多吉水,朝士半江西”之説。楊士奇對鮑氏“於斯行也有望焉”,殷切囑咐“學校之教,以成德育才爲治平之資、化俗之本,非獨以爲言語文字之習而已”,這與他一向主張行事爲重而文藝次之的觀念是一致的。從這個例子可以看出,儒學官員與臺閣要員交往密切,已成爲朝廷與地方溝通並施加影響的一個重要群體。

---

① 《北軒集》,清乾隆三十四年(1769)余沛章等刻本,卷七《中順大夫惠州太守陳公行狀》。
② 楊士奇著,劉伯涵、朱海點校:《東里文集》卷三,第38頁。

　　因職事、親友、鄉誼等因素,臺閣要員與儒學官員頻繁互動,地方教官無論是之任、考績,還是改任、致仕,臺閣要員都常有詩文相贈。這些詩序本身就體現出臺閣文風的鮮明特徵,足以起到示範作用。這主要表現在其頌聖情懷與平易暢達的文風方面。頌聖的具體表述如:"國家混一海宇,誕敷文教。内建國子監以養天下之賢才,外設郡縣學以育民間之俊秀,尤必擇師儒之官,俾之訓誨,以底於成,而後進而用之。故成德達材無不出於學校,自公卿大夫以至百執事之職,亦莫非教育之人。顒顒昂昂,布列中外,相與輔成雍熙太平之治,何其盛哉!"①類似的内容俯拾即是。這些作品,其結構平正,佈局周詳,内容典雅,語氣舒緩,自然形成文風上的典則、平易。

　　臺閣要員與儒學官員的這種交往與酬贈,推動了臺閣與地方的文學交流,臺閣要員的詩文主張與作品在交流中流傳到地方,教官們的文風趨向受臺閣文風的濡染幾乎是一個自然發生的過程。梁潛在《送羅秀才南歸序》中説:"秀才羅同,以其學官之命奉簡書上報於京,將別而歸,求予一言以復夫鄉之先生長者。"②地方學校的師生對臺閣要員的追隨服膺已成爲日常生活的一部分,既不需要加以強調,也不需要加以强制。當然,他們的追隨服膺不僅表現在求一言以贈,而是廣泛地參與到具體的傳播活動中。可以舉一個具體的例子。臺閣體主張文尚歐陽,詩宗盛唐,杜甫詩是時人群起效法的樣板之一,單復《讀杜愚得》、虞集《杜律虞注》在元末明初備受推崇。洪武中,楊士奇在武昌時曾得單復書稿,受丁鶴年囑託刊刻未果,"比與訓導嚴頤語及之,頤曰:'江陰之善慶兄弟清尚務義,喜爲詩,嘗刻當時名人所作以傳,此其無難者。'遂求從善所録本證之,不數月,頤書來言刻完,求序,何其成之速也!事固各有遇,然今之遇如善慶,求十一於千百不易得也"③。其後,朱善繼之子朱熊又刻《杜律虞注》,楊士奇欣然作序。楊士奇曾就此感歎何前難而後易,其實難易之別,關鍵在於遇合之異、境況之異。而這種朝廷與地方一拍即合的"遇"是離不開中間媒介的,充當這個媒介的正是訓導嚴頤。儒學教官熟悉地方狀況,而他們又有機會接觸臺閣要員,有他們在朝廷與地方之間充當媒介,地方文化的發展就展開了一個新的局面,臺閣文風也在這個過程中逐漸擴大了流行的範圍。

---

① 《文敏集》卷一三(影印《文淵閣四庫全書》本,集部第 1240 册),第 194 頁。
② 《泊庵集》卷六(影印《文淵閣四庫全書》本,集部第 1237 册),第 306 頁。
③ 《東里續集》卷一四(影印《文淵閣四庫全書》本,集部第 1238 册),第 541 頁。

三、臺閣文風是明初新的文化
格局形成的重要標誌

從社會階層上看，臺閣體的倡導者的確是少數的、上層的臺閣要員如三楊等人，而從文化身份的認同上看，臺閣文學的興盛，則是更爲廣泛的士人群體參與的結果。臺閣文風並非臺閣翰苑等少數精英人物的創作所能涵括，它被士人群體普遍接受和仿效，恰恰説明它與明初士大夫階層的文化心理、價值立場有高度契合的一面，體現了不同社會階層之間的文化整合。臺閣文風是明初新的文化格局形成的重要標誌。

其一，臺閣體的政治認同與士大夫階層的政治認同達成了高度一致。

臺閣體的主題是“鳴國家之盛”，力圖在作品中描繪和構建一個“太平”、“雍熙”甚至“自三代以降未有盛於今日者”的盛世圖景。臺閣體的頌聖、鳴盛與士大夫階層日益增強的對明朝的政治認同是一致的。

明初洪武時代的政治、文化格局在很大程度上仍然是元末的延續。一方面是士林與朝廷的暌違，一方面是中央與地方的疏離。士人群體的文化心理，不是偏向於新朝廷，而是偏向於“舊時代”。錢穆在《讀明初開國諸臣詩文集》中强調了這一事實：明初君臣之間、朝野之間呈現出一種“上下”“暌隔”，“明邦雖新，而其情惟舊”的形勢。換句話説，明初朝廷雖然在政治上取得了權力，卻並没有得到士人的認同。就在朝的文化精英而言，他們仍然没有對新朝的歸屬感，反而眷念故元，就連身爲明代開國文臣的宋濂、劉基也是如此：“宋、劉爲之大臣，雖渥厚之至，而猶時時推尊勝國，既流露於文字，可知其未忘於胸懷；一旦文章道術傳統所寄，乃胥在焉，並可以媲美唐、宋，而時時懷想，若情所不能已。”[1]就在野的士人群體而言，他們在元代經濟寬裕、生活優裕，“上不在廊廟臺省，下不在閭閻畎畝，而別自有其淵藪窟穴”[2]，尤其是元末，皇綱解紐，地方政治文化精英在亂世中成爲保衛鄉邦、維護社會秩序的主要力量。入明之後，他們於出處進退之間，仍試圖保持一種獨立的政治文化身份。這種君臣暌違、朝野離心的態勢是明初的一大問題。洪武朝

---

① 錢穆：《讀明初開國諸臣詩文集》（北京：九州出版社 2011 年版），第 114 頁。
② 錢穆：《讀明初開國諸臣詩文集》，第 153 頁。

對於不合作文人的殺戮,旨在解決這個問題,卻進一步加劇了矛盾和衝突。

永樂政權为了取得士人的認同,一方面是强行壓制,另一方面又調整策略,加强整體文官制度的設計和運作,而教育、文學、藝術等各個方面都深度參與了這一過程。事實上,圍繞靖難的政治高壓貫穿整個永樂朝,靖難之際對方孝孺爲首的不聽命於新政權的士人的殘酷殺戮,以及其後採取監視、鼓勵告訐等方式對士人群體的控制和清洗,這些都使整個士林風聲鶴唳,不得不小心翼翼匍匐於皇權腳下。這種政治心態和思想性格與臺閣體文學的形成顯然是密切關聯的。比如,在主題上,臺閣體最受詬病的頌聖乃至諛頌成風,在永樂朝不僅是文學行爲,更是爲了尋求政治上的安全。在風格上,臺閣體倡導的文風是春容、平易、典則,而其表現和弘揚的士風也是謹慎、恭順、平和的。不激越、不怨懟,即使受到誣枉,也要"和而平、溫而厚、怨而不傷"(楊榮《省愆集序》)。如果説洪武、建文時期士人還遺留著元末士人的個性與張揚,那麼永樂以還的士人早已沒有了那種獨立、昂揚的氣質,史載楊溥"性恭謹,每入朝,循牆而走"①,受到時人的推崇。從士人領袖的精神氣質,可以窺見時代士風的狀況。士人對臺閣體的普遍推崇與這種精神狀態的趨向是一致的。臺閣體就是在這樣的歷史文化語境中逐漸形成的。

新的文化格局的核心是皇權和官僚士大夫共同主導的大一統文化。臺閣體文學發展的政治基礎是内閣制度,而内閣制度的建立是洪武吏治向永樂以降文官政治演變的一大標誌,體現了皇權對官僚士大夫的相容或讓步。洪武政治的特點是刑罰過重。在用人方面,明太祖熱衷於拔擢嫻於律令刑名、有惠政的"吏"才,讓那些有從政經驗、熟悉實際政務的"老成人"官居要職。相反,對長於詩禮的儒士文臣,明太祖表面上雖然禮遇,實際上卻頗爲不屑,他評價開國文臣宋濂時説:"濂,文人耳。"②那種口氣,顯然就不把宋濂當回事。殿閣大學士在洪武時期就已存在,但品級不高,並不參與機務,不過是侍從左右備顧問而已。明成祖即位,首召解縉等七人入閣,"内閣預機務自此始"③。仁宗以後,殿閣大學士開始了位至公孤、官居一品的時代。明代士大夫頗以此爲盛事,就因爲這是明代文化人地位顯著提升的標誌:"至我太宗文皇帝,簡任内閣儒臣,日與諮訪政治。然彼時内閣,多

①《明史》卷一四八《楊溥傳》,第 4144 頁。
②《皇明史竊》卷三五(影印科圖藏明崇禎刻本),第 134 頁。
③《明史》卷一四七《解縉傳》,第 4120 頁。

是朝廷親選翰林編修等才猷歷練、能識人才治體、公忠體同者爲之。"①内閣以翰林院爲依託，而入翰林又以科舉爲途徑，尤其是庶吉士與翰林院、内閣的銜接，向廣大士人釋放了一個信號：朝廷向士人敞開了分享國家權力的大門，讀書入仕，甚至躋身臺閣不再是遥不可及的事情。而這也成爲士人明確和强化其政治文化身份的一個契機，無論是身居臺閣還是身處鄉野，無論是富貴利達還是懷才未遇，他們都走在讀書科舉的同一條道路上。他們的人生期許是相通的，他們對王朝的認同是相同的，他們的文化理念是一致的，他們的價值立場、思想行爲因而有了共同的基礎。

　　其二，臺閣體表現的理想抱負與士大夫階層的理想抱負達成了高度一致。

　　臺閣文風的核心價值觀念是國家與個體命運的統一，所稱道的是"自洪武迄今，鴻儒碩彦，彬彬濟濟，相與歌詠太平之盛者，後先相望。……以高才懿學，夙膺遭遇，黼黻皇猷，鋪張至化，與世之君子頡頏振奮於詞翰之場者"，所欣喜的是"吾邑之士又皆以文學奮身，遭遇其事，忝列華要，亦可謂盛矣。及歲時之閒暇，舉酒相屬，而惓惓以德業相勉，將以上報國家，而非獨爲鄉邑之榮也"②。元明之際的士人群體大多不願出仕，在險惡的政治環境中，假使"幸溷一第，不幸逢時不祥，必將矯矯令節，必不浼浼忚倪爲名教羞，然位勢之相侔、志與才之相協有不可必者，固不如昭文之不鼓也"③，他們視出仕爲危途，視出仕爲失節，那種對新朝漠不相關的態度乃是時勢使然。但對於出生、成長在新朝的士人來説，心態就不一樣了。宣德朝正是他們年富力强的時候，又躬逢大興文教、經濟繁榮、國力强盛的盛世，朝廷向士人敞開了分享國家權力的大門，他們的人生價值有幸找到了依託之處，爲國效力不僅是他們的職業，也是他們的事業。

　　《四庫全書總目》卷一八九著録高棅編《唐詩品彙》，其提要曰："《明史・文苑傳》謂終明之世，館閣以此書爲宗。"④所謂"館閣"，指身居臺閣、

----

① 《西園聞見録》卷二六（哈佛燕京學社影印本），第 612 頁。
② 《抑庵文集》卷四（影印《文淵閣四庫全書》本，集部第 1241 册），第 474 頁。
③ 《海桑集》卷五（影印《文淵閣四庫全書》本，集部第 1232 册），第 590 頁。
④ 永瑢等：《四庫全書總目》（北京：中華書局 1965 年版），第 1713 頁。又，陳書録就此舉了若干例證："閩派詩人高棅在《唐詩品彙》中爲三楊的臺閣文學的創作提供了雍容典雅、明麗高華的範本，這就是賈至的《早朝大明宫呈兩省僚友》、王維的《和賈至舍人早朝大明宫之作》、岑參《和賈至舍人早朝大明宫之作》和杜甫的《奉和賈至舍人早朝大明宫》等。……《唐詩品彙》中所選的賈至等人的臺閣詩對三楊等館閣之臣有很大的影響。"見陳書録：《明代詩文的演變》（南京：江蘇教育出版社 1996 年版），第 116 頁。

官高位顯的詩人,當然也包括了特定意義上的臺閣詩人。這裏需要指出的是,臺閣詩人對唐詩的仿效,旨在以詩文顯示國力強盛和世運升平。這仿佛是對明初劉基思想的演繹。劉基《蘇平仲文集序》認爲,有漢唐的強盛,才有漢賦唐詩的輝煌。倒過來,似乎也可以表述爲:漢賦唐詩的輝煌顯示了漢唐的強盛。這樣看問題,臺閣體的創作宗旨就與劉基的倡導相通了。但是,這裏有個區別不能忽略,即:儘管劉基倡言"文之盛衰實關時之泰否",不過,與"泰""時"相對應的"盛""文"在風格上不一定表現爲雍容平穩,在具體的寫作中不一定直指"潤飾鴻業"。臺閣體時代,也就是永樂後期至宣德年間,社會經濟狀況持續良好,士人的整體境遇也持續良好,其結果,臺閣詩人的審美祈向雖然表面上繼承劉基,卻更看重點綴升平、"潤飾鴻業"的廊廟意識,其佔主導地位的藝術追求是表現"富貴福澤之氣"①。《四庫全書總目》卷一七〇楊榮《楊文敏集》提要説:"(楊)榮當明全盛之日,歷事四朝,恩禮始終無間,儒生遭遇,可謂至榮,故發爲文章,具有富貴福澤之氣。應制諸作,颸颸雅音。其他詩文,亦皆雍容平易,肖其爲人。雖無深湛幽渺之思,縱橫馳驟之才,足以震耀一世,而逶迤有度,醇實無疵,臺閣之文所由與山林枯槁者異也。與楊士奇同主一代之文柄,亦有由矣。"又同卷金幼孜《金文靖集》提要也説:"(金)幼孜在洪武、建文之時,無所表見。至永樂以迄宣德,皆掌文翰機密,與楊士奇諸人相亞。其文章邊幅稍狹,不及士奇諸人之博大,而雍容雅步,頗亦肩隨。蓋其時明運方興,故廊廟賡颺,具有氣象,操觚者亦不知也。"②"廊廟"與"富貴福澤之氣",這是描述臺閣文風的兩個關鍵詞,也是描述臺閣體表現的人生價值與那一時期士人理想的兩個關鍵詞。如果説永樂時期,士人們更多是出於安全考慮而逢迎朝廷,違心地用文章"點綴升平",那麼,宣德年間的士人已不只是習慣成自然,而且是真心把會寫這種文章視爲必須而可貴的涵養。新的一代,是在"點綴升平"的旋律中成長起來的。他們的表達是自願的,不同於永樂年間的迫不得已。我們可以後見之明説這是甘心依附於皇權的一代,但不必認爲他們沒有表達真情實感,當然也不必給予好評。

其三,臺閣體倡導的人格、文風與士人的精神狀態達成了高度一致。

---

① 陳文新:《明代詩學的邏輯進程與主要理論問題》(武漢:武漢大學出版社 2007 年版),第 11—13 頁。

② 俱見永瑢等:《四庫全書總目》(北京:中華書局 1965 年版),第 1484 頁。

　　“文如其人”,永樂至宣德間的士人,其精神生活趨於内斂,爲人處事更注重涵養和平和。他們對臺閣體的推崇與追隨正是這種精神狀態在文風上的表現。關於臺閣文臣的精神狀態,有一點不能忽略,即:他們也有遭到貶謫、被逐出臺閣的時候。但即使在這種情況下,他們也堅持認爲,不能感時憤俗,不能啼饑號寒,而應保持和平溫厚的心態和氣度。所以,楊榮在《省愆集序》中表彰黄淮:“公以高才懿學,夙膺遭遇,黼黻皇猷,鋪張至化,與世之君子頡頑,振奮於詞翰之場者多矣。此蓋特一時幽寓之作,而愛親忠君之念、咎己自憚之懷藹然溢於言表,真和而平、温而厚、怨而不傷而得夫性情之正者也。”①所以,費寀在《儼山文集序》中表彰陸深:“左遷以後,驅馳藩臬間,略無感時憤俗之意。觀其《發教巖》詩云:‘去留俱有適,吏隱欲中分。’《峽江道中》詩云:‘何似湘江路,常懸魏闕心。’此其心豈常有怨尤耶?”②臺閣文臣的這種精神狀態,也爲當時的士人階層所推重和仿效。臺閣文風在王朝士人的追隨中盛極一時,這固然不值得表彰,但給予“同情之了解”卻是必要的。

　　一個政權必須建立和維持一種文化認同,否則就没有合法性,否則就不能長治久安。文化認同之所以能够産生這種效果,是因爲這種文化對置身其中的人是有特定要求的,這種要求也就是社會對於個體的脚色期待,士人只有符合這些期待和標準才能有所作爲,否則就會被排除在主流社會之外。臺閣文風之所以在永樂至宣德間盛行一時,正是因爲臺閣文風是新的文化格局的標誌,永樂至宣德間士人群體的文化認同與臺閣體的主旨是一致的。換句話説,臺閣體體現了朝廷建構新的文化格局的旨意,士人階層從這種新的文化格局所獲得的文化身份,又促使他們自覺或不自覺地接受臺閣文風。兩者之間互爲因果,互相推進,形成了文化上、政治上的巨大合力,洪武時代的文化格局、政治格局逐漸成爲了遠逝的記憶。這究竟是幸呢,還是不幸?

　　　　　(作者:武漢大學文學院教授,武漢大學文學院博士研究生)

---

① 《文敏集》卷一一(影印《文淵閣四庫全書》本,集部第 1240 册),第 168—169 頁。
② 《儼山文集》卷首,臺灣《“國立中央圖書館”善本序跋集録》集部第 3 册(臺北:“國立中央圖書館”1994 年版),第 74 頁。

明代"古詩"總集的編纂、出版、接受
——從宏觀角度的考察

陳　婧

【摘　要】近年來,明清時期"古詩"總集的編撰與出版逐漸得到學界注意。多數研究以出版業的興起爲時代背景,檢析一部或幾部重要選本的内容及其所體現的文學觀點。這些考證及研究則爲本文的分析提供了可能與基礎。本文嘗試另闢蹊徑,以副文本(paratext)的閲讀爲中心,兼及文本,從宏觀層面勾勒有明一代"古詩"總集的編撰與出版,以及這類書籍可能的流通與接受之宏觀趨勢。第一部分以筆者檢索書目所累計的條目爲基礎,對先唐詩文集在明代的編纂出版進行量化分析,從而進一步確認明代是先唐詩文集産生的高峰;隨後三個部分各以不同的副文本(paratext)要素爲討論中心:首先,以書名爲中心,對書名加以分組語義詞頻考察,探尋先唐詩類總集的命名策略與所呈現的編纂趨勢;其次,以序言爲中心,管窺總集編纂動機的變化;然後,以書目爲中心,討論明代這類書的價格、目標讀者、閲讀體驗等。最後,本文將明代古詩總集的産生與發展分爲三個階段,進而總結出明代古詩總集的編纂、出版、流通在不同時期的特點。

【關鍵詞】古詩　總集　先唐　出版　副文本　明代

近年來,隨著文獻資料的逐漸充裕,明清時期"古詩"總集的編撰與出版逐漸得到學界注意。多數研究以出版業的興起爲時代背景,檢析一部或幾部重要選本的内容及其所體現的文學觀點。這些考證及研究則爲本文的分析提供了基礎。本文嘗試另闢蹊徑，以副文本（paratext）的閱讀爲中心，兼及文本，試圖從宏觀層面勾勒有明一代古體詩總集的編撰、出版以及（可能的）流通、接受，并探尋在詩歌選集的編纂出版過程中，編者、作序者、出版方等諸方勢力如何從各自不同的角度賦予或改變總集作爲書本的意義，引導了後世讀者的閱讀體驗。本文將以筆者檢索書目所累計的條目爲基礎，兼引前人研究成果，量化分析，并閱讀三種不同的副文本要素，勾勒出這類總集的出版、編撰、接受之宏觀趨勢。首先，通過對先唐文學總集的量化分析，通過與明代之前情況的比較，本文從書籍的總量、年産出平均值兩方面進一步證實“先唐詩文的編纂在明代達到高潮”這一結論。隨後，本文將關注中心轉向先唐詩文總集的詩類總集，按照目前可見的材料分析這些書籍的書名、序言，以及記載這些總集的書目：首先本文按照書名中不同的語義要素加以分組，進而對詞頻加以考察，從而探尋先唐詩類總集的纂修趨勢；然後筆者以目力所及的序言爲例，從不同時代的序言管窺編纂動機的變化；隨後筆者以書目爲中心，從而推知在明代這類書的價格與目標讀者。最後，本文對明代古詩總集的編纂、出版、流通、閱讀進行了總結，將明代古詩總集的産生與發展分爲三個階段，並反思了宏觀研究模式的優點與不足。

一、總集研究的三種面向

“總集”一名，與英文“anthology”爲對應術語，在傳統目録學上與别集相對，其特徵體現爲：所集作品出自多位不同作者之手。阮孝緒始用此名，後爲《隋書·經籍志》襲之。《隋書·經籍志》以爲總集始於摯虞《文章流別集》[1]，同理，四庫館臣稱“《三百篇》既列爲經，王逸所裒又僅《楚辭》一家，故體例所成，以摯虞《流别》爲始。其書雖佚，其論尚散見《藝文類聚》中，蓋分體編録者也”[2]。據《隋書·經籍志》“總集”目録所載，隋初總集已達二百餘部[3]，雖然《隋書·經籍志》所列書籍多已散佚或有重複，然由此仍

---

[1]《隋書》志第三十經籍四，《隋書》第四册（北京：中華書局，1982 年版），第 1089 頁。

[2]《欽定四庫全書總目》（北京：中華書局，1997 年版），第 2598 頁。

[3]《隋書·經籍志》稱“通計亡書，合二百四十九部”，見《隋書》志第三十經籍四，《隋書》第四册（北京：中華書局，1982 年版），第 1089 頁。

可見手抄本文化時代,文學總集的編纂已蔚爲風氣。

　　總集之重要性不言自明,四庫館臣贊之爲"是固文章之衡鑒,著作之淵藪矣"①。作爲文學作品的載體,文學總集記録保存了衆多作家作品,而且,可以説,中國文學史便是由多部總集構建而成。《詩經》、《楚辭》乃是最早的總集,摯虞《文章流别集》以後,單就純文學總集而言,詩總集、文總集、詩文合選總集等在各朝各代均層出不窮,保存了大量文獻及文學作品。

　　就材料論,總集分類多樣。有通代、斷代之分,又有地域總集、家集之分,又有詩集、文集、詩文總集、詞總集之分,或又有當代人選當代詩文、當代人選前代詩文之分。四庫館臣將總集分爲兩類:"一則網羅放佚,使零章殘什,並有所歸;一則删汰繁蕪,使莠稗咸除,菁華畢出。"②這兩類的區别在於編纂原則的不同:前者求全,後者求精。前者或可稱爲以總彙爲目的,後者或可認爲是現今所説的"選本"或"選集"。因此,總集研究實則應當涵蓋"選本研究"與"總彙類總集研究"二類。

　　最近十年來,文學總集研究漸漸成爲中文學界古代文學文獻研究的熱點話題。若在中國知網(CNKI)上以"總集"爲主題或關鍵詞搜索人文社科類論文,可見 2006 年之後,涉及總集,以總集爲主題詞的研究成果在數量上呈爆發增長,並持續在後繼八年(2006—2014)中保持穩定上升的態勢③。這些研究大多從各個角度對文學總集及其編纂出版都進行了深入而頗有見地的分析。相較而言,海外漢學界對文學總集的研究在數量上無法與中文學界的成果抗衡,研究成果亦似乎並没有在最近十年内出現顯著增長。目前所見西方漢學界對中國文學總集的研究多集中在 20 世紀 90 年代末與本世紀初,然而,與中文學界的研究相比,海外漢學界的同類研究多以理論爲綱,以文獻材料爲目,爲總集研究帶來了如文類理論、經典化理論等諸多

――――――――――――

① 《欽定四庫全書總目》(北京:中華書局,1997 年版),第 2598 頁。
② 同上。
③ 筆者的檢索涵蓋"中國期刊全文數據庫"、"中國博士論文全文數據庫"、"中國優秀碩士學位論文全文數據庫"、"中國重要會議論文全文數據庫",2006 年之前每年研究成果增長態勢較緩,數量上一直爲 100 以下,2006 年的研究成果陡增,已破 100,隨後每年均呈現顯著增長。又以"總集"爲關鍵詞在 cnki 學術趨勢網站(http://trend.cnki.net/TrendSearch/)進行檢索,可得出類似結論。不過筆者尚未對港臺地區學術研究進行檢索,未知是否有同樣的增長趨勢。然以印象所見,似乎港臺地區最近幾年亦出現不少研究選本或總集的碩博論文。

理論面向，頗具啓發意義①。

　　細檢研究成果，可見目前中西學界對總集的研究可分爲兩個面向。一是文獻學面向。這類研究對各類總集加以文獻整理與版本考索。如對唐人選唐詩的點校整理，又如對某些明清知名選家所撰的明清古詩選集的整理出版②。并進而討論某些重要總集的編纂、版本流變等。作爲文學作品載體的總集，其本身的編纂進程、編纂原則往往是研究的焦點。如對《文選》的成書過程、編選原則等研究可謂是中古文學研究中的顯學③。在明清領域體現爲著眼於一部重要總集，對某部集子加以考察④。這類研究關注書籍本身，材料上似乎往往集中於考察一部或幾部較爲出名的總集，從而考察舊材料，同時發現新材料，這類研究對總集版本流變的考察往往有助於學界對書籍出版流通的理解。二是文學批評面向。這類研究將選本與文學批評聯繫，考察集中所體現的編者之文學批評觀。因選本批評被認爲

① 相關研究見海陶瑋對《文選》與文類理論關係的考察，見 James R. Hightower, "The Wen Hsüan and Genre Theory", *Harvard Journal of Asiatic Studies*, Vol. 20, No. 3/4（Dec., 1957）: 512 - 533; 又見余寶琳對選集與經典化關係的考察，見 Pauline Yu, "Poems in Their Place: Collections and Canons in Early Chinese Literature", *Harvard Journal of Asiatic Studies* 50, no. 1（June 1990）: 163 - 196; "The Chinese Poetic Canon and Its Boundaries", in *Boundaries in China*, ed. John Hay（London: Reaktion Books, 1994）, pp. 105 - 123; "Canon Formations in Late Imperial China," in *Culture and State in Chinese History: Conventions, Accommodations, and Critiques*, eds., Theodore Huters, R. Bin Wong, and Pauline Yu（Stanford: Stanford University Press, 1997）, pp. 83 - 104; "Charting the Landscape of Chinese Poetry", *Chinese Literature: Essays, Articles, Reviews（CLEAR）* 20（December 1998）: 71 - 87. 又可見孫康宜與方秀潔對明清兩代女性總集與經典化關係的考察，見 Kang-I Sun Chang, "Ming and Qing Anthologies of Women's Poetry and Their Selection Strategies", In *Writing Women in Late Imperial China*, ed. Ellen Widmer and Chang（Stanford: Stanford University Press, 1997）, pp. 147 - 170; Grace S. Fong, "Gender and the Failure of Canonization: Anthologizing Women's Poetry in the Late Ming", *Chinese Literature: Essays, Articles, Reviews（CLEAR）* 26（December 2004）: 129 - 149; Grace S. Fong, *Herself an Author: Gender, Agency, and Writing in Late Imperial China*（Honolulu: University of Hawaii Press, 2008）, pp. 129 - 158.
② 相關研究如陳尚君：《唐人編選詩歌總集敘録》，載於《唐代文學叢考》（北京：中國社會科學出版社，1997 年版），第 184—222 頁；又如傅璇琮、陳尚君、徐俊：《唐人選唐詩新編（增訂本）》（北京：中華書局，2014 年版）。最近幾年明清古詩總集整理出版的相關成果如［明］張之象：《古詩類苑》（上海：上海古籍出版社，2006 年版）；［清］陳祚明評點、李金松點校：《采菽堂古詩選》（上海：上海古籍出版社，2009 年版）等等。
③ 相關研究如傅剛：《昭明文選研究》（北京：中國社會科學出版社，2000 年版）；傅剛：《文選版本研究》（北京：北京大學出版社，2000 年版）；王立群：《文選成書研究》（北京：商務印書館，2005 年版）。
④ 在明清古詩總集研究上，相當多的期刊文章及學位論文討論李攀龍《古今詩删》、鍾惺《古詩歸》、沈德潛《古詩源》、王士禛《古詩選》等一些知名選集。不一而足。

是中國文學批評中一類獨特的批評方式①，研究者從而可對不同編者所編選的不同本子加以分析比較，得見不同批評家、不同文學流派的觀點等；研究者又或常以一部書籍所選的條目入手，考量文學接受史或文學批評史：比如，他們會計量比較分析同一總集中不同作家或作品選入的比例，由此推見編者對不同作家、不同作品、不同時代的褒貶；又如，研究者也往往在歷史維度上，對不同總集中，同一作家或作品的數量進行排列分析，進而推知某一作家或作品在不同時代的地位浮沉，了解作家作品的文學接受史。這類研究中不少成果也受到了西方經典化理論的影響，從而將總集作爲經典化的工具加以考察，如此種種，不一而足②。不過，這類研究理路背後實則隱含有一既定前提，即，認爲一部總集的選目往往體現了編者對作品的價值判斷及態度。以材料論，這類研究分析的對象往往是求精的選本，往往並不看重求全的總集。

　　若在比較的維度上考慮西方學界對歐洲文學總集，即對 anthology 的研究，似乎可發現值得借鑒的另一種角度，或可稱爲另一種面向：總集社會學面向。他們對歐洲 17、18 世紀總集的討論會涉及文學接受、文學傳統的構建、經典化等議題，同時他們也致力於討論總集對當時社會風氣建構的貢獻，他們的研究結論包括：總集有助於建構現代社會集體認同，總集調和了社會各個階層的閱讀品位，催生了現代讀者，總集的編纂反證了當時興起的"小説"在讀者群上的局限性，當代總集的編纂在極大程度上是以教學需要爲導向等等③。這類研究雖然均由英語文學系學者操作，然本質上已然跳脱純粹的文學研究範圍，而是受到書籍史、印刷史、閱讀史等理論維度的影響，材料上也並無求全或求精的總集之偏，雖然這是因爲 17、18 世紀時，西方文學總集往往爲書商所輯，並不能體現個體或流派的文學批

① 張伯偉：《中國古代文學批評方法研究》（北京：中華書局，2002 年版），第 277—326 頁。
② 關於選本、選集的專著與期刊論文多討論選集與文學批評的關係。考察宋代詩選的著作可參卞東波：《南宋詩選與宋代詩學考論》（北京：中華書局，2009 年版）；而除了詩體以外，對詞體總集的研究亦可參蕭鵬：《群體的選擇——唐宋人選詞與詞選通論》（臺北：文津出版社，1992 年版）；閔豐：《清初清詞選本考論》（上海：上海古籍出版社，2008 年版）。
③ 主要研究參 Barbara M. Benedict, *Making the Modern Reader: Cultural Mediation in Early Modern Literary Anthologies*, Princeton, N. J. : Princeton University Press, 1996; Leah Price, *The Anthology and the Rise of the Novel: From Richardson to George Eliot.* Cambridge: Cambridge University Press, 2000; Anne Ferry, *Tradition and the Individual Poem: An Inquiry into Anthologies.* Stanford: Stanford University Press, 2001; Jeffrey R. Di Leo ed. , *On Anthologies: Politics and Pedagogy.* Lincoln: University of Nebraska Press, 2004.

評觀點①，不過在研究方法、理論、結論上均可值得參考借鑒。這類研究應屬於“文學社會學”（sociology of literature） 範疇，即考察的並非文學本身，而是文本的發生、流通、消費等，在總集的個案上則可稱爲是“總集社會學”，體現爲考察書籍的誕生、流通、消費、閱讀。而就本文的研究而言，在印刷業日漸繁盛、商業出版興起的明清社會環境下研究文學總集，這類思路則恰好可用，有重要的借鑒意義②。

　　因此，對文學總集的研究可總結爲文獻學面向、文學批評面向、總集社會學面向三種。而在明清“古詩”總集的研究中，雖會涉及某些書籍的纂修過程，然而主要研究思路仍往往是前兩者。和對總集研究的關注度日漸升溫一樣，最近幾年來，明清時期“古詩”總集的編撰與出版也漸爲學界關注。所謂“古詩總集”，形式上應指以古體寫作的詩之總集；不過由於“古詩”一詞在時代指向上的模糊，“古詩總集”往往在實際討論中包括兩種——唐代以前的詩體總集和純以各代古體詩爲選目的詩總集，前者例證可見沈德潛《古詩源》，後者例證可見王士禎《古詩選》。討論中，學者以“漢魏六朝詩歌總集”和較爲模糊的“古詩總集”稱呼這兩類材料③。由於明清時期這類總集繁多，因此目前易於操作的方法往往是：開篇首章概論這種總集的歷史、概述時代背景，列出文獻材料，而後各章以一部或幾部重要總集爲中心，討論每部書籍的編纂過程、内容、版本流變等④。這類研究雖然輯入不少文獻材料，而在分析上往往是個案研究，討論的重點則是一部或幾部重

---

① 西方與中國文學選本的比較在張伯偉教授的書中略有提及，可參張伯偉：《中國古代文學批評方法研究》（北京：中華書局，2002 年版），第 278 頁。

② 明清史學的研究中有時也會觸及總集研究，材料上一般不會局限於文學總集，亦多採用書籍史印刷史等理論角度。他們或認爲清初編纂的地方總集體現了某一地域的社會認同之加强，又或認爲晚明時，編纂“四書”一類的經學評點總集是對正統思想的挑戰。參見 Tobie Meyer-Fong，“ Chapter 3 Anthologies，Monuments，and the Invented Past：The Tower of Literary Selection”，in *Building Culture in Early Qing Yangzhou*（Stanford：Stanford University Press，2003），pp. 75 – 127；與 Kai-wing Chow，“ Chapter 4 Paratext：Commentaries，Ideology，and Politics”，in *Publishing，Culture and Power in Early Modern China*（Stanford：Stanford University Press，2004），pp. 149–188.

③ 前者如楊焄 2009 年出版的《明人編選漢魏六朝詩歌總集研究》，研究對象爲“漢魏六朝詩歌總集”，後者如景獻力 2005 年福建師範大學博士論文《明清古詩選本個案研究》，以“古詩選本”爲研究對象，材料上與楊焄多有重合。

④ 這種章節安排和研究方法可見景獻力：《明清古詩選本個案研究》（福建師範大學博士論文，2005 年）；解國旺《明代古詩選本研究》（河南大學博士論文，2007 年）；楊焄《明人編選漢魏六朝詩歌總集研究》（西安：陝西人民教育出版社，2009 年版）。

要選本的内容、版本、編者文學觀等等,較少涉及書籍流通、消費、閱讀等方面①。不過,他們對明清這類總集的文獻考索、版本考證、内容分析卻爲宏觀分析提供了豐富的文獻學基礎,使得筆者對宏觀趨勢的分析成爲可能。

二、本文的研究方法、研究材料、研究思路

　　因此,本文希冀借鑒前人對單部總集的研究,採取宏觀角度,勾勒出明清"古詩"總集編纂、出版、閱讀在宏觀上的"變"與"不變"。如果説,將各部總集看作各色珠玉,那麽前人的這些研究則是對每顆珠玉内部的結構加以分析,而本文則試圖將這些珠玉串成一串,考察其間"串綫"的特質。

　　在分析方法上,本文以對副文本(paratext)的考察爲中心。副文本(paratext)一詞爲法國結構主義批評家熱奈特所提出,中文譯法多樣,可譯爲"類文本"、"副文本"、"超副文本"等等,爲行文方便,本文仍採目前較爲通用的中文譯法"副文本"來展開討論。所謂"副文本",包括兩種:一是書籍内部除了文本以外的其他各類材料,如總集的標題、序言、目録、作品的點評、文本的視覺排版等,這類被稱爲"内部副文本(peritext)";二是書籍實體之外的要素,如出版商的出版策略、廣告策略、作者與出版商對書籍的討論或評價等,這類是"外部副文本(epitext)",並非書籍實體内部存在的要素,但卻是與書籍的流通接受有關的、至爲重要的相關要素。這二者合稱"副文本(paratext)",是詮釋之門檻(thresholds of interpretation),決定了書籍與文本的閱讀、接受②。由於"副文本"這一概念本身産生於書籍史的研究,因此借用這一西方術語對明代的總集出版加以討論,非但不是概念混用,而是恰恰可以揭示出書籍在生産流通中的一系列現象與

---

① 杨焄 2009 年出版的《明人編選漢魏六朝詩歌總集研究》第一章涉及了一些書籍的出版問題,討論了漢魏六朝詩歌總集的動因與刊行情況,有不少發現。見杨焄:《明人編選漢魏六朝詩歌總集研究》,第 10—33 頁。

② 對這些主要概念的釐清與討論參見 Gérard Genette, *Paratexts: Thresholds of Interpretation*, trans. Jane E. Lewin, Cambridge: Cambridge University Press, 1997.

趨勢①。

　　本文的討論涉及總集的三種副文本要素：標題、序言、書目，前二者應算是内部副文本（peritext），而後一種應算是外部副文本（epitext）。從標題，可勾勒總集編纂的大致趨勢，亦可管窺命名策略之“變”；從序言，可細查編者編纂動機之“雜”或“純”；從序言與書目，可管窺出版流通之“難”或“易”；從序言與書目，也可推斷古詩總集的流通社群，和讀者的可能閱讀體驗。另外，由於參與一部總集命名、序言撰寫的人士有編者、有出版者，也有受邀作序的當時名人，因此，所有文本背後隱藏的作者預設立場也是本文需要關注的重點。同時，西方書籍史研究認爲書籍的形式（form）決定了書的傳播、接受，並且認爲每部書籍都有自身存在的價值與意義，每部書籍都體現了出版過程中各方勢力的角鬪、制衡、調和等②。按照這一理念，本文也希冀考察在詩歌選集的編纂、出版、接受過程中，編者、作序者、出版方等諸方勢力如何從各自不同的角度賦予或改變總集作爲書本的意義，進而引導當時以及後世讀者的閱讀體驗。

　　當然，這裏的結論無疑也會受到文獻材料的限制，雖在文獻材料蒐集上，本文亦思求全，然而畢竟無法做到真正完全涉及所有當時材料，只能是從目力所及的材料入手，勾勒大概面貌。因宏觀考察的需要，材料上包括求全與求精的兩類總集。不過，如上所述，前人研究時所涉及的材料不僅包括漢魏六朝詩歌總集，也包括各代古體詩選集。這因此使得本文的研究對象變得模糊不清。

　　那麼，什麼是“古詩總集”？這一術語的定義之困難一是源於“古詩”本身定義的模糊，目前公認的“古詩”時代上指先唐詩，然而文體上指的是“古體詩”，這種情況，在筆者看來，與明代人編纂總集時的命名策略大有關係。“古體”一詞本產於唐代，與“近體”相對，先唐詩雖然説在文體上可統稱爲“古體詩”，然而在目前研究者心目中也往往被稱爲“古詩”，“古詩”一詞本

---

① 以“副文本”概念討論明清總集出版的研究成果可見陳水雲：《唐宋詞集“副文本”及其傳播指向——以明末清初編刻的唐宋詞集爲討論中心》，載於《江西師範大學學報（哲學社會科學版）》第 43 卷第 4 期（2010 年 8 月），第 46—53 頁；以此概念討論女性詩集出版的研究可見 Grace Fong, “The Life and Afterlife of Ling Zhiyuan (1831 – 1852) and Her Poetry Collection”, *Journal of Chinese Literature and Culture* 1.1 – 2 (November 2014), pp. 125 – 154.

② 具體研究參見 Roger Chartier, *The Order of Books: Readers, Authors, and Libraries in Europe Between the 14th and the 18th Centuries*. Stanford: Stanford University Press, 1994.

指過去的詩,然實際情況中,按照下文對總集書名的考略,可以看到,中明到晚明時,編纂先唐詩體總集漸成風氣,晚明出版的先唐詩總集書名中多直接以"古詩"泛指"先唐詩"了。因此,這一現象的存在使得現存的研究往往處於定義不明,或是定義兩難的境地。爲了解決研究對象定義不明的問題,本文下一部分便以"先唐詩文總集"爲中心,希望先探尋並釐清這類書籍出版編纂的歷史趨勢,隨後方轉向對其間先唐詩類總集的討論。

　　材料收集上,如上所述,前人研究所輯得的文獻無疑爲本文的分析提供了文獻基礎①,同時,在他們所列出的材料基礎上,筆者查考《中國古籍善本書目》、《中國古籍總目》、《四庫》系列書目、明清時人的書目,力求收集盡可能多的總集,使得宏觀面貌盡可能可靠。筆者查考的明清書目主要包括中華書局《宋元明清書目題跋叢刊》、商務印書館《中國著名藏書家書目彙刊·明清卷》,而這兩套叢書中的書目大致可分爲藏書目錄與刻書目錄兩類,前者又可下分爲官藏、私藏二類;後者可分官刻、私刻、坊刻三類,因此本文所查考的明清時人書目的分佈情況如下表:

表一: 明清藏書、刻書目錄的數量分佈

		明	清
藏書目	官藏書目	5	2
	私藏書目	20	61
	經籍志類	5	0
	日本書目	0	3
刻書目	官刻書目	3	0
	坊刻書目	3	0
	私刻書目	1	0

① 景獻力《明清古詩選本個案研究》列出19部明代古詩總集與51部清代古詩總集,見其福建師範大學博士論文,2005年,第24—25頁;而解國旺《明代古詩選本研究》輯得152種明代古詩總集,並分爲通代、斷代、詩人合選、僧詩選本、女性詩選、地區詩選、待考七類,見其河南大學博士論文,2007年,第33—83頁;杨焄《明人編選漢魏六朝詩歌總集研究》則一共分析了16部明代古詩總集。

由於篇目及時間限制，這裏以明代產生的總集的情況爲例加以考察①，根據
筆者所整合的數據，清代亦産生了諸多同類型的古詩總集，然而，若以
類似的分析方法與角度運用於清代類似總集的分析，結論則會不盡
相同②。

三、先唐詩文總集、詩體總集編纂
趨勢的量化分析

　　與前代相比，有明一代，先唐文學總集的纂修與出版達到了高峰，或者
説先唐文學總集的纂修出版在明代異軍突起，就數量而言，這類總集比前
代顯著增加。當前研究均會論及“古詩”總集在明代的增長，稱“明代开始，
古詩选本較前有大幅度的增長”③，實際上説的也就是先唐詩總集的增長。
但這些研究往往是印象式的概括式的，例證多是那些純選古詩的集子。因
此本文擬從收集到的先唐詩文總集入手，探尋是否可得出類似的結論，或
是否可進一步充實或修正當前的結論。
　　若要證明有明一代，在編纂總集時，對這一類選集的關注驟增，便需要
考察同類總集在明以前各個朝代是否是編纂的重點。筆者通過檢視唐宋
經籍志與藝文志、宋代幾部官藏與私藏書目、元代可見書目的“總集”部分、
今人考證成果等④，得出以下結論：首先，從摰虞始，迄於隋末的這一階段，
爲唐代以前，這一時段的總集應歸入當代人集當代作品一類，然而由於此
時總集多佚，書目記載往往重出，因此在參照前人對各部總集的考證成果
以後，若不算應用文一類的表、戒等文體，純選詩的總集大約爲 40 種，樂府

① 本文分析不涉及專選一地詩文的地域總集或家集。
② 對這一點筆者會在未來另文敘述。
③ 景獻力：《明清古詩選本個案研究》，第 24 頁。
④ 筆者所查原始材料有《隋書·經籍志》、《舊唐書·經籍志》、《新唐書·藝文志》、《宋史·藝文志》、《二十五史補編》、《補元史藝文志》、《崇文總目》、《崇文總目輯釋補正》、《秘書省續編到四庫闕書目》二卷、《中興館閣書目輯考》五卷、《遂初堂書目》一卷、《直齋書錄解題》三十二卷、《郡齋讀書志》四卷（《附志》一卷、《後志》二卷、《考異》一卷）、元代《西湖書院重整書目》一卷、馬端臨纂《文獻通考·經籍考》七十六卷。今人考證成果有陳尚君：《唐人編選詩歌總集敘錄》，載於《唐代文學叢考》（北京：中國社會科學出版社，1997 年版），第 184—222 頁；孫琴安《唐詩選本六百種提要》（西安：陝西人民教育出版社，1987 年版）等。

歌詩總集爲 29 種,詩文合選總集約有 41 種,因此,其中選有廣義上的"詩"的總集總計有 110 種。以時代論,由於這一時代的很多總集編者不明,產生朝代不明,很難將它們劃入特定朝代,不過大致來説,劉宋與梁代二代總集產生較多。第二,唐代迄五代的總集依然有纂者姓名缺失、書籍内容不明的情況,不過,能確定的是這一時段見證了唐人選唐詩的興起,而唐人所纂的先唐詩文總集相較而言較少,加以考證後,唐人所纂通代總集中有選先唐詩文的總集以及純選先唐的總集二種,加起來可確定的共有 23 部,純詩體總集僅有 10 部。到了宋代,古文總集編纂興起,此時"文"與"詩"的概念區分明顯,《文章正宗》《古文關鍵》等古文總集較多,這些古文總集間或也雜選先唐古文,純選先唐詩體的總集則除了《樂府詩集》等,也不多。就數量而言,可大概確定爲通代總集中包括先唐詩文的總集以及純選先唐詩文的總集加起來共 31 部,其中純詩體總集大概共有 13 部。而就元代而言,雖然可能印書數量更多,然而能夠查考的藏書目不多,確定包括先唐詩文的總集大概共 11 部,其中純選先唐詩體的共有 5 部,5 部中有 2 部則是劉履《選詩補注》《選詩補遺》①。需要説明的是,由於很多文獻的著者信息、書籍内容缺失,筆者只能盡可能參考各種書目及前人考證成果加以分類統計,這裏的數字是大略的,而並非確實的。儘管如此,這些數字卻也足以證明先唐詩文並不是唐、宋、元三朝總集編纂的焦點。

那麽明代的情況呢? 可以確定的是,明代在先唐總集的纂修上的確出現大幅增長。明代不僅翻刻翻印前代書目頗多,新撰先唐總集也較多。這裏僅僅討論明人新撰先唐總集的情況,這類情況有二:其一是將前代已有的總集加以摘録摘抄,或新彙新評,從而變爲新書出版;其二是將新發現的材料與舊材料混合,從而成爲新出或新撰總集。不過,筆者檢視明清書目時,常有書名一致而版本不一,或是不知是否一致,或書名不一而書籍相同的情況。如現在所説的《古詩紀》就常常被記爲《詩紀》,而其漢魏部分則被記爲《漢魏詩紀》,這是由於明代出版總集時有時並非一次性全部出版,刻書方或編者先取已經完成的部分出版,然後可能會順次遞取,最後也許會總彙成書,全集出版後,又會有書商從中摘取部分章節單獨成書出版,李攀龍《古今詩删》的唐詩部分就曾受到書商青睞被割出單行。由於這種出版

---

① 這兩部後與劉履選唐宋詩詞的《選詩續編》合稱爲《風雅翼》,對這三部内容的介紹,參見《四庫全書總目》卷一百八十八集部四十一總集類三,第 2637—2638 頁。

形式以及商業印書的介入,何爲原本? 何爲新本? 客觀來説,每一部書籍都有其存在的價值與意義,每一部書籍在讀者身上產生的接受效果也是與他者不同的,李攀龍《古今詩删》與其中割出的《唐詩選》便成爲了兩本書,《唐詩選》單行本問世後流佈極廣,並直到今日也是日本接觸唐詩的重要途徑之一①。因此可見,讀者對這兩本書產生的感知、閲讀體驗及接受都是不同的。

　　因此,若將這種内容不同,每次出版的新書(舊書重印不算)作爲新的 1 部計算,那麼從書名上保守推斷,排除地域總集與家集,可確定明人新撰,且内容確實選先唐詩、文的總集有 110 部,就純選詩體的總集論,有 67 部左右。不過晚明時期,叢編類的印刷出版似乎又頗爲流行②,晚明人多將漢魏六朝名家詩文集以此形式刊行,根據《中國古籍總目》,叢編類的先唐文學總集有 15 部,由於這類集子往往是將詩文合選,因此若將這一類也算入明人纂先唐詩文的例子,那麼前者數字會變爲 125,後者 67 部則不變。雖然以上統計得出的數字可能僅僅是約數而不是確實的數字,然而由這些數字,仍然可以見到從先唐至明編纂先唐文學總集的大略趨勢。圖一則對這些數字加以直觀呈現,實綫表示了從先唐到明,所出版的先唐詩文總集與詩總集及文總集在絶對總量上的變化;而虚綫則表示了各代所出版的純詩類先唐總集的數量變化。

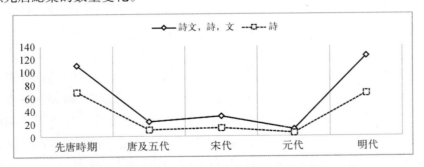

圖一: 先唐詩、詩文、文總集在各代絶對數量的變化

---

① 見蔣寅:《舊題李攀龍〈唐詩選〉在日本的流傳和影響——日本接受中國文學的一個側面》,載於《國學研究》第 12 卷(北京: 北京大學出版社,2003 年版),第 363—386 頁。

② 對晚明時期叢書、類書出版的討論可參見 Benjamin Elman, "Collecting and Classifying: Ming Dynasty Compendia and Encyclopedias (Leishu)", *Extrême Orient*, *Extrême Occident* (hors série 2007): 131-157;中譯本見艾爾曼:《收集與分類: 明代彙編與類書》,載於《學術月刊》2009 年第 5 期,第 126—138 頁。

　　由圖一可以清楚看到,有明一代,先唐文學總集(包括詩文合選,純選詩,純選文三類)在絕對數量上超過了先唐時期、唐及五代、宋元二代,純選詩類的總集也在數目上遠超過唐及五代、宋、元等朝。

　　不過,絕對數量的上升並不意味明代出現了編纂這類書的高潮,畢竟一個朝代時間久遠,日積月累,產出書籍的數量自然會變多,那麽若以總數除以年數,每年這類書籍的平均產出數量又是如何①?

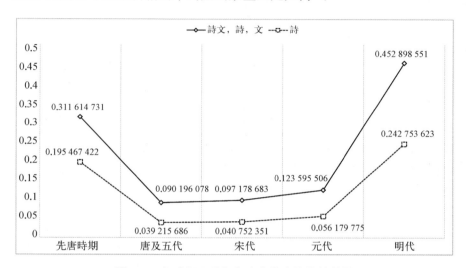

圖二:五個時期平均每年產出先唐總集的數量

從圖一、圖二可見,無論是就絕對數量而言,還是就每年產出書籍的平均值而言,到明代突然陡增,斜綫趨勢變陡,不僅詩文總集如此,純選詩的總集也是這樣。同時,從圖二可發現按照這裏的保守估計,明代產出的先唐詩文總集的部數在絕對數量上比唐以前人選當時作品的總量還要多一些,在每年平均產值上也還要略勝一籌,前者約爲0.31,後者約爲0.45,那麽大概可推知明代兩年多就出一本先唐詩文總集。因此,在明代,不僅先唐詩文總集在絕對數量上比唐、宋、元陡增,每年平均產出值甚至超過西晉到隋末這一段先唐人自己大量編纂當時總集的時期。基於總值與年平均值兩個參數,我們可以確認"比起前面幾個時代,有明一代,先唐詩文總集編纂達到高潮"這一結論。

――――――――――

① 先唐時期爲西晉初年(265)到隋末,唐與五代時期爲唐初到五代結束。

明代出産的先唐詩文總集按内容分,可分爲以下三類:

表二: 明代先唐詩文總集之類別

類 別	例 證	書 目
1. 先唐詩總集	馮惟訥《詩紀》	67
2. 純選先唐文總集	梅鼎祚《文紀》	38
3. 先唐詩文合選（及叢編類）	劉節《廣文選》 張溥《漢魏六朝一百三家集》	20

由於本文致力於討論"古詩"總集的纂修與出版趨勢,因此,在下文對總集的書目、序言等副文本要素的討論中,本文將主要側重上表的第 1 類與第 3 類。

不過,若要考察有明一代的書籍出版趨勢,則需要再加入歷史維度,看每一類書在什麽時期生産較多。如何將書目繫年？ 筆者試圖以初刻本出現年代繫年,若有的書再刻之時有書名變更,那也將其再刻年代記録下來。根據作者生平、序言,或者書目所記録的訊息可大概得見出版時段,不過,仍然有部分書無法繫以具體年份。就手頭資料所限,這裏先從書名入手,管窺編纂的特性與大致的變化趨勢。

四、從書名看編纂特性與趨勢

(一) 書名的語義詞頻分析

從語義角度,可將明清總集的書名分爲三類元素: A 指稱時代的語詞; B 指稱文體及相關内容的語詞; C 指稱書籍性質的語詞。如成於正德年間的一部古體詩選《漢魏詩選》的書名便可拆解列表如下:

表三: 總集的書名三要素舉隅

A 時代指稱	B 文體及相關内容	C 對書籍性質的指稱
漢魏	詩	選

若是與實際書目加以參照,可發現: 三類元素在書名中的順序不是固定的,可隨意調換;並非所有 A、B、C 三要素都需要出現在書名中;而且這三個要素前後均可插入其他要素:如"七十二家"這樣指稱作者數量的要素,又如

“五言”這類表示詩行長度的,有時也會有對出版商或點評人或品牌的指稱,如“名家”、“石倉”。因此,若是認爲上表中的三個元素是必要元素,那麼其他這些元素可算是非必要元素。

另外,需要説明的是,在明代,書名往往是變動的,初版與新版書名不一致屬於極爲常見的現象。如上文所述,明代出版事業的能動性與多樣性造就了這種情況,不過毋庸置疑的是,當時印刷興盛,書的數量增加,而每位出版者在新刻圖書的時候,應該都有新的考量。根據書籍史家罗杰·夏提埃(Roger Chartier)的觀點,每部書的每個新形式(form)都有意義,也就是説,每部書的每個新版本都賦予原書以新的意義①。就本文所研究的材料而言,最明顯的例子即,在通代合選先唐與唐代的情況下,經常出現將先唐部分割裂出來另成一部的情況。因筆者數據均采自當時書籍目録,書名不一的情況較多,這雖然一定程度上給本文的研究帶來了一些困難,然而另一方面反而使得本文對出版趨勢的研究也許更可直接反映或更爲接近當時市場上書籍流通的現實狀況。

書名的三大要素中,A、B 兩類指稱總集所選的内容,而 C 類詞語指稱書名性質,流露出的是編者或出版者的意圖。考察 C 類字眼,可以將頻繁出現的字眼分爲以下五類:C1 表示續纂的字眼,如“拾遺”、“補遺”等;C2 表示選擇的字眼,如“選”、“删”等;C3 表示總括的字眼,如“集”、“彙”等;C4 表示類綜的字眼,如“類選”、“類苑”等;C5 表示文學評釋的字眼,如“解”、“評”等。

這裏,筆者採取詞頻統計法,將 A、B、C 每類要素所用字眼的詞頻從高到低排列。需要説明的是,這裏的討論不涉及“文”的一類,所論及的材料僅僅是表二中 1、3 兩類總集。筆者將這兩類總集的書名合而論之,並將其中詞頻最高的幾組字眼列出如下:

表四:與詩體相關的先唐總集之書名三要素常用字眼

	A 時代指稱	B 文體及相關内容	C 對書籍性質的指稱
先唐詩總集、先唐詩文合選兩類總集書名常用字眼	古(11 次)、六朝(8 次)、漢魏(6 次)、漢魏六朝(2 次)	詩(41 次)、風雅(5 次)、樂府(2 次)	C3 表示總括的字眼(36);C1 表示續纂的字眼(19);C2 表示選擇的字眼(9)

---

① 主要觀點參見 Roger Chartier, *Forms and Meanings: Texts, Performances, and Audiences from Codex to Computer* (Philadelphia: University of Pennsylvania Press, 1995), pp. 6 – 24.

　　由表四可得出以下幾點：首先，“古”、“六朝”這類字眼在時代指稱中使用較多；其次，在文體上，除了習以爲常的“詩”，“風雅”一詞用的也較多，這種用法在明人所編纂的其他類别的詩總集上也有例證，如明人選元詩便有《元風雅》一書；第三，在指稱總集特性的字眼上，令人吃驚的是，表示選擇的字眼（如“選”）在數量上不如表示總括（如“歸”、“紀”）以及表示續纂（如“補遺”）的字眼。

　　這些字眼之間有没有歷史維度上的變化呢？雖然由於很多書的具體年份難考，然而根據當代人所編纂的古籍書目，輔助筆者所查檢的明清藏書家的藏書書目，大略可見：以時代論，“古”一字在書名中多出現在萬曆時期及之後；以文體論，“風雅”則多出現在萬曆以前的書名中；以書名指稱論，表示續纂的字眼多出現在萬曆之前，而表示總括的字眼多出現在萬曆或以後時期。

　　書名並不能代替全貌，參考前人的考證，發現可與對書名的宏觀考察所得出的結論互相參照，由此可總結出總集編纂的歷史變遷。根據當前數據，明代中期正德至嘉靖晚期，産生的先唐詩總集多是爲《文選》、《玉臺新詠》補遺之作，或散見的幾部如《五言律祖》、《漢魏詩集》、《六朝聲偶》等著作，此時書名中多有明確的朝代指稱，書名中多有表示續纂的字眼，而嘉靖晚期開始至萬曆後期的詩體總集則多以“古詩”命名，並且多是大部頭的總括之作。四庫館臣曾認爲“至明萬曆以後，儈魁漁利，坊刻彌增，剽竊陳因，動成巨帙”[1]，然而，若是不對總集進行優劣上的文學價值判斷，那麼這些萬曆以後生産的書籍本身的存在其實也有其獨到意義的，這種意義更多的見於它們作爲商業刻書而適應市場需求、適應讀者消費需求的能力。

（二）書名的變更、“古詩”總集的成立、印書者的參與

　　然而，僅僅得出這一結論也是不夠的。如上所示，由於副文本（paratext）決定了書籍的接受，因此，作爲副文本（paratext）要素的“書名”不僅體現了命名者的意圖，而且還引導或定義後繼者編纂的方向與内容[2]。比如，萬曆以及萬曆以後出於坊刻的詩集書名多將唐以前的詩集統稱“古

---

[1]《四庫全書總目》卷一百八十六集部三十九總集類一，第 2598 頁。

[2] 關於書名的意義，參見 “Titles,” in Gérard Genette, *Paratexts: Thresholds of Interpretation*, trans. Jane E. Lewin（Cambridge：Cambridge University Press, 1997），pp. 55 – 103.

詩",從而在總集命名上將"古詩"與"唐以前的詩"緊密聯繫在一起,這樣的做法則深刻影響了後繼編者對同類總集的編纂。

以"古詩"命名詩體總集的做法,明代不是首創,依筆者所見,宋代《遂初堂書目》便已經記有《古詩選》①,由於其他評語的闕如,再加上這條記錄後面緊跟的條目就是《唐五言詩》,因此,我們也許可推測出"古詩選"在宋代刻書時,就已在書名上泛指唐以前的詩。元代黄景昌則有《古詩考録》集漢魏至陳隋的詩,將不爲樂家所採與樂家所採者集在一起②,而到了明代,這種命名方式得以繼承,應該説,這種對先唐詩總集的命名方式在一定程度上形塑了社會與時代對"古詩"的認知。

不過,將"古詩"在書名裏指稱先唐詩,也許並非是編纂者本人的原意。像馮惟訥所編的《詩紀》是嘉靖年間逐漸分卷編成,分卷刊行時以"風雅"或"漢魏"入書名,在嘉靖年間刊行時也並没有以"古詩"蓋之,而是以《詩紀》爲名。然而現在通行的四庫本以萬曆年間吳琯等重刊本爲底本,四庫本所選入的張四維序言前面所列出的標題則變爲《古詩紀原序》。不過若查驗對照現存的萬曆刊本,可見現存的吳琯等萬曆金陵重刊本也並没有用"古詩紀"取代《詩紀》,張氏序言仍以《詩紀序》爲題③。難道直至清代,《古詩紀》才成爲對《詩紀》一書的通稱?雖然明代的初刻本與重印本均没有以《古詩紀》取代《詩紀》的原名,然而查驗藏書目録,可見萬曆年間徐𤇺所撰的《紅雨樓書目》即載有馮惟訥所撰的"古詩紀"一條,由此可見萬曆年間,似乎坊間已有以《古詩紀》指代《詩紀》的情況了。

又如臧懋循萬曆三十一年所撰的《古詩所》,雖然現在通稱爲《古詩所》,然而萬曆三十一年出版時,書名爲《詩所》,不過三年後,在萬曆三十四年臧懋循刊行《唐詩所》時,則在序中徑稱之前的《詩所》爲"古詩所"④。由此可見,或許是爲了區别先唐詩和唐詩總集,明人才會以"古詩"統稱先唐詩;而且,也可見,在萬曆時期,"古詩"用以指稱先唐詩總集這一用法或許

---

① 尤袤:《遂初堂書目》,《叢書集成初編》本(上海:商務印書館,1935 年版),第 33 頁。
② 對此書及其文學觀點的分析可參見黄仁生《試論元末古樂府運動》(《文學評論》2002 年第 6 期,第 150 頁)。
③ 參《詩紀》,萬曆吳琯等刻本,中國國家圖書館藏。
④ 分見《詩所》,《四庫全書存目叢書》集部第 325 册(濟南:齊魯書社,1997 年版);《唐詩所》,《四庫全書存目叢書》集部第 326 册。兩書的序見臧懋循:《詩所序》,第 1—3 頁;以及《唐詩所序》,第 1—3 頁。

已經深入人心了。

　　若是並非編撰者本人的原意,那麼或許是印書者爲了適應市場需要而更改書名。這樣的情況可見《古詩類苑》的例子。張之象所編的《古詩類苑》原與唐代部分合在一起,合稱爲"詩紀類林",而在張之象身後,由他人所刻成的萬曆本中,爲了與前一年分開出版的《唐詩類苑》相對,書名成爲"古詩類苑"①。刻書者改變了書名,割裂先唐部分與唐代部分,分爲兩書出版,並將較爲寬泛的"古詩"一詞用在書名中,從而與同一編撰者所輯的唐詩總集區分開來。

　　由此可見,書名的變更有時或許並非是編者的意圖,在商業印書繁盛的情況下,也許更多是印書者的選擇。他們在書名上做如此選擇,大概是爲了與市場上流通較廣、數量更多的唐詩總集區分開來,進而標榜自己這部總集的獨到之處。無論是讀者還是印刷者,他們在書名上的選擇進而影響了後續同類總集的命名。略觀萬曆之後的書名變化,自明崇禎之後貫於清代,基本上,編者本人也已以"古詩"爲自己所撰的先唐詩總集命名了。

　　這類總集的編纂出版是與明代復古運動處於平行並互相影響的狀態。前人的論著往往認爲在復古思潮的影響下,古詩總集開始編纂出版②,這是較爲可信的説法。然而同時,復古思潮與總集編纂本身都處於動態發展的歷史過程中的。就總集的編纂與文學批評領域的關係而言,或許在更多情況下,是雙向互動的,是互相影響的。在當時,編纂一部"古詩"類總集或許並不僅僅是在編者文學思想影響下驅動的行爲,還有其他可能的編纂動機。總集編就之後,進入市場流通,讀者閲讀之後,從而影響當世讀者,影響後繼文人,從而間接導致了新的文學批評思想潮流的産生。

五、從序言推斷編纂與出版的動機

(一) 從序言看編纂出版動機

　　作爲另外一種副文本(paratext)要素,研究總集時,序言幾乎是必然會

---

① 此處考證參楊焄:《明人編選漢魏六朝詩歌總集研究》,第 140—141 頁。
② 如吉川幸次郎即認爲復古運動思潮的影響下,《古詩紀》得以出現,見〔日〕吉川幸次郎著,李慶等譯:《宋元明詩概説》(鄭州:中州古籍出版社,1987 年版),第 282 頁。

觸及的對象。這裏,筆者擬選取幾部知名總集,細讀其中序言,分析可能的編纂與出版動機。這裏所説的"序言"是廣義上的"序言",包括詩集開端的序,也包括詩集後序。一部總集可能有一篇或幾篇序言,有時在前有時在後。前人已然指出中國文學總集常常是用以展開文學批評的工具,而海外漢學家對明清總集的研究也指出,明清總集的編纂出版動機較雜,明清時人並非僅以選目的美學價值爲編纂取向,也會有教育因素、商業因素等考量①。按照上文對書名的討論,也許當時人在編書時也有力求保存文獻這樣的想法。而就總集而言,序言的撰寫人有編者,也有出版者,也有當時名人。出版者的序言無疑表達了出版動機,編者序言表達了編纂動機,然而或參與或不參與成書過程的名人所作序言背後的動機則顯得比較模糊。

　　若略加以總結,可見明代總集序言中的内容無外乎:1)批評時人文學風氣;2)闡述書中體現的文學觀;3)闡述本書編排與主旨;4)敘述編纂過程;5)力求保存文獻;6)按照詩教思想,對教學需求、讀者需求的考慮;7)點評前代總集。按照這一分類,對八部現可得見的、極爲出名的明代總集序言加以細讀,這八部總集在當前研究明代古詩總集時均是需要討論的對象,它們要麽全選先唐古詩,要麽書中有一大部分選先唐古詩,按照總集的出版或編纂年月排列,將這些序言中主要論及的内容以表列出:

表五:八部明代詩體總集的序言内容分類

編纂或出版日期	書　名	編者序	出版者序	名人序
正德十二年(1517)刻本	漢魏詩集②	2, 3, 4		1, 3
大約嘉靖年間	六朝聲偶集③	2		1, 2

① Pauline Yu, " Canon Formations in Late Imperial China, " in *Culture and State in Chinese History: Conventions, Accommodations, and Critiques*, eds. Theodore Huters, R. Bin Wong, and Pauline Yu (Stanford: Stanford University Press, 1997), pp. 83 - 104.

② 《漢魏詩集》,南京圖書館藏 1517 年本,劉成德序,第 1a—5a 頁;何景明序,第 1a—3a 頁;蕭海《序漢魏詩集後》,第 1a—2b 頁;張文錦《漢魏詩敘》,第 1 頁。

③ 《六朝聲偶集》,《四庫全書存目叢書》集部第 304 册,第 1—85 頁。兩篇序言見於沈愷:《六朝聲偶集敘》,第 1—2 頁;徐獻忠:《六朝聲偶集後序》,第 84—85 頁。

續　表

編纂或出版日期	書　名	編者序	出版者序	名人序
嘉靖三十七年——隆慶元年間(1558—1567)編成①	古今詩删②			4, 2
嘉靖三十九年(1560)初刻	詩紀③		2(甄敘);3,5,2(張序)	
萬曆十一年(1583)刻本	漢魏詩乘④	7,3,1		
萬曆三十年(1602)刻本	古詩類苑⑤		2,6(俞序);2,3,4(黃敘)	
萬曆三十一年(1603)刻本	詩所⑥	3,7,6		
萬曆四十五年(1617)初刻	詩歸⑦	7,2,3(鍾序);2(譚序)		

(二) 動機之變化

　　按照上表,編者、出版者序言所反映的編纂與出版動機已經涵蓋了上文總結的七類内容的所有方面。僅就以上所見編者與出版者序言而言,隨著時代的變化,編纂出版動機的側重點似乎也有變化。在正德至嘉靖年間,"2)闡述書中體現的文學觀"在上表出現更多,可見此時編者更側重文學觀點的表達,也就是説,對他們來説,先唐詩總集是用來進行文學批評的

---

① 《古今詩删》的編纂與出版並非同一時期,李攀龍身後才得以出版,此處《古今詩删》的編纂日期參楊焄《明人編選漢魏六朝詩歌總集研究》,第104頁。
② 《古今詩删》,《文淵閣四庫全書》本,王世貞序。
③ 《古詩紀》嘉靖本(東京:汲古書院,2005年版)。序見第一卷,甄敬:《詩紀序》,第3—5頁;張四維:《古詩序》,第6—7頁。
④ 《漢魏詩乘》,《四庫全書存目叢書補編》第34冊,第522—679頁。序見梅鼎祚:《漢魏詩乘序》,第522—523頁。
⑤ 《古詩類苑》,《四庫全書存目叢書》集部第320—321冊。序見俞顯卿:《古詩類苑序》,第1—4頁;黃體仁:《古詩類苑敘》,第4—7頁。
⑥ 《詩所》,《四庫全書存目叢書》集部第325冊。序見臧懋循:《詩所序》,第1—3頁。
⑦ 《古詩歸》,《續修四庫全書》集部第1589冊(上海:上海古籍出版社,2002年版)。序見鍾惺:《詩歸序》,第351—352頁;譚元春:《詩歸序》,第352—354頁。

工具,而且從序言內容可見,編者們主要是爲了糾正時人對唐詩的重視,力求使讀者認識到先唐詩的重要性,才編輯這些總集的。

而從嘉靖三十九年(1560)《詩紀》初刻開始,嘉靖末期到萬曆後期所出的幾部古詩總集從內容看,都是編者以《詩紀》爲文獻基礎而編纂的,《古詩類苑》、《漢魏詩乘》都是如此,且《漢魏詩乘》、《詩所》的序言中均提及《詩紀》,也就是"點評前代總集"這一內容,並且談及自己所編總集與《詩紀》的不同。這一時段,也許可以從《詩紀》刻出之嘉靖三十九年(1560)開始,至萬曆四十年(1612)馮珣等人覆刻《詩紀》金陵本爲止,大概 50 餘年間,以《詩紀》爲首,漸漸構建了一個"古詩總集"撰選的系譜(genealogy),編者的側重點從以總集抒發文學觀點進行文學批評,轉移到了承襲《詩紀》傳統,與其進行對話,並且在此過程中,爲了創新,考慮到《詩紀》不足,在編纂動機上可能更多會考慮到當前市場與目標讀者的需求,比如《古詩類苑》便是分類編排詩篇材料,頗似類書。

而萬曆四十年以後,所出《詩歸》的序言內容則似乎又有所不同。萬曆四十二年(1614)鍾惺開始纂《詩歸》,萬曆四十五年(1617)《詩歸》印出①,鍾惺等人作爲編者,在前面 50 年所出的文獻材料已然大爲充盈的基礎上,回到了以總集開展文學批評的動機,編纂總集雖也考慮到目標讀者的需求,然而很大程度上其實是爲了宣傳自己的文學觀點,後續崇禎朝新出的《古詩解》與《古詩鏡》都多以表達文學觀點爲主要內容,這幾部古詩總集的明顯共通之處便是:總集中出現了大量體現個人文學觀點的評點。

若結合評點內容的變化對總集的編纂加以考慮:在第一個階段,也就是《漢魏詩集》出現的時代,編者主要是通過篇章與選目的選擇與編排表達文學觀點,即先唐詩之重要。雖然書中也常常有一些評點類句子,然多起解釋詩意、背景的作用;第二個階段乃是"古詩總集"系譜的形成,這一時段中,面對不同讀者的需求,產生了多樣化編排的書籍,因而此時的總集編纂出版與文學批評聯繫不強,反而可認爲是爲了適應當時商業出版興起所帶來的讀者閱讀需要,而出現的必然商業消費產品。雖然像《詩紀》也都有評點,但也多是解釋背景一類的簡短句子,個人文學觀點的表達並不強烈;而

---

① 關於《詩歸》的纂修與刊刻,可參鄔國平:《詩歸成書考》,載於《中西學術》第一輯(上海:學林出版社,1995 年版),第 93—105 頁;又可見陳國球:《明代復古派唐詩論研究》(北京:北京大學出版社,2007 年版),第 273—284 頁。

第三個階段的主要特點則是,在文獻材料極度豐富的時候,批評家重視評點,加入大量具有個人特色的點評,以"點評類總集"作爲自己抒發文學觀點的工具。因此,綜上,或許可按照序言中所見編者、出版者的編纂出版動機,將明代"古詩"總集的編纂、出版動機的變遷總結爲:1)1517—1560:爲了文學批評的需要;2)1560—1613:"古詩總集"譜系的形成;3)1614—1644:文學批評目的的回歸。

從上表還可見到,和編者不同,或參與或不參與出版的名人可以算是第一批讀者,他們的序言往往會偏離編者或出版者所提到的內容,借該書來抒發表達個人的意圖,如上所示,《漢魏詩集》中名人序是何景明所寫,何景明參與了此書的校對,且在序言中大爲讚賞劉成德對漢魏詩的關注。編者劉成德的序並無批評當時文學風氣,然而何景明則在序中以此書所選的漢魏詩批評了當時風氣,認爲時人仍然没有對漢魏詩加以足夠重視①。作爲整體的書籍,編者、名人序中的意思不一,因此對書籍賦予的涵義也並不一樣。不過,各種不同的意義都被打包入(packaging)一部詩集,因此,無論是誰,只要爲這類書作序,其實都參與到這部書籍意義的生成中,進而影響了後世人的閱讀以及對這部書的接受。

六、從明清書目看可能的接受
——價格、流通、閱讀方式

（一）出版成本與價格

明清出版史的研究中,對明代書籍的價格時有討論,日本學者大木康教授與美國學者周啓榮教授都曾談及這一點,大木康認爲晚明時期,書籍的價格應該非常便宜,不過他又認爲當時書價是按照質量或内容而有差別,有高有低,比如小説在當時,於下層人士來説就是高價文藝消費品②,周啓榮教授 2004 年的專著《早期現代中國的印刷、文化、權力》(*Publishing*, *Culture*, *and Power in Early Modern China*)第一章則對晚明書籍價格加以仔

---

① 《漢魏詩集》,南京圖書館藏 1517 年本,何景明序,第 1a—3a 頁。
② 大木康:《明末江南の出版文化》(東京:研文出版社,2004 年版),第 121—128 頁;中譯本參大木康著,周保雄譯:《明末江南的出版文化》(上海:上海古籍出版社出版,2014 年版),第 62—66 頁。

細考察①,他認爲,談論書是貴還是便宜,其實説的是相對價格(relative price),他比較了當時的物價情況、各個階層人士的收入情況,書籍出版的成本,進而認爲大部分書籍在當時應是各個階層的人都買得起的,同時,也有那種“定位爲高端讀者的多部頭書(multi-volume books targeted at high-end readers)”②的存在,並且認爲“明末清初大量的書籍市場售價低於 1 兩銀”③。

　　而晚明文學總集的價格是怎樣的呢? 現將周啓榮教授書中所引用的④現存三部有明代書價記載的書目《汲古閣珍藏秘本書目》、《玉華堂日記》所記載的潘允端所購書、沈津《明代坊刻圖書之流通與價格》中所列總集拈出,列表總結如下:

表六: 晚明文學總集的價格

小字元板	太平樂府 4 本	3 兩 2 錢
元　　板	左克明樂府 6 本	3 兩
元　　板	唐詩鼓吹 4 本	2 兩
	中州樂府 1 本	3 兩
宋　　板	四靈詩 3 册	6 兩
明　　本	宋詞一百家(40 家手抄、60 家印刷)	100 兩
	十大家文	0.25 兩
	文選一部	35 兩
	漢魏六朝二十一名家集 123 卷	3 兩⑤
	新刻李袁二先生精選唐詩訓解 7 卷 4 册	1 兩

① Kai-wing Chow, "Chapter 1 Cost of Production and Book Prices," in *Publishing*, *Culture*, *and Power in Early Modern China* (Stanford: Stanford University Press, 2004), pp. 20–56;此章中譯參見周啓榮:《明清印刷書籍成本、價格及其商品價值的研究》,載於《浙江大學學報(人文社會科學版)》第 40 卷第 1 期(2010 年 1 月),第 5—17 頁。

② Kai-wing Chow, *Publishing*, *Culture*, *and Power in Early Modern China*, Stanford: Stanford University Press, 47.

③ 周啓榮:《明清印刷書籍成本、價格及其商品價值的研究》,載於《浙江大學學報(人文社會科學版)》第 40 卷第 1 期(2010 年 1 月),第 13 頁。

④ 按照周啓榮教授書後附録 1—3 信息列出,三個附録分別是《汲古閣珍藏秘本書目》、《玉華堂日記》潘允端所購書、沈津《明代坊刻圖書之流通與價格》。參見 Kai-wing Chow, *Publishing*, *Culture*, *and Power in Early Modern China*, Stanford: Stanford University Press, pp. 255–261.

⑤ 此欄與下欄所列的兩部書出自沈津文章,不過這裏的價格不知是何地何時出售書籍的價格,也有可能是清初價格。雖然如此,仍然對當前研究有參考意義。

　　從此表可見，似乎晚明時候，文學總集的價格高低相差極大，最高能至
100 兩，最低不過 0.25 兩。按照以上學者對當時物價的分析，0.2 兩可以買
到一把折扇，0.4 兩可以買一把椅子，3 兩在當時可以買一副棺材，40 兩可
以買一匹馬①，1 兩在中明到晚明時期不算便宜但是也並不是特別貴，1 兩
的書也是"經濟文化較發達地區的一般平民百姓都有能力購買的文化用
品"②。上表的條目中，可見"新刻李袁二先生精選唐詩訓解 7 卷 4 冊"是 1
兩，不算便宜也不算貴；而汲古閣珍藏秘本所録宋板四靈詩則是每冊 2 兩，
就當時的收入水平而言，算是價格貴的書。明本漢魏六朝二十一名家集
123 卷總共 3 兩，按照當時的收入水平來説，也算是貴的書了。似乎可以推
得，當時文學總集（包括古詩總集）的價格可能並不像針對科舉考生的考試
用書那麼便宜，也可能並不屬於 1 兩以下那些便宜的書籍。

　　畢竟材料過少，目前尚且無法得出確定的結論。表六的總集僅有《文
選》與《漢魏六朝二十一名家集》兩種算是當時的"古詩"總集，那麼如何可
以推斷當時古詩總集的出版價格呢？ 也許，我們可以通過討論這類書的刻
印成本來看價格。書籍的印刷成本往往與書籍的裝幀、紙質等密切相關③，
如上所論，晚明市場上常有針對不同層次讀者的書籍出現，由於目前資料
所限，也許可以通過看書籍的出版資金來源來推知書籍的刻印成本。

　　根據目前所見材料，繼續以表五中的八部總集爲例，似乎除了《詩所》
以及《詩歸》，其他總集的成功刊行都需要有資助人。根據總集的序言以及
前人考證，可見：《漢魏詩集》十四卷爲劉成德編成，然在何景明之兄的推
薦下，由曾任安慶知府的張文錦"捐俸"資助方纔出版；《六朝聲偶集》七卷
則是長水書院刻成；馮惟訥《詩紀》共一百五十六卷，實際上在 1560 年全部
刊刻之前的十四年内陸續抽印刊刻部分章節，而最後全部付印是由當時陝
西監察御史甄敬資助刻於陝西行臺，而後萬曆年間書板被帶至江南重印；
《古今詩删》在李攀龍生前未能刊刻，按照王世貞序，身後由新都汪時元附
梓，按照署名，《古今詩删》也有後七子之一的徐中行所訂，而汪時元爲徐中
行女婿；梅鼎祚的《漢魏詩乘》是由當時當地知府史起欽提供資金與人力資

①　Kai-wing Chow, *Publishing, Culture, and Power in Early Modern China*, Stanford: Stanford University Press, pp. 262 - 263.

②　對明代物價的具體分析參見 *Publishing, Culture, and Power in Early Modern China*, Stanford: Stanford University Press, pp. 262 - 263.

③　感謝《嶺南學報》匿名審稿人的建議。

助所刻;《古詩類苑》的序中就提及了編纂者張之象當時家貧無法刊行,後來由其友人校對付梓的編纂過程①。由此可見,這些總集纂修完成後並没馬上刊刻,而是在資助下刊行,很有可能暗示了出版成本較高,若此猜想成立,那麼這些書在市場定價上也許應該并不便宜。然而,在商業出版漸隆的晚明時期,《詩所》與《詩歸》似乎並不需要資助人就得以出版了。《詩所》編者臧懋循本人便是出版家,參與商業出版,《詩歸》則一出便迅速流行,成爲暢銷書,並且迅速得以多次重印,這應該和鍾惺本人與商業出版活動的密切聯繫有關。雖然難有證據得知這些書的價格,然而仍可推知,在晚明商業印書興起的情況下,這兩部書的相對價格或許並非很高。

除了出版資金來源以外,我們或許還可以書籍本身的物理特質來推測書籍的價格,也就是説,也許我們可以看看這些書籍是否卷帙浩繁。若參考藏書目録所記載的這些書籍的卷數,那麼可見若是按照上文給出的三時段劃分法,第一時段的書籍往往在卷數上較少,而第二時段的書籍,由於均是以一百多卷的《詩紀》爲底本編輯而成,大多卷帙浩繁;第三時段的書籍,就卷數而言,似乎介於前兩個時段所出書的卷數之間。

也許我們還可以從"册"或"本"的概念入手,對書籍價格加以探討。和"卷"相比,"册"或"本"在印本時代,是文本的物理載體,若是印出的册或本的數目多,用紙成本應會變高。明清書目大部分都僅記載卷數,不過也有一些書目列出了書的册數。查考筆者所攢的數據,共 26 部"古詩"總集在明代私家藏書目録中有册數記載。册數排在前五位的爲:《詩紀》156卷,有 40 册;《古詩類苑》130 卷,有 32 册;《詩儁類函》150 卷,有 30 册;《古今詩删》34 卷,有 20 册;《詩所》56 卷,有 20 册與 12 册兩種;《詩歸》51 卷,有 14 册。以年代論,嘉靖晚期與萬曆年間的古詩總集册數明顯比嘉靖晚期之前多很多,最多達到 40 册,而萬曆晚期的《詩歸》則爲 14 册,《詩所》有20 册與 12 册兩種,最多似乎也就是 20 册左右。因此,仍然按照上文討論編纂動機時給出的三時段劃分法,可將明代先唐詩類總集的册數按照時間順序分爲 1) 1—10 册,2) 21—40 册,3) 10—20 册。

理想狀態下,在物價永恒不變的情況下,册數變多則意味出版成本變

---

① 此處對各書出版過程的描繪總結於目前對古詩選本的研究,對各書出版過程的考證,詳參景獻力:《明清古詩選本個案研究》,福建師範大學博士論文,2005 年;楊焄:《明人編選漢魏六朝詩歌總集研究》。

高。只是，這樣的想法只有在這些書所用的紙張種類一致，印刷時字體一致，每冊所裝訂的紙張數量一致，而且裝幀書籍時每葉内也並無襯紙的情況下才能成立①。雖然如此，若同時結合三個可能決定書價的因素（出版資金來源、卷數信息、册數信息），我們也許仍然可以推測出每部書籍相對於其他同類書籍的貴賤程度。

　　若此想法成立，可對總集的相對貴賤程度加以小結。當然，需要注意的是，這裏的總結僅僅只是筆者根據出版資金來源、卷數及册數信息這三個與書籍價格有關的參數所作出的猜測與估算，由於材料較少，而且不同地域的書價或許也不太一樣，這裏的推測只能權作參考。按照上文的三時段劃分法，可將相對應時段的書價總結如下：1）1—10 册時段，此時先唐詩類總集的出版成本應該大多較高，如《漢魏詩集》共 14 卷，在藏書目中均被記載爲 4 册，其出版卻仍然需要外界資助，所以似乎當時出版成本較高，這樣看來明代中期書籍價格可能也不低。2）這一時段乃嘉靖晚期到萬曆“古詩總集”成立的這段時期，册數上大概屬於 21—40 册區間，這類書籍多非商業刊行，也是多爲官方資助，出版成本與價格大約都較高，目標讀者估計多是有一定修養的文人階層，並非是低收入的底層人士。3）商業印書繁盛的時期，此時大部分書籍多是 10—20 册，由於《詩所》、《詩歸》編纂者本人也參與商業印刷或與商業印書者有密切聯繫，商業印刷的介入使得圖書得以迅速刊行，和之前的那些動輒 20 册的總集相比，書籍的價格應更爲人接受。查檢《中國古籍總目》，表七中 123 卷的《漢魏六朝二十一名家集》爲萬曆、天啓間汪士賢編，新安汪氏刻本②，售價 3 兩，而《詩所》、《詩歸》在卷數上比《漢魏六朝二十一名家集》少多了，册數上看《詩所》有 20 册、12 册兩種刊本出現於藏書目錄中，而《詩歸》在明人藏書目錄中均是 14 册。因此，對照汪書的價格，這兩部書的價格估計極有可能是 1 兩以下或 1 兩多一些，應是文人階層可買得起的，這也許可以從價格角度解釋，和其他那些多於 20 册的古詩總集相比，爲何《詩歸》在晚明如此流行。

（二）可能流通、閱讀方式

　　由於書籍的流通方式多種多樣，這裏也只能根據一些現有證據提出猜

---

① 感謝匿名審稿人對這一問題的建議。
②《中國古籍總目》，集部六（上海：上海古籍出版社，北京：中華書局，2012 年版），第 2779 頁。

測,明末《詩歸》大行天下,足見其流通之盛。那麼其他古詩總集呢? 從藏書目錄看,《詩紀》及馮惟訥在編成《詩紀》之前所分卷抽印的《漢魏詩紀》出現頻率極高,而《六朝詩集》、《六朝聲偶集》出現頻率也極高,楊慎的《五言律祖》、《選詩外編》等書出現頻率也很高。

不過,藏書家目錄中出現頻率高並不代表書籍在當時的流行,可表示當時這些書較爲通行,但也可能表示這些書在當時較難得到,還需要參考翻刻次數。以翻刻次數看①,楊慎的書目翻刻較多,版本也很多。同理,《詩紀》、《詩歸》的翻刻都較多。因此,若是翻刻次數與藏書家書目頻率都多,那麼可以説這些書在當時流傳甚多,較爲流行。《詩紀》、《詩歸》、楊慎的《五言律祖》及《選詩外編》應該都是如此。但是相對來説,《六朝詩集》、《六朝聲偶集》翻刻次數較少,而在藏書家目錄中上榜頻率很高,那麼則應該意味這兩部書當時較難得到,是藏書家追逐的對象。

就閱讀方式而言,讀者多以批點評注爲主,而且對這類書的翻讀與評注往往會催生讀者進而編纂一部新的同類總集。如趙定宇曾批點元劉履的《選詩補注》,其子趙琦美在家藏《脈望館書目》中將此書記爲"老爺批點"一條②,證明了當時文人對古詩總集的批點式閱讀方式。又如臧懋循《古詩所》在序中明確指出纂修動機是不滿《詩紀》過於繁雜③。同樣,鍾惺與譚元春編選《詩歸》時反覆斟酌,對當時已有材料加以閱讀,其閱讀過程也是總集纂成的過程④,這樣一來,就形成了環狀的生產、消費系統,這一環狀系統在清代繼續存在,明清文人從而創造出了"古詩"總集的生產消費高峰。

七、小結:宏觀研究的得與失

綜上所述,本文首先對先唐詩文集在明代的編纂出版進行量化分析,得出結論,認爲明代是先唐詩文集編纂刻印的高峰;隨後以不同的副文本(paratext)要素爲討論中心,得出以下三點結論:

---

① 翻刻次數參《中國古籍總目》對各書版本的羅列。
② 趙琦美撰:《脈望館書目》,收入《宋元明清書目題跋叢刊》第4冊,第970頁。
③ 臧懋循:《詩所序》,《四庫全書存目叢書》集部第325冊,第1—3頁。
④ 見陳國球:《明代復古派唐詩論研究》,第273—277頁。

　　第一，從書名可見，在明代，就先唐詩類總集編纂出版的歷史趨勢而言，由爲前代補遺的傾向，變爲力圖編纂求全式、總括性的先唐詩類總集。不僅如此，書名從含有具體朝代指稱的語詞，轉變爲以“古詩”泛指“唐以前”。這樣的命名方式，影響並決定了明代之後編纂類似總集時的書名選擇。

　　第二，在編纂動機方面，從序言可見，編者的編纂動機側重點有一變化：正德至嘉靖中期，以總集批評當下文學流行觀點，表達文學觀點，或是爲《文選》等經典補遺；從嘉靖後期到萬曆晚期，則是以《詩紀》爲開端建構了“古詩總集”譜系，其間幾部書的編纂動機多受《詩紀》影響，同時又考慮當時讀者的需要，爲與《詩紀》區別，在形式上力求變化，這一時段見證了“古詩總集”譜系的形成，從而使得文獻材料變得極度豐富。隨後的第三個時段，自鍾惺《詩歸》始，似乎編纂側重點又回到以古詩總集表達文學觀點，主要特徵體現爲，這類總集中大量具有個人色彩的評點之出現。

　　第三，在出版與閱讀方面，從藏書目可以推知萬曆中期及以前，這類書很多卷帙浩繁，出版多有贊助人，出版成本似乎並不便宜，目標讀者應多是文人社群，而且讀者對這類書的閱讀往往會催生新的同類書籍的生產，從而形成了環狀的生產、消費系統，進而創造出了明清“古詩”總集的編纂高峰。

　　綜上所述，按照各種現有材料所提供的信息來看，我們可以將明代“古詩”總集的出版分爲三個階段：1）1517—1560：此時的總集多是爲了補遺《文選》與《玉臺新詠》而出版的，或是爲了批評當時尊唐風氣而編纂的，册數上與選目上體現個人文學觀，不求全而求精，册數不多，價格上或許不會特別貴；2）1560—1613：“古詩總集”譜系的形成，此段以《詩紀》爲發端，選目上多求全，卷數册數都變多，書名上“古詩”得以廣泛應用，從而常常以“古詩總集”代指“先唐詩總集”，出版成本高，價格大概應較貴；3）1614—1644：文學批評目的的回歸，這時應以《詩歸》爲代表，特徵上表現爲書中加入較多帶有濃厚個人文學觀色彩的點評，而此時册數變少，加上商業出版的介入，和上一類書籍相比，這類圖書或許更爲流行。

　　如本文開篇所説，前人的考證研究爲筆者的分析提供了方便與基礎，也使得宏觀研究成爲可能，本文的宏觀研究所採用的方法有量化分析、文本細讀等。宏觀研究使得歷史維度上討論“古詩”總集成爲可能，也有助於釐清“古詩”總集是如何產生發展的，不過卻難以對各書內部的選目、評點加以細緻觀察。以本文開篇所總結的三個面向來看,本文的宏觀研究方法主要涉及第三類——文本或書籍的社會學面向,也間及文獻面向,可能並未太多涉及文學批評方面。在未來研究中,筆者將對此加以補充,在宏觀研究的基礎上,對總集與文學批評的關係加以進一步深入討論。

（作者單位：美國伊利諾伊大學香檳分校）

道光詞壇的典範建構

——兼論晚清詞學從流派意識向典範意識的轉移 *

陳水雲

【摘　要】從乾隆末年開始,清代詞壇漸現批評浙派的聲音,嘉慶、道光時期常州、吳中兩派同時崛起,以《宋四家詞選》、《宋七家詞選》、《心日齋十六家詞錄》先後出現爲標誌,重塑典範,更新觀念,崇尚比興寄託,講求聲律諧美,在清初曾經盛行的南北宋之爭趨於消解,浙西與常州兩派由對抗走向交融,這表明晚清詞學從流派意識向典範意識轉移的重大變化。

【關鍵詞】道光時期　晚清詞學　典範重塑　流派意識

如果考察清代"唐宋詞選"編纂史,我們注意到在道光時期有一種新現象,即出現了三部以入選詞人數量命名的詞選:《宋四家詞選》、《宋七家詞選》、《心日齋十六家詞錄》,這三部詞選集中出現在道光時期不是一種偶然現象,它是當時詞壇思想觀念發生變化的一種表徵,也就是從嘉慶時期對詞壇弊端的批判轉入道光時期對詞史典範的建構,意圖通過典範的重塑達到引領詞壇風氣的目的,爲道光以來詞壇的健康發展指明一條"向上"之路。

一、從批判到建構

清代詞壇經過近百年的繁榮,到乾隆中後期,進入一種躑躅不前的狀

* 國家社科基金重大項目"詞體聲律研究與詞譜重修"(項目編號: 15ZDB072)、武漢大學自主科研項目"清代詞學的傳承與創新"(項目編號: 410500090)階段性成果。

態。自厲鶚從康熙末年起弘揚浙派詞學,並在杭州、揚州兩地開壇唱和,一時間浙派清雅詞風風靡南北,"幾於家祝姜、張,户屍朱、厲"①,特别在江浙地區表現得尤爲熾熱。在厲鶚的家鄉浙西,"言詞者莫不以樊榭爲大宗"②,宗之者有厲鶚門生汪沆,朱彝尊的族孫朱芳藹,汪森的孫輩汪仲鈖、汪孟鋗,其最著者爲嘉興嚴駿孫和錢塘陳文述;在厲鶚長期寓居的揚州,繼"揚州二馬"(馬曰琯、馬曰璐)之後有"新安二江"(江春、江昉)。"馬氏既衰,有江鶴亭起而承之,其弟橙里輔而翼之,一時翰苑之前輩,南北往來之士大夫,莫不縞紵雜投,觴詠交作,推襟送抱,申旦忘廢。"③在吳中有被沈德潛稱之爲"吳中七子"的學人群體,他們雖以經史之學著稱於時,但在填詞上卻是追蹤浙派,師法南宋,其中,趙文哲被陳廷焯稱爲是繼厲鶚之後的重要詞人,王昶先後編有《明詞綜》和《國朝詞綜》,是乾隆後期光大浙派思想的關鍵人物。總體説來,他們在創作上遠不如朱彝尊、厲鶚之輩,其主要表現是以搜奇爭僻相誇耀,"競尚新聲,務窮纖巧"④,正如晚清學者謝章鋌所云,"不攻意,不治氣,不立格",忘卻創作之初衷,"豈知竹垞、樊榭之所以挺持百輩,掉鞅詞壇,在寄意遙深,不在用事生澀"⑤?

到乾隆末年,已有人認識到浙派末流之失,並出現了對浙派流弊的批評之聲。這樣的批評之聲來自兩個方面,一個是浙派内部,一個是浙派外部。從浙派内部看,他們主要是不滿當時詞壇之步趨朱、厲者以姜、張爲尚,取其形而遺其神。王初桐説:"顧世之學姜、張者,或失之澀,或失之直,襲其末者多,得其神髓者少。"⑥吳錫麒也談到朱彝尊體大學博,"務極馳騁以盡其能",厲鶚則冥契乎山水之間,"清微要眇,夐然弦外";但學之者寫仿相承,捨其神明而習其形似,"雖迴腸蕩氣,時亦有之,然主宰既離,附會影響,終歸無據"⑦。郭麐認爲出現上述弊病的原因,是不能如姜、張那樣有感而發,徒以雕琢字句、諧諸口吻爲工。從形式上看,浙派末流在音節、措辭、格調上皆合乎節度,但在内容上卻是性靈不存,寄託無有,"若猿吟於峽,蟬

① 彭兆蓀:《小謨觴館詩餘》"自識",嘉慶十一年(1806)韓江寓舍刻本。
② 吳錫麒:《詹石琴詞序》,《有正味齋文續集》卷上,道光二十年(1840)刻本。
③ 吳錫麒:《新安二江先生集序》,江春、江昉:《新安二江先生集》,嘉慶十年(1805)刊本。
④ 陳廷焯:《白雨齋詞話》卷五,屈興國:《白雨齋詞話足本校注》(濟南:齊魯書社,1983 年版),第427 頁。
⑤ 謝章鋌:《張惠言詞選跋》,《賭棋山莊文集》卷三,光緒十年(1884)南昌刻本。
⑥ 王初桐:《西濠漁笛譜序》,徐喬林:《西濠漁笛譜》,嘉慶刻本。
⑦ 吳錫麒:《梅邊笛譜序》,李棠:《梅邊笛譜》,嘉慶刻本。

嗜於柳,悽楚抑揚,疑若可聽,問其何語,卒不能明"①。他對浙派流弊之認
識和反思,已從形式層面進入到意蘊層面,這也說明當時詩壇流行的性靈
思潮對於浙派詞學的影響②。從浙派外部來看,大約和厲鶚同時,在太湖之
濱的陽羨,活躍著一群以史氏、儲氏爲主力的詞人群體。他們一方面受浙
派觀念影響,以爲朱彝尊推白石爲第一"不爲無見";另一方面對浙派末流
務爲艱澀、全失性情的做法深致不滿,指出:"浙西後來諸子,惟取纖冷側
艷,遂成一種贋派,此仿南宋而僅竊其膚之故,不得歸過於竹垞也。"③在他
們看來,朱彝尊與浙派末流有本質區別,浙派本爲糾彈明代頹靡萎德之風
而起,朱彝尊等還通過對兩宋詞史"真面目"的恢復,力圖達到轉變明末清
初詞壇風氣俗艷的目的。"顧或者恐後生覆蹈故轍,於是標白石爲第一,以
刻削峭潔爲貴",但其末流亦即"不善學之者","競爲澀體,務安難字,卒之
抄撮堆砌,其音節頓挫之妙蕩然",最後造成了"欲洗《花》《草》陋習,反墮
浙西成派"的結局④。對於浙派末流批評最力者,是在乾隆末年興起的常州
詞派,金應珪在《詞選後序》中提到,張惠言認爲當時詞壇有三弊——淫詞、
俚詞、游詞,謝章鋌認爲這"三弊"分別指的是學周柳、蘇辛、姜史之末派,對
於清代詞壇而言就是指董文友、陳維崧、朱彝尊三人的流弊。蔣學沂談到
他對張惠言《詞選序》的理解,指出張氏對本朝詞家的批評:"陳檢討則病其
粗,是蘇、辛之流弊也;董文學則涉於俚,是秦、柳之遺蘗也;曝書亭選《詞
綜》,爲一代巨觀,然或駁而不醇,纖而不雅,知之者庶幾免此數弊也乎?"⑤
周濟對於浙派末流的抨擊更是不遺餘力,指出:"近世之爲詞者,莫不低
首姜、張,以溫、韋爲緇撮,巾幗秦、賀,箏琶柳、周,儓楚蘇、辛。一若文人
學士清雅閑放之製作,惟南宋爲正宗,南宋諸公又惟姜、張爲山斗。嗚呼,
何其陋也!"⑥雖然在嘉慶時期,已有人試圖改變詞壇專尚姜、張的偏向,如
吳衡照論詞兼取南北兩宋,趙懷玉有推尊北宋之論,但在周濟看來,"近人
頗知北宋之妙,然終不免有姜、張二字橫亘胸中","豈知姜、張在南宋,亦非

① 郭麐:《梅邊笛譜序》,《靈芬館雜著續編》卷二,嘉慶刻本。
② 參見曹明升:《詞派統系與郭麐的詞史沉浮》,《浙江學刊》2012 年第 2 期。
③ 史承豫:《與馬紹賢論詞書》,《蒼雪齋古文》卷上,南京圖書館藏清刻本,第 8 頁
④ 儲國鈞:《小眠齋詞序》,馬大勇:《史承謙詞新釋輯評》(北京:中國書店,2007 年版),第
　430 頁。
⑤ 蔣學沂:《有竹居詞序》,《菰米山房文鈔》,南京圖書館藏清抄本。
⑥ 周濟:《宋四家詞筏序》,《止庵遺文》卷上,《常州先哲遺書》本。

巨擘乎”①？

在批評浙派流弊和清理姜、張影響的基礎上，嘉慶時期各家各派已提出相應的糾弊舉措，也就是説清代詞壇已從批判階段進入建設階段。吳錫麒、郭麐從追溯浙派之源——開派領袖朱彝尊出發，從性情與風格兩個方面著眼，對浙派末流的不足予以糾偏。比如吳錫麒反對唯姜、張是尊，對婉約與豪放兩種傾向皆予肯定，“論其正以雅潔爲宗，推其變亦以縱橫見賞”②，並提出“一陶並鑄，雙峽分流；情貌無遺，正變斯備”的主張③，爲詞壇指明了發展方向。郭麐從性情論出發，認爲自朱彝尊《詞綜》出，而後倚聲者知所趨向，“小令非南唐、北宋，慢詞非南宋不道也”。然而，這樣的做法並非是恒定不變的法則，過去人們所確立的唐宋典範也有不盡人意之處。“顧《花間》之集，《淮海》、《琴趣》之作，亦有庸音俗語；而叔夏、草窗、君特、堯章諸君之詞，有過爲掩抑屈折，令人不即可得其微旨，當時感慨所由，後來不盡知之也。”④在他看來，今人必須是有自己的生活體驗才能了解古人，必須有與古人相當的心思才力，且能自抒其襟靈，這樣方能稱之爲“作者”。因爲以性靈爲本，“寫其心之所欲出，而取其性之所近”，則無論是豪放還是婉約，是穠艷還是清雅，都是應該給予充分肯定的。作爲後期浙派成員，他們主要是從浙派源頭——朱彝尊那裏尋找思想資源，把前期浙派與後期浙派區別對待，提出的糾弊舉措還是浙派的舊理論，這並不能從根本上清除浙派末流之失，也説明到嘉慶時期浙派在理論上已陷入困境。而新興的常州詞派則能截斷衆流，上溯風騷，直取本源，以意内言外説詞，宣導比興寄託，徹底地擺脱了對於浙派理論的情感依附。他們自樹新幟，自創新論，將其目標從主格轉到尚意上來。張惠言把詞與詩之比興、變風之義、騷人之歌聯繫起來，認爲詞是一種“非苟爲雕琢曼辭”的新文體。“其緣情造端，興於微言，以相感動，極命風謡里巷男女哀樂，以道賢人君子幽約怨悱不能自言之情，低徊要眇，以喻其致。”⑤他還否定了朱彝尊標舉之姜、張，也否定了郭麐、吳錫麒所確定的宋詞典范——秦、柳，辛、劉，姜、張，而是從源頭立論，以溫庭筠爲最高，認爲溫詞“深美宏約”，兩宋雖稱極盛，詞人衆多，“亦

---

① 周濟：《介存齋論詞雜著》（北京：人民文學出版社，1959 年版），第 3 頁。

② 吳錫麒：《董琴南楚香山館詞鈔序》，《有正味齋駢體文》卷八。

③ 吳錫麒：《與董琴南論填詞書》，《有正味齋駢體文》卷一七。

④ 郭麐：《桃花潭水詞序》，《靈芬館雜著三編》卷四，《靈芬館全集》本。

⑤ 張惠言：《詞選序》，《詞選》附《續詞選》（南京：南京大學出版社，2011 年版）。

各引一端,以取重於當世",實無當於宏旨。他編選《詞選》一書,就是爲了
"導其淵源,塞其下流",使鄙俗之音"不敢與詩賦同類而諷誦之"。周濟編
選《詞辨》亦是如此,"觀其去取次第之所在,大要懲倡狂雕琢之流弊,而思
導之於風雅之歸"①。無論是張惠言的"騷雅",還是周濟的"風雅",其立足
點都是强調當有感而發,不爲空言。但周濟對張惠言思想有所修正,積極
地吸收浙派理論的合理成分,將張惠言的重立意與浙西派的尚體格融合起
來。《詞辨》在編選體例上,不是依年代先後爲序,也不是依題材或調類編
排,而是從風格論角度分正、變二卷,以温庭筠爲正之首,以李後主爲變之
首,在温庭筠一派之外,增入了李後主一派。這一體例的改變有兩點意義,
一是糾正了張氏重源輕流的做法,梳理了"正"、"變"二體的源流變化,並展
現了唐宋詞史兩派分流的演進歷程;二是目標明確,將正變之作與夫淺陋
淫藝之篇,"亦遞取而論斷之"。通過良莠之比較,讓讀者是其所是,非其所
非,以達到"祛學者之惑"的目的。

　　從浙派後期到常州詞派,他們都爲轉變嘉慶詞壇風氣作出過努力,但
有一個趨舊與求新的差異,浙派後期還是從朱彝尊那裏尋求救弊之方,而
常州詞派則另開新篇,再辟新境。

二、典範建構的三種途徑

　　嘉慶時期爲轉變詞壇風氣所作的努力,到道光時期初見成效。在吳中
出現了以戈載爲代表的"後吳中七子",在常州有以張琦、董士錫、周濟爲代
表的毗陵詞人,在金陵有以湯貽汾、秦耀曾、孫麟趾爲代表的江東詞社,在
兩浙則有以陶樑、馮登府、黃爕清爲代表的浙派詞人,也有不爲浙、常兩派
門徑所拘牽的劉嗣綰、樂鈞、周之琦、董國華、趙慶熺等,他們已擺脱唯姜、
張是尊的束縛,兼取兩宋,重塑自己心目中的詞史典範②,這就有了《宋四家
詞選》、《宋七家詞選》、《心日齋十六家詞録》的出現,這幾部選本既保有受
浙派思想影響的印記,也含有接受常州派思想影響的成分,體現了一種相

---

① 潘曾瑋:《周氏詞辨序》,《清人選評詞集三種》(濟南:齊魯書社,1988 年版),第 141 頁。
② 這裏的"典範",是指一種具示範意義的代表性詞人,他的作品吸引了較多的效仿和擁護者,並
　　給予後來者以規則和啓示。

容浙常、自出機杼的審美走向。

（一）以詞法爲中心：周濟《宋四家詞選》

《宋四家詞選》由周濟在道光十二年（1832）編選而成，是在綜合《詞選》、《續詞選》、《詞辨》基礎上形成的。張惠言編選《詞選》一書，意在糾弊，以温庭筠爲最高，其他詞人皆有不足。這一做法立意雖高，卻使初學者無從措手，如何矯正張惠言高置標格的過失，就成了其後繼者董士錫、周濟所努力的方向。董士錫最初提出的方案是學習張炎和周邦彦，後來在與周濟相互砥礪過程中，認識到浙派之長，眼界漸開，視野拓寬，逐漸形成了效法“宋六家”的思想——秦、周，蘇、辛，姜、張，指出：“六子者，兩宋諸家皆不能過焉。”①他對這六家的認識，主要是從體格角度著眼的，認爲他們的共同特點是“清”，但也各有其獨具的品格——秦、周之麗，蘇、辛之雄，姜、張之逸，這六家恰好也是郭麐、吳錫麒等浙派詞人所標榜的，很顯然，董士錫是借浙派思想來糾正張氏之失。董士錫提出這一思想是在道光七年（1827），三年後（1830），其子董毅又通過《續詞選》把他的這一思想作了具體的落實，對於張氏《詞選》少選或不選的六家詞多所增補，其入選詞作之前三名分別爲：張叔夏 23 首、秦少游 8 首、周美成 7 首、姜堯章 7 首，其中姜、張之作增補尤多，占增補總數的四分之一。董士錫“宋六家”之説提出來後，對於周濟應該是有觸動的，也引發他對相關問題的思考，並對《詞辨》所選予以調整，並在道光十二年推出《宋四家詞選》一書②。該書所選“宋四家”爲周邦彦、吳文英、辛棄疾、王沂孫，它與董士錫的“宋六家”相比，不但數量減少了，而且入選詞人也發生了變化，北宋只有一家，南宋卻有三家，這樣也使得其宗旨更趨明確。周濟主要是從學習門徑的角度著眼，把“宋四家”劃分爲三個層次，以王沂孫爲入門階陛，進之以稼軒與夢窗，最後進入美成之渾成境界，這是一個登堂入室逐步提高的過程：從南宋的“有門徑”到北宋的“無門徑”。何以是這“宋四家”獲得他的青睞？過去多是從詞的立意、筆法、境界談的，但也有傳統和時代的因素在起作用。從時代的角度看，他標舉“宋四家”是爲了對抗浙派所樹立的詞史典範——姜、張，也是爲了改變

---

① 董士錫：《餐華吟館詞敍》，《齊物論齋集》卷二，道光二十年（1840）江陰暨陽書院刻本。

② 據朱惠國先生《周濟詞學論著考略》考證，本書原名“宋四家詞筏”，當時並未刊刻行世，直到同治十二年才由潘祖蔭刊刻行世（載《詞學》第 16 輯，上海：華東師範大學出版社，2006 年版）。

張惠言僅以溫、韋爲高的做法,他的"宋四家說"不但視野更寬,而且有門徑可循,的確爲初學者指出了一條"向上"之路。從傳統的因素看,他以王沂孫爲"入門之階陛",是受張惠言思想的影響,張氏《詞選》選王沂孫詞 4 首,並說碧山有君國之憂,立意高遠,所以,周濟才會說:"碧山故國之思甚深,托意高,故能自尊其體。"①他以稼軒和夢窗爲詞家之轉境,則是吸收了浙派和陽羨派看法而提出的。在他人看來,夢窗詞過於晦澀,這也是浙派末流之失;稼軒詞過於粗率,這也是陽羨派的不足之處;但在周濟看來,前者返清泚爲穠摯,後者變溫婉爲悲涼,是由南追北或由北開南之轉境,在詞史上有其重要貢獻,值得借鑒。最後,他提出以清真之渾厚爲努力的目標,則是對浙派與常州派之論的折衷與調和。張氏以溫、韋爲極詣,卻無迹可尋;浙派標舉姜、張,終而落入空滑;而周邦彥集北宋之大成,又開南宋之無數法門,是北宋之"無門徑"與南宋之"有門徑"結合得最好的詞史典範,也是後來者所應努力的目標和方向。

(二) 以韻律爲中心:戈載《宋七家詞選》

《宋七家詞選》由戈載編選,道光十七年(1837)刊印。"宋詞選本極多,清空穠摯,各取雅音,而求其律細韻嚴,則惟戈氏此選爲善本。"②它的編者戈載,是"後吳中七子"的代表人物,被稱之爲是"吳中詞人指南"。他既受王鳴盛、顧廣圻、秦敦夫影響,論詞恪守聲律;也與後期浙派詞人吳錫麒、郭𪊖等有直接交往,對吳錫麒、郭𪊖批評詞壇之弊持認同態度。吳錫麒曾對當時詞壇之不振發表感慨說,"今子耳未傾齊、梁之聽,足未涉姜、史之藩,而欲拈法秀之槌,弄君卿之舌,必使箏調院落,齊鳴獅子之弦;曲奏房中,盡擊麟皮之鼓;其說得無僨乎"③? 戈載也表達了他對當時詞壇乖律失韻現象的憂慮之情,"恃才者不屑拘泥自守,而藚陋之士往往取前人之稍濫者,利其疏漏,苟且附和,藉以自文其流蕩無節,將何底止? 予心竊憂之"④。如何改變這一現狀? 他提出的主張是:審聲辨律,協律爲先。他先後編有《詞林正韻》、《詞律定》、《詞律補》,以爲填詞之指南,並選有《宋六十家詞選》、《宋八家詞選》、《宋七家詞選》以示軌範。"凡訛謬舛錯之處,參稽博

---

① 周濟:《宋四家詞選》卷四,尹志騰:《清人選評詞集三種》,第 274 頁。

② 杜文瀾:《宋七家詞選校識》,戈載:《宋七家詞選》,光緒十一年(1885)曼陀羅華閣刊本。

③ 吳錫麒:《伫月樓分類詞選自序》,《有正味齋駢體文集》卷三,嘉慶十三年(1808)刻本。

④ 戈載:《詞林正韻·發凡》,《詞林正韻》,道光元年(1820)翠薇花館刻本。

考,惟善是從。庶幾古人之名章儁句始見其真,而音與律稍有疏者,必淘去之以見謹嚴。此真詞家之津梁也。"①在《宋七家詞選》後有一篇戈載的跋文,通過夢境的描述,講到先後歷經堂廡、樓閣、園圃,亦即經過對"七家"的學習步入"司言(詞)之正軌":"合之固爲全材,分之自成一體,惟在由是路者,擇而行之耳。"這表明:他編《宋七家詞選》,目的也是爲初學者指示填詞門徑,使之成爲吳中詞派師法之典範。他對宋詞典範的建構和重塑,其核心是"韻"與"律",他說:"填詞之大要有二:一曰律,一曰韻,律不協則聲音之道乖,韻不審則宮調之理失,二者並行不悖。"②他推舉"宋七家",乃是揉合朱彝尊和厲鶚兩家之說而成。厲鶚以周邦彦、姜夔爲南宗之典範,朱彝尊則勾勒了一個以姜夔爲首的南宗譜系:"詞莫善於姜夔,宗之者張輯、盧祖皋、史達祖、吳文英、蔣捷、王沂孫、張炎、周密、陳允平、張翥、楊基,皆具夔之一體。"③在這張 12 人的譜系圖中,有 6 人被納入戈載確立的典範詞人,只是他在朱彝尊的基礎上再加入了厲鶚所尊崇的周邦彦,從這個角度看他無疑接受的是浙派思想:"近人言詞者,推西泠厲氏,近則又以吳門爲多才,蓋其淵源派別爲不二矣。"④如朱彝尊說:"填詞最雅無過石帚。"⑤厲鶚說:"吾鄉周清真,婉約隱秀,律吕諧協,爲倚聲家所宗。"⑥戈載也說:"詞學至宋,盛矣!備矣!然純駁不一,優劣迥殊,欲求正軌以合雅音,惟周清真、史梅溪、姜白石、吳夢窗、周草窗、王碧山、張玉田七人允無遺憾。"⑦所謂"雅音",就是聲律諧美,音情婉轉,意境綿邈。如他評周邦彦:"清真之詞,其意淡逸,其氣渾厚,其音節又復清妍和雅,最爲詞家之正宗。"評周密云:"草窗博聞多識,著述宏富……所輯《絕妙好詞》,採擷菁華,無非雅音正軌。"評張炎曰:"玉田云'詞欲雅而正','雅正'二字,示後人之津梁。"他認同朱彝尊之尊白石,也服膺厲鶚之推清真,還對夢窗和玉田給予特別的關注,兩家之入選篇目均在百首以上。"宋代名家之詞,縝密莫過於夢窗,清空莫過於玉田。之二家者,若相反而實相濟也。蓋夢窗七寶裝成,肉勝於

---

① 王國佐:《宋七家詞選序》,戈載:《宋七家詞選》,光緒十七年曼陀羅華閣刻本。
② 戈載:《詞林正韻·發凡》,《詞林正韻》,道光元年翠薇花館刻本。
③ 朱彝尊:《黑蝶齋詞序》,《黑蝶齋詞》,《浙西六家詞》本。
④ 姚椿:《萬竹樓詞引》,朱和義:《萬竹樓詞》,道光刻本。
⑤ 朱彝尊:《詞綜·發凡》,《詞綜》(長沙:嶽麓書社,1995 年版)。
⑥ 厲鶚:《吳尺鳧玲瓏簾詞序》,《樊榭山房集》(上海:上海古籍出版社,2012 年版)。
⑦ 戈載:《宋七家詞選識語》,《宋七家詞選》,光緒十七年杜文瀾曼陀羅華閣刻本。

骨,而不免有晦處。玉田一氣流轉,情生於文,而不免有滑處。能兼擅厥長,斯各去所蔽矣。"①這與清初李良年之論兩家詞,有異曲同工之妙,也道出他對夢窗與玉田之典範性的再發現②。他把周邦彦列爲"七家"之首,除了時代的原因之外,更因爲清真"爲詞家之正宗",其他六家尚有不同程度的瑕疵。據朱綬所言,《宋七家詞選》之前身爲《宋八家詞選》,在嘉慶年間就已大致成型,到道光十七年(1837)刻印時,則删去了陳允平一家。這是一個值得思考的問題,陳允平何以在正式刊刻時被删去?是不是受到周濟《宋四家詞選》的啓發?周濟説:"西麓和平婉麗,最合世好,但無健舉之筆,沉摯之思,學之必使生氣汩喪,故爲後人拈出。"③戈載曾參加過孫麟趾在金陵組織的江東詞社,社友湯貽汾、蔣敦復等是常州詞派重要成員,這裏還是《宋四家詞選》的編選地,戈載對《宋四家詞選》或許有所了解,最後他將陳允平删去未嘗不是受到周濟的影響。

(三) 以令慢爲中心:周之琦《心日齋十六家詞録》

《心日齋十六家詞録》分上、下兩卷,由周之琦在道光二十三年(1843)編成,並於次年在廣西刊刻,共選從唐至元詞人 16 家詞作 407 首。他在這部選本結尾的識語中説:"余性好倚聲,此皆平生得力所自,輯而録之,取便觀覽,非謂古人佳制盡於是也。"他還輯有《晚香堂詞録》八卷,共録唐、宋、金、元詞人 123 家,詞作 655 首,《心日齋十六家詞録》所録詞人詞作均見於《晚香堂詞録》。《晚香堂詞録》只有清抄本藏國家圖書館,未能推知其編選的具體年代,《晚香堂詞録》選録的範圍較廣,《心日齋十六家詞録》選録内容比較集中,從選目看,後者很可能是在前者基礎上萃選而成的④。《晚香堂詞録》大約編選在周之琦嘉慶十三年(1808)中進士之後,這部選本各卷依詞人年代先後爲序,繫以小傳,詞下間附本事詞話,在體例上參照朱彝尊的《詞綜》,並引萬樹《詞律》以校律之正誤。如論張炎《高陽臺》一詞曰:

---

① 戈載:《夢玉詞序》,陳裴之:《夢玉詞》,道光四年(1824)刻本。
② 曹貞吉《秋錦山房詞序》載:"李良年嘗謂南宋詞人,如夢窗之密,玉田之疏,必兼之乃工。"
③ 周濟:《宋四家詞選》卷四,《清人選評詞集三種》,第 309 頁。
④ 據記載,《心日齋十六家詞録》最初所選爲二十家,正式刻印時才改爲十六家。蘇汝謙《雪波詞自序》:"余少不喜倚聲,後游周稚圭中丞幕,得讀其《金梁夢月詞》,並見所選古詞二十家。"張祥河《偶憶編》:"周稚圭中丞録二十家詞,各系一詩。"《小重山房詩詞全集》"桂勝外集"亦有《周稚圭中丞手定二十名家詞跋》。

"玉田詞用韻最濫,甚至'真侵'、'庚青'互見於一闋中,求之片玉、白石諸大家,從無此例,無怪學《山中白雲》者多流入率易一路也。此詞'莫開簾'句本可不叶,似尚無害,然前段'淒然'用韻,則'簾'字終屬微疵。"又考證張翥《陌上花》一詞曰:"《圖譜》以'香'字連上'酒'字作六字,'痕凝'至'相半'作九字,《詞律》已正其誤,余見他刻且有刪去'香'字,以'滿羅衫'爲一句,視'酒痕凝處'爲一句,其謬愈甚,真紅友所謂'苦苦要將好詞讀壞'者。"從道光元年(1821)起,他離開京城,開始外任的仕宦生涯,先後到過四川、浙江、湖北、廣西等地,對於詞籍的利用肯定不如在京師那麼便利,我們更有理由相信《晚香堂詞錄》的編選當在京師爲官期間,《心日齋十六家詞錄》應該是他在外任期間利用《晚香堂詞錄》萃選而成的。《晚香堂詞錄》本來只是爲了自己學習前人而輯錄的,因此,對於作品的選擇便没有明確的目的,但《心日齋十六家詞錄》的編選卻是有明確指向性的。"蓋限定家數之總集,只戈《選》、周《錄》。而周之異於戈者,則上起唐代,下迄於元,北宋增小晏、秦、賀。雖似不出溫柔敦厚之範圍,而門户加寬,且已知崇北宋矣。"[1]該書所錄唐五代、宋、元十六家詞者,上卷依次爲溫庭筠、李煜、韋莊、李珣、孫光憲、晏幾道、秦觀、賀鑄、周邦彦、姜夔,下卷爲史達祖、吳文英、王沂孫、蔣捷、張炎、張翥。選詞較多者:唐代溫庭筠 33 首,李珣 30 首;北宋晏幾道 46 首,賀鑄 23 首;南宋吳文英 40 首,王沂孫 35 首;元代張翥 30 首。這樣的排序和入選數量,是兼顧到時代、文體、作家等多種因素的。從時代看,他是試圖比較全面地反映詞史面貌的,將周濟、戈載關注的兩宋拓展到晚唐和元代;從文體看,在賀鑄之前以小令爲主,而周邦彦以下則以長調爲主,這是該選的主導因素:"詞之有令,唐五代尚已。宋唯晏叔原最擅勝場,賀方回差堪接武,其餘間有一二名作流傳,然非專門之學。……大抵宋詞閑雅有餘,跌宕不足,長調則有清新綿邈之音,小令則少抑揚抗墜之致。蓋時代升降使然,雖片玉、石帚不能自開生面,況其下者乎?"[2]令曲在北宋之後不再有佳作問世,作之者也不免要受慢曲的影響:"填詞家自南宋以來,專工慢詞,不復措意令曲。其作令曲仍與慢詞音節無異,蓋《花間》遺響久成《廣陵散》矣!"他對令曲特別鍾情,對以小令見長的納蘭詞亦予好評:"容若長調多不協律,小令則格高韻遠,極纏綿婉約之致,能使南唐墜緒絕而復

---

① 陳匪石:《聲執》下,《詞話叢編》,第 4966 頁。
② 周之琦:《心日齋十六家詞錄》卷上,道光二十四年(1844)周氏家刻本。

續。第其品格,殆叔原、方回之亞乎?"①從詞人看,兼顧到浙、常兩派所推崇
的詞人,上卷主要選録常州派推崇的詞人,下卷則以浙派推崇的詞人爲主,
不選常州派不喜歡的柳永,也不選浙派不喜歡的蘇軾,對兩派都推崇的吳
文英尤爲贊許。"夢窗詞,自張叔夏'不成片斷'之論出,耳食者群然和之。
余謂夢窗格律之細,方駕清真。意境之超,希蹤石帚,斷非叔夏所能跂及,
《唐多令》一闋,乃夢窗率筆,叔夏以其類已而稱之,非知夢窗者也。"②這説
明他對詞史典範的建構吸收了浙、常兩派的思想,也滲入了自己的思考和
看法。

三、典範重塑與觀念更新

從道光時期對唐宋詞典範的建構看,它展現了詞壇上各種勢力相
互包容的態勢,無論是周濟,還是戈載,以及不屬於浙、常兩派的周之
琦,通過詞史典範的重塑,表徵新的觀念在道光詞壇已形成,亦即,在他
們心目中,"典範詞人"應具備的美學品格:作品有合乎文體規範的聲律
之美,包蘊著作者情志的比興寄託,以及不主一格、自成一家的外在風
貌等。

先説聲律之美。詞作爲一種不同於詩的文體樣式,它在體制上的要求
是合樂可歌:"飛聲尊俎之上,引節絲管之間。"③作爲典範詞人,其先決條件
當是作品聲律合度,分寸不失,無論是常州詞派的周濟,還是吳中詞派的戈
載,在這一點的認識上是一致的。周濟稱讚姜夔最爲知音,能自譜其詞,一
字一音,合乎節度。他説:"古之歌者,一倡三歎,一倡者宣其詞,三歎者永
其聲,是以詞可知,而聲可感。詩之變爲樂府,樂府之變爲詞,其被之聲而
歌,播之管弦,未有不如是者也。姜夔最爲知音!"他認爲萬樹《詞律》、凌廷
堪《燕樂考原》,在詞律彙校與詞樂考原上貢獻至巨,影響深遠,"故近世言
詞者多謹嚴,視元明爲愈矣"④!《宋四家詞選》與《詞辨》的不同,也表現在
它對"宋四家"及其他詞人聲律調情的重視,關注入選之作的字聲、句法、用

---

① 金梁外史(周之琦):《飲水詞識》,《飲水詞》,道光二十六年金梁外史選刻本。
② 周之琦:《心日齋十六家詞録》卷下,道光二十四年周氏家刻本。
③ 金應珪:《詞選後序》,唐圭璋編《詞話叢編》,第1618頁。
④ 周濟:《詞調選雋序》,《止庵遺文》,《常州先哲遺書》本。

韻等情況。如周邦彦《木蘭花》“桃溪不作從容住”，調名下注：“《木蘭花》之前後仄起者，一名《玉樓春》，其平起者，但可云《春曉曲》、《惜春容》耳。”柳永《傾杯樂》“爭如憔悴，損天涯行客”一句，旁注：“依調損字當屬下，依詞損字當屬上。此類盡多，後不更舉。”王沂孫《掃花游》（小庭蔭碧）結尾附注：“‘一別’句本應五字，減一字耳。紅友《詞律》未及是誤，忘檢校也。”龍榆生爲之評價説，周濟論選聲，“深識音律，要言不煩”，足爲學者之準則①。戈載對於詞的聲律更是特別講究：“嘗於廣座説宋人樂府，某解工某解拙，衆論互有異同，及辨析陰陽、清濁、九宫八十一調之變，皆嘿以聽君。”②《宋七家詞選》開卷有一首《湘月》詞，是他這一思想的最好説明：“樂章舊譜。論源流本是，騷雅遺意。紫韻紅腔，但賦得、秋月春花情思。玉尺難尋、金針莫度，渺矣宫商理。茫茫煙海，古音誰操芸笥。　　多少白雪陽春，靈芬尚在，把吟魂呼起。作者登壇算廿載，一瓣心香惟此。協調笙簧，律精銖黍，始許稱能事。詞林傳播，正聲常在天地。”他選録的“宋七家”之作，“律不乖忤，韻不龐雜，句擇精工，篇取完善”，堪稱雅音之極則。對於不合上述要求的作品則嚴於去取，如周密：“惟用韻則遜於夢窗，是其疏忽之處。……如《木蘭花慢》（西湖十景）洵爲佳構，大勝於張成子《應天長》十闋，惜有四首混韻者，故僅登六首。”③再如史達祖：“集中如《東風第一枝》、《壽樓春》、《湘江靜》、《綺羅香》、《秋霽》，皆推傑構，正不獨汲古閣所稱‘醉玉生春’、‘柳發梳月’也。惟《雙雙燕》一首，亦膾炙人口，然美則美矣，而其韻庚、青雜入真、文，究爲玉瑕珠纇。予此選律韻不合者，雖美弗收，故是詞割愛從刪。”④對於戈載的這一行爲，王國佐是這樣讚美的：“掇其菁華，歸於粹美，凡訛謬並錯之處，參稽博考，惟善是從。庶幾古人之名章雋句始見其真，而韻與律稍有疏者，必汰去之以見謹嚴。”⑤戈載的嚴於去取，以及“後吳中七子”的恪守聲律，對嘉道詞風的形成起到推波助瀾的作用。周之琦亦十分看重萬樹的《詞律》，《周稚圭府君年譜》記載：“自得萬陽羡《詞律》，愈益精進。久之，復有神悟。”又《論詞絕句》之九云：“宫調精嚴字字珠，開山妙手詎容誣。後生學語矜南渡，牙慧能知協律無？”作爲“海内詞宗”，周

---

① 龍榆生：《龍榆生詞學論文集》（上海：上海古籍出版社，1996年版），第400頁。

② 朱綬：《翠薇花館詞序》，戈載：《翠薇花館詞》，嘉慶二十三年（1818）刻本。

③ 戈載：《周公謹詞選跋》，《宋七家詞選》，光緒十七年曼陀羅華閣刻本。

④ 戈載：《史邦卿詞選跋》，《宋七家詞選》，光緒十七年曼陀羅華閣刻本。

⑤ 王國佐：《宋七家詞選序》，《宋七家詞選》，光緒十七年曼陀羅華閣刻本。

之琦編選《心日齋十六家詞錄》,也是有感於當時詞壇存在嚴重的失律落韻的現象:"世多通才,動輕前哲,倦事修擇,但知馳騁,不有煉錘,五音頓住,絲豪竹濫,其曰可讀,實與古違。"①他的創作也非常注意詞律問題,有人把他與納蘭性德、顧梁汾並推爲"國朝詞人最工律法者"。杜文瀾稱其詞"諧音協律,真意獨存,耐人尋味"②,程恩澤亦評之曰:"聲律精嚴,爲詞家第一。""啓承轉合,竟可作詞中八股。"③

次言比興寄託。自張惠言提出"意内言外"之論,強調借男女哀樂以道賢人君子"幽約怨誹不能自言之情",這一思想經過董士錫、宋翔鳳、周濟等的弘揚,表現個體哀樂者有之,關注時代盛衰者有之。這在道光時期成爲一時論詞之主流觀念,他們認爲這也是作爲詞史典範所應有的基本品格。宋翔鳳説自己,"數年以來,困於小官,事多不偶","古之窮士,撫榛莽以興歎,泛回波而欲泣,考吾所遇,一皆備焉",所以,他有這樣的感慨:"非假途於填詞,莫遂陳其變究。""因本師友相益之議,求諸唐宋諸賢之作。"④對於宋代典範詞人,他注意抉發其作品中的個人感慨與時代盛衰,如姜夔《齊天樂》"傷二帝北狩也",《揚州慢》"惜無意恢復也",《暗香》、《疏影》"恨偏安也"⑤。周濟對於"寄託"的理解,更是把它與時代盛衰相聯繫,認爲周邦彥《解語花》、《齊天樂》當作於同時,其時"到處歌舞太平,京師尤爲絕盛",而周邦彥這時卻流落在荆南,蓋胸中有塊壘,故藉詞以表之,希望能再次得到帝王的啓用:"身在荆南,所思在關中,故有'渭水'、'長安'之句。"辛棄疾《賀新郎》(別茂嘉十二弟)上閱寫"北都舊恨",下閱抒"南都新恨";《賀新郎》(賦琵琶)上閱寓示"謫逐正人,以致離亂",下閱暗含"晏安江沱,不復北望";王沂孫《齊天樂》(蟬)第一首(綠槐千樹西窗悄)寫"身世之感",第二首(一襟余恨宮魂斷)含"家國之恨";《掃花游》(綠陰)第一首(小庭蔭碧)乃"傷盛時易去",第二首(捲簾翠濕)則"刺朋黨日繁"。董士錫也談到:"周子保緒,工於詞,隱其志意,專於比興,以寄其不欲明言之旨,故依喻深至,溫良可風。"⑥對於講究聲律的"吳中七子"來説,也不輕視"立意"的

---

① 張祥河:《心日齋十六家詞錄序》,道光二十六年周氏家刻本。
② 杜文瀾:《憩園詞話》卷二,《詞話叢編》,第 2686 頁。
③ 周汝篤、周汝策編:《周稚圭府君年譜》,清同治間刻本。
④ 宋翔鳳:《香草詞自序》,《香草詞》,《雲南叢書》本。
⑤ 宋翔鳳:《樂府餘論》,《詞話叢編》,第 2503 頁。
⑥ 董士錫:《周保緒詞敘》,《齊物論齋文集》卷二,道光二十年暨陽書院刻本。

重要性,戈載追述顧廣圻對他談起:"詞之合律,貴乎自然。即極難安頓者,亦必婉轉諧適,不見有平仄之迹,乃爲詞家化境。苟爲律所束縛,勉强牽制,非病其黏滯,即嫌其生澀。律雖是,而仍不得謂之名作也。"①戈載自己也有類似的表述:"意旨綿邈,音節和諧,樂府爲之正軌也。不善學之,則循其聲調,襲其皮毛,筆不能轉,則意淺,淺則薄;筆不能煉,則意卑,卑則靡。"②吴嘉洤、尤堅也認爲守律而不能止於律:"律嚴而止於律,其亦未造乎詣之極也。"③"詞固以律爲主,否則短長其句而已,然必協律而不爲律所束縛,方得宋人三昧。"④他們强調填詞不可忽視聲律,但其最高境界是内在意蘊與外在形式的完美結合。他們認爲詞由《三百篇》而來,其體至卑,其格至尊。"詞者,樂府之繼聲,詩人之别派。悱惻纏綿,原本變雅;哀感頑艷,托體《離騷》。"⑤"昔唐李文山自序其詩,謂居住沅湘,宗師屈宋,平生服習,首在斯言。矧憔悴幽憂,俛寄所托,美人香草,尋緒無端,有韻之文,詞尤善感。準諸六義,亦比興之道也。"⑥在他們看來,南宋所以勝於北宋,蓋緣於南宋多有寄託:"嘗論兩宋之詞,南勝於北,北宋多歡愉之音,南宋如堯章、君特、公謹、叔夏皆有憂思抑鬱,若不得已而爲言,又不敢盡言。美人香草,三復流連。凡爲樂府之新聲,實皆《離騷》之變體。遭時隆盛,此調無復彈者。而俯仰一身,豈無今昔?"⑦這一解釋與王昶的論述頗多相通之處。周之琦也非常重視寄託,《心日齋十六家詞録》"題辭"第一篇:"方山憔悴彼何人,蘭畹金荃托興新。絶代風流乾饌子,前生合是楚靈均。"將溫庭筠(方城尉)直接比擬爲屈原,注重的是溫詞中的"托興"和屈原楚辭中借香草美人以寄託寓意之傳統的承繼關係,這首絶句也深刻反映了周之琦對張惠言比興説的認同。又如評張炎:"但説清空恐未堪,靈機畢竟雅音涵。故家人物滄桑録,老淚禁他鄭所南。"再如評蔣捷:"陽羨鵝籠涕淚多,清詞一卷黍離歌。紅牙彩扇開元句,故國淒涼唤奈何?"他不像朱彝尊有意淡化南宋詞人作品中的情感内涵,而是把張炎詞作爲"故家人物滄桑録"來讀解,並視

---

① 戈載:《翠雅薇詞自序》,《吴中七家詞》本,道光刻本。
② 戈載:《横經堂詩餘序》,張泰初:《横經堂詩餘》,光緒二年(1876)刻本。
③ 吴嘉洤:《秋緑詞自序》,《吴中七家詞》本,道光刻本。
④ 尤堅:《玉泩詞評跋》,潘曾瑋:《玉泩詞》,咸豐四年刻本。
⑤ 轉自陸損之:《玉壺買春軒樂府序》,高原:《玉壺買春軒樂府》,道光刻本。
⑥ 朱綬:《湘弦别譜自序》,《知止堂詞録》本,道光刻本。
⑦ 戈載:《玉壺買春軒樂府序》,高顥:《玉壺買春軒樂府》,道光刻本。

蔣捷的詞爲"紅牙彩扇開元句",這與常州詞派所標舉的"意内言外"的思想是一脈相承的。蔣敦復説:"詞之合於意内言外,與鄙人'有厚入無間'之旨相符者,近來諸名家指不多屈。周保緒先生外,有周稚圭者。"①點出了周之琦與周濟思想之相通處。

再説不主一格,自成一家。在清初,朱彝尊對姜、張的推尊,特別注意他們之間的一致性,對於其他南宋詞人亦以同儕而視之。到乾、嘉時期,厲鶚和吳錫麒論唐宋詞史,已表現出較强的流派意識,如厲鶚的南宗北宗之論,吳錫麒有正體變體之分,郭麐也有四種風格之説,這較朱彝尊唯尊姜、張之清雅已有很大進步,但對每位詞人的自身個性卻重視不夠。在嘉慶十七年編選《詞辨》的時候,周濟還是以正變爲基本的劃分方法,到道光十二年編選《宋四家詞》時特別關注詞人之間的個性和差異。如談周邦彦與秦觀之異同:"少游最和婉醇正,稍遜清真者辣耳。少游意在含蓄,如花初胎,故少重筆。然清真沈痛至極,仍能含蓄。"論蘇軾與辛棄疾之差別:"蘇、辛並稱。東坡天趣獨到處,殆成絕詣,而苦不經意,完璧甚少。稼軒則沉著痛快,有轍可循,南宋諸公,無不傳其衣鉢,固未可同年而語也。稼軒由北開南,夢窗由南追北,是詞家轉境。"再如論南宋諸家之特點:"白石脫胎稼軒,變雄健爲清剛,變馳驟爲疏宕;蓋二公皆極熱中,故氣味吻合。辛寬姜窄:寬,故容穢;窄,故鬥硬。""梅溪才思,可匹竹山。竹山粗俗,梅溪纖巧。""竹屋、蒲江並有盛名。蒲江窘促,等諸自鄶;竹屋硜硜,亦凡聲耳。"②這種對詞人個性的强調,必然會使他對浙派獨尊姜、張表示不滿:"詞本近矣,又域於其至近者,可乎? 宜其千軀同面,千面同聲,若雞之刖刖,雀之足足,一耳,無餘也。"③詞本來就是一種風格偏弱境界狹深的文體,如果再以姜、張的清雅相律,必然會造成"千軀同面,千面同聲"的結果。其實,戈載也是如此看,他曾協助秦敦夫校《詞源》,秦敦夫與凌廷堪交好,他們都是對戈載有影響的前輩學者。他們不但於詞樂詞律之學有很高的造詣,而且在創作上也是不拘一格、自成一家的。張其錦説:"吾師(指凌廷堪)之詞,不專主一家,而尤嚴於律。"④吳慈鶴也説:"戈子寶士少席華閥,長雄藝林……得其性之所近,遂於詞也獨工。既短長高下以咸宜,況煙月湖山之狎主? 牢籠諸有,

---

① 蔣敦復:《芬陀利室詞話》卷一,《詞話叢編》,第3639頁。
② 周濟:《宋四家詞選目録序論》,《清人選評詞集三種》本。
③ 周濟:《宋四家詞筏序》,《止庵遺書》,《常州先哲遺書》本。
④ 張其錦:《梅邊吹笛譜跋》,凌廷堪:《梅邊吹笛譜》,光緒刻本。

不名一家。蓋於美成得其芊綿,於公謹得其妍麗,於竹屋、梅溪得其雋巧,於玉田、石帚得其清新矣!"①他所以將所選詞家由姜、張二家拓展爲"宋七家",或許是受周濟之啓發,更是其創作上不拘一格所使然。他對"宋七家"的看法也是不一樣的,如評周邦彦"其意淡遠,其氣渾厚",評姜夔"清氣盤空,高遠峭拔",評史達祖引前人語云:"清和閑婉","奇秀清逸";評吳文英曰:"貌觀之雕繪滿眼,而實有靈氣行乎其間","猶之玉溪生之詩,藻采組織而神韻流轉,旨趣永長";評周密曰:"其詞盡洗靡曼,獨標清麗,有韶倩之色,有綿渺之思,與夢窗旨趣相侔。"評張炎曰:"其氣清,故無沾滯之音;其筆超,故有宕往之趣;真白石之入室弟子也。"這一點也在後吳中七子身上得到具體的表現,顧廣圻在表彰他們能"權衡矩矱"、審音辨韻的同時,特別指出七子之詞"平奇濃淡,各擅所長"②。比如朱綬宗法夢窗,沈傳桂偏嗜梅溪,王嘉禄鍾愛碧山,戈載則"不名一家",他們是依其性之所近而各有取法的。周之琦在詞學宗尚上更是不名一家,其詞風亦隨著生活經歷的變化而不斷變化:"其詞以清切婉麗爲宗,乃晚唐、五代以來之正派。前者(《金梁夢月詞》)音節和諧,令人想友朋之樂;後者(《懷夢詞》)情懷徘惻,令人增伉儷之思。李慈銘《受禮廬日記》稱其深入南宋大家之室。"③他對於唐宋詞史的評價,多少有受朱彝尊思想影響的印迹,朱氏説"小令師法北宋以前,慢詞則取法南渡",《心日齋十六家詞録》在體例上頗與朱氏所論相契合,上卷專取唐五代之小令,下卷則側重南宋之慢詞。蔣敦復認爲周詞小令"有《花間》風格,下亦不失爲小山父子",長調"得清真家法,下亦不失爲草窗"④。謝章鋌也認爲周詞:"短調學溫、李,長調學姜、史。"⑤也道出了周之琦填詞多種風格兼具的特點。

通過以上所述可知,在道光時期,人們既不偏向專尚音律之浙派,也不只取唯尊比興寄托之常州派,而是試圖將這兩派思想融合打通,並形成自立一家的風格和面貌。這表明道光時期的詞壇風尚已經完全轉向:推重風格的多元化,標榜創作的自成一家。

---

① 吳慈鶴:《翠薇花館詞序》,戈載:《翠薇花館詞》,嘉慶二十三年(1818)刻本。
② 顧廣圻:《吳中七家詞序》,《吳中七家詞》,道光刻本。
③ 胡玉縉:《續修四庫提要三種》(上海:上海古籍出版社,2002年版),第800頁。
④ 蔣敦復:《芬陀利室詞話》卷一,《詞話叢編》,第3639頁。
⑤ 謝章鋌:《賭棋山莊詞話》卷二,《詞話叢編》,第3339頁。

四、典範意識的彰顯與流派意識的消解

　　道光時期對詞史典範的重塑,以及表達的新觀念,爲其時詞壇的發展指明了一條向上之路,周濟《宋四家詞選》和戈載《宋七家詞選》在當時及後世獲得了廣泛的讚譽和好評。杜文瀾認爲《宋四家詞選》"抉擇極精","其論深得詞中三昧"①;又稱:"宋詞選本極多,清空穠摯,各取雅音,而求其律細韻嚴,則惟戈氏此選(《宋七家詞選》)爲善本。"②蔣兆蘭説:"周止庵《宋四家詞選》,議論透闢,步驟井然,洵乎暗室之明燈,迷津之寶筏也。其後戈順卿氏又選宋七家詞彙爲一編。學者隨取一家,皆可奉爲師法,就此成名。"③陳匪石認爲《宋四家詞選》"不僅彌張氏之缺憾,而且開後此之風氣",《宋七家詞選》所言"多中肯綮",所選"均極精粹",與周濟《宋四家詞選》形成桴鼓相應之勢④。他們不但講到兩家所選所論之精粹,而且還談到它們對於指示習詞門徑、轉變詞壇風氣所具有的重要意義。但是,他們的認識還只是看到上述選本的現實意義,從理論上講,它們集中出現在道光時期,實昭示著晚清詞學發展的新動向:從流派意識向典範意識的轉移,思維轉向,觀念變化。

　　在清初,爲轉變明詞"中衰"的局面,也爲恢復被元明兩代所遺棄的唐宋詞統,在江南地區出現的諸詞派,先後推出其心目中的典範詞人,作爲本派詞人師法或學習的榜樣⑤。如雲間派標舉"天機偶發,元音自成"的晚唐五代詞風,以李白、南唐二主爲其追蹤的對象;陽羨派論詞反對因襲模擬,推崇深情真氣的豪放作派,故以學習蘇軾、辛棄疾相號召;浙西派反對俚俗與亢率,主張"字雕句琢,歸於醇雅",是以效法姜夔、張炎相標榜。但是,他們推舉這些典範詞人,並非著意在這些詞人的創作經驗上,而是希望通過這些詞人承載其宣導的審美觀念。也就是説,這些詞人實爲這些流派以其所宣導的觀念重塑的詞史典範。

---

① 杜文瀾:《憩園詞話》卷一,《詞話叢編》,第2853頁。
② 杜文瀾:《宋七家詞選校識》,戈載:《宋七家詞選》,光緒十一年(1885)曼陀羅華閣刊本。
③ 蔣兆蘭:《詞説》,《詞話叢編》,第4631頁。
④ 陳匪石:《聲勢》卷下,《詞話叢編》,第4965頁。
⑤ 參見陳水雲:《唐宋詞統在清初的恢復與重建》,《安徽大學學報》2013年第5期。

　　這樣,不同的唐宋詞人被他們納入不同的詞派,流派觀念決定著詞人的典範歸屬和地位升降。如雲間派以"二李"爲宗,對於兩宋詞人,劃分爲"我輩之詞"與"當家之詞"兩類,並特別標舉七位典範詞人:歐陽修、蘇軾、秦觀、張先、賀鑄、晏幾道、李清照,這鮮明地體現了他們推崇高渾之境、宗法五代北宋的觀念。自王士禛在揚州主持風雅,對於雲間派強調的南北之分著意淡化,特別重視唐宋詞史的正變之分,流派意識開始凸顯出來,對唐宋詞人的創作個性則有忽略。如王士禛説:"詩餘者,古詩之苗裔也。語其正,則璟、煜爲之祖,淮海而極其盛,高、史其大成也。語其變,則眉山導其源,至稼軒、放翁極其變,陳、劉其餘波也。"①鄒祗謨在《倚聲初集序》中既讚美北宋"人工綺語",也頌揚蔣、史、姜、吳"警邁瑰奇,窮姿構彩",辛、劉、陳、陸諸家"乘間代禪,鯨呿鰲擲,逸懷壯氣,超乎有高望遠舉之思"②。這實際上是把兩宋詞人劃分爲三派,只是北宋爲一派,南宋則分兩派。汪懋麟也説:"予嘗論宋詞有三派,歐、晏正其始,秦、黃、周、柳、姜、史、李清照之徒備其盛;東坡、稼軒,放乎言之矣。"③這是突出北宋初期的獨特風貌,然後將兩宋詞史劃分爲正變兩體。浙西詞派也把兩宋詞人劃分爲三大派,但標舉南宋,將姜、張一派獨立出來:"北宋詞人原只有艷冶、豪蕩兩派。自姜夔、張炎、周密、王沂孫方開清空一派,五百年來以此爲正宗。"④"宋名家詞最盛,體非一格。蘇、辛之雄放豪宕,秦、柳之嫵媚風流,判然分途,各極其妙。而姜白石、張叔夏輩,以沖淡秀潔得詞之中正。"⑤這就隱去了汪懋麟所突出的宋初,而特別地彰顯了姜、張一派。從乾隆末到嘉慶初的百年時間,清代詞壇基本上爲浙西詞派所籠罩,人們對於唐宋詞人的派別歸屬基本不出上述劃分,流派意識主宰著人們對於唐宋詞人風格和詞史地位的認識。但是,因爲當時浙派一家獨大,其他詞風基本淡出詞壇,造成了"人尊姜、張"、"千人同面"的局面。這時,才會有吳錫麒重提以南宋爲宗的姜、史與蘇、辛兩派,力圖改變其時詞風單一的現狀,到郭麐更提出包容唐宋打破時代界限的四派説:"詞之爲體,大略有四:風流華美,渾然天成,如美人臨妝,卻扇一顧,花間諸人是也。晏元獻、歐陽永叔諸人繼之。施朱傅粉,學步習容,

---

① 王士禛:《倚聲集序》,《倚聲初集》,續修四庫全書,集部第 1729 册,第 165 頁。
② 鄒祗謨:《倚聲集序》,《倚聲初集》,續修四庫全書,集部第 1729 册,第 166 頁。
③ 汪懋麟:《棠村詞序》,梁清標《棠村詞》,康熙留松閣刻本。
④ 王鳴盛:《蠡墅山人詞集題詞》,王初桐《蠡墅山人詞集》,乾隆刻本。
⑤ 顧咸三:《湖海樓詞序》,陳維崧《湖海樓詞》,《清名家詞》本。

如宮女題紅,含情幽艷,秦、周、賀、晁諸人是也。柳七則靡曼近俗矣。姜、張諸子,一洗華靡,獨標清綺,如瘦石孤花,清笙幽磬,入其境者,疑有仙靈,聞其聲者,人人自遠。夢窗、竹屋,或揚或沿,皆有新雋,詞之能事備矣! 至東坡以橫絕一代之才,淩厲一世之氣,間作倚聲,意若不屑,雄詞高唱,別爲一宗。辛、劉則粗豪太甚矣。其餘幺弦孤韻,時亦可喜。溯其派別,不出四者。"①雖仍然推尊姜、張,但對其他詞派卻能肯定,到張惠言出來後,指斥詞壇"三弊",明確提出以立意爲本的創作主張。陸繼輅談到自己在習詞之初,讀秦、柳、蘇、辛之詞,覺得皆有讓其不能滿意之處,從而向張惠言請教爲詞之道。張惠言回答説:"善哉,子之疑也。雖然,詞故無所爲蘇、辛、秦、柳也,自分蘇、辛、秦、柳爲界,而詞乃衰。且子學詩之日久矣,唐之詩人,四傑爲一家,元、白爲一家,張、王爲一家,此氣格之偶相似者也,家始大於高、岑,而高、岑不相似;益大於李、杜,而李、杜不相似。子亦務求其意而已矣。"②這一段話實際上是對傳統流派觀念的否定,特別強調要重視詞人個性,亦即高、岑、李、杜的"不相似",反對以家派歸屬來作爲評判詞人的標準。這一觀點,不但超越了浙派的唯姜、張是尊,而且也跳出了自明代以來以流派考察詞史的思維定式。因此,他在《詞選序》中批評了柳永、黃庭堅、劉過、吳文英,指斥他們"蕩而不反,傲而不理,枝而不物",並樹立起其所認可的新典範——溫庭筠,且作品入選數量居全書之冠(18 首),其次是南唐李煜(7 首)和北宋秦觀(10 首),三者相合幾近全書總量(44 家 116 首)的三分之一,從而引發晚清詞學從流派意識向典範意識的潛在轉移。在張惠言之後,又有董士錫、周濟、戈載、周之琦等,先後提出"六家"、"四家"、"七家"、"十六家"之説,"典範"取代"流派"、"家法"取代"正變"成爲晚清詞學建構的理論支點。

　　作爲晚清詞學的理論支點,典範與流派相比而言,在理論上有哪些自身的特色? 我們認爲,流派是動態的,典範是靜態的;流派重視一致性,典範強調特殊性;流派著眼在風格,典範主要指向法度。某一典範往往是從屬於某一流派的,而流派則由無數典範組成,一個時期的詞壇風貌又是由多個流派構成的。由於典範意識的凸顯,詞法成爲晚清詞學討論的熱點,一個"典範"對於當代詞壇而言就是它的示範性,它的法度包括音律與詞法

① 郭麐:《靈芬館詞話》卷一,《詞話叢編》,第 1503 頁。
② 陸繼輅:《冶秋館詞序》,《崇百藥齋續集》卷三,道光四年(1824)合肥學舍刻本。

是人們學習和揣摩的重心所在。比如，周濟評周邦彥《蘭陵王》（柳陰直）：
"客中送客，一‘愁’字代行者設想，以下不辨是情是景，但覺煙霧蒼茫，
‘望’字、‘念’字尤幻。"又《六醜》（薔薇謝後作）："不説人惜花，卻説花戀
人。不從無花惜春，卻從有花惜春。不惜已簪之殘英，偏欲去之斷紅。"又
《拜新月慢》（夜色催更）："全是追思，卻純用實寫，但讀前闋，幾疑是賦也。
換頭再爲加倍跌宕之，他人萬萬無此力量。"①對於字法、句法、章法，都有非
常清晰的解讀和分析，初學者當可據此揣摩、領會甚至運用。再如，從周之
琦對於詞律問題的論述，亦能看出當時詞學批評對法度的重視。"《詞律》
云，今人不知翯指爲何義，填《湘雲》仍是填《念奴嬌》，故不另列一體。余謂
此論未確，今之吹笛者六孔並用，即成北曲。隔第一孔、第五孔吹之，即成
南曲。翯指過腔義或如是。""此調（《霓裳中序第一》）雖非白石自製詞，則
創自白石，《詞律》引姜個翁、周密等詞爲式，個翁謬製不足數，周詞差近，疏
誤亦多。且旁注可平可仄之字，又皆以意爲之，不免隔膜。"②像周濟、周之
琦這樣對於法度問題的論述，在晚清已是比較普遍的現象，比如包世臣論
詞有清、脆、澀之美："不脆則聲不成，脆矣而不清則膩，脆矣、清矣而不澀則
浮。屯田、夢窗以不清傷氣，淮海、玉田以不澀傷格，清真、白石則殆於兼之
矣。"③蔣敦復則宣導以有厚入無間："余何以益玉珊，必進而上之，試取有厚
入無間之説，由北宋以上溯唐人三昧，即風騷漢魏，其微旨亦不難窺測也。
於姜張、朱屬乎何有？"④杜文瀾主張嚴於審音協律，講究四聲平仄："今之爲
詞者，必依譜律所定字句，辨其平仄，更於平聲中分爲入聲所代，上聲所代，
於仄聲中分爲宜上、宜去、宜入，音聲允洽，始爲完詞。若謂既不能譜入管
弦，何妨少有出入。藉宋、元、明人之誤聲誤韻，以自文其失律失諧，則且貽
誤後人，不如勿作。"⑤譚獻提出"蕩氣迴腸，一波三折"之説，強調要有"蕩
氣迴腸"的審美效果，當做到"一波三折"。所謂"一波三折"，是指詞之章
法的頓挫之妙，如評歐陽炯《南歌子》"岸遠沙平"云："未起意先改，直下語

①　周濟：《宋四家詞選》卷一，尹志騰：《清人選評詞集三種》。
②　均見周之琦：《心日齋十六家詞錄》卷下，道光二十四年（1844）周氏家刻本。
③　包世臣：《爲朱震伯序月底修簫説》，《藝舟雙楫》卷三（北京：中國書店，1981年版），第50頁。
④　蔣敦復：《寒松閣詞跋》，《清名家詞》本（上海：上海書店，1986年版）。關於"以有厚入無間"的
　　分析，可參見楊柏嶺：《鼓蕩個性的渾涵：蔣敦復"有厚入無間"辨》（《嘉興學院學報》2005年第
　　2期），譚新紅《"無厚入有間"和"有厚入無間"辨：周濟和蔣敦復詞學思想比較》（《長沙理工大
　　學學報（社會科學版）》2009年第3期）。
⑤　杜文瀾：《憩園詞話》卷一，《詞話叢編》，第2852頁。

似頓挫。認得行人驚不起,頓挫語直下。"評王允持《解連環》"亂帆零雨對清尊"曰"斂抑斷續",評厲鶚《齊天樂》"吳山望隔江霽雨"曰"頓挫跌宕",評毛健《疏影》"壽簫怨咽此斷恐"曰"玩其斷續之妙"。爲達到"一波三折"的美感效果,譚獻對創作技巧提出兩點要求:一是運筆多樣化,或平起(正筆),或重筆,或逆入平出(側筆)。二是將詩文章法引入詞中,如評辛棄疾《漢宮春·立春》云:"以古文長篇法行之。"評周邦彥《六醜·薔薇謝後作》曰:"以七言古詩長篇法求之,自悟。"評王沂孫《齊天樂·蟬》曰:"此是唐人句法、章法。"這樣就使詞的表現手法更加多樣化了。從上述討論可知,晚清詞學從主張"立意"出發最後又回到了文體自身,這是一種值得玩味的理論現象,它表明:當人們跳出派別意識的障礙或局限,將自己的著眼點放在文學創作,必然會將其關注的目光投射到可知可感的文學典範上。

在道光時期建構起來的典範意識,對於浙派與常州詞派的思想對抗起到了消解的作用,也就是説在道光以後浙派與常州詞派由對立走向了融合。常州詞派在嘉慶初起之際,對於浙派可謂大加撻伐,甚至有"考之於昔,南北分宗;徵之於今,江浙別派"的激切言論①,他們以推尊北宋的策略對抗浙派以南宋爲宗,表現出强烈的派性意識。但從道光年間開始,自周濟、戈載、周之琦諸家選本出來以後,浙西、常州兩派之間對抗性言論漸微,對於南北兩宋不再有倚輕倚重之分,而是認爲各有其短長,難分高下。從音樂來看,"北宋所作,多付箏笆,故嘽緩繁促而易流,南渡以後,半歸琴笛,故滌蕩沉渺而不雜"②。從作者來看,"兩宋詞各有盛衰:北宋盛於文士,而衰於樂工;南宋盛於樂工,而衰於文士"③。從創作來看,"北宋主樂章,故情景但取當前,無窮高極深之趣。南宋則文人弄筆,彼此爭名,故變化益多,取材益富。然南宋有門徑,有門徑故似深而轉淺。北宋無門徑,無門徑故似易而實難"④。因此,對於南北兩宋不可偏嗜,當兼取其長而去其短:"北宋多工短調,南宋多工長調。北宋多工軟語,南宋多工硬語。然二者偏至,終非全才。"⑤"論詞只宜辨別是非,南宋北宋,不必分也。若以小令之風華點染,指爲北宋,而以長調之平正迂緩,雅而不艷,艷而不幽者,目爲南宋,

---

① 周濟:《存審軒詞自序》,《存審軒詞》,光緒十八年(1892)刻本。
② 宋翔鳳:《樂府餘論》,《詞話叢編》,第 2498 頁。
③ 周濟:《介存齋論詞雜著》,《清人選評詞集三種》,第 198 頁。
④ 周濟:《宋四家詞選目錄序論》,《清人選評詞集三種》,第 207 頁。
⑤ 謝章鋌:《賭棋山莊詞話》卷一二,《詞話叢編》,第 3470 頁。

匪獨重誣北宋,抑且誣南宋也。"①在道光以後,無論有何審美宗尚,大家不再堅持派別對抗的理念,而是取彼此包容的態度,對於浙西、常州兩派均能尊重。如杜文瀾論詞宗法浙西,對常州詞派的周濟、湯貽汾、宋翔鳳亦予好評;蔣敦復論詞取法北宋,追蹤常州詞派,在表彰周濟、湯貽汾的同時,對有浙派宗尚的馮登府、孫麟趾、"後吳中七子"多能肯定,而且他與"後吳中七子"成員來往還非常密切,這也能很好地説明晚清詞壇兩派交融互滲的新動向。因此,在咸豐、同治以後,常州詞派雖然風靡天下,卻並非像嘉慶時期那樣對浙派展開全面攻擊,反倒能積極吸納浙派詞學中的合理成分,至光緒時期就形成了融匯浙、常兩派之長的"晚清四大詞人"。"浙、常兩派,至道、咸而交敝。同光以後,已融合爲一體,各去其短而發揮其長,乃集清詞之大成。王鵬運力追北宋,而酷好姜夔,尋迹王、吳而醉心蘇軾,首開宏域。朱祖謀擴而大之,浸成千古未有之局,實爲清詞一大結穴。"②在充分體認兩派理論利弊基礎之上,他們力求糾兩派之弊,取兩派之長,本張皋文(常州派)意内言外之旨,參以凌廷堪、戈載(浙派)審音持律之説,而益以發揮光大之。"以立意爲體,故詞格頗高;以守律爲用,故詞法頗嚴。"③他們來自常州派,創作上受張惠言、周濟思想之沾溉,卻能不爲常州派所限,積極地汲取浙派理論之優長,打破浙派、常州派一偏之見,取精用宏,從而結束了浙西、常州的派別紛爭,使清代詞學在清末民初之際走向"集大成"。

五、結　語

從乾隆末到嘉慶初,是清詞發展的重要轉折期,浙派唯姜、張是尊帶來一系列問題,這是常州詞派崛起的現實基礎。張惠言提出以立意爲本的主張,順應了時勢所趨,在當時產生了巨大的影響力④,但把清代詞學推向深入,促使其在理論上走向成熟,則當以《宋四家詞選》和《宋七家詞選》的出現爲標誌,它昭示著清代詞學從流派意識到典範意識的轉移。

---

① 陳廷焯:《白雨齋詞話》卷一〇,《白雨齋詞話足本校注》,第 747 頁。
② 沈軼劉:《繁霜榭詞劄》,香港《大公報》"藝林"新第 567 期,1987 年 5 月 4 日。
③ 蔡嵩雲:《柯亭詞話》,《詞話叢編》,第 4908 頁。
④ 參見陳水雲:《常州詞派的"根"與"樹":兼論常州詞學的流傳路徑與地域輻射》,《文學遺產》2016 年第 1 期。

首先,它顛覆了浙派確立的宋詞典範:姜、張,提出多元化的典範觀:"四家"、"七家"、"十六家",其範圍也由南宋拓展到晚唐、北宋、南宋、元代。第二,對宋詞典範的關注放在"立意"和"音律"的示範性上,並在道光以後推出了多部講求比興和開示門徑的詞選與詞話。第三,超越浙派或常州派的派性觀念,力圖從"典範"的立場觀察詞史,對於唐宋詞史進行新的建構:以典範爲中心,因此,就有了不同模式的選本,或是以"詞法"爲中心(《宋四家詞選》),或是以律韻爲中心(《宋七家詞選》),或是以令慢爲中心(《心日齋十六家詞録》)。在道光以後,人們對於唐宋詞史的認知尺度發生了變化,從以時代爲中心,轉向以典範爲中心,審聲協律、比興寄託、自成一家,是人們評價詞人的"當代"標準。對"當代"詞人的評價更加務實,不只是泛泛講宗南宋或尚北宋,而往往會指出其所具體取法的典範詞人。如顧翰評張鳴珂:"作者從玉田、石帚入手,門徑不誤,故沉鬱雅淡之思,空蒙蕭瑟之致,卷中時或遇之。"[1]蔣敦復評潘遵璈:"大著從玉田、草窗入手,卻不域於南渡,上推至南唐北宋,所造各有所得,一種芳菲悱惻之情,深得詞中三昧。"[2]易順鼎評葉衍蘭:"番禺葉蘭雪先生,今之張子野也……即以詞境論之,潔淨精微,追蹤白石;纏綿悱惻,嗣響碧山。"[3]這表明,派別歸屬已不再是人們注目所在,而取徑是否遵循軌範才是人們所看重的。

　　長期以來,我們以流派的眼光梳理道光以後的近代詞史,卻無法說清浙派觀念爲什麼依然有强大的生命力,無法解釋爲什麼許多詞人在初入詞壇時都有追蹤浙派的經歷,無法劃分蔣春霖、項廷紀、周之琦、龔自珍的派別歸屬,到底是屬於浙派還是屬於常州派?也無法說明有浙派傾向的"後吳中七子"何以也主張要有寄託,且與常州派成員交往十分密切,更無法理解作爲一個以韻律爲選詞標準的《宋七家詞選》在當時爲什麼流行一時,如果從典範意識的彰顯與流派意識的淡化去理解,上述所言無法解釋說明的詞史現象都將會不證而自明瞭。

(作者單位:武漢大學文學院)

---

① 顧翰:《寒松閣詞評跋》,張鳴珂:《寒松閣詞》,光緒十年(1884)江西書局刻本。
② 蔣敦復:《香隱庵詞跋》,潘遵璈:《香隱庵詞》,光緒十一年(1885)香禪精舍刻本。
③ 易順鼎:《秋夢庵詞鈔序》,葉衍蘭:《秋夢庵詞》,光緒十六年(1890)刻本。

小說、
戲曲及文化

水神、溺籍與歷險

——論《聊齋誌異·織成》

劉燕萍

【摘　要】《聊齋誌異》三會本卷一一《織成》一文,述柳生在洞庭歷險。篇中出現洞庭水神、水將:柳毅、南將軍和毛將軍,鮮見於其他文獻,因而顯得珍貴。有關"溺籍"(溺水而死者)之載亦相當特別,有助了解遇溺及水鬼之謎。至於柳生因洞庭奇遇,娶神婢織成,並獲贈財富,便爲其下第、失意於科舉的欠缺,作出補償。

【關鍵詞】水神　溺籍　下第　歷險　補償

緒　　論

　　《聊齋誌異·織成》一文(三會本卷一一)[1],述主人公柳生遇洞庭王柳毅,娶神婢織成的一段歷險旅行。篇中涉及洞庭水神柳毅、南將軍、毛將軍及"溺籍"(溺水死之人),保留不少洞庭神話傳説,資料珍貴,很值得作深入的討論。蒲松齡(1640—1715)巧妙利用民俗資料,融入小説,成就柳生的奇幻歷險之旅。一段士人與神婢的婚戀,有別於一般凡人娶神族王女(如《傳奇》張無頗娶廣利王女)[2]、公主(如《聊齋誌異》三會本卷五《西湖主》陳

---

① 蒲松齡著、張友鶴輯校:《聊齋誌異》會校會注會評本(上海:上海古籍出版社,1978 年版),卷一一,《織成》,頁 1511—1515。本篇引文,皆依此版本。

② 李昉等編:《太平廣記》(北京:中華書局,1961 年版),卷二九八,《異聞集·太學鄭生》,頁2372—2373。本篇引文,皆依此版本。

生與西湖公主成婚)的人神婚戀;可謂別樹一幟①。(見附録一"與水神相關的人神婚戀小説"。)

有關《織成》一文,亦有零星的討論。黄景春、師静涵《柳毅:從小説人物到民間神靈》,探討崇拜鬼臉柳毅的民間風俗②。姜楠《〈聊齋誌異·織成〉與〈柳毅傳〉女性形象比較研究》,論及織成的卑賤身份③。潘皓《〈織成〉與〈項鏈〉的敘事解讀與比較》探討《織成》的敘事技巧④。上述文獻,雖有涉及鬼臉洞庭王、神婢的討論,並没有全面探討《織成》之文。本文就以水神信仰、溺籍觀念,以及主角横跨人、神二界的冒險之旅,探討《織成》,以見是篇糅合神話傳説入文的特點。

一、洞 庭 水 神

《織成》一文,涉及洞庭水神柳毅,以及"毛、南二尉":毛將軍和南將軍。三位水神主治洞庭湖水,涉及湖舟航行的安危和旅人性命存亡,關涉主人公湖上遇險、歷劫的重要情節。

(一)"鬼面"柳毅——洞庭王

《織成》一文,主角柳生在洞庭湖巧遇柳毅,從洞庭王柳毅手中,死裏逃生。《織成》保留了珍貴的洞庭王傳説——"鬼面"柳毅。柳毅,由外表到内在,從李朝威(766—820)《柳毅》(出自陳翰《異聞集》,見《太平廣記》卷四一九)中的書生,脱胎換骨,成爲具備威嚴的洞庭水神。

柳毅成神,獨特之處在於他本來就是小説中的虛構人物,至後代竟與湘君、湘夫人、屈原等⑤,同列爲洞庭水神。《歷代神仙演義》卷一四載:柳

---

① 神和仙是有分别的,神是先天自然的神,仙是通過修鍊而來。參考小川環樹著、張桐生譯:《中國魏晉以後(三世紀以降)的仙鄉故事》,刊於瘂弦、廖玉蕙編:《中國古典小説論集》(臺北:幼獅文化事業公司,1975 年版),頁 83—84。

② 黄景春、師静涵:《柳毅:從小説人物到民間神靈》,《民俗研究》,2012 年第 4 期,頁 72—74。

③ 姜楠:《〈聊齋志異·織成〉與〈柳毅傳〉女性形象比較研究》,《黑龍江教育學院學報》,第 33 卷第 4 期(2014 年 4 月),頁 134—135。

④ 潘皓:《織成與項鏈的敘事解讀與比較》,《蒲松齡研究》,2005 年第 3 期,頁 64—72。

⑤ 有關洞庭水神:湘君、湘夫人、屈原、柳毅的討論,見向柏松:《中國水崇拜》(上海:上海三聯書店,1999 年版),頁 61—62。吕宗力、欒保群:《中國民間諸神》(臺北:學生書局,1991), (轉下頁)

毅爲洞庭龍女傳書，娶龍女後，同歸洞庭，"遂爲水仙。帝敕爲金龍大王"①。柳毅由小説人物，成爲"水仙"，就因爲替龍女傳書，乃虛構人物中，以人格、行爲高尚而成神之例。《織成》一文所載清代人心目中的柳毅，在外型與性格上都具備了水神的特性。外型方面，《織成》紀錄洞庭一帶的神話傳説中，柳毅乃是"鬼面"。（清）東軒主人（生卒年不詳）輯《述異記》"洞庭神君"一條，載柳毅爲"赤面獠牙"②，是個"獠牙"惡鬼狀的水神。《織成》一文更進一步記載洞庭君以柳毅"貌文，不能攝服水怪"，故著他戴上"鬼面"，久之忘除，鬼臉竟與柳毅本來的儒生容貌，"合爲一"，遂成"鬼面"柳毅③。《織成》中的鬼臉柳毅，較之（唐）《柳毅》中"儒生柳毅"，更像神祇。外貌上的"鬼面"水神，在攝服一眾"水怪"上，有以惡制惡的效果。

　　除了惡鬼般的外貌外，《織成》中的柳毅，更具備喜怒無常（水的變異無常）的水神性格特質。《織成》一文載柳毅由於變成"鬼面"，性格亦變得多疑。"行旅泛湖，或以手指物，則疑爲指己"，因而動怒，"風波輒起"，令洞庭舟覆。由於洞庭波濤難測，舟旅拜祀亦頻。《湘江竹枝詞》載："一個豬頭一

（接上頁）頁386—392。韓愈言："湘旁有廟曰黃陵，自前古立以祠堯之二女。""今之渡湖江者，莫敢不進禮廟下。"（韓愈：《黃陵廟碑記》，刊於馬蓉等點校：《永樂大典方志輯佚》，北京：中華書局，2004年版，頁2310—2311。）湘君，泛渭湘江之神，湘夫人者爲湘君夫人，"俱無所指其人也"。見汪瑗撰、董洪利點校：《楚辭集解》（北京：北京古籍出版社，1994年版），頁115。有關洞庭湘妃神話，爲帝之二女，參考王孝廉：《華夏諸神——水神卷》（臺北：雲龍出版社，2000年版），頁133—137。有關湘君、湘夫人之祀，參考王元林、李娟：《歷史上湖南湘江流域水神信仰初探》，《求索》，2009年第1期，頁203。屈原之祀，萬曆四十二年："遣司禮李恩捧旒袍封大帝府廟爲屈平大夫各處祠之。"見方以智：《通雅》（北京：中國書店，1990年版）卷二一，《姓名》，頁270。龍亦爲水神一族，《柳毅》中的錢塘君便是個例子。龍在中國神話中，往往是水神。參考 Qiguang Zhao，"Chinese Mythology in the Context of Hydraulic Society"，*Asian Folklore Studies*，Vol. 48，No. 2（1989），p234.

① 徐道：《歷代神仙演義》（瀋陽：遼寧古籍出版社，1995年版），卷一四，頁789；及卷一五，頁848。此外，《郴州總志·二神列傳·柳毅》，載柳毅"歷代累封昭祐靈濟順利忠惠王"。參考陳邦器修、范廷謀續修、蔡來儀續纂：《郴州總志》，卷一二，《志餘·仙釋》。刊於《清代孤本方志選》（北京：綫裝書局，2001年版），第二輯第二十四冊，頁937—939。

② 東軒主人：《述異記》上，刊於四庫全書存目叢書編纂委員會編：《四庫全書存目叢書》（臺南：莊嚴文化事業有限公司，1995年版）。水的氾濫，造成傷亡。黃河神河伯亦被塑造爲娶婦的水神，人們需要以人犧（human sacrifice）祀神，免觸其怒，令河水暴漲。參考 Whalen Lao，"Looking for Mr. Ho Po：Unmasking the River God of Ancient China"，*History of Religions*，Vol. 29，No. 4（May 1990），p337.

③ 有關黑面柳毅之討論，參考中國民間文藝研究會湖南分會主編：《洞庭湖的傳説》（長沙：湖南人民出版社，1985年版），頁30—31；李琳：《洞庭湖水神信仰的歷史變遷》，《民俗研究》，2010年第4期，頁157—158。

滴酒，釃井且祭洞庭王。"①《織成》一文，柳毅對柳生便呈現由"怒"轉"悦"的怒喜無常及反覆。醉酒的柳生對神婢織成相當孟浪：喜見織成的"翠襪"，竟"以齒齧其襪"。柳生"齧襪"的輕佻行爲，惹柳毅的大怒，"命即行誅"。然而，當柳毅發現柳生的文賦才華後，竟又"大悦"，不單不殺柳生，還救他於水災。柳毅由大怒轉爲大喜，情緒變化幅度大而反覆。喜怒無常的性格，亦符合水的特質：波濤難測②。《織成》中柳毅，脱胎自（唐）《柳毅》中的儒士，成爲水神後，則無論是"鬼面"外貌，還是反覆無常的性格，從裏到外，均被締造爲具威嚴及不可捉摸的具備水的變幻特質的形象，完成由虚構人物至水神的造神過程。《織成》中，"鬼面"柳毅的反覆無常，便對主人公柳生的命運，産生禍、福瞬變的影響③。

（二）南將軍——楠木神

《織成》一文，除了"鬼面"柳毅是洞庭水神，操控柳生的生死，另有"毛、南二尉"能興風浪，毁人命，溺人於水，成溺水鬼；柳生亦要對抗兩位水將以圖存。"毛、南二尉"，乃"毛將軍"和"南將軍"；這兩位水將爲鐵錨和楠木所變。一般水將多爲水族動物，《古今注》載："河伯度事小吏"爲烏賊，黿爲"玄衣督郵"；"河伯從事"則爲鱉④。毛將軍和南將軍的原型爲錨和楠，鐵器和植物變形爲水將，甚爲特别。

《織成》中的南將軍（楠木神），乃古楠木所變。是篇所載有關洞庭楠木神的傳説，資料珍貴。同源的記載見（清）《東還紀程》⑤、（清）陸次雲（生卒年不詳）《泛洞庭湖》⑥和（清）宣鼎《夜雨秋燈録》⑦。（清）《東還紀程》

---

① 黄家驥：《湘江竹枝詞》，刊於雷夢水等編：《中華竹枝詞》（北京：北京古籍出版社，1997 年版），頁 2703—2704。

② 柳毅在河南，甚至成爲抗洪搶險，在黄河水患中喪生的英雄，有柳毅大王廟之祠。參考任志强：《柳毅傳説中原尋踪》，《尋根》，2013 年第 4 期，頁 18—22。

③ 《織成》末段述許真君至洞庭，"浪阻不得行"，因而拘執柳毅"付郡獄"，"嗣後湖禁稍平"。許真君許遜亦爲水神，《織成》篇中，渡洞庭者稍爲犯禁，"或以手指物"，柳毅便"疑爲指己"，令"風波輒起"，"舟多覆"。由水神許遜出手教訓柳毅，才能使洞庭湖水稍稍平定。許遜作爲水神之討論，參考李豐楙：《許遜與薩守堅：鄧志謨道教小説研究》（臺北：學生書局，1997 年版），頁 11—103。

④ 崔豹著、黄中模校：《古今注》（上海：上海中華書局，1936 年版），卷下，頁 38—39。

⑤ 許纘曾著：《東還紀程》（北京：中華書局出版社，1985 年版），"楠木神"條，頁 6。

⑥ 陸次雲：《泛洞庭湖》，刊於沈德潛等編：《清詩别裁集》（上海：上海古籍出版社，1984 年版），頁 598。

⑦ 宣鼎著、恒鶴點校：《夜雨秋燈録》（上海：上海古籍出版社，1987 年版），卷七，《楠將軍》，頁 346—348。

載：洞庭湖楠木窖有楠木神，"海遇暴風晝晦，輒出游湖中"，造成行旅傷亡。

有關大槎、"神木"，在水中碰擊船隻，造成傷亡，也不只限洞庭楠神。（晉）《搜神記》卷一一《葛祚碑》載吳時，衡陽郡境內有"大槎木橫水，能爲妖怪"。槎浮，"船爲之破壞"①。此外，（清）趙吉士《寄園寄所寄》卷上引《墨談》載：有"神木"，入水而"風浪遽作"。此"神木"，可能是水神巫支祈②。木和水神：龍，有著密切的關係。（南朝宋）《異苑》卷三載：趙牙行船，見水際有大槎，令船破，"槎變爲龍，浮水而去"③。大槎爲龍所變。此外，（清）屈大均《廣東新語》卷二五《木語·山木》載：水中浮枒，"皆龍所棄之餘材"，"凡山中巨木，皆有龍主之"④。（清）《夜雨秋燈録·楠將軍》載漁父所網獲的楠木，"滿身綠苔如毛，隱隱有鱗甲紋"，"一頭雙孔若目，且有睛"。此楠木"行將化龍"，可見木和龍的互變關係⑤。

《織成》一文的楠木神，發揮水將本領，殺傷力比其他文獻所載的楠木神更大。（清）《東還紀程》載楠木"直逼身旁"⑥，又或"昂首奔至"⑦；楠木以橫浮水面，猛力撞船的方式毀舟。《織成》中的楠木神則以"一木直立"方式，在水中攪拌"築築搖動"。湖水被攪動，而"波浪大作"，湖舟"盡覆"。（清）《東還紀程》等書所載楠木以"橫撞"方式碰船，雖具殺傷力，亦只及楠木所碰撞之船隻。《織成》中，蒲松齡巧妙描寫楠木神以"直立"攪動湖水的方式興浪，波濤洶湧，洞庭湖中所有船隻，幾乎無一幸存。《織成》中，楠木神獨特的"直立"鼓浪方式，對船隻造成更大的殺傷力，就是爲了造成更多溺水鬼，湊合冥數；主人公柳生亦幾乎被溺斃洞庭。

---

① 干寶撰、汪紹楹校注：《搜神記》（北京：中華書局，1979 年版），卷一一《葛祚碑》，頁 133。
② 《寄園寄所寄》引《墨談》神木資料。參考趙吉士：《寄園寄所寄》（上海：大達圖書供應社，1935 年版），卷上，頁 168。
③ 劉敬叔：《異苑》，卷三，《文淵閣四庫全書》（上海：上海古籍出版社，1987 年版），册 1042，頁 510。
④ 屈大均：《廣東新語》（北京：中華書局，1985 年版）下册，卷二五，《木語·山木》，頁 656—657。
⑤ 有關水神信仰中樹木、青牛和龍的關係，參考李道和：《歲時民俗與古小説研究》（天津：天津古籍出版社，2004 年版），頁 404—408。
⑥ 《東還紀程》，"楠木神"條，頁 6。
⑦ 王同軌撰，吕友仁、孫順霖校點：《耳談類增》（鄭州：中州古籍出版社，1994 年版），卷四六，《楠木精》，頁 396—397。

　　楠（即枏）乃良木①，《蜀都雜抄》謂“巨材而良”②。《鹽鐵論》載富者
“梓棺梗楠”③。楠，更是“皇木”，以建宫室。《明史·食貨志》卷八二載萬
曆（明神宗［1572—1620 年在位］年號）中，“三殿工興”，採楠杉諸木，所費
“九百三十餘萬兩”④。此外，楠更爲長壽之木。《五雜俎》載楠木生於“深
山窮谷”，“不知年歲”⑤。陸游（1125—1210）《成都犀浦園寧觀古楠記》所
詠的四棵古楠，“皆千歲木也”⑥。採楠以建宫室，如《兩宫鼎建記》所言：
“非四五年不得到京。”⑦在漫長的運輸途中，楠木有機會漂流、留落水中⑧。
《太平御覽》卷八八六引《玄中記》載：“千歲樹精爲青羊，萬歲樹精爲青
牛。”古木成精，爲“物老成精”的觀念。楠木漂浮於水，流落江湖亦有之。
年代久遠，以“物老成精”觀念而成精，便産生楠木神傳説。《論衡·訂鬼》：
“夫物之老者，其精爲人。”⑨《抱朴子内篇·對俗》言“千歲之鳥，萬歲之
禽”，“皆人面而鳥身”⑩，成爲精靈。楠木在水中沉浸日久，亦得以成精。
（清）《夜雨秋燈録》卷七《楠將軍》載元代時，二龍持古刹中的二樑——大
楠木相鬭，楠木墜於水中。經歷多時，“在湖中受日星精氣，漸爲厲虐”。

---

① 枏（楠）木生於雲南、豫章及安南、川、廣。有香枏、金絲枏及水枏。金絲枏爲至美者。參考谷應
　　泰：《博物要覽》（北京：中華書局，1985 年版），頁 89。楠爲高大喬木，優良木材。參考中國科
　　學院中國植物志編委會編：《中國植物志》（北京：科學出版社，1982 年版），頁 89。
② 楠木，“材巨而良”，“成都人家庭院多植之”。見陸深：《蜀都雜抄》，《續修四庫全書》（上海：上
　　海古籍出版社，1995 年版），册 735，頁 123。有關楠木分佈地等討論，參考藍勇：《歷史時期中國
　　楠木地理分佈變遷研究》，《中國歷史地理論叢》，1995 年第 4 期，頁 24—27。皇家專用金絲楠的
　　分佈，參考程昊淼、張昕：《明代皇家金絲楠木大殿建築藝術特徵分析》，《四川建築科學研究》，
　　第 36 卷第 5 期（2010 年 10 月），頁 192。
③ 桓寬撰，林振翰校釋：《鹽鐵論》（上海：商務印書館，1934 年版），《散不足》第二十九，頁 112。
④ 張廷玉等編：《明史》（北京：中華書局，1974 年版），卷八二，志第五十八，《食貨志》，
　　頁 1996。
⑤ 謝肇淛：《五雜俎》（北京：中華書局，1959 年版），頁 278。
⑥ 陸游：《成都犀浦園寧觀古楠記》，《渭南文集》卷一八，刊於《陸遊集》（北京：中華書局，1976 年
　　版），頁 2142。杜甫《枯楠》詠枯楠：“不知幾百歲”；楠木乃長壽之木。見《全唐詩》（北京：中華
　　書局，1999 年版），卷二九，杜甫四，頁 2310—2311。
⑦ 賀仲軾録：《兩宫鼎建記》（北京：中華書局，1985 年版），卷中，頁 6。
⑧ 木材運輸，以沿江放筏爲主。歷朝以漂浮方式所運輸之大楠木數量不少。參《明清的楠木采伐
　　及運輸》，《紫禁城》，2010 年 1 期，頁 73。
⑨ 《太平御覽》引《玄中記》樹精變青羊、青牛，參考李昉：《太平御覽》（北京：中華書局，1960 年
　　版），卷八八六，妖異部二，頁 3937。有關木精與青牛和龍的關係，參考李道和，上引書，頁 404—
　　408。“物老成精”觀念，參考王充：《論衡》（上海：上海古籍出版社，1990 年版），卷二二，《訂
　　鬼》，頁 216。
⑩ 葛洪撰、張松輝譯注：《抱朴子内篇》（北京：中華書局，2011 年版），《對俗》，頁 80。

《夜雨秋燈録》便描寫了楠木“物老成精”,由長壽之木,經歷歲月成爲楠將軍的過程①。此外,如前所論,大木與龍和水中神祇的關係;巨楠亦成爲洞庭水神的一種。《織成》中的南將軍,爲“鬼面”柳毅部下,他以“直木”方式,鼓動風浪,幾乎令柳生溺於洞庭。

(三) 毛將軍——鐵錨神

《織成》中,與南將軍——楠木神,差不多同一時間出現的是毛將軍,即錨神:錨將軍。“毛、南二尉”的出現造成洞庭湖波濤大作,“上嚳天日”;令湖舟“盡覆”,死亡枕籍。有關洞庭毛將軍,文獻記載極少,《織成》所載洞庭錨神,便顯得十分珍貴。八百里洞庭湖,水寬浪高。《湖南大辭典》載:渡湖之前,除擺三牲,祀洞庭王爺,尚有祭洞庭三神,錨神便是三神之一②。洞庭錨神:毛將軍興風浪,傷舟人,襄陽亦有錨神傳説。(清)《柳弧》載襄陽錨神乃救人的水神,如“滄海之天妃”。當全船人遇“跑沙”,“合舟大號”之際,“忽見水中出一鐵手”;全船人遇襄河錨將軍而“未傷一人”③。洞庭錨神與襄河錨神,相異之處在於他的出現,代表惡風惡浪,溺洞庭湖而死的人,又添新魂。

毛將軍由鐵器成神,與南將軍一樣,都源自物老成精的觀念。(明)《天工開物》載:“舟行遇風難泊”,“全身繫命於錨”④,以固定船身。所謂“北鐵南木”,(明)《籌海圖編》:北洋水淺,“可拋鐵貓”,南洋水深,“惟可下木椿”⑤。鐵錨在明代大量使用⑥,鐵錨或因沉船,留落水中,沉浸日久,依物老成精觀念而成爲錨神:毛將軍。

---

① 《夜雨秋燈録》,卷七,《楠將軍》,頁346—348。古木成精之例見錢泳撰、張偉校點:《履園叢話》(北京:中華書局,1979年版),卷十六,《樹神現形》,頁436—437。千年樹者如人形之載:“楓子鬼”,參考李昉等編:《太平御覽》(北京:中華書局,1960年版),卷四八,地部一三,“麻山”條,頁236;徐堅等著:《初學記》(北京:中華書局,1962年版),卷第八,江南道第十,“楓鬼”條,頁189—190。
② 洞庭三神爲錨神、纜神和柳樹。參考禹舜主編:《湖南大辭典》(北京:新華出版社,1995年版),“拜湖船”,頁595。
③ 丁柔克:《柳弧》(北京:中華書局,2002年版),卷二,“襄河錨神”條,頁90。
④ 宋應星編著:《天工開物》(上海:商務印書館,1933年版),卷中,“錨”條,頁189。
⑤ 鄭若曾撰、李致忠點校:《籌海圖編》(北京:中華書局,2007年版),卷一三上,頁880。
⑥ 鐵錨雖然在一些船隻中使用,但直到明朝才得到推廣和發展。參考金秋鵬:《中國古代的造船和航海》(北京:中國國際廣播出版社,2011年版),頁64。

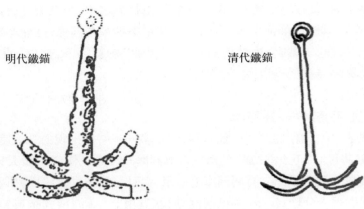

明代鐵錨　　　　　　　　　　清代鐵錨

圖一：明清鐵錨①

（輯自《中國古船圖譜》，頁278）

　　《織成》中，出現三位水神，柳毅爲洞庭王，統治洞庭水域，毛將軍與南將軍，乃洞庭湖的兩員水將，二將出現，代表波濤兇險，舟人旅客遇溺；柳生本亦在遇溺之列，經奮力抵抗得以幸存。

二、"溺籍"與鎮水界方

　　《織成》中的兩員水將：毛將軍和南將軍，與"溺籍"有關。柳生因得界方寶物，才免於水難。

　　"溺籍"：溺水鬼有一定數目，有如入籍，名注冊上。(清)《小豆棚》卷一〇《折腰土地》言溺鬼，"皆有定額"②。名入"溺籍"，便不能逃脱，注定遇溺而死。《織成》中，水吏"捧簿"向鬼面柳毅道："溺籍告成矣"，共一百二十八人。簿上有名者，皆爲溺水鬼。"簽差"者：負責官員，便是"毛、南二尉"。兩位水將，因而在洞庭興風作惡浪，造成人命喪亡，以收一百二十八個渡湖者入"溺籍"；主人公柳生在"溺籍"冊上有名，本該遇溺。

---

① 王冠倬、王嘉著：《中國古船揚帆四海》(北京：人民教育出版社，1994 年版)，頁278。此外，木
　碇與鐵錨的使用區別是以水域底部不同條件劃分的。航行北方水域的船用鐵錨，航行南方水域
　者則用木碇(頁287)。

② 曾衍東：《小豆棚》(武漢：荆楚書社，1989 年版)，卷一〇，《折腰土地》，頁189—191。

　　溺斃屬於横死,乃異常死亡①,壽命未盡而逝的非正常死亡②。《十二品生經》謂"横死者","孤獨苦也"③。《藥師經》所列"九横死","水溺"屬第五種横死④。横死者,不入輪迴,必須以暴死相替方式,找替身取代,方能脱生。《聊齋誌異》三會本卷一《王六郎》,水鬼王六郎亦要待"業滿","有代替者",才可"往投生"⑤。柳生本已名入"溺籍",只因有柳毅贈寶,得以幸存。

　　"水晶界方",就是對抗毛將軍和南將軍所振滔湖水的鎮水寶物。柳生能獲柳毅贈寶,依靠的就是他的文才。柳生完成柳毅所令賦"風鬟霧鬢",得柳毅稱讚爲"真名士也",因而獲贈"水晶界方",得以避水,免入"溺籍"。

　　"水晶界方"乃鎮水寶物。一般的界方乃鎮書紙文具。(宋)周密(1232—1308)《武林舊事·車駕幸學》載"内官進牙界方"⑥是爲文具的一種,也有用界方作處罰學員之用,(明)劉若愚(1584—1642)《酌中志·内臣職掌紀略》載:凡"背書不過","寫字不堪",學長用"界方"懲治⑦。界方一

---

① 杜繼文:《漢譯佛教經典哲學》(南京:江蘇人民出版社,2008 年版),頁 25。

② 溺水乃非正常死亡,會成爲厲鬼。參考顧希佳:《清代筆記中水鬼漁夫型故事的比較研究》,《杭州師範學院學報》,1997 年第 2 期,頁 26。横死乃壽命未盡而逝,參考藍吉富主編:《中華佛教百科全書》(臺南:中華佛教百科文獻基金會,1994 年版),頁 115。

③ 《十二品生經》,刊於《大藏經》(臺北:中華佛教文化館影印大藏經委員會影印,1956 年版),第三十四册,經集部四,頁 575。

④ 宋先偉主編:《藥師經》(北京:大衆文化出版社,2004 年版),頁 26。

⑤ 水鬼找替身故事中有"漁夫和淹死鬼"一類。參考鍾敬文:《中國民間故事型式》,刊於《鍾敬文民間文學論集》(上海:上海文藝出版社,1985 年版),頁 343;艾伯華著,王燕生、周祖生譯:《中國民間故事類型》(北京:商務印書館,1999 年版),頁 218;金榮華:《落水鬼仁念放替身——水鬼與漁夫型故事試探及其型號之設定》,刊於《民俗與文學學術研討會論文集》(高雄:高雄復文圖書出版社,1998 年版),頁 443。水鬼成城隍或水鬼找替身型故事分析,參考劉洪强:《水鬼鐵匠型故事考察——兼與"水鬼漁夫型"故事之比較》,《泰山學院學報》,第 32 卷第 4 期(2010 年 7 月),頁 65。"水鬼漁夫型"故事,包括張泓:《滇南憶舊録》(北京:中華書局,1985 年版),《成公祠》,頁 12—13;樂鈞:《耳食録》,刊於《清代筆記叢刊》(濟南:齊魯書社,2001 年版),《南野社令》,頁 1842;梁恭辰:《北東園筆録》續録,刊於《筆記小説大觀》一篇(臺北:新興書局,1985 年版),第 8 册,卷二《溺鬼自拔》,頁 4875;許秋垞:《聞見異辭》,刊於《筆記小説大觀》(揚州:江蘇廣陵古籍刻印社,1983—1984 年版),第二十四册,卷二,頁 200。水鬼找替身故事,另可參考委心子撰、金心點校:《新編分門古今類事》(北京:中華書局,1987 年版),卷四,《黄裳狀元》,頁 60;佚名撰:《異聞總録》(北京:中華書局,1985 年版),卷四,《臨安種園人》,頁 46;沈周:《石田雜記》(北京:中華書局,1985 年版),《黄天蕩漁者》,頁 23—25;元好問:《續夷堅志》(北京:中華書局,1985 年版),卷二,《溺死鬼》,頁 25。

⑥ 四水潛夫輯:《武林舊事》(杭州:浙江人民出版社,1984 年版),卷八,《車駕幸學》,頁 127。

⑦ 劉若愚:《酌中志》(北京:中華書局,1985 年版),卷一六,《内臣職掌紀略》,頁 100。

般爲木製,亦有玉石和水晶所造（見附録二）。（宋）杜綰《雲林石譜·菜葉石》載：菜葉玉石"出深水",可製成"界方壓尺"①。鎮水寶物"水晶界方",乃水晶所製,自是貴重。查《織成》一篇出現的鎮水界方,原型可能源自《拾遺記》卷二：禹鑿龍關之山,遇伏羲贈治水寶物"玉簡"。"玉簡","長一尺二寸",以合十二時之數。"執持此簡","以平定水土"②。"玉簡"長方型之物,"界方"也是差不多形狀的東西,兩者在治水神話傳説中（《拾遺記》和《織成》）同爲治水、鎮水寶物（見附録二、三）。

《織成》中,主人公柳生靠鎮水寶物自救亦救助他人。當毛將南、南將軍大興風浪,洞庭覆舟之際,柳生"危坐舟中","舉界方",竟能鎮住水浪,縱使"萬丈洪濤,近舟頓滅"。"水晶界方",便發揮了關鍵性作用,局部平安湖水。吊詭的是興湖浪的爲水將（毛南二尉）,贈寶平湖浪的則爲水神（鬼面柳毅）。水神、水將主宰著"溺籍"與免於"溺籍"的舟人命運。柳生在滔天湖浪中,高舉界方寶物,不單自救免於入"溺籍";亦拯救了全船人性命。在命定的一百二十八個"溺籍"名額中,救出自己及舟人性命。一介書生,在滔天惡浪中,持界方（亦配合讀書人身份）以對抗湖水,便成就青年英雄的形象。

三、歷　險　與　補　償

下第秀才柳生過洞庭,遇上柳毅,幾乎喪命。卻因機遇,得配神婢,並獲贈財寶珠翠。柳生的冒險歷程,便充滿危險及機遇。

（一）"水神借舟"——危險與機遇

柳生就因"水神借舟"的機緣,展開一段冒險旅程③。"水神借舟"乃洞

---

① 杜綰：《雲林石譜》（北京：中華書局,1985 年版）,下卷,《菜葉石》,頁 29—30。另外,《水滸傳》第五十一回,白秀英在勾欄中,上戲臺唱戲："參拜四方,拈起鑼棒,如撒豆般點動,拍下一聲界方,念了四句七言詩。"界方用在戲臺上,吸引觀眾注意力。參考施耐庵、羅貫中：《水滸傳》（鄭州：中州古籍出版社,2007 年版）,第五十一回,頁 430。

② 王嘉：《拾遺記》（北京：中華書局,1981 年版）,卷二,《夏禹》,頁 33。

③ 英雄歷險,包括召喚、試鍊、回歸等項。參考 Joseph Campbell, *The Hero With A Thousand Faces* (New York: Bollinger Foundations Inc., 1949), pp. 49 – 251.

庭傳説,言水神借船,以游洞庭湖。《織成》篇載:遇有空船"纜忽自解","飄然游行";"游畢仍泊舊處"。(清)《子不語》卷一八《洞庭君留船》,亦述同一傳説。洞庭君會揀選"一整齊精潔之船",用此出游。"神燈炫赫","出入波浪中";玩樂完畢"仍歸原泊之處"①。洞庭君"借舟",舟子必須遵守禁忌,就是不能正視神祇,只能"蹲伏一隅","瞑目聽之",不敢冒犯洞庭王。

柳生過洞庭,遇上"水神借舟",是個危局:他犯下不少禁忌。首先,他因醉酒,没有躲避於"艎下",已是冒犯。其次,他亦没有遵守"瞑目","莫敢仰視"洞庭王之禁,而是直接面對"冠服類王者"的柳毅。柳生觸犯不得直視神祇之禁,已是大不敬,必招災禍。他所犯的最大之"罪",乃"齧襪"的行動。柳生見神婢織成"翠襪紫鳥",已是喜歡。見"細瘦如指"的金蓮,更忍不住"以齒齧其襪"。這個輕佻的行爲,便爲他帶來極大危險。"齧襪"就是一個重要的行動語碼(proairetic code)(亦下啓一連串的歷險奇遇),巴爾特(Roland Barthes)所言的行動語碼,包括動作及反應兩方面②。"齧襪"這個動作,便引起柳毅的極大反應,決定將柳生即時處決。幸柳生鼓其如簧之舌,對比柳毅下第"得遇龍女而仙",自己"醉戲一姬而死",並不公平。柳毅因而考驗柳生的文才,給他一個機會。柳生所賦之文,得柳毅賞識,不但免去死罪,更贈柳生以"水晶界方",救他於"溺籍"。

柳生遇上"水神借舟",本來極爲危險。他憑藉機智、辯才和文才,卻又化危爲機,竟卸去"水神借舟"和"溺籍"兩次殺身之禍。

(二) 難題徵婚

《織成》中,柳生與神婢織成成婚,仍需經歷難題徵婚的過程。一般的難題婚乃由姑娘之父或姑娘對求婚者出難題③。《織成》一文,提出難題者爲崔媪,織成的母親④。《織成》中的難題婚,表面上没有一個特定對象,只要能解答難題者,便能與織成結合;因而屬於難題徵婚⑤。

---

① 袁枚著,王英志主編,周欣點校:《子不語》刊於《袁枚全集》(南京:江蘇古籍出版社,1993年版),卷一八,《洞庭君留船》,頁349。
② Roland Barthes, *S/Z*, translated by Richard Miller (New York: Noonday Press, 1974), pp. 18–20.
③ 伊藤清司著、白庚勝譯:《古典與民間文學》,《雲南社會科學》,1984年第3期,頁108。
④ 考驗者往往是"聖處女"的長輩。參考鹿憶鹿:《難題求婚模式的神話原型》,刊於馬昌儀編:《中國神話學文論選萃》(北京:中國廣播電視出版社,1994年版),頁839。
⑤ 難題求婚故事,往往有挑選優秀丈夫的含義。參考馬翀煒:《難題求婚故事與愛列屈拉情結》,《雲南民族學院學報(哲學社會科學版)》,第17卷第1期(2000年1月),頁80。

　　至於難題婚中難題,如君島久子所言,往往是實際生活的反映。山區民族所出難題多爲燒田、種地①。《織成》篇中的難題,則爲寶物的求索。崔媼在武昌“賣女”,“千金不售”。只出一“水晶界方”,但言:“有能配此者”,便將織成嫁之。這個表面的難題徵婚,看似沒有一個特定對象,其實難題乃爲柳生“訂製”,因爲只有柳生手上有另一把“水晶界方”,能解難者亦唯柳生一人。“水晶界方”在《織成》中,便負起兩個“任務”,其一爲鎮水“寶物”,救柳生出“溺籍”。其二作爲難題求婚中的“信物”,崔媼見之云:“界方留作信。”②將織成許配柳生③。

　　柳生解答難題的“獎賞”,乃與織成結合,成就一段“齧襪”姻緣。“齧襪”這個行動語碼,亦在二人相認的過程中,產生重要作用。洞庭湖“水神借舟”時期,柳生與織成邂逅,當時柳生大醉而臥,只看見織成的“翠襪”和鞋履。二人再度在武昌難題徵婚時期相遇,織成“襪後齒痕宛然”,便是個重要“憑證”,被“齧襪”者,確爲織成。下第的柳生,經歷水難幸存,復在難題徵婚中,以“水晶界方”爲信物,娶得“媚曼風浪更無倫比”的神婢織成,結成神婚,便在一定程度上,補償了柳生下第的挫敗及欠缺④。

(三) 恩賜

　　柳生爲下第秀才,“水神借舟”的歷險,除神婚外,更實際的補償是源自神婚的財富。柳生所娶的是神婢,地位卑下⑤;神婢的地位有別於其他人神婚之篇:《聊齋誌異》三會本卷五《西湖主》,陳生義救受傷的豬婆龍,與西湖公主成婚。《羅刹海市》(《聊齋誌異》三會本卷四),馬驥在海市娶龍女,便“拜爲駙馬都尉”。陳生和馬驥,娶的是神族中的皇族,與《織成》中,柳生娶神婢截然不同。《織成》一文,凡人娶神族中卑下的成員,便令人耳目一新。

　　雖然織成地位不高,卻是柳毅(洞庭王)因“仰慕鴻才”,以神婢所贈。加上,織成“爲王妃所愛”。憑藉與神婢之婚姻,柳生亦獲賞賜。首先,在“水神借

---

① 君島久子著、劉曄原譯:《羽衣故事的背景》,《民間文藝集刊》,第八集,頁288。
② 信物意思是男女互贈羅帕、金戒指等物,以確定雙方愛情關係。參考鄭傳寅、張健主編:《中國民俗辭典》(武漢:湖北辭書出版社,1987年版),頁40。信物乃婚約的象徵。參考胡元翎、劉雪蓮:《從才子佳人小説到〈紅樓夢〉“信物”功能衍變論析》,《中國文學研究》,2011年第1期,頁62。
③ 水晶界方乃貫穿始終的聯結性物件。參考潘皓,上引文,頁67。
④ 文藝乃是一種彌補。參考朱光潛:《變態心理學派別》(合肥:安徽教育出版社,1997年版),頁51。
⑤ 姜楠,上引文,頁135。

舟"時期,柳生已因文才,獲柳毅"贈黃金十斤"。婚後,每歲亦獲贈財寶。柳生爲襄陽人,往來武昌間,過洞庭時,織成亦趁機歸寧,而王妃每次也有賞賜。

圖二:往來襄陽、武昌路線圖

圖輯改自譚其驤主編:《中國歷史地圖集》(北京:中國地圖出
版社,1987 年版),第八冊(清時期),頁35—36。

神婢織成"歲一兩覲以爲常"。王妃贈"錦珍物甚多",柳生因而有源源不絕的財富,"生家富有珠寶"。雖云神婢地位不高,不比神族中的皇族公主,但柳生亦通過王妃所贈,得到珍珠財寶。柳生在洞庭遇"水神借舟",化危爲機。得娶美人、獲贈財富,足以補償下第秀才柳生的欠缺。

結　　論

柳生下第,過洞庭歷險,與柳毅的經歷相似,尤如一對重像(double)[1]。二人同在科舉失意之時,遇神而得到一定程度上的補償。不同者在於前者娶神族中的皇族:龍女而成爲洞庭水神。後者娶神婢,仍是個凡人的身份。以下爲柳毅、柳生經歷的表列:

---

① 文學中的重像有相類,也有兩者相反的腳色。參考 John Herdman, *The Double in Nineteenth-Century fiction* (Basingstoke: Macmillan Press Ltd, 1990), p14.

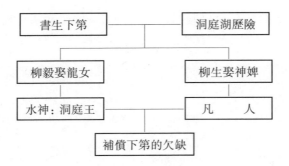

　　柳生在洞庭湖的經歷,十分驚險,他總共遇上三位水神。“鬼面”柳毅,
在“水神借舟”的危局中,賞識柳生的文才,可算是惺惺相惜,因而贈寶救柳
生於水難。柳生的歷險之旅如下:

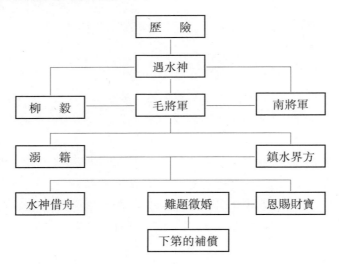

　　柳生遇上另外兩位水將:南將軍和毛將軍,則是對柳生一個重大的考
驗。面對湖浪滔天,如何逃生? 主人公憑藉“水晶界方”,得以救自己和舟
人免於“溺籍”。主人公得娶美麗的神婢織成,復得財寶,乃是對其下第欠
缺的補償,在挫傷中得到歡娛。《織成》一文,保留不少洞庭傳說,其中有關
柳毅、毛將軍和南將軍之載,尤爲鮮見,資料更顯珍貴。

　　　　　　　　　　　　　　　　　　(作者單位:嶺南大學中文系)

承蒙陳益源教授提供有關木神等資料,謹此致謝!

附錄一：與水神有關的人神戀小説

	篇　章	水　神	人　神　戀	結　局
1	（漢）劉向：《列仙傳·江妃》，見李昉等編：《太平廣記》（北京：中華書局，1961年版），卷五九，頁364—365。	江漢神女	鄭交甫"下請其佩"，與兩位江漢神女交談，求其明珠。	鄭交甫所請之"佩"，明珠，最後亦化爲烏有。
2	（晉）陶潛：《搜神後記·白水素女》，見《太平廣記》，卷六二，頁387—388。	白水素女	謝端拾"大螺"，"如三升壺"。螺化女子爲其"守舍炊烹"。	螺女留下寶殼，自言："吾形已見，不宜復留，當相委去。"
3	（唐）李朝威：《柳毅》，見《太平廣記》，卷四一九，頁3410—3417。	洞庭龍女	柳毅傳書，救助被夫婿"厭薄"的龍女。柳毅因"寧有殺其婿而納其妻者耶"而拒婚龍女。龍女待柳毅二娶妻亡後，下嫁柳毅，爲其産子。	柳毅與龍女結人神婚，柳毅因龍女之故，得享"龍壽萬歲"。
4	（唐）皇甫氏：《原化記·吳堪》，見《太平廣記》，卷八三，頁538—539。	螺　神	吳堪拾"白螺"，螺化爲女子，爲吳堪炊烹。吳堪後來與螺女成婚。縣宰欲奪螺女，結果被火燒死。	吳堪與螺神成爲一對患難型人神婚夫婦。
5	（唐）陳翰：《異聞集·太學鄭生》，見《太平廣記》，卷二九八，頁2372—2373。	汜人：湖中蛟室之妹	太學鄭生遇"孤養於兄嫂"的汜人，汜人從生歸。	汜人與生別後，後十餘年，再在岳陽湖暫聚又再別。
6	（唐）裴鉶：《傳奇·張無頗》，見《太平廣記》，卷三一〇，頁2451—2453。	廣利王女	張無頗以袁大娘所贈"玉龍膏"，治癒廣利王女之疾而結緣。	張無頗與廣利王女結人神婚。"三歲，廣利王必夜至張室。"

續　表

	篇　章	水　神	人　神　戀	結　局
7	（宋）劉斧：《青瑣高議》，（上海：古典文學出版社，1958 年版）前集卷五，《長橋怨》，頁49—51。	吳江神女	錢忠過吳江，遇"修眉麗目"吳江神女，後與女結人神婚。	錢忠結神婚，"器皿服用如王公，皆非人世所有"。
8	（元）陶宗儀：《輟耕錄》（北京：中華書局，1985 年版）卷四，《奇遇》，頁 71—72。	水　仙	揭曼朔先生游湖湘，遇水仙，結人仙戀。	水仙與先生一夕情後，別去。
9	（明）蔡羽：《遼陽海神傳》，見黃雪蓑輯：《青樓集·板橋雜記·麗情集附續集·拊掌錄·遼陽海神傳》合刊本（北京：中華書局，1985 年版）頁 1—8。	遼陽海神	徽人程宰士遇遼陽海神，海神不但與之繾綣，更助其獲利。程離家二十年，思歸並回家。	程宰士與海神別後，在高郵湖遇險，再由海神所救。
10	（清）蒲松齡：《聊齋誌異》（上海：上海古籍出版社，1979 年版）三會本卷五，《西湖主》，頁276—279。	西湖主公主	陳生義救受傷的豬婆龍，成就一段神婚。	陳生與西湖公主成婚，得美人、富貴和長生。
11	《聊齋誌異》三會本卷一一，《織成》，頁658—660。	洞庭水神之婢：織成	柳生下第過洞庭，遇洞庭王者（柳毅）賞識，賞以婢女織成，以及財寶。	柳生與織成成婚。
12	《聊齋誌異》三會本卷四，《羅刹海市》，頁193—198。	龍　女	馬驥在海市，不但得龍君賞識其文章，更與龍女成婚，得子嗣和財寶。	龍女爲馬驥誕下一子一女。馬驥回到人間世，二人縱使分隔異境，龍女仍盡賢妻、良母之責。

附錄二：界方圖

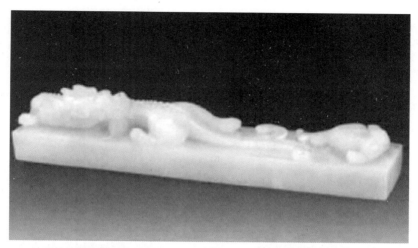

輯自欣弘主編：《古董拍賣年鑒》(長沙：湖南美術出版社,2013年版),頁152。

附錄三：玉簡圖

輯自王秋墨編著：《玉器器形識別圖鑒》（北京：中國輕工業出
版，2006 年版），頁 38。

參考資料

中文專書

丁柔克：《柳弧》，北京：中華書局，2002 年版。

《十二品生經》，刊於中華佛教文化館影印大藏經委員會編：《大藏經》，臺北：中華佛教
　　文化館影印大藏經委員會，1956 年版。

干寶撰，汪紹楹校注：《搜神記》，北京：中華書局，1979 年版。

中國民間文藝研究會湖南分會主編：《洞庭湖的傳說》，長沙：湖南人民出版社，1985
　　年版。

中國科學院中國植物志編委會編：《中國植物志》，北京：科學出版社，1982 年版。

《全唐詩》，北京：中華書局，1999 年版。

元好問：《續夷堅志》，北京：中華書局，1985 年版。

方以智：《通雅》，北京：中國書店，1990 年版。

王充：《論衡》，上海：上海古籍出版社，1990 年版。

王同軌撰，呂友仁、孫順霖校點：《耳談類增》，鄭州：中州古籍出版社，1994 年版。

王孝廉：《華夏諸神——水神卷》，臺北：雲龍出版社，2000 年版。

王冠倬、王嘉著：《中國古船揚帆四海》，北京：人民教育出版社，1994 年版。

王秋墨編著：《玉器器形識別圖鑒》，北京：中國輕工業出版，2006 年版。

王嘉：《拾遺記》，北京：中華書局，1981 年版。

四水潛夫輯：《武林舊事》，杭州：浙江人民出版社，1984 年版。

向柏松：《中國水崇拜》，上海：上海三聯書店，1999 年版。

朱光潛：《變態心理學派別》，合肥：安徽教育出版社，1997 年版。

艾伯華著，王燕生、周祖生譯：《中國民間故事類型》，北京：商務印書館，1999 年版。

《異聞總錄》，北京：中華書局，1985 年版。

呂宗力、欒保群：《中國民間諸神》，臺北：學生書局，1991 年版。

宋先偉主編：《藥師經》，北京：大眾文化出版社，2004 年版。

宋應星編著：《天工開物》，上海：商務印書館，1933 年版。

李昉：《太平御覽》，北京：中華書局，1960 年版。

李昉等編：《太平廣記》，北京：中華書局，1961 年版。

李道和：《歲時民俗與古小說研究》，天津：天津古籍出版社，2004 年版。

李豐楙：《許遜與薩守堅：鄧志謨道教小說研究》，臺北：學生書局，1997 年版。

杜綰：《雲林石譜》，北京：中華書局，1985 年版。

杜繼文：《漢譯佛教經典哲學》，南京：江蘇人民出版社，2008 年版。

汪瑗撰，董洪利點校：《楚辭集解》，北京：北京古籍出版社，1994 年版。

沈周：《石田雜記》，北京：中華書局，1985 年版。

沈德潛等編：《清詩別裁集》，上海：上海古籍出版社，1984 年版。

谷應泰：《博物要覽》，北京：中華書局，1985 年版。

屈大均：《廣東新語》，北京：中華書局，1985 年版。

東軒主人：《述異記》，刊於《四庫全書存目叢書》，臺南：莊嚴文化事業有限公司，1995 年版。

金秋鵬：《中國古代的造船和航海》，北京：中國國際廣播出版社，2011 年版。

宣鼎著，恒鶴點校：《夜雨秋燈錄》，上海：上海古籍出版社，1987 年版。

施耐庵、羅貫中：《水滸傳》，鄭州：中州古籍出版社，2007 年版。

禹舜主編：《湖南大辭典》，北京：新華出版社，1995 年版。

徐堅等著：《初學記》，北京：中華書局，1962 年版。

徐道：《歷代神仙演義》，瀋陽：遼寧古籍出版社，1995 年版。

桓寬撰，林振翰校釋：《鹽鐵論》，北京：商務印書館 1934 年版。

袁枚著，王英志主編，周欣點校：《子不語》，刊於《袁枚全集》，南京：江蘇古籍出版社，1993 年版。

馬蓉等點校：《永樂大典方志輯佚》，北京：中華書局，2004 年版。

崔豹著，黃中模校，馬縞集：《古今注》，上海：中華書局，1936 年版。

張廷玉等編:《明史》,北京:中華書局,1974 年版。

張泓:《滇南憶舊録》,北京:中華書局,1985 年版。

梁恭辰:《北東園筆録》續録,刊於《筆記小説大觀》,臺北:新興書局,1985 年版。

許秋垞:《聞見異辭》,刊於《筆記小説大觀》,揚州:江蘇廣陵古籍刻印社,1983—1984 年版。

委心子撰,金心點校:《新編分門古今類事》,北京:中華書局,1987 年版。

許纘曾著:《東還紀程》,北京:中華書局出版社,1985 年版。

陳邦器修,范廷謀續修,蔡來儀續纂:《郴州總志》,刊於《清代孤本方志選》,北京:綫裝書局,2001 年版。

陸深:《蜀都雜抄》,刊於《續修四庫全書》,上海:上海古籍出版社,1995 年版。

陸游:《渭南文集》,刊於《陸游集》,北京:中華書局,1976 年版。

曾衍東:《小豆棚》,湖北:荆楚書社,1989 年版。

賀仲軾録:《兩宮鼎建記》,北京:中華書局,1985 年版。

葛洪撰,張松輝譯注:《抱朴子内篇》,北京:中華書局,2011 年版。

雷夢水等編:《中華竹枝詞》,北京:北京古籍出版社,1997 年版。

蒲松齡著,張友鶴輯校:《聊齋誌異》,上海:古籍出版社,1978 年版。

趙吉士:《寄園寄所寄》,上海:大達圖書供應社,1935 年版。

劉若愚:《酌中志》,北京:中華書局,1985 年版。

劉敬叔:《異苑》,刊於《四庫全書》,上海:上海古籍出版社,1987 年版。

樂鈞:《耳食録》,刊於《清代筆記叢刊》,濟南:齊魯書社,2001 年版。

鄭若曾撰,李致忠點校:《籌海圖編》,北京:中華書局,2007 年版。

鄭傳寅、張健主編:《中國民俗辭典》武漢:湖北辭書出版社,1987 年版。

錢泳撰,張偉校點:《履園叢話》,北京:中華書局,1979 年版。

謝肇淛:《五雜組》,上海:中華書店,1959 年版。

藍吉富主編:《中華佛教百科全書》,臺南:中華佛教百科文獻基金會,1994 年版。

譚其驤主編:《中國歷史地圖集》,北京:中國地圖出版社,1987 年版。

中文期刊及文集論文

王元林、李娟:《歷史上湖南湘江流域水神信仰初探》,《求索》,2009 年第 1 期,頁 203—206。

任志强:《柳毅傳説中原尋踪》,《尋根》,2013 年第 4 期,頁 18—22。

李琳:《洞庭湖水神信仰的歷史變遷》,《民俗研究》,2010 年第 4 期,頁 154—164。

周默:《明清的楠木采伐及運輸》,《紫禁城》,2010 年第 1 期,頁 70—73。

金榮華:《落水鬼仁念放替身——水鬼與漁夫型故事試探及其型號之設定》,刊於《民俗與文學學術研討會論文集》,高雄:高雄復文圖書出版社,1998 年版,頁 443—461。

姜楠:《〈聊齋志異·織成〉與〈柳毅傳〉女性形象比較研究》,《黑龍江教育學院學報》,第 33 卷第 4 期(2014 年 4 月),頁 134—135。

胡元翎、劉雪蓮:《從才子佳人小説到〈紅樓夢〉"信物"功能衍變論析》,《中國文學研究》,2011 年第 1 期,頁 61—64。

馬翀煒:《難題求婚故事與愛列屈拉情結》,《雲南民族學院學報(哲學社會科學版)》,

第 17 卷第 1 期（2000 年 1 月），頁 80—83。

鹿憶鹿：《難題求婚模式的神話原型》，刊於馬昌儀編《中國神話學文論選萃》，北京：中國廣播電視出版社，1994 年版，頁 839—850。

程昊森、張昕：《明代皇家金絲楠木大殿建築藝術特徵分析》，《四川建築科學研究》，第 36 卷第 5 期（2010 年 10 月），頁 192—195。

黃景春、師靜涵：《柳毅：從小說人物到民間神靈》，《民俗研究》，2012 年第 4 期，頁 65—74。

劉洪強：《"水鬼鐵匠型"故事考察——兼與"水鬼漁夫型"故事之比較》，《泰山學院學報》，第 32 卷第 4 期（2010 年 7 月），頁 63—66。

潘皓：《織成與項鏈的敘事解讀與比較》，《蒲松齡研究》，2005 年第 3 期，頁 64—72。

鍾敬文：《中國民間故事型式》，刊於《鍾敬文民間文學論集》，上海：上海文藝出版社，1985 年版，頁 342—356。

藍勇：《歷史時期中國楠木地理分佈變遷研究》，《中國歷史地理論叢》，1995 年第 4 期，頁 19—32。

顧希佳：《清代筆記中水鬼漁夫型故事的比較研究》，《杭州師範學院學報》，1997 年 2 期，頁 26—32。

外文書籍

HERDMAN John. The Double in Nineteenth-Century fiction. Basingstoke：Macmillan Press Ltd，1990.

CAMPBELL Joseph. *The Hero With A Thousand Faces*. New York：Bollinger Foundations Inc.，1949.

BARTHES Roland. *S/Z*, translated by Richard Miller. New York：Noonday Press，1974.

外文論文

ZHAO Qiguang. "Chinese Mythology in the Context of Hydraulic Society", *Asian Folklore Studies*, Vol. 48, No. 2（1989），pp. 231–246.

LAO Whalen. "Looking for Mr. Ho Po：Unmasking the River God of Ancient China", *History of Religions*, Vol. 29, No. 4（May，1990），pp. 335–350.

日文翻譯資料

小川環樹著，張桐生譯：《中國魏晉以後（三世紀以降）的仙鄉故事》，刊於瘂弦、廖玉蕙主編：《中國古典小說論集》，臺北：幼獅文化事業公司，1975 年版，頁 85—96。

伊藤清司著，白庚勝譯：《古典與民間文學》，《雲南社會科學》，1984 年第 3 期，頁 108—116。

君島久子著，劉曄原譯：《羽衣故事的背景》，《民間文藝集刊》，第八集，頁 285—299。

從"法相唯識"論《牡丹亭》和《南柯記》

司徒秀英

【摘　要】本文因應湯顯祖以"情""心"探察生命底蘊的客觀性而採用論"識體"最是透澈的唯識學理念分析《牡丹亭》和《南柯記》。爲辨明湯顯祖戲文與佛教思想微妙密切之關係而選用法相唯識觀念,如"識所緣境"、"偏計所執"、"萬法唯識"和"轉識作智"分析兩個作品呈現的生命現象。在玄奘大師《八識規矩頌》闡釋八識的架構下,《牡丹亭》的杜麗娘、柳夢梅和《南柯記》的淳于棼展示的情感現象不但與作家本身,還與文化集體習氣相關。本文亦藉"相""性"和情"至""盡"之互相觀照,探討湯顯祖理想的人生境地和戲曲美學境界:即莊嚴生命情感現象中的"至真"和傳統文學中之"大美"。

【關鍵詞】《牡丹亭》《南柯記》　法相唯識宗　情至　情盡生命現象

一、緒　論

本文用法相唯識宗觀念如"識所緣境"、"偏計所執"、"萬法唯識"和"轉識作智"分析《牡丹亭》和《南柯記》呈現的生命流轉和還滅現象,並且嘗試從作品内外世界探討"蘊涵作者"(implied author)和真實劇作家的關係,並且從"法相"、"法性"角度闡釋"情至"和"情盡",藉以論證湯顯祖(1550—1616)的戲曲美學精神。

清代彭紹升(1740—1796)將湯顯祖附入其撰寫的《居士傳》第四十四

卷,説他是"文人根種"①。言下之意,從"居士"學佛修行標準衡量湯顯祖,因他文人習氣太重,連居士階位也未達。本文取《牡丹亭》和《南柯記》一起討論,首先湯顯祖在兩部戲作寫作期間徘徊於"情"和"情了"的研究,學界已見成果②。湯顯祖在這時期嘗試理解"性"、"情"、"理"以求得精神超越的定所。他在《牡丹亭》中一方面承認主客若皆"色好"而且"情至",會在"情"中樂此不疲。而《南柯記》則有反省含色之情究竟爲人生帶來的是快樂還是痛苦。《牡丹亭》説形骸不足以至情的話,大可繼之以夢;連夢也不足時,則三生路上繼之。《南柯記》則説情一旦被攝,好像掉進虛空中一個大洞,在幽暗中輪迴。《南柯記》提出他思考"情多"還是"情無"的結果和宗教領悟③。他戲曲創作的内容思想在數年間,由肯定"情至"至沉思"情多"之害,再逆轉爲"情盡",都應合學者所説湯顯祖在這階段經歷精神超越過程中出現困惑和掙扎④。我們知道《南柯記》完成後二月許,其長子湯士蘧在南京英年早逝⑤。湯士蘧自少聰敏且相信"夢兆",是父親湯顯祖引爲"解得吾狂"的知己⑥。除了學問文章,生死夢覺似乎是湯顯祖家庭生活中經常觸及的内容。此外湯顯祖於 1598 年底與達觀禪師第五度見面(按照達觀禪師算法),達觀希望接引湯顯祖以入覺悟之境⑦。鄭培凱注意到湯顯祖與達觀禪師的交游影響前者思想,我們也知道湯顯祖在《南柯記》中透露一心向佛的意願。因此本文有從佛學角度深入探索《牡丹亭》和《南柯記》之想。本文將湯顯祖的"宗教"體悟由書寫《南柯記》提前到書寫《牡丹亭》時期,關鍵由於一個新發現:《法苑珠林》和《牡丹亭·題詞》有一樣的句子。《題詞》中的"必因薦枕而成親,待掛冠而爲密者",多被

---

① 見彭紹升:《居士傳》,卷四四,清乾隆四十年長洲彭氏刻本。汪大綸後贊。

② 鄭培凱詳細考析湯顯祖與達觀交游,並且展示達觀如何引導湯顯祖探索"情"、"理"與佛學關係,對於湯顯祖"情"和"情了"、"夢"和"覺"的人生提出具有參考價值的分析。見鄭培凱:《湯顯祖與晚明文化》,臺北:允晨文化實業股份有限公司,1995 年版。

③ 參考華瑋:《一點情千場影戲——論〈南柯記〉裏的視覺與宗教啓悟的關係》,《人文中國學報》,第十四期,頁 95—110。

④ 參考鄭培凱:《湯顯祖與達觀和尚——兼論湯顯祖人生態度與超越精神的發展》,鄭培凱:《湯顯祖與晚明文化》,上揭,頁 404。

⑤ 參考徐朔方箋《南柯記》第一齣,見徐朔方箋校:《湯顯祖全集》(北京:北京古籍出版社,1999 年版),頁 2286。本文所引湯顯祖詩、文、賦、序和戲曲均據《湯顯祖全集》。

⑥ 參考湯顯祖:《重得亡蘧訃二十二絕》,《湯顯祖全集》,上揭,頁 594。

⑦ 參考鄭培凱:《解到多情情盡處——從湯顯祖到曹雪芹》,鄭培凱:《湯顯祖與晚明文化》,上揭,頁 327。

理解爲"形骸"之注腳或致仕的生活狀況。但這兩句實出於《法苑珠林》第七十五卷第十惡篇(第八十四之三)"邪婬部"的"感應緣·述意",旨在說明"貪愛"和"邪婬"互爲因果,而人運用各種方法滿足男貪女愛。這一發現推動本文用"識"、"貪愛"、"攀緣作業"討論《牡丹亭》杜麗娘和《南柯記》淳于棼,並且希望深入了解湯顯祖在處理"情至"、"無情"時對生命的沉思和表述。爲貼近湯顯祖及其二記與明代佛教思想互相感應的真實面貌,本文用法相唯識宗闡釋諸法的體性相狀的細密分析展開討論。

　　法相唯識之學,是中國佛教大乘八宗之一①。法相唯識宗由玄奘法師(602—664)創立。玄奘法師於唐太宗貞觀十九年(645)自印度回到唐土,攜回梵典六百五十餘部,並且廣繹經論,其中關於唯識一系的共有經論十二種②。其弟子窺基法師(632—682)弘揚唯識系,及有神昉、嘉尚、神光、圓測等繼揚宗風。及唐代會昌滅佛,法系失傳。玄奘法師著有《八識規矩頌》。八識即眼識、耳識、鼻識、舌識、身識、意識、末那識和阿賴耶識。③ 識是六根(眼根、耳根、鼻根、舌根、身根和意根)攀緣六塵(色、聲、香、味、觸、法),生起心識覺知作用。因就所依和所緣之差別,分爲六種。第七識末那識恒常執我,第八識阿賴耶識又名藏,有攝藏諸法種子的作用。唯識宗沉寂數百年後,到明代武宗正德年間(1506—1521),魯菴普泰法師(活動時期約在1520年前後),自一無名老翁學得唯識要義,後爲《八識規矩頌》及《百法明門論》作注④,普泰法師之後,注釋唯識的學者,出家僧侶有真界、正誨、明昱、真可、通潤、德清、廣益、大惠、大真、智旭、鎮澄、蘊璞等,在家居士有

① 法相宗有五種名稱,一法相宗、二唯識宗、三普爲乘教宗、四應理圓實宗、五慈恩宗。名曰法相宗,因決判諸法的體性相狀,名曰唯識,因明萬法唯識的妙理。
② 十二種有《解深密經》五卷、彌勒菩薩造《瑜伽師地論》一百卷、彌勒菩薩造《辯中邊論》三卷、無著菩薩造《攝大乘論》三卷、無著菩薩造《顯揚聖教論》二十卷、世親菩薩造《大乘五蘊論》一卷、世親菩薩造《大乘百法明門論》一卷、世親菩薩造《瑜伽師地論釋》一卷、陳那論師造《觀所緣緣論》一卷、世親菩薩造《唯識二十論》一卷、世親菩薩造《唯識三十論》一卷、《成唯識論》十卷;《成唯識論》乃糅合十大論師的釋論百卷而成的。今藏《大正新修大藏經》。
③ 關於原始佛教的緣起思想與六識的對應,乃至後來公元四世紀建立的唯識學,漢傳唯識學的內容,參考印順:《唯識學探源》,收錄在張曼濤主編:《唯識學的發展與傳承》(臺北:大乘文化出版社,1978年版),"現代佛教學學術叢刊"第二十四冊,頁27—178。
④ 魯菴普泰法師的兩部著述爲《八識規矩補注》及《百法明門論解》,今藏《大正新修大藏經》經冊中。

王肯堂（1552—1638）等①。王肯堂，字宇泰，與湯顯祖交游②。王肯堂精通外科醫學、喜愛天文律曆，在佛學方面，平生博通教乘，尤精法相宗，著有《唯識論義》③。王肯堂曾邀請明昱法師（1527—1616）宣演唯識俗詮，其後刻成書，名《成唯識論俗詮》，吳體中（活動時期約在 1570 年前後）出資刻印並有序④。此外黃汝亨（1558—1626）和虞淳熙（1553—1621）皆有序⑤。吳體中任臨川縣知府推薦湯顯祖四五名子弟上學⑥，黃汝亨和虞淳熙與湯顯祖更是深交⑦。吳體中序云：“轉即是智境，非立於對待。未轉通智，全體是識。病外無身。既轉通識，全體是智，覺來無夢。”⑧這裏提出一個比喻：人的心識，好比病倒和睡夢中的真如。由此可知，唯識雖然有妄心和真心二說，實是一體兩面。此外，病離不開身而生，夢離不開心而發，生病和做夢亦表示凡夫的情感現象。

---

① 見于凌波：《唯識學入門六記》（臺灣：佛教教育基金會，2009 年版），頁 12。

② 《湯顯祖詩文集》所收尺牘有三函寫給王肯堂，另在其他交游書信中見指宇泰。此外，湯顯祖有一題爲《王宇泰索周雲淵遺書檢寄》五言古體詩，詠述把周雲淵生前贈送的天文學筆記送給王肯堂，可見交情不淺。詩云：“周生亦玄史，專門在窺天。知星苦無覆，靈龜常不全。自解周髀術，相遺神道編。謂余凤深慧，拮顧忘食眠。余乏煙霄眼，仍愁風露年。罷筴等亡羊，懷書猶在篋。何因遇王子，精思入雲淵。絕學從所好，傾箱爲艘船。玄文今已矣，妙者庶當傳。”周雲淵精通曆法，對行星運行作出了精確描述，黃宗羲專爲他寫了一篇《周雲淵先生傳》，傳中稱揚其學中西會通。見楊小明、黃勇：《從〈明史〉曆志看西學對清初中國科學的影響》，《華僑大學學報（哲社版）》2005 年 2 期，頁 86。

③ 見彭紹升：《居士傳》，卷四四，清乾隆四十年長洲彭氏刻本。

④ 彭紹升：《居士傳》，卷四四，云：“初高原昱公以宇泰之請，演唯識俗詮既成，浙江布政使吳體中施金刻之，爲之序曰：衆生念念執我，在在執法。古佛語曰：無勞執也。此唯識耳，遮執之談，何關表識，而逐影伺聲之流，乃至望識幢而生執。夫識，真如之病與夢也，病與夢誠非無，顧何得言誠是有。吾求之始。大覺湛澄，識於何生。吾求之終，佛智歷然，識向何滅。言思路絕，擬議道窮，坐見八識恍然墮矣。隨即名轉義，不等於斡旋。轉即是智境，非立於對待。未轉通智，全體是識，病外無身，既轉通識，全體是智，覺來無夢。如是則天親不得已以有頌，護法不得已以有論，高原上人亦不得已而有俗詮乎。”

⑤ 黃汝亨：《成唯識論俗詮》，收錄於何偉然選：《十六名家小品》，“黃貞父先生小品”卷一，明崇禎六年陸雲龍刻本。又見收於賀復徵編：《文章辨體彙選》，卷三五八，《文淵閣四庫四書》補配《文津閣四庫全書》本。虞淳熙的序見於其《虞德園先生集》，文集卷六，明末刻本。

⑥ 湯顯祖有詩題爲《查虞臯參知以悼亡無子致政歸餘杭》，自注：“時吳體中明府薦余子第上學者四人，及之。”見《湯顯祖全集》，卷一四，頁 573。

⑦ 湯顯祖有詩四篇、尺牘二封寫給黃汝亨；二人早年相交。《萬曆野獲編》卷二五《雜劇》說：“頃黃貞父汝亨以進賢令内召途，貽湯義仍新作《牡丹亭記》，真是一種奇文。”《玉茗堂全集》有詩篇、尺牘一封與虞淳熙。湯顯祖在《寄虞德園》信有云：“過湖頭當謁兄長生之術與無生之旨。”《湯顯祖全集》，卷四九，頁 1520。

⑧ 見彭紹升：《居士傳》，卷四四，上揭。

　　説到湯顯祖的佛學因緣,就文獻記錄來看,他在萬曆四年,二十七歲游南京太學時,曾在大報恩寺讀佛經①。明成祖於永樂年間頒賜天下大藏經典。其中一份經版藏於南京大報恩寺。正統十年敕令保護經版②,至萬曆十四年得朝廷所賜續入藏經四十一函,並與原來舊刻藏經六百三十七函通行頒布③。由此可知湯顯祖萬曆四年在大報恩寺參讀的是六百三十七函的舊刻藏經。萬曆七年,三十歲時在南京清涼寺講經④。《蜀大藏經敘》記述其曾經結識一名從四川來購《龍藏》的僧人。《蜀大藏經敘》寫作年份不詳。序文提到往日讀經和講經,以至寫序文之時,修習佛學的態度和方法改變不少。初時"雄機接辯",間以"微言相約",到後來"翦情嚴律,含識無學"。"含識",佛家語,指有情識的衆生,即"有情衆生"。"無學"在佛教語境中,當是與"有學"相對的"無學"。"有學"指修正道以斷煩惱,到悟了真理並且斷煩惱,再無可修學,叫做"無學"。小乘以前三果爲有學,最後之阿羅漢果爲無學⑤。大乘則以菩薩之十地爲有學,至高無上的佛果爲無學⑥。湯顯祖用"含識無學"表示當前學佛和修行階段,相信是希望用這一期有情受生達到阿羅漢果或十地菩薩的境地。此外,就序文內容推知湯顯祖有一段從

---

① 湯顯祖:《蜀大藏經敘》,《湯顯祖全集》,卷三二,頁1131。
② 見《正統十年二月十五日藏經護勅》,收錄於《金陵梵刹志》,卷三一,明萬曆刻天啓印本。
③ 《萬曆十四年九月日續入藏經護勅》云:"皇帝勅諭大報恩寺住持及僧衆人等,朕惟佛氏之教,具在經典,用以化導善類,覺悟羣迷,于護國佑民不爲無助。兹者聖母慈聖宣文明肅皇太后命工刊印,續入藏經四十一函,并舊刻藏經六百三十七函,通行頒布本寺。爾等務須莊嚴持誦,尊奉珍藏,不許諸色人等,故行褻玩,致有遺失損壞。特賜護持,以垂永久。欽哉,故諭。"收錄於《金陵梵刹志》,卷三一,明萬曆刻天啓印本。
④ 湯顯祖:《蜀大藏經敘》,《湯顯祖全集》,上揭,頁1131。
⑤ 聲聞四果是初果"須陀洹",初入聖者之流,是聲聞功行最淺的第一果位。二果斯陀含,意譯"來果",修到這果位的聖者,死後最多還在欲界的人、天趣中各受生一次,便可以證阿羅漢果。三果"阿那含",意譯"不還果"。修到這個果位的聖者,死後便不返回欲界中受生,而在色界、無色界中證阿羅漢果。第四果是阿羅漢果。《金剛經》曾用否定式破聲聞小乘者四果之見,發心修大乘菩薩自度度他之勝道。
⑥ 菩薩十地指大乘菩薩道的修行階位,又稱十住。八地前有可能退轉。到了八地不動地,煩惱斷盡,不爲煩惱所動。關於斷煩惱,大小乘説法不一。小乘認爲,煩惱有見思兩種,見惑在見道位上同時斷,思惑在修道位上各別斷。唯識認爲,煩惱有煩惱障與所知障,小乘只斷煩惱障,不斷所知障,大乘則斷二障,分別二障於初地頓斷,俱生二障地地分斷,煩惱障于八地斷盡,所知障于佛地斷盡。中觀認爲,從初地到八地,煩惱就可斷盡,八地以上所斷的,是煩惱習氣。這習氣是二乘所不能斷的。八地圓滿願波羅蜜,得十自在,爲救度衆生,可於三界之中隨意現身。八地又名不退轉地,由於修證的不同,不退也有深淺的不同。十信位時,成就信不退,深信自己不退轉小乘或凡夫。十住位時,成就住不退,對佛法真理生起不退的勝解。初地位時,成就證不退,證悟諸法空性。八地位時,成就念不退,得無生忍。

義理雄辯轉到攝心禪定的修行過程①。

二、《牡丹亭》兒女事和唐代佛教典籍
《法苑珠林》的關係

　　《牡丹亭·題詞》云：“傳杜太守事者，仿佛晉武都守李仲文、廣州守馮孝將兒女事。予稍爲更而演之。至於杜守收拷柳生，亦如漢睢陽王收拷談生也。”湯顯祖説明他構思有情女子慕色還魂戲文，取材自三個太守女兒幽媾故事。今考這些故事題材最初分別見於《搜神記》和《搜神後記》，但同時被唐代道世大師（活動時期約在 668 年前後）收録在《法苑珠林》第七十五卷十惡篇第八十四之三“邪婬部”的“感應緣”作爲應驗個案。《法苑珠林》在唐高宗（李治）總章元年（668）完成，流傳於世的《法苑珠林》有一百卷和一百二十卷兩種刻本②。明代萬曆期間開刻的《嘉興藏》中的《法苑珠林》是一百二十卷本。《嘉興藏》創刻於紫柏真可（1543—1603），主其事者爲高弟密藏（活動時期約在 1600 年前後）和幻予等人③。《嘉興藏》屬私刻，以徑山的興聖萬壽禪寺和化城寺爲主要刻地，故又稱《徑山藏》；承辦發行事宜的是浙江嘉興的楞嚴寺④。萬曆年間，馮夢禎（1548—1605）爲刻藏向四

---

① 《蜀大藏經敘》有結束語“引領禪悦”，由此推知寫作序文期間用心修禪。湯顯祖：《蜀大藏經敘》，上揭，頁 1131。

② 收録在漢文大藏經《開寶藏》（開寶四年，971 年刻）的是一百卷，今見《大正新修大藏經》第五十三冊事彙部。開寶刊蜀本大藏經簡稱開寶藏或蜀本藏。《大正藏》以《再刻高麗藏》爲底本，修訂時參考《開寶藏》、《契丹藏》整理而成，全部一百卷（冊），日本大正年間（1912—1925）編修。

③ 紫柏真可發起雕造新藏，乃有感舊存的《南藏》版面不佳，《北藏》則收在禁中，印造須經奏請，十分不便。爲方便流傳，《嘉興藏》按《北藏》覆刻，革新裝訂方法，改梵筴爲方冊。紫柏大師曾北訪憨山大師商量南北合力刻書事。《嘉興藏》以徑山的興聖萬壽禪寺和化城寺爲主要刻地，原版初雕於山西五臺山妙德庵，後來因爲該地交通不便，氣候奇寒，乃遷移到浙江餘杭縣徑山的興聖萬壽禪寺和化城寺，萬曆二十年南遷徑山寂照庵。萬曆三十年紫柏死於京師，藏經刊刻之事困難重重。在徑山失去集中刻刊的凝聚力後，居士們便在嘉興、吳江、金壇等處隨著施款就地散刻，再把刻好的經版送到嘉興楞嚴寺經坊印刷流通。萬曆三十年，楞嚴寺經坊再訂《藏版經直畫一目録》，刻事至此告一段落。萬曆三十八年復修徑山東麓的舊化城接待寺爲徑山下院，專門儲藏方冊大藏經版。康熙十六年以後，方冊藏還續刻了續藏。參考紫柏：《刻藏緣起》，《紫柏者全集》卷一三，《卍續藏》第 126 冊（臺北：新豐出版社，1977 年版），頁 854。

④ 藍吉富：《嘉興大藏經的特色及其史料價值》，《印順導師八秩晉六壽慶論文集》（臺北：法光出版社，1991 年版），頁 255—266。

方募捐①。

《法苑珠林》收錄的談生故事來自《搜神記》,李仲文和馮孝將兒女幽媾故事來自《搜神後記》。《搜神記》爲東晉干寶所撰,但是到宋代已經失傳。今日所見的二十卷本,是胡應麟(1551—1602)從《法苑珠林》及其他類書中轉錄而成的。藏書家胡震亨(1569—1645)編纂《秘册彙函》時收錄二十卷本《搜神記》,而刊刻時間比胡應麟更晚。至於《搜神後記》則在天啓初年遇火,刻板殘毀,毛晉搜得殘版並將之收入《津逮秘書》②。從時間先後説來,今見二十卷本《搜神記》及十卷本《搜神後記》的開雕刻刊時間可能在湯顯祖構想《牡丹亭》之後;換言之,這大大增加了湯顯祖從《法苑珠林》參考李仲文和馮孝將兒女幽媾故事以及談生故事的可能性。

湯顯祖參詳《法苑珠林》而構想《牡丹亭》這個推論更因兩者文句相同而得以進一步佐證。《牡丹亭·題詞》中的"必因薦枕而成親,待掛冠而爲密者"和《法苑珠林》第七十五卷"述意"中的句子完全一樣。《牡丹亭·題詞》云:"天下豈少夢中之人耶。必因薦枕而成親,待掛冠而爲密者,皆形骸之論也。"③"薦枕"和"掛冠"同時並用,最早見陳朝伏知道(生卒年不詳)的《詠人娉妾仍逐琴心》詩,其云:"春色轉相催,佳人心自迴。長卿琴已弄,秦嘉書未來。挂冠易分綬,薦枕缺因媒。染香風即度,登垣花正開。貞樓若高下,何如上陽臺。"④此詩寫一名已經受娉的女子出閣前與其他男子私通。《采菽堂古詩選》批此詩云:"似譏仕隋之人,含刺亦隱亦酷。"⑤故知原意詠寫情多而且容易見異思遷的人⑥。"薦枕"和"掛冠"是求愛的暗示符號。"枕"和"冠"是表達情感的物件,具形相。"薦枕"和"掛冠"隱喻親昵,暗示"成親"和"爲密"的心意。《法苑珠林·述意》全意是"彈琴之曲,懸領相如之意,或因薦枕而成親,或藉掛冠而爲密",湯顯祖借此進一步認爲用實物

---

① 馮夢禎:《刻大藏緣起》,《徑山志》(一)(臺北:丹青出版社,1980 年版),頁 436。
② 冉旭:《〈秘册彙函〉考》,《古籍整理研究學刊》,2004 年 5 月,第 3 期,頁 31—36。
③ 湯顯祖:《牡丹亭·題詞》,見《湯顯祖全集》,卷三三,頁 1153。
④ 見歐陽詢輯:《藝文類聚》,卷一,天部上,《文淵閣四庫全書》本。
⑤ 陳祚明評選:《采菽堂古詩選》,卷三〇,清刻本。
⑥ 明代鄭鄤《題牡丹亭還魂記序》可以作爲顯例,以示後世對此詩理解和引申,其中云:"(前略)且今之人有不待薦枕而親,不待掛冠而密者乎,大多寢力權而頃刻易面冠,甫彈而轉盼負心,則斯記也乃理所不無而情所不易有也。(後略)"鄭鄤:《峚陽草堂詩文集》,文集,卷五,民國二十一年活字本。

暗示情愫或愛欲,已落入形相符號,更引人入勝的是"無形無相"也能達到目的。訴諸形象,有象可尋,尚在"形骸之論"階段,而湯顯祖關心和希望進一步了解的是不受形骸局限也溝通無礙的層次。故有"天下豈少夢中人"之見。

　　清代吳震生、程瓊夫婦合批的《才子牡丹亭》具有强烈的評點個性,而且奇特尖新,爲此書點校作出貢獻的華瑋和江巨榮認爲吳震生、程瓊夫婦"著力闡述他們的自然人性論和情色論"①。吳氏夫婦批評湯顯祖原序,認爲"情"因含有"好色"和"得欲"基本元素,有情男女不易壞之。他們解釋"情爲好色,而不全起於色,情爲得欲,而不全起於欲"②。"情"是含有"色"、"欲"之想的總體,與"愛欲"義通。有情男女情根深種,"除是已歸無餘寂滅",否則"婚觸者所造之文"是無法"禁其無所不至"的。我們拿吳震生夫婦對"形骸"和"夢中人"自然人性論的解説,可以對照出湯顯祖引《法苑珠林》"邪婬部"的句子以表達他對强大愛欲力量的迷惑和思考。吳震生夫婦的批語云:"文人則禁之(按:情),執以爲理。殊不知僅禁其'形骸',不能禁其'夢'。李白之詠陽臺洛水也,曰'好色傷大雅','夢中'之恣肆盡情,固百倍於'形骸'。自名教立,而遍天下理不覺得爲,情必欲得爲者,皆作'夢中'人矣。(中略。)蓋有夙世業因焉,拘男女相及差別者,亦'形骸之論'耳。才人皆交以心,惟蠢物乃交以骸。知心交者,骸交不足數也。但骸交者,雖交,猶不交也。"③華瑋和江巨榮解釋以上批點説:"愛欲係生命的基礎,生成世界的動力。有了愛欲,就生出其他欲念。"④從這觀點説來愛欲引起個性對生命、生活甚至整個存在的興趣,但是佛家認爲愛欲會使人墮落,即墮入三惡道之中。《法苑珠林》卷七五講"十惡"把"愛欲"對覺悟之障礙,説得明白。爲清楚見,現引十惡篇第八十四之三"邪婬部"的《述意》如下:

　　　　夫淫聲敗德,智者之所不行。欲相迷神,聖人之所皆離。是以周幽喪國,信褒姒之愆;晉獻亡家,實驪姬之罪。獨角山上,不痛騎頸之羞。期在廟堂,寧寤焚身之痛。皆爲欲界衆生不修觀解,繫地煩惱不

①　參考吳震生、程瓊夫婦批評,華瑋、江巨榮點校:《才子牡丹亭》(臺北:學生書局,2004 年版),導言,頁 13。
②　吳震生、程瓊夫婦批評,華瑋、江巨榮點校:《才子牡丹亭》,上揭,"原序批語",頁 2。
③　吳震生、程瓊夫婦批評,華瑋、江巨榮點校:《才子牡丹亭》,上揭,"原序批語",頁 2。
④　吳震生、程瓊夫婦批評,華瑋、江巨榮點校:《才子牡丹亭》,上揭,導言,頁 13。

能斷伏。且地水火風,誰爲宰主。身受心法,本性皆空。薄皮厚皮,周旋不淨。生藏熟藏,穢惡難論。愛欲牽人,墮三惡道。是以菩薩大士,常修觀行。臭處流溢,遍身皆滿。六塵怨賊,每相觸惱。五陰旃陀,難可親近。凡夫顛倒,縱此貪迷。妄見妖姿,戀著華態,皓齒丹脣,長眉高髻,弄影逶迤,增妍美艷。所以洛川解珮。能稅駕於陳王;漢曲弄珠,遂留情於交浦。巫山臺上,托雲雨以去來,麻姑水側,寄泉流而還往,遂使然香之氣,迴襲韓壽之衣。彈琴之曲,懸領相如之意,或因薦枕而成親,或藉掛冠而爲密。豈知形如聚沫,質似浮雲。內外俱空,須臾散滅,舉身不淨,合體無常,方棄溝渠,以充螻蟻。凡是衆生有此邪行,乖梵天道,障菩提業,爲四趣因、感三塗果。是知三有之本,實由婬業,六趣之報,特因愛染,以潤業偏重,故聖制不爲也。①

道世大師十二歲青龍寺出家,研究律學。宣講之餘,費時十年編撰《法苑珠林》,旨在說明罪福之由,生信教之心。道世大師在"邪婬部"《述意》指出世間男子貪迷女色,留情色相,五根深被牽引。故舉韓壽和司馬相如爲例,說明情染其間,不但氣味可以牽人,連聲音都可以勾人魂魄。道世大師順勢說當男女受愛染著時,要取得色身滿足而後快,故有"薦枕而成親"之事。因此,我們推想湯顯祖既難捨情愛之欲帶來的快樂,同時又承認情愛之欲推動生命的動力,但又因他學佛所得,心內不無因情引來惡業的畏懼。

三、《牡丹亭》杜麗娘和柳夢梅的情感現象

(一) 杜麗娘"有情"、"愛染"

題詞云:"天下女子有情,寧有如杜麗娘者乎","有情"(Sattva)是佛教常用語,音譯爲薩埵,解作"有情衆生",亦名"含識",即有意識的生命體。

從佛教衆生有情觀看,杜麗娘比一般凡夫的心識猛利,換句話說,麗娘"執"情極深,愛欲深受熏染。《法苑珠林》云:"特因愛染,以潤業偏重,故聖制不爲也。"愛是貪的異名,六種根本煩惱之一。唯識宗認爲與第七識相

① 見釋道世:《法苑珠林》(臺北:財團法人佛陀教育基金會出版部,1989年版),十惡篇第八十四之三,頁992。

應有四個根本煩惱心所,即我癡、我見、我慢和我愛。《大乘義章》云:"貪染名愛。"①愛有四種,一曰"愛",就是緣已得的自身而起貪愛。二曰"後有愛",緣未有的自身已起貪愛。三曰"貪喜俱行愛",緣已得的境界而起貪愛。四曰"彼彼喜樂愛",緣未得的境界而起貪愛。以上四種愛,均與末那識相應,就是深愛於所執之我而生起的愛。愛欲是因爲衆生心識攀緣外境所産生的。貪欲即愛欲,屬於惡欲,使人生痛苦。《大乘義章》曰:"識者,心之別名。"玄奘大師《八識規矩頌》第一句即説"性境現量通三性",扼要説出現前的境界與心識親證無謬,是貫通著"善"、"惡"(不善)和"無記"(非善非惡)的。親證無謬,即不隨意起分別心。但是生在五識界,即欲界("眼耳身三二居地"),心識一旦審度思量,容易隨緣執我。故《八識規矩頌》繼第二句"眼耳身三二居地"後隨即云"遍行別境善十一,中二大八貪瞋癡",普泰法師《八識規矩補注》詮釋云:"此言五識之心所也。以其恒依心起,與心相應,繫屬於心,具此三義如屬我物。故曰我所。乃相應唯識也。"②五識即一、眼識;二、耳識;三、鼻識;四、舌識;五、身識;這五識加上第六意識産生愛欲之念,因六根(眼根、耳根、鼻根、舌根、身根和意根)攀緣六塵(色、聲、香、味、觸、法)。而且第七識末那識恒常執我,所謂"恒審思量我相隨,有情日夜鎮昏迷"。紫柏真可這樣解釋:

> 前五識非恒非審,六識審而非恒,惟此識恒常審推,思察量度,執八識見分爲我,故曰我相隨。既執八識爲內,自我則有情。恒處生死,長夜而不自覺,以與四惑、八大相應而起。四惑即根本煩惱四。③

紫柏大師解釋末那識執八識爲內,執著自我有情,故不斷流浪生死。末那識恒常有"我",第六意識是心識活動的綜合中心,即攀緣外境的緣慮心。第六意識和前五識之最大差別是,前五識緣色、聲、香、味、觸五境,緣的是色法;第六意識緣境,除了"五俱意識"與前五識同緣色境外,還有"獨頭意識"緣慮法境,緣的是心法。由"獨頭意識"思構出來的"獨影境"没有色、聲、香、味、觸境之本質,其境皆意識變出似所思之相。由於此相無本

---

① 釋慧遠:《大乘義章》,卷五,九"結義",《大正新修大藏經》本。
② 釋普泰:《八識規矩補注》,卷上,《大正新修大藏經》本。
③ 參見釋真可:《紫柏老人集》,明天啓七年釋三炬刻本。

質,故唯有影像①。我們分析到杜麗娘自從懂得閱讀並且從文字攝取意象後,引發"獨頭意識"中的"夢中獨頭意識"活躍起來②。戲曲叫我們看到杜麗娘自從翻開《詩經》第一篇,心識隨之波瀾起伏。我們從唯識學分析,這是因爲第八識深藏"愛染"種子、善感多情的習氣,末那識執我爲有,使第六識緣意象而生境,導致幻出的景象紛陳湧現。她的整個精神活動像被某種神秘而巨大的力量牽制似的。實在因爲獨頭意識非常活躍之故。

(二) 杜麗娘阿賴耶識中的習氣

第九齣"肅苑"春香白:"看他名爲國色,實守家聲。嫩臉嬌羞,老成尊重。只因老爺延師教授,讀到《毛詩》第一章:'窈窕淑女,君子好逑。'悄然廢書而歎曰:'聖人之情,盡見於此矣。今古同懷,豈不然乎?'"③《牡丹亭》的杜麗娘是太守女兒,家傳《詩》學,在傳統書香文化及相關的語言系統中成長,自少受熏陶。思想和行爲不知不覺秉承仕宦文化體系的模式。這從家庭觀念到家國朝廷,皆追求禮樂刑政四達而不悖。故尚是擁有一張嬌羞嫩臉的青春時期,已有"老成"之態。但當她讀到家學——《詩經》的第一首《關雎》,卻莫名其妙傷春自嘆,正是阿賴耶識的愛欲種子發生作用。

阿賴耶識故又名藏識,范古農解釋《八識規矩頌》中"浩浩三藏不可窮"云:"此識之爲藏也,浩浩乎深廣矣哉。一具諸法種子,持而不失,是能藏義。受諸識所熏,隨熏成種,是所藏義。此識之見分爲第七識所執,認爲有我,是我愛執藏義。因此識體義具三藏。持種受熏執以爲我,令無邊有情,無始相續,甚深廣大而不可窮詰也。"④麗娘是"有情"個體,其識體流轉生死,深處含藏以往每一生的種子和習氣。故縱使她於書香世家、受過教育,也改不了她"好色"種子。

(三) 從"識所緣境"分析杜麗娘游園驚夢

《牡丹亭》第十齣"驚夢"編演杜麗娘游園,興盡回閣小睡,夢中與柳夢

---

① 參考羅時憲:《唯識方隅》(香港:佛教志蓮圖書館出版,1998 年版),《羅時憲全集》第十卷,頁 64。
② "獨頭意識"有四種:一、散位獨頭意識,二、夢中獨頭意識,三、定中獨頭意識,四、狂亂獨頭意識。參見于凌波:《唯識學入門六記》,上揭,頁 41。
③ 湯顯祖:《牡丹亭》,《湯顯祖全集》,上揭,第九齣,頁 2093。
④ 范古農:《八識規矩頌貫珠解》(上海:上海佛學書局,1992 年版),頁 12。

梅共成雲雨。驚夢後耿抱夢境，未曾放懷。以下以“識量”和“緣境”分析杜麗娘游園、入夢和驚夢。識是能緣，境是所緣。緣是八識生起所依的種種條件與關係。所謂“能緣”，“能”指具有認識作用的主體，有依賴性質，靠攀附外境（客觀對象）方能産生作用。所緣與“能緣”對稱。《八識規矩頌》中“九緣八七好相鄰”的“緣”説的就是種種條件與關係①。

　　杜麗娘睡醒後，閑散倚欄，悉心打扮，才到園林遣悶。“驚夢”一齣細致演出麗娘醒來時身體仍在“夢回”狀態（State），這種精神狀態，使得她主觀判斷眼前光影跟她一樣繚亂。麗娘就著光（Light）和影而處於特定空間（Space）：深院之中，她的境（State）由此形成。在意和境充分和合後，她憑欄遠望，又把鏡自照。她深看自己，越看越愛。在這狀態下，“色法”的活動愈來愈多了。關於色法，《大乘百法明門論》曰：

　　　　色法者，略有十一種：一、眼，二、耳，三、鼻，四、舌，五、身，六、色，七、聲，八、香，九、味，十、觸，十一、法處所攝色。②

色法是内五根、外五塵和法處所攝色。“色法”的“色”，相當於物質③。色是五蘊——色、受、想、行、識中的色。色蘊是構成器世間（物質世界）的質，同時包括有情的色身。“驚夢”一齣中的蟲絲、庭院、花徑、鏡臺、衣服、花鈿，甚至她的雲鬢四肢，都是麗娘的“器世間”。

　　和麗娘不同，春香看鏡臺是鏡臺，衣服是衣服，蟲絲是蟲絲，花徑是花徑。春香的“所緣境”是“性境”。但麗娘的“所緣境”是“帶質”的。她眼見蟲絲，生起春線搖漾之想。首先，“絲”和“線”本質相似，當她接觸塵境，認識對象，心識卻生出與所緣境不符合的想法，遂把絲想作線。當她拿菱花鏡自照，鏡中人分明是自己，卻把鏡中的“反影”看成另一個人物，幻想“她”含羞答答地偷看鏡外的自己。鏡（mirror）在器世間反映影像，製造似真似幻境界。但衆生往往以假爲真；麗娘戲玩鏡影以爲真，顛倒法相，爲後段“顛倒夢想”作先聲。

----

① 普泰法師於《八識規矩補注》解釋云：“九緣七八好相隣，此即九緣生識之義，九緣者，謂空、明、根、境、作意、分別依、染淨依、根本依、種子也。”《八識規矩補注》卷上，《大正新修大藏經》本。
② 釋普光：《大乘百法明門論疏》，卷下，《大正新修大藏經》本。
③ 但“物質”二字並未能涵蓋“色”的内容，因色中除了可見可對之色、不可見不可對之色，還有不可見無可對之色——法處所攝色。參考于凌波：《唯識學入門六記》，上揭，頁76。

　　杜麗娘走進滿園春光裏。第十齣"驚夢"【皂羅袍】曲文寫的是麗娘的"識所緣境",她的生命現象。先録曲文如下:

　　　　原來姹紫嫣紅開遍,似這般都付斷井頽垣。良辰美景奈何天,賞心樂事誰家院? 朝飛暮卷,雲霞翠軒;雨絲風片,煙波畫船。錦屏人忒看的這韶光賤。①

　　姹紫嫣紅是"色境"。色境是眼根所對之境,爲眼識所緣的對象。色境有三:顯色、形色和表色。顯色指青、黄、赤、白四種實色,爲眼識所緣,並有意識所緣的九種假色——光、影、明、暗、煙、塵、雲、霧、空一顯色。此外形色如長、短、方、圓、粗、細、高、下、正、不正,爲相狀假色,也是由意識所緣的。因此"姹紫嫣紅"是麗娘透過分析花的顏色和分類後所起的了別作用。"斷井頽垣"亦是通過"五俱意識"(即意識)而了別出來的,因"斷"和"頽"經過判斷而有的。"朝飛"的"雲"、"暮卷"的"雨"、水波上的"煙",還有"雲霞",都是形類差别的"色法",是假法,爲意識所緣之境。

　　除了色境,還有聲境——"生生燕語明如翦,嚦嚦鶯歌溜的圓"。至於香境,則由春香交代了——入園前"炷盡沉煙",出園入閣後"爐添沉水香"。

　　從踏足花園説"不到園林,怎知春色如許",到離開花園時嘆"觀之不足由他繾,便賞遍了十二亭臺是枉然。到不如興盡回家閑過遣"。麗娘的感受一直變化。"受"分三種和五種;三種是苦受、樂受、不苦不樂受,五種是三種之外加上愛受和喜受。游園前顧影自憐且乘興而去,心情愉快。到得興致消失,不樂不苦。但是回到閨閣卻突然"春情難遣"、"懷人幽怨"。這完全是麗娘的第六意識計度、起惑造業而成的結果。麗娘回到閨房追憶園林春色,"落謝"的塵影與詩詞樂府的"意象"統合起來,進而自我沉溺於"因春感情"的"獨影境"之中。"獨影境"是能緣之心虚妄分别而生的;主要思維過去,追憶往事,或推比未來,可誤可對。麗娘"命如一葉乎"的嘆息就是推比自己未來的結果。

　　麗娘因春感情,起愛爲業。又怕"不得早成佳配,虚度青春",都是見惑。因爲憂從中來,幽怨淹煎,身心皆不安樂。這些都是欲愛在起作用,麗娘因此是"受愛染著"。

_____

① 湯顯祖:《牡丹亭》,上揭,第十齣,頁2096。

麗娘的意識獨自攀緣過去游園的塵影，稱爲"散位獨頭意識"。她進而在夢中游園，並且與柳夢梅雲雨，是"夢中獨頭意識"起作用。染著貪愛的麗娘，夢見男子。她的意識緣著夢境起作用，早上游園的外境變成夢境，《關雎》的"君子"意象變現成夢中情人，詩詞樂府中的多情書生幻變成柳夢梅。麗娘貪愛夢境中與柳夢梅歡愛的情景，執著夢境不放，道理一如她執著游園之境。

（四）從"遍計所執"分析杜麗娘尋夢

夢中雲雨熏習麗娘心識，加重她對"欲樂"的追求。游園賞春是因，在閨中幽怨是果，兩者合起來又是因，造成夢裏幽媾的果。夢境是前果也是後來因，推動尋夢。尋夢失敗造成身體和精神衰敗，結果年少病亡。

杜麗娘要在現實世界找夢中人，念頭虛妄。她執夢境爲"有"，她的"識"是"遍計所執性"。"能遍計"的識，執幻夢爲真。遍計所執的內涵是我執和法執，我執和法執兩者在客觀上根本不存在。她在湖山石、牡丹亭、芍藥欄、一叢叢的垂楊和榆莢之間游走，用新境重温舊夢。第十二齣"尋夢"【嘉慶子】曲云：

> 是誰家少俊來近遠，敢迤逗這香閨去沁園？（中略）他倚太湖石，立着咱玉嬋娟。待把俺玉山推倒，便日暖玉生烟。（下略）①

正當遍尋不獲，好不傷心之際，頓然發現雲雨蹤迹，此時她的"法執"非常強烈，斷定眼前現象與夢中無異。她唱【月上海棠】曲：

> 依稀想像人兒見。非遠，那雨迹雲蹤纏一轉，敢依花傍柳還重現。昨日今朝，眼下心前，陽臺一座登時變。②

麗娘的"妄執"最終凝聚在一顆梅樹上，遂成爲其愛欲對象的化身。麗娘對梅樹起遍計所執相，我們不妨看《法苑珠林》"邪淫部""呵欲"所引的《大般涅槃經》偈，其云：

---

① 湯顯祖：《牡丹亭》，上揭，第十二齣，頁 2105。
② 湯顯祖：《牡丹亭》，上揭，第十二齣，頁 2106。

若常愁苦,愁遂增多。如人喜眠,眠則滋多。貪婬嗜酒,亦復如是。①

又引《成實論》偈云:

貪欲實苦,凡夫顛倒,妄生樂想,智者見苦,見苦則斷。②

"妄生樂想"最早見於南北朝曇無讖大師(385—433)譯的《大般涅槃經》③,記述迦葉尊者問佛人生苦樂,佛説人一受生,便因貪愛而顛倒苦樂,樂想是妄生出來的。宋代倪思(1147—1220)撰的《經鉏堂雜志》"貪"條引《成實論》並解釋云:"佛説:比丘應當思惟所有諸苦何以而有,當知皆以身爲因緣,身因於愛。"④身體是苦的因緣,這身體卻由"愛"而得,麗娘"爲花園一夢,想念而終",借用"妄生樂想"一義解釋,更加明白作品的深度。

(五) 從"視色興起亂想"分析柳夢梅

《法苑珠林》"感應緣"十二個應驗個案故事除了李仲文、馮孝將和談生外,還有一個與柳夢梅"魂魄來就"經歷非常相似的。這則應驗緣題作"見西明寺僧法雲本鄉梓州具説如是",記載女鬼夜來與書生就寢事,其云:

唐顯慶三年,岐州岐山縣,王志任益州縣令,考滿還鄉。有在室女,面貌端正,未有婚娉,在道身亡,停在綿州殯殮,居棺寺停累月。寺中先有學生停一房內,夜初見此亡女來,入房內。莊飾華麗,具申禮意,欲慕相就,學生容納,相知經月。女與學生一面銅鏡、巾櫛各一,念欲上道。女共學生,具展哀情,密共辭別。家人求覓此物不得,令遣巡房求之,於學生房覓得,令遣左右縛打此人,將爲私盜。學生具説逗留口,云非唯得娘子此物,兼留上下二衣,共某辭別,留爲信物。令遣人開棺檢求,果無此衣。兼見女身,似人幸處,既見此徵,遣人解

① 釋道世:《法苑珠林》,上揭,頁992。
② 釋道世:《法苑珠林》,上揭,頁992。
③ 曇無讖譯:《大般涅槃經》,卷一一,《大正新修大藏經》本。
④ 倪思:《經鉏堂雜志》,卷二,明萬曆潘大復刻本。

放。(後略)①

這則記述一名學生得女魂垂青而且委身相就的故事,和柳夢梅能見、所遇的相似。柳夢梅在湖山石邊拾得畫匣,展看杜麗娘寫真而一見鍾情,此後日夜想念,甚至對畫像生色想。第二十八齣"幽媾"【夜行船】白云:"儻然夢裏相親,也當春風一度。"另【犯梧桐樹】云:

> 常時夜夜對月而眠,這幾夜呵,幽佳,嬋娟隱映的光輝殺。教俺迷留没亂的心嘈雜,無夜無明快着他。若不爲摰奇怕浣的丹青亞,待抱着你影兒横榻。②

柳夢梅對畫中人苦苦哀求夢裏雲雨相親。他甚至想過抱畫而睡。道世大師引《增一阿含經》"寧以火燒鐵錐而刺於眼,不以視色興起亂想",説明凡夫容易視色亂想③。但柳夢梅對虛假的畫像生"欲樂"意識,妄念比在"現實世界"視色興起"亂想"更深一層。

柳夢梅對"假相"起婬想,跟麗娘游園後頓起春思,引發夢中感官享樂的作用一樣。柳夢梅沉溺"玩畫",一心求畫中人從畫變現出來與他享受感官樂趣。他念念色想,因此夜見叫門女子,首先著相的是其容貌。意識、眼識受"情有"影響,將縱使眼前魂靈一縷,亦全心相信是鄰舍佳人。

四、《南柯記》中淳于棼的"生命現象"

(一) 從"情攝"分析淳于棼夢入蟻國

《南柯記・題詞》用"執像"和"情攝"的密切關係表明"情攝"對產生生命現象的重要性,其云:

---

① 釋道世:《法苑珠林》,上揭,頁 1001。
② 湯顯祖:《牡丹亭》,上揭,第二十八齣,頁 2165。
③ 釋道世:《法苑珠林》,上揭,頁 993。

世人妄以眷屬富貴影像,執爲吾想,不知虚空中一大穴也。倏來而去,有何家之可到哉。

一往之情,則爲所攝。人處六道中,顰笑不可失也。

客云:"所云情攝,微見本傳語中。"①

所謂"情攝",可有二解,一是"以情攝境",二是"情爲所攝"。現在先用"以情攝境"分析淳于棼夢入蟻國的原因。"以情攝境"是"我"執著某種情緒或特定角度攝取外境。明代祝世禄(活動時期約在 1602 年前後)《與林廣文》提出"以情攝境"説人心,其云:

我輩人應以出世之心應世,一切平等。不應以世眼之青白作吾心之冰炭。(中略)世不可避,如魚之在水,無之非是。青白之眼,原在山林;即朝市政不加多。元來世界無病,病生於人之心,以情攝境,境何俗不雅。以境移情,何雅不俗。②

祝世禄隨耿定向(1524—1597)學道。此文認爲用平常心處理世事,則事事平等。人心不平,便生種種分別之境。從法相唯識角度説來,"情攝"指識的執取作用。從佛教觀點説,"情攝"是"有情"衆生流轉六道、五趣、四生的原因之一。

淳于棼"以情攝境",加上"情障",堅執眼前女子假相是"人"。第四十三齣"轉情"契玄禪師點破執假爲真的始末:

(生問介)螻蟻怎生變了人?

(淨)他自有他的因果,這是改頭換面。

(生)小生青天白日,被蟲蟻抱去作眷屬,卻是何因?

(淨)彼諸有情,皆由一點情,暗增上駃癡受生邊處。先生情障,以

① 《南柯記·題詞》,見《湯顯祖全集》,卷三十三,頁 1156。

② 祝世禄:《與林廣文》,收録在《翰海》卷一二佳言部,明末徐含靈刻本。祝無功隨耿定向(字天臺)學習,以他爲宗。所謂:"故終身不離講席,天臺以不容己爲宗,從此得力。"黄宗羲《明儒學案》記云:"祝世禄,字延之,號無功,鄱陽人,由進士萬曆乙未考試選爲南科給事中。當緒山、龍溪講學記右,先生與其群從祝以直惟敬、祝介卿眉壽爲文籠之會。及天臺倡道東南,海内雲附景從,其最知名者,則新安潘去華、蕪陰王德孺與先生也。"見《明儒學案》卷三五。

致如斯。

（生）幾曾與蟲蟻有情來？

（淨）先生記的孝感寺聽法之時，我説先生爲何帶眷屬而來？當有二女持獻寶釵金盒，即其人也。①

因爲“意識”隨“煩惱”習氣起心動念，執著有我，也有我所見的對象，並且按照自己心識錯誤判斷對象。眼識受障，誤入螻蟻“寶釵金盒”情網。契玄接著在【寄生草】曲點出真相云：

> （禪師）則爲情邊見，生身兒住一邊。你靈蟲到住了蟲官院。那騃蟲到做了人宅眷，甚微蟲引到的禪州縣？但是他小蟲蟲湊著好姻緣，難道老天天不與人行方便。②

一旦有“欲樂”的貪念，“末那”意識便起四煩惱之“我見”和“我愛”，而且撥動第六意識的六根本煩惱——貪、嗔、癡、慢、疑、惡見之“貪”，和“惡見”。淳于棼“則爲情邊見，生身兒住一邊”是一種特殊的生命現象。先是他妄執和貪愛“美色”，對眼前對象生分別心，迷於螻蟻所變現的“人”，執假爲真，以蟻爲人。這就是貪情而生的邊執見。在從唯識學説來，這種執見起於身見後邊的妄見，身見即“我見”、“我所見”，不知我身爲五蘊和合之假有，我所有物乃是因緣和合之物。從俱合論中指偏於斷或常之一邊，即我計度死後斷絕或計度死後常住不滅。應合二説，更能發揮淳于棼“爲情邊見”的戲文意趣。

（二）從“攝入”分析淳于棼的“識”和“心所有法”

淳于棼的“生身兒”即身體留在人間睡覺，“靈蟲”被攝到螻蟻國去。現在用“煩惱”、“隨煩惱”分析淳于棼被“攝入”的原因。淳于棼往孝感寺前終日鬱鬱不樂，煩惱來自“百般武藝，做了淮揚裨將，使酒丢了官”。他對失官一事耿耿於懷，也執著自己武藝不凡的身手卻落拓江湖之無奈。他悔恨縱酒丢官，但放不下酒。他放縱酒色可能緣於失去認同的莫名憂慮。我們

---

① 本文《南柯記》用《湯顯祖全集》本，上揭第四十三齣。
② 湯顯祖：《南柯記》，上揭，第四十三齣，頁 2427。

在《南柯記》前段知道淳于棼的煩惱主要來自他的妄執,第四十四齣尤其表現淳于棼對"情"妄執之深。他在妻子升天之際,苦苦哀求妻子再續情緣。契玄禪師揮劍砍破法相,當頭棒喝淳于棼道:"你則道拔地生天是你的妻,猛攂頭在那里?"淳于棼纔打破情關,如實地看到金釵和小盒本來面目:槐枝和槐筴子。這時方才醒來,説:

> 我淳于棼這才是醒了。人間君臣眷屬,螻蟻何殊? 一切苦樂興衰,南柯無二。等爲夢境,何處生天? 小生一向癡迷也。①

覺醒的淳于棼頓悟人生真相:"一點情千場影戲,做的來無明無記",明白"眾生佛無自體、一切相不真實","萬事無常,一佛圓滿"。"無明"和"情"是産生"千場影戲"的原因。"無明"是十二因緣之一。據《成唯識論》卷八所載,無明至有爲因,生、老、死爲果,故立一重因果。然因與果必須異世,從而立二世一重因果②。作品出現"無明無記",顯示作者有意提高戲文的思想層次。從文學的象徵意義説來,淳于棼的入夢出夢,象徵人的一生。戲文中淳于棼經歷三段生命時空:一、入夢前的人間此生時空,二、夢中蟻國的別生時空,三、重返人間時空。三段時空因果相應。若用十二因緣和三世因果對照三段時空,我們更容易了解淳于棼在重返人間後回想醒後夢中的種種光景,都是唯識所生,猛然明悟一切皆是"惑""業"所生,倒陳舊境,層層追索因緣,發現相假性真,頓悟生死,還滅流轉。

"螻蟻生天"一幕,死去活過來,土下超度上天,煙消的再現,雲散的復元,大有倒"還"意趣。淳于棼從倒還頓悟"萬法唯識",破除無明。無明若滅,其後相續而起之因緣亦隨之而滅③。行者和悟者逆生死之流,得證解脱聖道,佛教稱爲十二因緣聖道還滅法門,屬於聖者的境界。

淳于棼認識到"我""法"二執引發"一點情千場影戲",但他卻以爲一切皆妄。戲文尾聲淳于棼説:"我待怎的? 求眾生身不可得,求天身不可

---

① 湯顯祖:《南柯記》,上揭,第四十四齣,頁2435。
② 釋玄奘譯:《成唯識論》卷八有云:"此十二支,十因二果定不同世因中。前七與愛取有或異或同,若二三七各定同世,如是十二一重因果,足顯輪轉及離斷常。"見《成唯識論》,《大正新修大藏經》本;增附宋刻《磧砂藏》本,卷八。
③ 十二因緣的還滅關係:無明滅則行滅,行滅則識滅,識滅則名色滅,名色滅則六入滅,六入滅則觸滅,觸滅則受滅,受滅則愛滅,愛滅則取滅,取滅則有滅,有滅則生滅,生滅則老死滅。

得,便是求佛身也不可得。一切皆空了。"契玄禪師再當頭一喝:"空個甚麼?"

之前,淳于棼雖然從顛倒中"醒"來,但從執著"有"到執著"空",仍是"執著",悟境仍未徹底圓淨。"求衆生身不可得"是從《金剛經》"過去心不可得,現在心不可得,未來心不可得"化用而來。淳于棼以爲"一切皆空"就是一切幻滅,什麼也沒有了。這也是一種普遍對"空"義的誤解。針對這個普遍的誤解,契玄禪師如雷貫耳般打破迷思。"空個什麼?"否定淳于棼對"一切皆空"的不正見,而肯定"空"的實有性和常在性,並且進一步引領淳于棼了解"真空妙有"的最高境地。

五、《南柯記》契玄禪師之深觀因緣法和語言三昧

《南柯記》中蟻王成立槐安國,其文化風物與人類社會相似。蟻王從建國到玄象示儆、橫禍驟變,一國倏然來去,與歷史上稱霸一時的王國一樣曇花一現。湯顯祖由槐安國與南柯郡的關係聯繫到中央朝廷和地方郡國,寓意殊深。題詞可以爲證,其云:"天下忽然而有唐,有淮南郡。槐之中忽然而有國,有南柯。此何異天下之中有魏,魏之中有王也。"①題詞順著天下興亡的思路,沉思諸行無常在社會與個人層次的展示。湯顯祖假設若由天人看人間,所見到的情狀,與人看螻蟻,沒有分別。螻蟻看來"細碎營營,去不知所爲,行不知所往,意之皆爲居食事耳"。凡夫的生活,也不外如是。人類不但"去不知所爲,行不知所往",而且以"生"始,以"死"結的一段生命猶如走過一個大洞穴。湯顯祖沉思是什麼力量把人攝進這虛空中的大穴去,又大穴中的假象憑什麼變現出來。湯顯祖編寫牡丹亭時,沉思過"情不知所起"、"情至爲誰深"。到了完成《南柯記》時,他揣摩到藏"一往之情"種子的往往最易攝入大穴,"一往之情"是流浪六道的主要原因。

凡夫身不由己,"倏來而去,有何家之可到"是《南柯記》深刻的人生體悟。爲了明顯對照出凡夫的顛倒夢想,湯顯祖對如何處理契玄禪師這人物腳色,下過功夫。鄭培凱認爲戲中聽契玄禪師説法的淳于棼不必是湯顯祖

---

① 見《湯顯祖全集》,卷三三,頁 1156。

化身,而契玄禪師則有達觀影子①。契玄禪師來去自在、深觀因緣法,既與淳于棼對比成趣,且展示主題。戲文寫契玄"參承佛祖,證取綱宗",是甘露寺方丈住持。甘露寺是唐代李德裕任潤州刺史時所建,《京口三山志》記云:"其(按:李德裕)刺潤時,以州宅之地在於北固山下者,與甘露寺爲拓其基地,增廣其室廬而梵宇像教用咸鼎新。"②甘露寺地處鎮江,與揚州隔江相望。戲文寫他應孝感寺邀請主持盂蘭盛會,並且升座開示。契玄渡江,乃借達摩杯渡故事增加趣味。更何況劇本寫契玄前身是跟隨達摩祖師渡江的比丘,趣味又增一層。戲文説他前身在揚州毗婆寶塔供燈時,不慎打翻油燈,熱油注入蟻穴,壞死許多螞蟻,種下五百年後當螞蟻"靈變"之時超度生天。

契玄禪師明白因果法則,爲了結前案,答應渡江。契玄覺知自己來去,念念分明。第四齣下場詩云:"安排寶蓋與幡幢,方便乘杯一渡江。地震海潮人施法,管教螻蟻盡歸降。"戲文把契玄渡江超度螻蟻説成螻蟻歸降,無論從佛教大菩薩普度衆生脱離苦海,抑或從明代倭寇草盜爲患角度解讀,皆寓意深刻。

契玄禪師"見三世諸佛面目本來,入一切衆生語言三昧",利用語言機鋒,因應不同根種來開示。第八齣"情著"中契玄與首座、淳于棼的請問和解答,顯示語言三昧。

六、用法相唯識分析二記在深化"蘊涵作者" (implied author)之意義

(一)劇作家的心地:妙生死於一線

從文學作品和讀者角度理解作家,作家是一構想性人物。讀者心中的"蘊涵作者"(implied author)與在現實中生活的作者可能統一也可以大相逕庭。我們知道縱使離開作品,移就現實生活,如從交遊實況、書信往來、詩文酬答去了解作者,所得不出作者和特定人物彼此印象的範圍。如果我們結合作品和外緣資料,作家的心理狀態和生命現象則可能比較完整地展

---

① 鄭培凱:《解到多情情盡處——從湯顯祖到曹雪芹》,鄭培凱:《湯顯祖與晚明文化》,上揭,頁334。
② 見張萊:《京口三山志》,卷二,明正德七年刻本,頁16。

示出來。上文我們用佛教唯識學“識”和“境”的對應分析《牡丹亭》和《南柯記》中戲文人物的心理活動和生命現象。杜麗娘强烈的愛執種子使她起現行，而現行又强化其心識，於是她篤定獨影境中的形象爲真，用三生來尋找情人，執著不放。麗娘“業用”强烈，其輪迴主體來回生死。在湯顯祖筆下，麗娘的“情至”爲“意中人”而深。她爲情流轉生死，負上“無生”之債。湯顯祖在完成《南柯記》後，對生命現象，尤其對分段生和死的了解又進一層。他深刻體會到生命的開始到終結猶如來去於“虛空中一大穴”，而這一大穴力量强大，能够攝入與之業力相應的衆生。淳于棼和靈變後的螻蟻各有記入第八識的“無明”，佇機成熟，待因緣聚合，便依緣起境，因此生死不斷流轉。淳于棼“立地成佛”，由頓止現行熏染種子開始，還滅十二因緣，破除“無明”，不再流轉生死，脱離“虛空一大穴”。

　　若從作品接受論説來，《牡丹亭》到《南柯記》所默示的作家是一名對生命現象逐步了解的修行者。

　　現實生活中，湯顯祖對生死看法的確超然，因此在知心的師友眼中，他是“達者”。現在舉戴洵與湯顯祖的交游爲證例。戴洵（活動時期約在1580 年前後）是湯顯祖游太學時的師儒祭酒，後來因受彈劾致仕①。居里時營建青雪樓，打算有生之年作樓觀，死後則作堂房。他邀請湯顯祖爲此寫賦，湯顯祖毫不忌諱，應邀寫下《青雪樓賦》及《序》。戴洵在書信中稱湯顯祖爲“達者”。“達者”，按段玉裁《説文解字注》，訓作“通人”②。“達者”和“通人”的常義是通達大道的人，也可以用來稱呼優秀的讀書人。湯顯祖即嘗用“達者”稱明德之後的優秀人才③。但是戴洵稱顯祖爲“達者”則別具深意。師生兩人不但情誼深厚，而且彼此了解，尤其生命觀。在太學“究日餘夜，公私之致兼窮，禮樂之歡無斁”的歲月裏，戴洵這位師儒清楚學生湯顯祖對生死豁然通達。湯顯祖不負戴洵對他性情的了解，《青雪樓賦》云：“一往之致無還，方寸之心有旋，故通人之遠旨，妙死生於一線。惟人生之去來，像潮音之出没。偶恢寄於山川，又奚分其宅窟。”④湯顯祖四十歲寫生書死時，顯示通達存亡的悟性。在湯顯祖眼中，生死妙差一線，故不把生死作二事看。湯顯祖寫此賦時正在南京禮部當祠祭司主事（萬曆十七年，

① 湯顯祖：《青雪樓賦》，《湯顯祖全集》，卷二三，頁 993。
② 段玉裁：《説文解字注》，卷一五下，清嘉慶二十年經韻樓刻本。
③ 湯顯祖：《寄姜守沖公子》，《湯顯祖全集》，卷四五，頁 1367。
④ 湯顯祖：《青雪樓賦》，《湯顯祖全集》，上揭，頁 993。

1589）。我們發現湯顯祖喜歡追尋在生命現象背後的能量，以及探索事物在形相以外的氣質神韻。這是他對人"心"那麼著迷的原因。在寫作審美方面，他重視的是曲的精神、韻味、意趣，而不是它屬於何調，應該派入何腔等問題。在《答孫俟居》中，湯顯祖稱孫俟居爲"達者"，因爲孫俟居了解他重"曲意"輕"腔調"的審美觀。①

（二）"達者"因習氣而未通

雖然在生死和文藝創作態度説來，湯顯祖是一"達者"，但唯有"情爲何物"一環，湯顯祖未敢説"通人"。萬曆二十六年湯顯祖四十九歲，完成《牡丹亭》時他説自己對世間"情"，還是理解未了。縱使四十歲寫的《青雪樓賦》看生死妙在一線之隔，其後九年間流轉南京、徐聞、遂昌和家鄉臨川的仕途變化和家人變故，對"情"仍自認不是"通人"。兩年後即萬曆二十八年完成以"一切皆空，萬法唯識"作結語的《南柯記》，從文本所默示的信息看來，作者似乎打破"情障"，衝破生命迷思。作品所蘊涵（imply）的作者可能已經"立地成佛"。但讀他寫於萬曆四十二年六十五歲時的《續棲賢蓮社求友文》，便知道他尚未忘情。在該文中湯顯祖自言一直"爲情作使"，以致身心疲累。由此可知，若由《南柯記》推想作者從"情"解脱出來，只是對"心中作者"一個美麗的誤會。《續棲賢蓮社求友文》云：

> 歲之與我甲寅者再矣。吾猶在此爲情作使，劬於伎劇。爲情轉易，信於痎瘧。時自悲憫，而力不能去。嗟夫！想明斯聰，情幽斯鈍。情多想少，流入非類。吾行於世，其於情也不爲不多矣。其於想也則不可謂少矣。隨順而入，將何及乎？應須絕想人間，澄情覺路，非西方蓮社莫吾與歸矣。昔遠公之契劉遺民等十八賢爲上首，而康樂高才，求與不許；淵明嗜酒，而更邀上。名迹既遷，勝事遂遠。至趙宋省常昭慶之社，虛有向王二相國名，隱迹不著，亦足致慨於出世之難矣。②

湯顯祖了解自己的内心狀態和面對生命現象的方法：想多、情也多。情多

---

① 湯顯祖《答孫俟居》云："弟在此自謂知曲意者，筆懶韻落，時時有之，正不妨拗折天下人嗓子。兄達者，能信者乎。何時握兄手，聽海潮音，如雷破山，泰然而笑也。"見《湯顯祖全集》，卷四六，頁1392。
② 湯顯祖：《續棲賢蓮社求友文》，《湯顯祖全集》，卷三六，頁1221。

阻礙醒覺,因此到六十五歲始生走向"澄情覺路"的決心。在《續棲賢蓮社求友文》中他説自己既有理智聰明,也有"爲情作使"的情緒衝動,故容易攝受世事,内心周期性地翻動不已,難以安定下來。"情多"、"想多"之煩惱,從唯識學説來,是湯顯祖的"受熏持種"所引起。"情"和"想"的多少受煩惱習氣影響。湯顯祖談過習氣,在《合奇序》云:

> 故夫筆墨小技,可以入神而證聖。自非通人,誰與解此。吾鄉丘毛伯選海内合奇文止百餘篇,奇無所不合。或片紙短幅,寸人豆馬;或長河巨浪,洶洶崩屋;或流水孤村,寒鴉古木;或嵐煙草樹,蒼狗白衣;或彝鼎商周,丘索墳典。凡天地間奇偉靈異,高朗古宕之氣,猶及見於斯編。神矣化矣! 夫使筆墨不靈,聖賢減色,皆浮沉習氣爲之魔。士有志於千秋,寧爲狂狷,毋爲鄉愿。試取毛伯是編讀之。①

此序爲丘兆麟(1572—1629)所編的《合奇》所寫,用"習氣"説迂腐陳舊、了無新意、個人奇氣的寫作風格。在湯顯祖人生煩惱習氣説來,"爲情作使"是其中之一,現實中的他終於回應自己十四年前在戲文題詞"倏來而去,有何家之可到"之本體歸宿問題,提筆求友,組織蓮社,以淨土宗爲家。

七、從"情有"、"情盡"和"法相"、
"法性"論戲曲美學精神

論者多以"情至"論湯顯祖戲曲創作觀,或用"情盡"討論湯顯祖强烈的創作主體精神。這個角度的確點出萬曆年間文人才士因熱烈論議"情"、"理"而影響文藝創作。本文嘗試在"情盡"與戲曲創作論關係密切這一論説上,從法相角度闡述"情有"和"情盡"説如何表達出湯顯祖的戲曲美學精神。上文提過唯識學有"五位百法"之説,"情盡"即歷盡"百法",體驗各種法境,到達最後完滿。

法相唯識宗用非常細密的分析法釐清現象和心識互動的各種情況。這個法門的最終目的是深入了解因緣,從因緣法明白各種現象的出現,與"法性"息息相關。"法性空慧"與"情盡空情"層次相近。到了"情盡"不再

---

① 湯顯祖:《合奇序》,《湯顯祖全集》,卷三二,頁 1138。

著情,一如到了"法性"便不再著相。法性空慧從諸相所得,猶如"情盡"之高境是從體驗各種情受而出現。

"情有"是生命現象的主體能量,經歷各種幻現的境而到達"情盡",這趟旅程所需時間因"人"而異。但無論時間多久,原則是要"一往而深"。一往便不易退轉,了不退轉便終有一日達到"情盡空情"之境地。這個境地含有"情"所有內容而不再是某一特定的"情"。"情盡"是盡藏"情"的一切,因此是本體——"情"的本性。為湯顯祖詩文集作箋注的沈際飛(活動時期約在1630年前後),寫有《題〈南柯夢〉》一文,最能體察"情盡"精神。其云:

> 淳于未醒,無情也。惟情至,可以造立世界;惟情盡,可以不壞虛空。而要非情至之人,未堪語乎情盡也。世人覺中假,故不情,淳于夢中真,故鍾情。既覺而猶戀戀因緣,依依眷屬,一往信心,了無退轉,此立雪斷臂上根,決不教眼光落地。即槐國螻蟻各有深情,同生忉利,豈偶然哉!彼夫儼然人也,而君父、男女、民物間悠悠如夢,不如淳于,並不如蟻矣,並不可歸於螻蟻之鄉矣。《賢愚經》云:長者須達為佛起立精舍,見地中蟻子,舍利弗言,此蟻子經今九十一劫,受一種身,不得解脫。是殆不情之蟻乎?斯臨川言外意也。①

沈際飛說"情至可以造立世界","情盡可以不壞虛空",是幫助我們加深從"法相"和"法相"了解人和世界的關係。題詞中"了無退轉",用在佛學語境時,指菩薩發菩提心、大悲心和無二慧心,勇往直前,一登"八地"階段時,便不會退回小乘或凡夫②。戲中淳于棼"戀戀因緣,依依眷屬",一方面既知精神超越的昇華自在,另一方面卻捨不得割棄人間情緣。如果契玄禪師有

---

① 見《湯顯祖全集》,上揭,頁2570。
② 菩薩的修行有"十地",即十個階段,八地前有可能退轉。到了八地不動地,煩惱斷盡,不為煩惱所動。關於斷煩惱,大小乘說法不一。小乘認為,煩惱有見思兩種,見惑在見道位上同時斷,思惑在修道位上各別斷。唯識認為,煩惱有煩惱障與所知障,小乘只斷煩惱障,不斷所知障,大乘則可斷二障,分別二障於初地頓斷,俱生二障地地分斷,煩惱障於八地斷盡,所知障於佛地斷盡。中觀認為,從初地到八地,煩惱就可斷盡,八地以上所斷的,是煩惱習氣。這習氣是二乘所不能斷的。八地圓滿願波羅蜜,得十自在,為救度眾生,可於三界之中隨意現身。八地又名不退轉地,由於修證的不同,不退也有深淺的不同。十信位時,成就信不退,深信自己不退轉小乘或凡夫。十住位時,成就住不退,對佛法真理生起不退的勝解。初地位時,成就證不退,證悟諸法空性。八地位時,成就念不退,得無生忍。

達觀影子，淳于棼最後“立地成佛”的一幕是湯顯祖於“文人創作”中擬構出來的仿超越。現實中他對自己不但“情有”而且“情多”既驕又怕，所怕者是其菩提心志因情多而“退轉”。但他懂得情多是文藝創作的根源。然而所謂創作，就要攀緣作業，游戲文字也是業，可以迷惑人心，迷惑人心越深，則作業越深，離“覺”越遠。湯顯祖故不入“居士”傳，可能因爲他在“文字”上作業太多。他“盡情有”、“盡虛空”的想法，雖然沒有在宗教信仰真正實踐，但是通過文藝創作實驗出來。湯顯祖没法從宗教自我提昇到的華妙境地，遂移向戲曲而盼一登“盡”境。

　　首先，湯顯祖認爲作者是創作主體，對實現戲曲價值要有信念，並且爲此勇往直前，永不退轉。劇作者不但對戲曲生“一往信心”，而且幫助戲曲行內人如伶人認識戲曲除了“名聞利養”還有崇高價值。湯顯祖深信戲曲可以傳達“大道”，學戲就是“學道”。他勉勵伶人要認真學習，不要因“伶人”身份而妄自菲薄，不要爲金錢學戲。伶人學戲跟讀書人學道沒有分別。只要認真對待，工夫一定會做出來。其《復甘義麓》云：

> 弟之愛宜伶學二夢，道學也。性無善無惡，情有之。因情成夢，因夢成戲。戲有極善極惡，總於伶。無與伶因錢學夢耳。弟以爲似道，憐之以付仁兄慧心者。①

作者的信念是，其創作能够包含和表達各種人情世態。伶人深入了解人情、衷心演之的話，好像親身經歷各種情緒洗禮，一身而歷萬身之境一樣。由此明白何謂人心、何謂人生的話，便與道學上“達者”、“通人”無異。

　　其次，就戲曲的書寫和形相表現方式説來，作品首先呈現的是文字和聲色的工夫。戲曲在文本上有文學性，結合形相時，便有藝術表現性。戲曲美學的第一層次是屬於形相文字的範疇。用“情有”和“法相”論戲曲美學，即在文字和形相上表現各種工夫技巧。一如明“法相”而悟“法性”，通“情有”而“情盡”。文字和聲色形相是通往美學境地的工具。就戲曲的文學和藝術高境説來，文字和形相是指月的手，最後月要離手而得見。如果沒有一種精神在用字造像裏面，一如《賢愚經》中長者須達七世以來爲佛建立精舍，所見地上蟻子七世仍是蟻子。蟻子經九十一劫仍是一種螻蟻身，

---

① 湯顯祖：《復甘義麓》，《湯顯祖全集》，卷四七，頁 1464。

就如文字没有靈性一樣,永遠停留一個層次,没有進步和突破。因此有理想的劇作家雖用文字,卻又突破文字;雖用聲色形相,又超越聲色形相,兼能自在縱游於無形無際的文化系統和精神世界,再而轉化成文字内在能量。用"情盡"來講戲曲境界,相信是一種崇高的寫作精神。劇作者透過戲文每一句,向古來鑄造莊嚴豐盛的詩詞文賦世界的先賢才俊致意。戲文的最高精神是發揚語言文字的"性"和"靈",文字相背後的虛空:"大美"。換句話説,就是無盡的文化神韻、意趣和興味。湯顯祖寫戲的藝術精神,是爲延續傳統和美麗的文字國土的莊嚴性。他通過文字形相而達到解脱語言文字束縛而得"意",空諸形相而得"神"。論"情盡"而探索戲曲創作和美學精神,就是不離文字相而求美,離文字相而求"大美"和"至道"。

八、結　語

湯顯祖完成《南柯記》後受長子湯士蘧赴南京秋試猝死之痛[①]。之前與家人所經歷過的生離死別現象;都不免影響筆下世界。他的劇作反映其對情感現象的沉思外,同時表現其塑造"蘊涵作者"的用心。亦因此引導了評點者構想他是"覺了爲佛"的作家,當然我們也相信這是湯顯祖凝視生命時在意海中浮現的遠景。無可否認,湯顯祖在劇作和詩文賦序中透發佛家睿智的幽光。暫且不論現存詩文劇作是否完整,就從傳世可作分析的文獻和文字看來,他對修習佛學、修行佛法的書寫,隱言甚多。這不妨作爲湯顯祖未能一心向佛,到晚年反省自己一生爲情作使的佐證。

本文從顯宗法相唯識角度辨明湯顯祖戲文與佛教思想微妙密切之關係。這完全因應湯顯祖終身懷抱"情"、"心"去探察生命底蘊的客觀性,而採用論"識體"最是透澈的唯識學理念來作分析。在玄奘大師《八識規矩頌》闡釋八識的架構下,《牡丹亭》的杜麗娘、柳夢梅和《南柯記》的淳于棼都展示腳色人物深刻的生命情感現象,而這些現象不但與作家本身,還與文化集體習氣,息息相關。最後本文用法之"相"、"性"和情之"至"、"盡"

---

① 參見湯顯祖悼亡絶句詩,有《庚子八月五日得南京七月十六日亡蘧信十首》、《庚子八月四日五鼓忽然煩悶起作》(有小序云"三首同前得月亭詩遂成亡蘧詩,識傷哉")、《重得亡蘧訃二十二絶》、《亡蘧四異》,見《湯顯祖全集》,上揭,卷一四,頁591—595。

來互相觀照，探討湯顯祖理想的人生境地和戲曲美學境界是：莊嚴生命情感現象中的“至真”和傳統文學中之“大美”。

（作者單位：嶺南大學中文系）

參考書文目舉要

專著

于凌波：《唯識學入門六記》，臺灣：佛教教育基金會，2009 年版。

沈德符：《萬曆野獲編》，北京：中華書局，1959 年版。

吳震生、程瓊夫婦批評；華瑋、江巨榮點校：《才子牡丹亭》，臺北：學生書局，2004 年版。

范古農：《八識規矩頌貫珠解》，上海：上海佛學書局，1992 年版。

南懷瑾：《圓覺經略説》，上海：復旦大學出版社，2001 年版。

彭紹升：《居士傳》，清乾隆四十年長洲彭氏刻本。

湯顯祖著、徐朔方箋校：《湯顯祖全集》，北京：北京古籍出版社，1999 年版。

虞淳熙：《虞德園先生集》，明末刻本。

葛寅亮：《金陵梵刹志》，明萬曆刻天啓印本。

羅時憲：《唯識方隅》，香港：佛教志蓮圖書館·羅時憲弘法基金有限公司，1998 年版。

鄭培凱：《湯顯祖與晚明文化》，臺北：允晨文化實業股份有限公司，1995 年版。

釋玄奘譯：《成唯識論》，《大正新修大藏經》本；增附宋刻《磧砂藏》本。

張曼濤主編：《唯識學的發展與傳承》，臺北：大乘文化出版社，1978 年版。

釋真可：《紫柏老人集》，明天啓七年釋三炬刻本。

釋真可：《紫柏尊者全集》，《卍續藏》，第 126 册，臺北：新豐出版社，1977 年版。

釋普光：《大乘百法明門論疏》，卷下，《大正新修大藏經》本。

釋普泰：《八識規矩補注》，《大正新修大藏經》本。

釋普泰：《百法明門論解》，《大正新修大藏經》本。

釋道世：《法苑珠林》，臺北：財團法人佛陀教育基金會出版部，1989 年版。

釋德清：《憨山老人夢游集》，香港：香港佛經流通處印行。

釋慧遠：《大乘義章》，《大正新修大藏經》本。

黄汝亨：《成唯識論俗詮序》，收入何偉然選：《十六名家小品》，明崇禎六年陸雲龍刻本。

論文

冉旭：《〈秘册彙函〉考》，《古籍整理研究學刊》，2004 年 5 月，第 3 期。

華瑋：《一點情千場影戲——論〈南柯記〉裏的視覺與宗教啓悟的關係》，《人文中國學報》，第十四期，頁 95—110。

楊小明、黄勇：《從〈明史〉曆志看西學對清初中國科學的影響》，《華僑大學學報（哲社版）》，2005 年 2 期。

藍吉富：《嘉興大藏經的特色及其史料價值》，《印順導師八秩晉六壽慶論文集》，臺北：法光出版社，1991 年版。

《朴通事諺解》及其所引《西遊記》新探

潘建國

【摘　要】在《西遊記》成書史研究中,研究者經常使用到朝鮮漢語會話書《朴通事諺解》所引資料,但是,對於該文獻的年代層次缺少必要的考證,並往往將其正文和注文所引《西遊記》混爲一書不加區分。本文利用中韓漢語史研究成果,論定《朴通事諺解》正文雖經詞彙和語法層面的修訂,然其所引《西遊記》仍可視作元代文本予以採信;其注文則源自朝鮮中宗十二年(明正德十二年,1517)左右成書的《老朴集覽》,注文所引《西遊記》並非元代文本,而是一部明代早期的"舊本"。論文進而分別對元本和舊本《西遊記》的文貌,進行了初步的探考,揭示它們與百回本之間的學術關係,指出百回本《西遊記》雖建立在一個相當成熟的舊本基礎上,但即便是對於相同的故事情節,它也作出了更爲細緻豐富和更具文學性的刪改增飾,因此,並不能據此而質疑甚至否定百回本《西遊記》編訂者的藝術貢獻。

【關鍵詞】漢語會話書　《朴通事諺解》　《老朴集覽》　舊本《西遊記》　百回本《西遊記》　小説成書史

古代朝鮮半島的漢語會話書《朴通事諺解》,其正文和注文多處引及中國小説《西遊記》的資料,由於《朴通事》與另一種漢語會話書《老乞大》的成書時間,均被考訂爲高麗朝(918—1392)晚期(相當於中國元末)[1],且

---

① 參閲朱德熙:《〈老乞大諺解〉、〈朴通事諺解〉書後》,載《北京大學學報》1958 年第 2 期;〔日〕入矢高義:《〈朴通事諺解老乞大諺解詞彙索引〉序》,收入日本陶山信男編著該索引卷　(轉下頁)

《朴通事諺解》卷下正文又有“我兩個部前買文書去來”、“買甚麽文書去”、“買《趙太祖飛龍傳》、《唐三藏西遊記》去”、“買時買‘四書六經’也好，既讀孔聖之書，必達周公之理。要怎麽那一等平話”諸語，故海内外小説研究者多將該書引録的《西遊記》視爲元代文本，或直接命名爲平話本《西遊記》①，甚至因之質疑百回本《西遊記》的藝術創作成就②。需要指出的是，大部分小説學者在使用《朴通事諺解》之時，多存在兩個問題：一是對於《朴通事諺解》及其正文、注文的年代層次，缺乏必要的交代和考辨；二是將《朴通事諺解》正文、注文引録的《西遊記》視爲一書，不加區分③。造成上述問題的原因，或在於小説學者未能及時、充分地利用古代朝鮮漢語會話書文獻和東亞漢語史的學術成果。

　　2005 年中華書局出版了漢語學者汪維輝主編的《朝鮮時代漢語教科書叢刊》，集中影印了包括《原本老乞大》、《老乞大諺解》、《老乞大集覽》、《朴通事諺解》等書在内的 10 種漢語會話書，這不僅推動了東亞漢語史的研究，也爲國内小説學者重新檢討《朴通事諺解》的資料性質及其對《西遊記》成書研究的學術價值，提供了一個契機。譬如石昌渝《〈朴通事諺解〉與〈西遊記〉形成史問題》（2007）④一文，就曾利用汪維輝編刊的資料，認爲《朴通

（接上頁）首，采華書林，1973 年版；〔韓〕鄭光、梁伍鎮、南權熙合撰：《原本老乞大解題》，收入《原本老乞大》影印本卷首，北京：外語教學與研究出版社，2002 年版；〔韓〕李泰洙：《〈老乞大〉四種版本語言研究》，第二章第二節“古本《老乞大》時代考辨”，北京：語文出版社，2003 年版，第 11—21 頁；汪維輝《〈朴通事〉的成書年代及相關問題》，載《中國語文》2006 年第 3 期。

① 曹炳建《〈西遊記〉版本源流考》第二章第三節“元代的平話本《西遊記》”，將《永樂大典》、《朴通事諺解》、《迎神賽社禮節傳簿四十曲宫調》以及《銷釋真空寶卷》四書引及的《西遊記》文字，列爲元代平話本。其中“朝鮮古代漢語教科書《朴通事諺解》中載有關於平話本《西遊記》的八條注文和‘車遲國鬪聖’一段故事，我們稱這個版本爲諺解本”。北京：人民出版社，2012 年版，第 53—55 頁。

② 黄永年《黄周星定本西遊證道書》點校“前言”，在分析了《朴通事諺解》正文（兩處）和小注（七條）引録的《西遊記》資料之後，云：“所有這些，都説明這部元末明初的《西遊記》小説已十分近似後來的百回本，百回本只是以它爲底本重新調整充實加工改寫而成。過去認爲百回本處於某個人的憑空創作，並把創作者捧得如何高明如何偉大的傳統觀點，看來需要改變。”北京：中華書局，1998 年版，第 7 頁。

③ 譬如〔日〕磯部彰：《元本〈西遊記〉中孫行者的形成——從猴行者到孫行者》（中文版），收入《中國古典小説戲曲論集》，上海：上海古籍出版社，1985 年版，第 301—327 頁；磯部彰《〈西遊記〉形成史研究》第五章，仍將《朴通事諺解》正文及《老朴集覽》注文所引《西遊記》合稱“朴本”，列爲元本《西遊記》形態之一，創文社 1993 年版，第 145—180 頁；徐朔方：《論〈西遊記〉的成書》，收入其《小説考信編》（上海：上海古籍出版社，1997 年版），第 324 頁；曹炳建，《〈西遊記〉版本源流考》，第二章第三節“元代的平話本《西遊記》”，北京：人民出版社，2012 年版，第 53—55 頁。

④ 石昌渝文載《山西大學學報》2007 年第 3 期。

事諺解》今存本爲康熙十六年(1677)刊本,曾經明清兩代朝鮮文人多次修訂,已非元代文獻原貌,其所引《西遊記》自然也不能視作元代小說,至少還需進行考證。他的質疑是否合理,需要進行相應的學術檢討。值得肯定的是,石昌渝敏銳地指出:應將《朴通事諺解》之"正文和雙行夾注區別開來",把注釋"和正文混爲一談,認爲他們和正文都是元末的文本,顯然是不正確的。這些注釋也可能引用了元代《西遊記》平話的内容,但必須加以考證,不能指它就是元人在説元事",可惜未及作出進一步的探考。

總之,目前學術界關於《朴通事諺解》及其所引《西遊記》研究,仍存在不少似是而非、模糊不清的學術問題,諸如《朴通事諺解》正文究竟是否可以作爲元代文獻採信? 其注文是否摻入了清初朝鮮文人的增益文字?《朴通事諺解》正文注文所引《西遊記》是否爲同一書? 如果不是的話,它們各自徵引的又是一部什麼樣的《西遊記》? 凡此種種,皆有必要重新加以梳理和探考。

一、《朴通事諺解》正文、注文的史源及年代

根據中韓學者的研究,漢語會話書《朴通事》約編撰於高麗晚期(即中國元末)。其名首載於朝鮮李朝《世宗實録》五年(明永樂二十一年,1423)六月:"禮曹據司譯院牒呈啓:《老乞大》、《朴通事》、《前後漢》、《直解孝經》等書,緣無板本,讀者傳寫誦習,請令鑄字所印出。從之。"十六年(明宣德九年,1434)六月載:"頒鑄字所印《老乞大》、《朴通事》於承文院、司譯院。"據此可知:《朴通事》久爲朝鮮文人"傳寫誦習",至晚於1434年推出印本,惜未見存世。

至朝鮮中宗時期,語言學家崔世珍(1473?—1542)對《朴通事》、《老乞大》兩書進行了諺解和釋義,編就《翻譯老乞大》、《翻譯朴通事》和《老朴集覽》諸書①。《翻譯朴通事》存世有朝鮮活字印本,1974年由韓國大提閣影

---

① 《老朴集覽·凡例》第一條有"詳見《反譯凡例》"一句,此《反譯凡例》即指《翻譯老乞大朴通事凡例》;但《翻譯朴通事》卷上第一則對話中談及六道湯名,自第二道"金銀豆腐湯"至第六道"鷄脆芙蓉湯",皆有漢文雙行小字簡注:"湯名,制法未詳。一説見《集覽》。"查檢《朴通事集覽》卷上,此六道湯名均有詳細注釋。這種互相稱引的現象,表明崔世珍當年對於《老乞大》、《朴通事》的諺解釋義工作,可能是同步進行的。

印出版,可惜僅存卷上,述及《西遊記》的兩則對話正文,恰好在已佚之卷下,殊爲遺憾。《老朴集覽》包括《朴通事集覽》、《老乞大集覽》、《單字解》、《累字解》等四個部分,存世有韓國東國大學圖書館藏朝鮮活字本,1966 年由韓國學者李丙疇影印出版。《翻譯老乞大》、《翻譯朴通事》和《老朴集覽》存世版本均無刊記,然據崔世珍所撰《〈四聲通解〉序》(此書刊刻於中宗十二年,即明正德十二年,1517),提及自己爲《老乞大》、《朴通事》兩書"諺解音義",並將"書中古語裒成《輯覽》,陳乞刊行,人便閱習"之事,審其語氣,則此三書的編刊時間當亦在 1517 年前後。壬辰(1592)倭亂後,《老朴集覽》傳世罕見。朝鮮李朝顯宗時期(1660—1674)文人邊暹、朴世華等利用搜集到的舊本《老朴集覽》,將其中的《朴通事集覽》文字,分拆插入到《朴通事》正文相應詞條之下,重編爲《朴通事諺解》三卷,並於肅宗三年(即康熙十六年,1677)刊行問世。此即目前所見最早版本的《朴通事》完整正文。

以上,我們簡略梳理了《朴通事》從元末編撰成書、歷經明清兩代修訂、諺解、釋義並最終重編爲《朴通事諺解》的過程。由於《朴通事諺解》的編刊時間(1677)已遲至百回本《西遊記》盛傳的清初康熙時期,其引錄的《西遊記》資料能否作爲研究該小説早期文本生成的有效文獻呢? 下文擬從正文和注文兩個方面,略加申述。

1. 關於《朴通事諺解》之正文。

如前所述,目前存世的《朴通事》正文有兩個版本,一是崔世珍的《翻譯朴通事》(1517 年之前)卷上,另一是邊暹、朴世華等人的《朴通事諺解》(1677)卷上中下,比對兩個版本共存的卷上,正文凡 39 則會話,除個別字詞差異之外,其它全部相同;另一部會話書《老乞大》的情況也是如此,韓國學者李泰洙比勘了《翻譯老乞大》與《老乞大諺解》的正文,發現兩者"幾乎完全相同,只有一些字體上的差異"①,可爲旁證。據此推斷:《翻譯朴通事》與《朴通事諺解》正文三卷應基本相同,至多有少量字詞差異。

那麼,崔世珍《翻譯朴通事》正文是否保留了元末《朴通事》文貌? 這是問題的關鍵。由於原本《朴通事》尚未發現,無法進行直接比對。但值得慶幸的是,1998 年韓國學者南權熙在大邱私人藏書中發現了原本(或稱"古

---

① 參閲〔韓〕李泰洙:《〈老乞大〉四種版本語言研究》,第二章第一節"《老乞大》版本源流",北京:語文出版社,2003 年版,第 8—9 頁。

本")《老乞大》,該書之版式、紙張、書體,均與泥山本《三國遺事》(刊行於
1395 年)和刊行於朝鮮太宗年間(1400—1418)的《鄉藥濟生集成方》幾乎
相同,據此推定原本《老乞大》約刊行於朝鮮太祖(1392—1398)至太宗
(1400—1418)年間,相當於中國明初①。韓國學者鄭光、梁伍鎮、李泰洙等
人先後仔細比勘了原本《老乞大》與崔世珍《翻譯老乞大》的文字,發現兩者
差異頗多。而正是這一點,引起了中國小説研究者對《朴通事諺解》文本年
代的質疑,譬如上引石昌渝論文認爲:"1998 年原刊《老乞大》在韓國被發
現,這使人們眼界大開,真正的元代漢語原來是這個樣子,與《老乞大諺解》
竟有如此之大的差異。隨著研究的深入,歷史漸漸清晰起來。《朴通事諺
解》和《老乞大諺解》是對元代成書的祖本作過很大修改後的本子,這種修
改反映了漢語在三四百年間的變遷,也反映了中國社會生活在三四百年間
的變化。把朝鮮顯宗時期(相當於中國康熙年間)修訂的《朴通事諺解》不
加分辨地當作元代文本,顯然是不合適的。""《朴通事諺解》不是高麗時代
(大約在元末)的文本,它經過了朝鮮時代(大約相當於明代和清代)人的修
訂。而修訂的那個時段正是百回本《西遊記》熱銷於世、影響巨大的時期,
不能不考慮這個文本摻進了讀過百回本《西遊記》的人的文字之可能。"筆
者認爲:此説實際上尚可商榷。

　　《老乞大》和《朴通事》是兩部漢語口語教科書,這一性質要求它必須隨
著時間推移而作出適應性的修訂,否則就跟不上口語的發展變化。朝鮮
《成宗實錄》明確記載過兩次修訂,一次爲十一年(明成化十六年,1480)十
月十九日:

　　　　御書講。侍讀官李昌臣啓曰:"前者承命,質正漢語於頭目戴敬,
　　敬見《老乞大》、《朴通事》,曰:'此乃元朝時語也,與今華語頓異,多有
　　未解處。'即以時語改數節,皆可解讀。請令能漢語者盡改之……"上
　　曰:"其速刊行。且選其能漢語者,刪改《老乞大》、《朴通事》。"

另一次是成宗十四年(1483),再次命葛貴等人校正《老乞大》、《朴通事》,

---

① 〔韓〕南權熙《朝鮮初期刊行的漢文本〈老乞大〉研究》,1998 年 3 月發表於韓國西江大學校書志
　學會。此處轉録自〔韓〕李泰洙:《〈老乞大〉四種版本語言研究》,第二章第一節"《老乞大》版
　本源流"之"古本《老乞大》的發現",第 9 頁。

之後大概還有多次修訂。目前所見原本《老乞大》與《翻譯老乞大》、《老乞大諺解》之間的文字差異，正是歷次修訂的結果。

　　但是，漢語口語教科書的性質，同時也決定了其修訂工作的重心乃在於詞彙和語法。韓國學者曾從"名詞"、"代詞"、"動詞"、"形容詞"、"副詞"、"介詞"、"後置詞"、"助詞"、"詞序變化"等方面，詳細列舉了原本《老乞大》與《翻譯老乞大》的差異①，譬如原本用方位詞"壁"，翻譯改爲"邊"；原本用名詞復數"每"，翻譯改爲"們"；原本用人稱代詞"俺"、"恁"，翻譯改爲"我"、"你"；原本用句尾詞"者"，翻譯改爲"着"；原本用動詞"覷"，翻譯改爲"看"；原本用副詞"猶自"，翻譯改爲"還"；原本用介詞"投"，翻譯改爲"往"；原本用終助詞"也者"，翻譯改爲"了"；原本用量詞"盞"，翻譯改爲"杯"；原本賓語倒置作"咱每爲父母心盡了，不曾落後"，翻譯改爲"咱們盡了爲父母的心，不曾落後"，等等。這些基於詞彙和語法層面的差異，佔據了兩書文字差異的絕大部分，它們十分清楚地表明：原本《老乞大》較好保留了元代後期北京話的特點，而《老乞大諺解》則體現了變化後的明代口語習慣。此外，兩書對於若干專有名詞的表達，也存在一定差異，譬如原本用"大都"，翻譯改爲"北京"（或"京"、"京城"、"京都"）；原本用"順承門"，翻譯改爲"順城門"；原本用"東京城"（或"遼陽城"），翻譯改爲"遼東城"；原本用"中統鈔"，翻譯改爲"白銀"、"官銀"，等等，此乃元明社會生活（如行政地理、城市建築、貨幣形式等）變化在語言中的具體反映。

　　需要特別指出的是，對於其它那些不隨時間推移而發生變化的文字，諸如數字、顏色詞、草木鳥獸之名以及歷史人物、歷史事件等客觀內容，原本《老乞大》與《翻譯老乞大》均保持一致。因此，倘若不能充分認識到《老乞大》、《朴通事》作爲口語教科書的文本流播特性，只是根據若干詞語的時代特徵②，便不加區分地懷疑整部《翻譯老乞大》、《老乞大諺解》或《翻譯朴通事》、《朴通事諺解》正文的成書年代，這是以偏概全、有失偏頗的。

　　《朴通事》與《老乞大》成書時間相近，它們在朝鮮時代的文獻記載中往

---

① 參閱〔韓〕鄭光、梁伍鎮、南權熙合撰：《原本老乞大解題》，收入《原本老乞大》影印本卷首，北京：外語教學與研究出版社，2002 年版。

② 譬如熊篤《論楊景賢〈西遊記〉雜劇——兼説〈朴通事諺解〉所引〈西遊記平話〉非元代産物》，根據《朴通事諺解》正文中有"順天府"一詞，而順天府是明永樂遷都北京後才開始使用的名稱，"這就足以證明《朴通事諺解》正文部分並非刊於元代，其所引的《平話》'車遲國鬥聖'，也就不一定是元代的産物"。文載《重慶師院學院學報》1986 年第 4 期。

往相提並舉,如影相隨。至朝鮮中宗時期,崔世珍不僅同時將兩書諺解釋義,還選取了兩書中的部分常用字詞,編訂了詞彙集《單字解》和《累字解》。《單字解》中出現了"古本"、"舊本"與"今本"對稱的例證,表明崔世珍當年曾經獲得過《朴通事》、《老乞大》的古老版本,並將它們作爲自己的工作底本。1998 年韓國發現的原本《老乞大》,蓋即崔氏《單字解》所云舊本《老乞大》(至少與其同屬一個系統),可惜另一部原本《朴通事》迄未發現。不過,按照兩書的密切關係推想,這部原本《朴通事》與現存《翻譯朴通事》、《朴通事諺解》之間的文字差異情況,應當與上文論述的原本《老乞大》與《翻譯老乞大》、《老乞大諺解》的文字差異情況相類似。

綜上可以得出結論:編刊於朝鮮肅宗三年(清康熙十六年,1677)的《朴通事諺解》,其文本歷經多次修訂,允與元末原本《朴通事》存在差異,但參考《老乞大》的情況,可知這些差異主要集中在詞彙語法層面以及若干反映社會生活變化的專用名詞,其它文字則多保持不變。因此,《朴通事諺解》卷下所錄談及中國小說《西遊記》的兩則會話正文,尤其是其中關於小說情節人物等客觀內容的部分,並非語言修訂的對象,應當保留著《朴通事》成書之初的文貌,仍可作爲元末文獻採信。

2. 關於《朴通事諺解》之注文。

《朴通事諺解》(1677)的注文部分,乃由朝鮮顯宗時期文人邊暹、朴世華等將《老朴集覽》之《朴通事集覽》分拆插入正文相應詞條之下而成。那麼,其中會否摻入若干邊、朴等人的增補文字呢? 語言學家朱德熙曾懷疑:"《朴通事諺解》的漢文注釋除採用崔氏《朴通事集覽》外,邊暹、朴世華等恐怕也有所增益。"①朱先生的這一觀點,對後世研究者頗多影響。由於《朴通事諺解》卷下有八條關於《西遊記》的注文,而且比較詳細,它們可能是由讀過百回本《西遊記》的清初朝鮮文人"增益"的嫌疑就更大了。

實際上,這個問題並不難解決。因爲 1966 年韓國學者李丙疇影印出版了朝鮮活字本《老朴集覽》原本,其中《朴通事集覽》卷下有"唐三藏法師"、"西天取經去"、"刁蹶"、"燒金子道人"、"西遊記"、"孫行者"、"金頭揭地銀頭揭地波羅僧揭地"、"二郎爺爺"八個詞條,下有繁簡不一的注釋,並引及《西遊記》小說內容。筆者將其與《朴通事諺解》相應注文逐一比勘,除個別字體差異(譬如"恠"與"怪"、"因"與"曰"、"裝"與"奘"、"俱"與"具")

---

① 參閱朱德熙:《〈老乞大諺解〉、〈朴通事諺解〉書後》,載《北京大學學報》1958 年第 2 期。

外,餘皆完全相同。不僅如此,韓國學者金裕範還曾將《朴通事集覽》與《朴通事諺解》注文進行了系統比勘,結果發現兩者大部分一致,只有漢字的正異體或正俗體上存在差異,或在一些部分出現標題的順序的不一致①。可見邊、朴等人在重編《朴通事諺解》時並未隨意增益文字。

　　耐人尋味的是:朱德熙先生 1958 年撰寫論文時,使用的《朴通事諺解》爲 1943 年朝鮮京城帝國大學法文學部《奎章閣叢書》(第八種)影印本,該書附有《老乞大集覽》和《單字解》,朱先生發現《朴通事諺解》的注釋文字,分量遠超過《老乞大集覽》,兼之當時還没有發現《老朴集覽》原書,遂疑心邊、朴等人有所增益,也在情理之中。至 1966 年,《老朴集覽》原書在韓國影印出版,此"增益"疑慮本來可得消解,然因中韓兩國學術交流的滯塞,《老朴集覽》竟久未爲中國學者,尤其是小説研究者所知②。2005 年汪維輝編印《朝鮮時代漢語教科書叢刊》,不知何故也遺漏了此書,再次錯過了釋疑的機會,直至今日,《老朴集覽》仍未在中國影印出版,這是頗爲令人遺憾的。

　　《老朴集覽》編刊於 1517 年(明正德十二年)前後,遠早於目前所見明萬曆世德堂刊行百回本《西遊記》的時間。因此,《朴通事諺解》注文所引八條《西遊記》資料,既屬原封不動地採自《老朴集覽》,其作爲探考《西遊記》早期文本生成史的學術文獻,自然是毫無問題,也是彌足珍貴的。

二、《朴通事諺解》正文、注文所引
《西遊記》非爲一書

　　如前所證,《朴通事諺解》正文保留著成書於高麗晚期(即元末)的《朴通事》原貌,故其卷下兩則會話(爲方便論述,本文將"長老的佛像鑄了麼"標爲"第一則","我兩個部前買文書去來"標爲"第二則")所涉《西遊記》文

---

① 參閲〔韓〕金裕範:《〈老樸集覽〉中〈朴通事集覽〉和〈朴通事諺解〉夾注比較研究》,載《語文論集》第六十二卷,韓國民族語文學會,2010 年版。此處轉引自〔韓〕李順美《〈老乞大〉〈朴通事〉詞彙研究——以〈老朴集覽〉爲中心》第二章第二節《〈老朴集覽〉的體例》,復旦大學 2011 年博士學位論文,第 15 頁注釋 6。
② 迄今爲止中國學者討論《老朴集覽》的專文,僅有何茂活《〈朴通事集覽〉詞語釋源方法類解》一文,載《寶雞文理學院學報》2013 年第 4 期。

字,當源自元代文本,而且此文本既已遠傳高麗,其爲刊本的可能性較大。

那麼,《朴通事諺解》注文所引《西遊記》,是否也是這部元代文本呢?答案是否定的,理由如下:《朴通事諺解》卷下第二則會話轉述"車遲國鬭聖"故事時,其對取經隊伍的描述爲:"一日,先生們做羅天大醮,唐僧師徒二人正到城裏智海禪寺投宿,聽的道人們祭星,孫行者師傅上説知,到羅天大醮壇場上藏身……"在之後整個鬭聖過程中,亦僅有唐僧與孫行者兩人出場。這一情況表明:《朴通事諺解》正文所引元代《西遊記》文本,取經隊伍只有唐僧、孫行者兩位,尚未出現豬八戒、沙僧、白龍馬,乃處在取經故事的早期形態。

但《朴通事諺解》卷下"孫行者"條注文所引《西遊記》則云:"其後唐太宗勑玄奘法師往西天取經,路經此山,見此猴精壓在石縫,去其佛押出之,以爲徒弟,賜法名吾空,改號爲孫行者,與沙和尚及黑豬精朱八戒偕往。在路降妖去怪,救師脱難,皆是孫行者神通之力也。"取經隊伍人數已達四位,即唐僧、孫行者、沙和尚及黑豬精朱八戒,僅白龍馬未見提及。

兩相比較,很顯然《朴通事諺解》正文與注文所引《西遊記》,分處於取經故事發展的不同形態,繁簡有別,絕非一書。

此處,筆者根據《朴通事諺解》正文兩則會話提供的有限信息,歸納出這部元代《西遊記》文本的若干文貌,並略作説明:

1. 書名爲《唐三藏西遊記》(或"唐三藏《西遊記》")。

書名中並無"平話"兩字,第一則會話中"要怎麼那一等平話"中的"平話",既指《唐三藏西遊記》,也包括《趙太祖飛龍記》,乃時人對中國小説的泛稱。

2. 取經隊伍僅有唐僧、孫行者兩位。

《西遊記》研究史表明:取經隊伍的由少趨多,是西游故事累積發展的文本標誌之一。在現存最早的西游故事文本宋代《大唐三藏取經詩話》中,取經人爲"僧行七人",但真正發揮作用的只有三藏法師、猴行者兩位,其餘五名隨行弟子僅湊數而已。甘肅安西榆林窟西夏(1038—1229)壁畫第二、三窟所繪"唐僧取經圖",也只有唐僧、猴行者、白馬[1]三位。日本所藏元人繪(傳爲元代畫家王振鵬)《唐僧取經圖册》三十二開,取經者多繪爲唐僧、侍者、火龍馬三位,僅上册第十五開《玉肌夫人》繪爲唐僧、猴行者、侍者、火

---

[1] 參閲王靜如:《敦煌莫高窟和安西榆林窟中的西夏壁畫》,載《文物》1980 年第 9 期。

龍馬四位,尚未見豬八戒、沙和尚身影①。元吳昌齡所撰雜劇《唐三藏西天取經》原本已佚,研究者曾從晚明戲曲選本《萬壑清音》、清初《昇平寶筏》等書中輯出兩折,其中取經人皆爲唐僧與二侍者,按照元雜劇一本四折的體制,在剩下兩折中,既要交代孫行者的出現,又要演繹若干磨難以及西天結局,恐怕也沒有豬八戒、沙和尚的立足之地。總之,《朴通事諺解》正文所引元代文本《唐僧西遊記》中的取經隊伍情況,與宋、遼、夏、金、元時期西遊故事的發展形態是基本相符的。

元代史料中取經隊伍出現唐僧、孫行者、龍馬之外人物的,今知唯有廣州博物館藏所謂元代瓷枕②,該瓷枕從左至右繪有執棒的猴行者、扛釘耙的豬八戒、騎馬的唐僧,最後是一名手撐羅傘的僧人,通常被認作沙僧,不過這名僧人極爲俊俏,頸上也沒有戴骷髏項鏈,與明初楊景賢《西遊記雜劇》及百回本中沙僧的形象迥然不同,是否爲沙僧尚有商榷的餘地,但瓷枕中出現了豬八戒的形象則是可以確認的。如果瓷枕的年代鑒定確切無誤的話,它就與上述文獻存在一定的出入,這種出入也不是不可理解的,因爲西遊故事的發展流播有可能存在空間上的不平衡和不同步。

3. 所歷諸難中有"車遲國鬥聖"且已較爲成熟。

《朴通事諺解》卷下第一則會話在講述唐僧西天取經過程時,使用了較爲虛泛和文學化的語言:"經多少風寒暑濕,受多少日炙風吹,過多少惡山險水難路,見多少怪物妖精侵他,撞多少猛虎毒蟲定害,逢多少惡物刁蹶,正是好人魔障多。"並未點出具體的災難名目,令人無從知曉這部元代文本《唐僧西遊記》的歷難情形。但第二則會話卻又繪聲繪色地講述了"車遲國鬥聖"一難。關於車遲國鬥聖的故事,除百回本《西遊記》之外,未見其它元明文獻載及,而《朴通事諺解》所述情節已頗爲接近百回本,不免招致小説研究者的懷疑:"是讀過百回本《西遊記》的人修改過的。"③但這一懷疑是不能成立的。

首先,如前所述,《朴通事諺解》正文與詞彙語法變化無關的文字,實際並未遭到修改,保留著元末《朴通事》的初貌。其次,《朴通事諺解》引述的"車遲國鬥聖"與百回本《西遊記》第四十四至四十六回,存在諸多細節差

---

① 參見〔日〕礒部彰編:《東北亞善本叢刊》第一册《唐僧取經圖册》,日本二玄社,2001 年彩色影印本。

② 參見《廣東省博物館展覽系列·藝術篇》第 63 號圖録,廣東省博物館 2010 年。

③ 參見石昌渝:《〈朴通事諺解〉與〈西遊記〉形成史問題》,文載《山西大學學報》2007 年第 3 期。

異,依次爲:1)《朴通事諺解》叙"唐僧師徒二人"投訴於"智海禪寺",百回本叙師徒四衆投宿於"智淵寺";2)比鬬之前,《朴通事諺解》有孫行者潛入羅天大醮壇場,奪吃祭品,還用鐵棒打了伯眼大仙兩棒;《西遊記》則爲孫悟空、猪八戒、沙僧三人潛入三清殿偷吃祭品、戲弄道士的情節,但無棒打之事。3)比鬬雙方:《朴通事諺解》爲"唐僧師徒二人"與國師"伯眼大仙"(原型是虎精)及其徒弟"鹿皮";《西遊記》爲師徒四人與國師虎力、羊力、鹿力三仙。4)比鬬項目順序:《朴通事諺解》爲坐禪、隔櫃猜物、滾油洗澡、割頭再接;《西遊記》前面增加一項喚雨,然後依次是坐禪、隔櫃猜物、割頭再接、滾油洗澡。5)比鬬隔櫃猜物時,《朴通事諺解》只有猜桃子桃核一項,《西遊記》則新增猜宫衣僧袍、道士和尚兩項;比鬬"割頭再接"項目時,百回本也新增了"剖腹"細節。

很顯然,《朴通事諺解》所述相對簡單樸拙,而百回本則繁複細緻;假如真有一位讀過百回本的朝鮮文人,去修訂《朴通事諺解》中的"車遲國鬬聖"文字,他不是按照百回本撮述情節,而是費盡心思地去改得簡陋、改出種種細節差異,這是不合情理的。因此,這兩者之間的學術關係只能是:百回本"車遲國"故事乃據《朴通事諺解》所引述的元代文本(也可能中間還有過渡性文本,詳見下文)擴增改編而成。

至於"車遲國鬬聖"故事既然在元代《唐僧西遊記》文本中已較爲成熟了,爲何不見於其它任何元明文獻載及? 這個問題,筆者目前還無法作出很好的解答。也許,元明時期曾經產生過"車遲國鬬聖"的戲曲或説唱文本,只不過已經亡佚或者目前尚未發現罷了。且闕疑待考。

4. 費時六年,取將經來。

歷史上玄奘赴印度取經,出發於唐太宗貞觀三年(629,一説是貞觀元年,627),貞觀十九年(645)携經卷回到長安,凡歷時十七年(一説十九年)。明初楊景賢《西遊記雜劇》第二十三出《送歸東土》有云:"三藏國師,去西天十七年也。""今日鬆枝已向東也,國師必定歸也。"百回本《西遊記》第一百回則稱唐僧於貞觀十三年離開長安,貞觀二十四年回到長安,前後共十二年,但文中又有多次提及歷時十四年。各説雖略有出入,但差距不大。唯此《朴通事諺解》所引元本《唐僧西遊記》作"行六年,受多少千辛萬苦,到西天取將經來",往返僅得六年,實與情理難符,未知何據。頗可留意的是,《朴通事諺解》注文所引《西遊記》亦稱"法師奉勅行,六年東還"。

三、《朴通事諺解》注文所引舊本《西遊記》探考

前文已證,《朴通事諺解》注文與正文所引《西遊記》非爲一書,正文所引爲元代文本《唐僧西遊記》;而注文乃採自崔世珍編刊於 1517 年(明正德十二年)左右的《老朴集覽》,其時世德堂刊百回本《西遊記》尚未印行,因此,注文所引《西遊記》文本的年代,可以限定在正德十二年之前的明代早期,爲便於論述,姑且命名爲"舊本《西遊記》"。

那麼,這部舊本《西遊記》究竟是一部什麼樣的小説呢? 筆者根據《朴通事諺解》卷下八條注文(爲方便論述,本文將八條注釋,依詞條"唐三藏法師"、"西天取經去"、"刁蹶"、"燒金子道人"、"西遊記"、"孫行者"、"金頭揭地銀頭揭地波羅僧揭地"、"二郎爺爺"順序,標爲"注一"至"注八"),鈎稽其它相關史料,對其文貌略作探考如下:

1. 書名作《西遊記》。

八條注文中除注一外,餘皆標爲《西遊記》,其中注五所載最爲明白:"三藏法師往西域取經六百卷而來,記其往來始末爲書,名曰《西遊記》。"

2. 已有觀音化老僧入長安尋找取經人情節。

注二載:

> 《西遊記》云:昔釋迦牟尼佛在西天靈山雷音寺,撰成經律論三藏金經,須送東土解度群迷,問諸菩薩往東土尋取經人來,乃以西天去東土十萬八千里之程,妖怪又多,諸衆不敢輕諾。唯南海落伽山觀世音菩薩騰雲駕霧,往東土去,遥見長安京兆府一道瑞氣衝天,觀音化作老僧入城。此時,唐太宗聚天下僧尼,設無遮大會,因衆僧舉一高僧爲壇主説法,即玄奘法師也。老僧見法師曰:"西天釋迦造經三藏,以待取經之人。"法師曰:"既有程途,須有到時。西天雖遠,我發大願,當往取來。"老僧言訖,騰空而去。帝知觀音化身,即勅法師往西天取經。法師奉勅行,六年東還。

此情節與百回本第八回《我佛造經傳極樂,觀音奉旨上長安》及第十二回《玄奘秉誠建大會,觀音顯象化金蟬》所述近似,但也有差異:注二所引

爲觀音(化作老僧)直接與玄奘對話溝通,確立取經人;而百回本則在觀音和玄奘之間,插入一個中介人物"唐太宗",先由觀音入殿與太宗對話,願將袈裟錫杖轉贈玄奘,再由太宗敕命玄奘西行取經。這一變動雖然細微,但取經動機則從原來純粹的宗教使命,摻入了若干"忠君報國"的世俗色彩。而宗教色彩的減弱、世俗氣息的增加,正是西遊故事發展演變的軌迹之一。

3. 已有孫行者出身故事。

注六載:

> 《西遊記》云:西域有花果山,山下有水簾洞,洞前有鐵板橋,橋下有萬丈澗,澗邊有萬個小洞,洞裏多猴。有老猴精號齊天大聖,神通廣大,入天宮仙桃園偷蟠桃,又偷老君靈丹藥,又去王母宮偷王母繡仙衣一套,來設慶仙衣會。老君王母俱(具)奏於玉帝,傳宣李天王引領天兵十萬及諸神將,至花果山與大聖相戰,失利,巡山大力鬼上告天王,舉灌州灌江口神曰小聖二郎,可使拿獲。天王遣太子木又與大力鬼往請二郎神,領神兵圍花果山,衆猴出戰皆敗,大聖被執當死。觀音上請於玉帝,免死,令巨靈神押大聖前往下方去,乃於花果山石縫內納身,下截畫如來押字封着,使山神土地鎮守,飢食鐵丸,渴飲銅汁,待我往東土尋取經之人,經過此山,觀大聖肯隨往西天,則此時可放。其後唐太宗敕玄奘法師往西天取經,路經此山,見此猴精壓在石縫,去其佛押出之,以爲徒弟,賜法名吾空,改號爲孫行者,與沙和尚及黑猪精朱八戒偕往。在路降妖去恠,救師脫難,皆是孫行者神通之力也。法師到西天,受經三藏東還,法師證果栴檀佛如來,孫行者證果大力王菩薩,朱八戒證果香華會上淨壇使者。

此條注文撮述了孫行者的出身故事,約略對應百回本的第一至七回,但在細節上明顯要比百回本來得古老簡陋。值得關注的是,注六所引舊本《西遊記》中的某些細節與百回本不同,卻與明初《西遊記雜劇》相似:譬如齊天大聖上天偷蟠桃,偷老君靈丹藥,又偷"王母繡仙衣",歸設"慶仙衣會",此細節不見於百回本,但《西遊記雜劇》第九出《神佛降孫》中孫行者賓白云:"我偷得王母仙桃百顆,仙衣一套,與夫人穿着,今日作慶仙衣會也。"與舊本《西遊記》如出一轍。此處,孫行者交代自己盜仙衣的目的是

"與夫人穿着"，因爲在《西遊記雜劇》中他攝取了金鼎國公主爲妻，這一細節啓示我們：百回本之所以删去盜仙衣，蓋因百回本中孫悟空並無妻子，盜仙衣便也失去了存在的理由。再如注六載齊天大聖鬪敗之後，被押於"花果山石縫内"，《西遊記雜劇》第九出也説"將這孽畜壓在花果山下，待唐僧來，着他隨去取經便了。"而在百回本中，齊天大聖則被押於如來佛五指所化之"五行山"下。與此相反，也有若干細節，舊本《西遊記》與《西遊記雜劇》不同，卻與百回本相同。譬如舊本《西遊記》中孫行者的住處爲花果山水簾洞，百回本相同，而《西遊記雜劇》則作"花果山紫雲羅洞"，乃與《大唐三藏取經詩話》遥相呼應，顯示出更爲古老的氣息。再如舊本《西遊記》中孫行者的名號爲"齊天大聖"，百回本相同，而《西遊記雜劇》則作"通天大聖"。舊本《西遊記》這種出入《西遊記雜劇》及百回本之間的情況，表明它應是一個處於兩書之間的過渡性文本，舊本《西遊記》可能曾對《西遊記雜劇》有所吸納增删，而百回本則又對舊本《西遊記》有所吸納增删。

4. 取經隊伍已有唐僧、孫悟空、沙和尚及黑猪精朱八戒。

見上文注六。舊本《西遊記》取經隊伍的成員構成，甚至排列順序皆與《西遊記雜劇》相似，特別是關於"沙和尚"的師門排行，《西遊記雜劇》中唐僧先收沙僧再收八戒，沙僧爲二師兄，而百回本是先收八戒再收沙僧，八戒爲二師兄，舊本《西遊記》將沙和尚排在八戒之前，顯示出其與《西遊記雜劇》的密切關係。此外，舊本《西遊記》稱八戒是"黑猪精"，《西遊記雜劇》第十三出描寫八戒"潛藏在黑風洞"，"自號黑風大王"，穿戴著"光紗帽，黑布衫"，"嘴臉似黑炭團"，顯然也是一只黑猪精。百回本雖然淡化了八戒的黑猪精特徵，但第十八回寫他初到高老莊時，是"一條黑胖漢"，"頭臉就像個猪的模樣"，仍依稀殘留著黑猪精的痕迹。八條注文皆未提及龍馬，舊本《西遊記》中龍馬是否加入了取經隊伍？此事雖不能確證，不過，鑒於取經隊伍的完整性以及其與《西遊記雜劇》的相似性，舊本《西遊記》應該已有龍馬加盟。

5. 歷經之難至少應有十數個，已具相當規模。

注三載：

今按：法師往西天時，初到師陀國界，遇毒蛇猛虎之害。次遇黑熊精、黃風怪、地湧夫人、蜘蛛精、獅子怪、多目怪、紅孩兒怪，幾死僅免。

又遇棘針洞、火炎山、薄屎洞、女人國及諸惡山險水,怪害患苦,不知其幾,此所謂刁蹶也。詳見《西遊記》。

注文羅列諸難時,使用了"初到"、"次遇"、"又遇"等帶有時間序列的詞語,表明這就是它們在舊本《西遊記》中的實際發生次序。有意思的是,這一次序及其名目,與山西發現的萬曆二年鈔本《迎神賽社禮節傳簿》(以下簡稱《禮節傳簿》)著錄"隊戲"《唐僧西天取經》所列内容相近。上述災難故事,是否包含了古本《西遊記》的全部災難,尚難確認,但它們基本上都可以在百回本中找到相應文字,關於這些,前賢已多有論述,兹不贅。

筆者在此欲予特別關注的是"師陀國"一難。前人多將其對應於百回本第七十五至七十七回之"獅陀嶺"一難,這是十分牽强的:舊本《西遊記》明確説"法師往西天時,初到師陀國界",表明這是西行第一難,而百回本中的"獅陀嶺"一難已至七十餘回,前後距離實在太大。舊本《西遊記》明説在師陀國"遇毒蛇猛虎之害",可知危險程度不高;而在百回本"獅陀嶺"一難中,三個魔頭等級極高,其真身分别是文殊菩薩的青獅、普賢菩薩的白象以及如來佛的母舅大鵬金翅鳥,此乃全書篇幅最大、危險等級最高的一難。因此,無論如何"師陀國"與"獅陀嶺"都不太可能指向同一難。那麽,這個神秘的"師陀國"究竟在哪裏? 它又講述了什麽樣的情節呢?

實際上,"師陀"蓋爲蒙古語 Saltul 的連讀音譯,文獻中又多譯作"撒爾塔兀勒",意爲"回回"①。所謂"師陀國",實即回回之國。明鈔本《錄鬼簿》卷上著錄元吳昌齡《唐三藏西天取經》雜劇,下有題目正名"老回回東樓叫佛,唐三藏西天取經",清初《昇平寶筏》錄存該劇兩折,其第二折題爲《獅蠻國直指前程》,叙唐僧出了長安,來到"獅蠻國",受到老回回、小回回的熱情接待,並爲其指明取經前程。老回回所唱《沽美酒》曲中有云:"卻離了中華得這佛國,您便來到他這裏閣獅蠻的田地。""師傅,您是必休笑俺是一個閣獅蠻的回回。"據研究②,此處"閣獅蠻"乃蒙古語 dasman 的音譯,又譯作

① 參閱鍾焓:《民族史研究中的"他者"視角——跨語際交流、歷史記憶及華夷秩序語境下的回回形象》,載《歷史研究》2008 年第 1 期。

② 參閱方齡貴:《古典戲曲外來語考釋詞典》之《獅蠻、閣獅蠻》,上海:漢語大詞典出版社,昆明:雲南大學出版,2001 年版,第 327—333 頁。馬建春:《元代答失蠻與回回哈的司的設置》,載《宗教學研究》2005 年第 1 期。

“答失蠻”，專指回回中有知識、有學問的教士；“獅蠻”①即“闍獅蠻”省稱，“獅蠻國”也是一個回回之國。該折中還有一個頗爲重要的細節，小回回去“叫佛樓”②請老回回下樓與唐僧見面，老回回說：“路上狼蟲虎豹甚多，你們須要伴着俺行哩。”可見“獅蠻國”多有“狼蟲虎豹”，凡此云云，均與舊本《西遊記》列舉的“師陀國”情況甚爲相符，據此推想：“師陀國”一難的大概情節，當與吳昌齡《唐三藏西天取經》第二折“獅蠻國”相似。或許，舊本《西遊記》的西行第一難，即據《唐三藏西天取經》雜劇改編而成，“師陀國”庶可成爲古本《西遊記》的一個版本標記。無獨有偶，《禮節傳簿》所録隊戲《唐僧西天取經》云：“唐太宗駕，唐十宰相，唐僧領孫悟恐（空）、朱悟能、沙悟淨、白馬，行至師陀國，黑熊精盗錦蘭（襴）袈沙（裟），八百里黄風大王……”③亦將“師陀國”列爲唐僧師徒西行首難，洵非偶然，這部萬曆二年（1574）之前便已流行於山西民間的大型隊戲，其故事藍本或即舊本《西遊記》亦未可知。

　　6. 六年東還，取經六百卷。

　　見注一④、注二、注五。

　　舊本《西遊記》中西行歷經時間爲六年，與元本《唐三藏西遊記》保持一致，由於東行“六年”是一個非常特别的數字，顯示出兩者之間可能存在某

---

① 古代小説戲曲中描述武官服飾時，常有所謂“獅蠻帶”之稱。方齡貴認爲可能與“闍獅蠻”有關，但具體形制未詳。實際上“獅蠻帶”，乃指繪刻有胡人戲獅圖案的腰帶，20 世紀 70 年代，南京玄武湖畔家山明墓出土過一條明代玉質獅蠻帶，由二十塊玉板組成，每塊之上均刻有胡人戲獅圖案。此胡人是否爲回回人，尚難確認，但研究者認爲這一圖案有可能受到“回回識寶”傳聞的影響。參閲張瑶、王泉：《南京出土獅蠻紋玉帶板》，載《中國歷史文物》2002 年第 5 期；關於“回回識寶”故事，參閲鍾焓：《“回回識寶”型故事試析》，載《西域研究》2009 年第 2 期。
② 關於“叫佛樓”，黄永年曾引用宋末元初鄭思俏《心史·大義略叙》云：“回回事佛，創叫佛樓甚高峻，時有一人發重誓，登樓上大聲叫佛不絶。”並指出所叫之佛實爲伊斯蘭教創始人穆罕默德。見其《黄周星定本西遊證道書》點校“前言”，北京：中華書局，1998 年版，第 4 頁。筆者另外補充幾條資料：南宋文天祥《文山集》卷一四《偶成二首》之一云：“燈影沉沉夜氣清，朔風吹夢度江城。覺來知打明鍾未，忽聽鄰家叫佛聲。”元胡助《純白齋類稿》卷一四《戲作東門竹枝詞五首》之二：“病卒携筐拾墮薪，東門稍僻少車塵。久從叫佛樓邊住，慣見深睜高鼻人。”清劉智《天方至聖實録》卷一九載：“劉氏鴻書曰：回鶻國人所奉者，止知有一天，其它神佛皆不奉。雖曰神曰佛，謂皆是天生也，須拜天求天求道，方得爲神爲佛，天不教做，如何得做，是知生我養我皆是天，萬物皆是天生，故所奉者天也。若别再奉神佛，是有二心，如人不忠不孝一般。其教門只知奉天，故每歲自正旦日起，晨昏叫福；以面向其壁，目目不視邪色；以指掩其耳，曰耳不聽淫聲。方舉首叫天，謂之求福，兩手捧之，曰接福，然後拜謝，是爲叫福，有叫福樓，世俗以叫佛傳之，謬矣。”
③ 見《迎神賽社禮節傳簿四十曲宮調》影印本，載《中華戲曲》1987 年第 3 期。
④ 《朴通事諺解》卷下注一“唐三藏法師”條載：“俗姓陳，名偉，洛州緱氏縣人也，號玄奘法師。貞觀三年，奉勅往西域取經六百卷而來，仍呼爲‘三藏法師’。”

種聯繫。至於取經數量爲六百,大概源自歷史上玄奘求得梵經之數,唐人敬播、于志寧所撰《大唐西域記序》以及玄奘弟子辯機所作《大唐西域記贊》,皆云玄奘所獲經論六百五十七部,並奉詔漢譯。而《大唐三藏取經詩話》、《西遊記雜劇》、百回本《西遊記》,則均誇飾爲"一藏之數"五千零四十八卷。

7. 取經成功之後,唐僧證果栴檀佛如來,孫行者證果大力王菩薩,朱八戒證果香華會上淨壇使者。

見注六。

將舊本《西遊記》中的證果名號,與百回本相比對:唐僧在百回本中被封爲"旃檀功德佛"、豬八戒被封爲"淨壇使者",與此大致相同;孫悟空被封爲"鬪戰聖佛",則其宗教品階由"菩薩"提昇爲"佛",且特別强調"鬪戰"兩字,誠如研究者所已指出的,這一變化反映了百回本《西遊記》對孫悟空降妖能力和戰鬪精神的有意彰顯。另外兩位取經團隊成員在百回本中也有證果,沙和尚封爲"金身羅漢",白龍馬封爲"八部天龍馬",但《朴通事諺解》注文卻均未提及,尤其是沙和尚,同條注六既已明確將他列入取經隊伍,似不應沒有證果,不知是注釋者崔世珍偶然疏漏了,還是在流播過程中被刊落了。

綜合上述八條注文,可知舊本《西遊記》的情節內容已頗具規模,包含有孫行者出身故事、觀音尋找取經人、唐僧收徒、歷經種種磨難、取得真經等板塊,雖然《朴通事諺解》注文沒有明確交代這些情節的發生次序,但就其內在邏輯以及豐富程度而言,舊本《西遊記》似已頗爲接近百回本的概貌。此外,舊本《西遊記》既然在1517年(即崔世珍編撰《老朴集覽》的朝鮮李朝中宗十二年,明正德十二年)之前已經傳入朝鮮半島,它在中國的刊行時間自應更早,且宜有一定的流播。檢閱現存明代文獻,唯明嘉靖間周弘祖《古今書刻》卷上,著錄有山東魯府刊刻以及登州府刊刻的《西遊記》,盡管這兩部《西遊記》是否爲小說尚待考定,但從時間上來觀察,它們有可能就是舊本《西遊記》(或其翻刻本)。

四、舊本《西遊記》與百回本的學術關係

目前存世的百回本《西遊記》爲明萬曆金陵世德堂刊本的修版後印本①,

---

① 參閱〔日〕上原究一:《世德堂刊本〈西遊記〉傳本考述》,載《文學遺產》2010年第4期。

據卷首所存陳元之《刊西遊記序》，世德堂本出版者曾購得一個舊本，“奇之，益俾好事者爲之訂校，秩其卷目梓之”，研究者稱爲“前世本”①。雖然還無法推斷這個所謂的“前世本”，就是《朴通事諺解》注文所引舊本《西遊記》，然而，比較舊本《西遊記》與百回本的相應情節，可以確認：百回本（或其底本）肯定吸納了舊本《西遊記》的内容，這不僅體現在百回本與舊本《西遊記》存在諸多相似的情節人物設置（前文已有論證，兹不贅），更爲重要的是，若干舊本《西遊記》特有的細節，百回本雖已加以删略，但仍留下了若隱若現的痕迹。

　　譬如，舊本《西遊記》西行首難爲“師陀國”，叙述唐僧師徒在回回之國的遭遇。百回本無“師陀國”一難，然其第十五回叙唐僧與孫悟空，收服白龍馬，踏上西行征程，“此去行有兩個月太平之路，相遇的都是些虜虜回回，狼蟲虎豹”，此“虜虜回回，狼蟲虎豹”八字，乃隱含著那個已被删略的“師陀國”故事。

　　再如，舊本《西遊記》中孫悟空在取經成功後被封爲“大力王菩薩”，這一封號目前僅見於此本，百回本已改爲“鬥戰勝佛”。不過，百回本還是在字裏行間，留下了孫悟空與“大力王菩薩”之間的對應痕迹。第四十四回叙車遲國國王受虎力、羊力、鹿力三仙蠱惑，毀佛滅僧，令衆僧作苦力修建道觀，僧人們夢見神人“在夢寐中勸解我們，教不要尋死，且苦挨着，等那東土大唐聖僧往西天取經的羅漢。他手下有個徒弟，乃齊天大聖，神通廣大，專秉忠良之心，與人間報不平之事，濟困扶危，恤孤念寡。只等他來顯神通，滅了道士，還敬你們沙門禪教哩”。因此，當唐僧師徒來到車遲國城外，忽然聽到一片吶喊之聲，悟空縱身空中：“只見那城門外，有一塊沙灘空地，攢簇了許多和尚，在那裏扯車兒哩。原來是一齊着力打號，齊喊‘大力王菩薩’，所以驚動唐僧。”此處，僧人們熱切期盼着救星齊天大聖的出現，高呼的名號卻是“大力王菩薩”，表明這兩者之間存在對應關係。如前所述，《朴通事諺解》正文所引元代文本《西遊記》，已有較爲成熟的車遲國故事，注文所引舊本《西遊記》也提及車遲國一難，雖然未及細貌，但從百回本“大力王菩薩”出現在車遲國一難來看，舊本《西遊記》應該繼承了元代文本中的車遲國故事，并且有所增改，而百回本則又對舊本《西遊記》的文字進行了新的擴編。

---

① 參閲吴聖昔：《論〈西遊記〉的“前世本”》，文載《臨沂師專學報》1997 年第 5 期。

　　事實上，作爲西遊故事的晚出文本，百回本編撰之際，無疑會積極吸納並且增改之前相關文本的情節文字，而這種增改，有時也會導致百回本存在某些難以理解的文本裂隙。譬如百回本第五十九、六十、六十一回，叙述火焰山孫悟空三調芭蕉扇的故事，小説描述鐵扇公主的芭蕉扇，“本是崑崙山後，自混沌開闢以來，天地産成的一個靈寶，乃太陰之精葉，故能滅火氣”。問題在於：既然這柄扇子並不是鐵制的，爲何羅刹女的外號卻叫作“鐵扇公主”呢？檢閱明初楊景賢《西遊記雜劇》第十八出，介紹鐵扇公主“使一柄鐵扇子，重一千餘斤。上有二十四骨，按一年二十四氣。一扇起風，二扇下雨，三扇火即滅，方可以過”，始知“鐵扇公主”的來歷原來在此。舊本《西遊記》亦有“火炎山”一難，可惜《朴通事諺解》注文並未轉録其情節，不知道它是否已將笨重的鐵扇改作了更顯神異的“芭蕉扇”。

　　總之，確認舊本《西遊記》的存在，不僅爲西游故事的演進以及《西遊記》小説文本的生成史，補上了十分重要的一環；而且也揭示出一個事實，即百回本《西遊記》雖然建立在一個相當成熟的舊本基礎上，但即便對於相同的故事情節，它也作出了更爲豐富細緻和更具文學性的刪改增飾，因此，並不能據此而質疑甚至否定百回本《西遊記》編訂者的藝術貢獻。

（作者單位：北京大學中文系）

《燕轅直指》的清朝觀 *

曹 虹

【摘　要】朝鮮士人金景善出使清朝的時間是道光十二年（1832），他將此次入燕經歷撰成《燕轅直指》一書，是燕行録文獻中的一部佳善之作。他充分發揮這種紀行體裁在清朝認識上的功能，所顯現的對清觀察有其較爲深刻的歷史感與時代感。他咨訪和記録的清朝，雖參考融合了前輩燕行使者的見聞，但更直觀地反映了19世紀頭數十年政情民生相沿而來的社會諸相，值得與清朝中期史研究視野相參證。

【關鍵詞】金景善《燕轅直指》　燕行録　清朝中期史

朝鮮出使清朝的使臣，有撰寫"燕行録"的習慣。時至李朝純祖三十二年，清道光十二年（1832），當金景善（1788—1853）撰寫《燕轅直指》之際，不僅有意識地將此前約二百年間積累的燕行録寫作經驗加以總結，以便於發揮這種體裁在清朝認識上的功能，而且在"對境"、"臨事"的觀察態度與認知方法上富於反省力。故此書所顯現的對清觀察有其較爲深刻的歷史感與時代感，更爲可貴的是，作者試圖就入清的朝鮮人如何克服浮光掠影式的"游覽交際"而加以診治。本書的命義，誠如其自述："比之醫家，此不過集諸家説而隨證立方，如直指方耳。"本書得益於北學派的博學素養與"厚生利用"思想，較好地突破了教條式的華夷觀，也充分發揮出紀行之著的文史功能。

---

* 本文爲中國國家社科基金重點項目"中朝筆談文獻的整理與研究"成果之一，項目批准號14AZD078。

一、比擬於醫家"直指方"

在諸多燕行録中，《燕轅直指》以"順序清晰、列目詳細"而著稱①。作者金景善本貫清風金氏。其先祖金堉（1580—1658），字伯厚，號潛谷、晦靜堂，謚號文貞，曾作爲向明朝派出的冬至聖節千秋進賀使正使，於崇禎九年（1636）由水路抵達明朝京城，寫有《朝天日記》，又名《朝京日録》，是東人出使明朝而寫的朝天録的最末一部。約二百年後金景善出使清朝而撰成燕行録，不愧與其先祖的《朝天日記》遙相輝映。明亡後，朝鮮人出於華夷觀的考量而變"朝天"爲"燕行"的概念，終清朝而未改。到金景善之時，由朝鮮入清的使者、隨員撰寫的燕行録，已有了約二百年的積累。金景善看到在這些積累中，經驗與問題並存。景善於純祖三十年（1830）四十三歲時文科及第；兩年後於司憲府執義任上燕行，身份爲冬至使兼謝恩使的書狀官，時當清道光十二年（1832）；此後至六十六歲歿世，歷任吏曹參議、成均館大司成、全羅道觀察使、議政府右參贊諸職②。《燕轅直指》自序稱："歲壬辰，余充三行人，七閲月而往還。"③習慣上朝鮮使團主要成員是正使、副使、書狀官，他們被稱之爲"正官"，又稱"三使"，用古雅的稱呼就可稱"三行人"。其他成員則有寫字官、醫員、軍官等，另有僕從、馬夫、馬頭、軍牢、廚子等等。"行人"文化蘊積在傳統之中，源遠而流長，隨着外交行旅的拓展變化，也激發出新的時義。

儒家向來重視行人的文辭之功，由於春秋時代使者已在多國外交活動中自具作用，作爲一種社會生活的反映，而有《詩經·皇皇者華》這樣的篇章誕生，詩中形容使者勤職的關鍵句子是："載馳載驅，周爰諮詢。"雖有馳驅之勞，貴在周訪詳問，博採廣聞。後世伴隨使行活動，誕生並積累了一種記行類的豐厚文獻，這在中國歷史上是"淵源有自"的，在文獻形態上也可按類而得，《隋書·經籍志》史部地理類就已著録行記二十四種④。金景善

---

① 王政堯：《〈燕行録〉初探》，《清史研究》1997 年第 3 期。

② 參朴智鮮：《金景善的〈燕轅直指〉考察》，《韓國文學論叢》第 16 輯，1995 年。

③ 金景善：《燕轅直指》卷首，林基中編：《燕行録全集》（70—72），東國大學校出版部，2001 年版。本文所引《燕轅直指》均用此本，隨文標出卷數。

④ 參劉勇强：《〈燕行録〉與中國學研究》，《韓國文學研究》第 24 輯，2001 年。

看到,朝鮮入燕使者或隨員撰寫"燕行録"的經驗與問題並存,他感應到了
一種規整新典範的寫作責任。《燕轅直指》之書名,正如金景善自序所言,
從醫家"直指方"比擬而來。在中醫歷代醫方典籍中,誠有以"直指"命名
者,如宋代楊士瀛著有《仁齋直指》,其自序就屬意於"原證擇方,揭爲直指
之捷徑乎"! 更釋曰:"明白易曉之謂直,發蹤以示之謂指。"從醫方著述而
言,推察病源,究證施治,"直指"的目的在於"心目瞭然,對病識證,因證得
藥,猶繩墨誠陳之不可欺"。這種著述精神可通之於人文領域的其他方面,
金景善從醫家直指方的命義中得到激勵,是一種巧妙的比附或引申。而
且,古人通常訓"醫"爲"意",《仁齋直指序》就提到:"天將寓夫濟人利物之
心,故資我以心通意曉之學。"①行醫者的使命在於"濟人利物",這種情懷
大概也與金景善以"直指"立名時的襟期頗能溝通吧!

　　金景善對近兩百年來"燕行録"的寫作如何總結及如何突破,自有思
考,本書自序曰:

　　　　適燕者多紀其行,而三家最著,稼齋金氏、湛軒洪氏、燕巖朴氏也。
　　以史例則稼近於編年,而平實條暢;洪沿乎紀事,而典雅縝密;朴類夫
　　立傳,而贍麗閎博,皆自成一家,而各擅其長。繼此而欲紀其行者,又
　　何以加焉! 但其沿革之差舛,而記載隨而燕郢;蹈襲之互避,而詳略間
　　或徑庭。苟非遍搜旁據,以相參互而折衷之,則鮮能得其要領,覽者多
　　以是病之。

誠然,被金景善當作典範而提到的"三家",足以反映康、乾時期燕行録的代
表性成就。金昌業的《稼齋燕行日記》,或名《稼齋燕行録》(金景善簡稱之
爲《稼記》),撰於康熙五十一年(1712);洪大容《湛軒燕記》(金景善簡稱之
爲《湛記》)成於乾隆三十年(1765);朴趾源《熱河日記》(金景善簡稱之爲
《燕記》)成於乾隆四十五年(1780)。諸位前賢在體式上的典範意義被金景
善一言道出,更融入《燕轅直指》合日記與考事的寫作中,即自序所謂"義
例則就準於三家,各取其一體,即稼齋之日繫月、月繫年也,湛軒之即事而
備本末也,燕巖之間以己意立論也"。取法並整合前賢的體例,並不意味着
單純守成,而是對自己的著述提出新的要求:

①　楊士瀛:《仁齋直指》卷首,《文淵閣四庫全書》本。

　　　　山川道里,人物謠俗,與夫古今事實之可資採摭者;使事始末,言
　　語文字之間,可備考據者,無不窮搜而悉蓄,隨即載録……至於沿革之
　　古今相殊處,備述其顛委,爲覽者釋疑;蹈襲之彼此難免處,直書其辭
　　意,俾前人專美。

在記録的詳明上,一方面發揮親歷者實地咨訪與知識儲備,另一方面從前
人的"驗方"中辨其虛實而不必刻意避複,從而獲得繩墨釐然、心目瞭然之
效。本來,前人的知識疊加可能是後人的焦慮,但智慧的後來者自有從容
取資的本領。

　　這裏有必要提到本書末尾所直接引述朴趾源《燕記》之語,以確立使行
人員入燕過程中當具備怎樣的"眺覽交游"的姿態。這一段引述不啻有全
書之跋的某種要義,"蓋其游覽交際之間,自各有節次,而此爲甚悉,故全篇
移録,以備攷覽云云"。如此完整地將朴氏的意見照録,傾心之意顯然可
見。作爲海東之人訪燕歸國,總要被采問:"君行,第一壯觀何物也?"如何
回答這一問題,實際上貫穿於燕行者的觀察之眼。朴趾源是北學派的傑出
代表,他序《北學議》時曰:"苟使法良而制美,則固將進夷狄而師之。"[1]着
眼於有利於民生日用,只要是"法良而制美",就要勇於向清朝學習,而不必
拘於以"小中華"自居的華夷名分意識。

　　怎樣看待清朝有否可觀,朴趾源設置了"上士"、"中士"、"下士"三種
類型,三者之間其實構成某種論辯關係:

　　　　上士則愀然變色,易容而言曰:"都無壯觀。"曰:"皇帝也薙髮,將
　　相大臣百執事也薙髮,士庶人也薙髮。雖功德侔殷、周,富强邁秦、漢,
　　自生民以來,未有薙髮之天子也。雖有陸隴其、李光地之學問,魏禧、汪
　　琬、王士禛之文章,顧炎武、朱彝尊之博識,一薙髮則胡虜也。胡虜則犬
　　羊也,吾於犬羊也,何觀焉? 此乃第一等義理也。"談者默然,四座肅穆。

"上士"的姿態很高,其所恪守的"第一等義理"來自正統儒學的名分觀念,
視清朝爲胡虜、犬羊,鄙斥厭棄之唯恐不及,遑論正眼相待?"中士"的態度

────────────

[1] 朴齊家:《楚亭全書》(下),第 414 頁,李佑成編:《棲碧外史海外蒐佚本 32》,亞細亞文化社,
　　1990 年版。

則具有折中意味,也較有歷史感:

> 中士則曰:"城郭,長城之餘也。宮室,阿房之遺也。士庶則魏、晉之浮華也,風俗則大業、天寶之侈靡也。神州陸沈,則山川變作腥膻之鄉;聖緒湮晦,則言語化爲侏儷之俗,何足觀也! 誠得十萬之衆,長驅入關,掃清函夏,然後壯觀可論,此善讀《春秋》者也。《春秋》一部,乃尊華攘夷之書。我東服事皇明二百餘年,忠誠愷摯,雖稱屬國,無異内服。壬辰倭奴之亂,神宗皇帝提天下之兵以救之,東民之頂踵毛髮,莫非再造之恩也。丙子清兵之來也,烈皇帝聞我東被兵,急命總兵陳洪範,調各鎮舟師以赴援,以山東巡撫顏繼祖不能協圖匡救,下詔切責之。當是時,天子内不能救福、楚、襄、唐之急,而外切屬國之憂,其救焚拯溺之意,有加於骨肉之邦也。及四海值天崩地坼之運,薙天下之髮而盡胡之。一隅海東,雖免斯恥,其爲中國復讎刷恥之心,豈可一日忘之哉? 我東士大夫之爲《春秋》尊攘之論者,磊落相望,百年如一日,可謂盛矣! 然而尊周自尊周也,夷狄自夷狄也。中華之城郭宮室人民,固自在也。正德利用厚生之具,固自如也。崔、盧、王、謝之氏族,固不廢也。周、張、程、朱之學問,固未泯也。三代以降,聖帝明王,漢、唐、宋、明之良法美制,固不變也。彼胡虜者,誠知中國之可利而足以久享,則至於奪而據之,若固有之。爲天下者,苟利於民而厚於國,雖其法之或出於夷狄,固將取而則之。而況三代以降,聖帝明王,漢、唐、宋、明固有之故常哉? 聖人之作《春秋》,固爲尊華而攘夷,然未聞憤夷狄之猾夏,並與中國可尊之實而攘之也。故今之人,誠欲攘夷也,莫如盡學中華之遺法,先變我俗之椎魯。自耕鼉陶冶,以至通工惠商,莫不學焉。人十己百,先利吾民,使吾民足以製梃,以撻彼之堅甲利兵,然後謂中國無可觀可也。"

明清易代之際,持"第一等義理"者不惜捨生取義,恥與新朝爲伍,像魏禧、顧炎武等堅持復明抗清者,形成可歌可泣的遺民群體,輝映史册。俗話説,遺民不二代,遺民的堅守是非常艱辛的,很難持續到子孫輩。正像朴氏所述:"我東士大夫之爲《春秋》尊攘之論者,磊落相望,百年如一日,可謂盛矣!"朝鮮士人以《春秋》大義相激勵,且感念於壬辰倭亂時明朝的相救之恩,因而"百年如一日"地葆有"爲中國復讎刷恥之心",這份情義有其可貴之處,也不是無足輕重的。但是,已然看到清朝立國一百三十餘年來之現實的朴氏認爲,觀察與評價清朝的思路需要加以轉換,因爲即使從維護儒學華夷觀的角度看,"聖人之作《春秋》,固爲尊華而攘夷,然未聞憤夷狄之猾夏,並與中國可尊之實而攘之也"。清朝治下,仍存有"中華之遺法":"中華之城郭宫室人民,固自在也;正德利用厚生之具,固自如也;崔、盧、王、謝之氏族,固不廢也;周、張、程、朱之學問,固未泯也;三代以降,聖帝明王,漢、唐、宋、明之良法美制,固不變也。"所以,面對全盛期的清朝,朴氏着眼於以民生福祉爲標準,説出了"爲天下者,苟利於民而厚於國,雖其法之或出於夷狄,固將取而則之"的不拘華夷的達觀之言。

有趣的是,朴氏具有賦家的幽默,還把自己定位於"下士":

> 余,下士也。曰壯觀在瓦礫,曰壯觀在糞壤。夫斷瓦,天下之棄物也。然而民舍繚垣,肩以上,更以斷瓦,兩兩相配,爲波濤之紋,四合而成連環之形,四背而成古魯錢。嵌空玲瓏,外内交暎。不棄斷瓦,而天下之文章斯在矣。民家門庭,貧不能鋪甎,則聚諸色琉璃碎瓦及水邊小礫之磨圓者,錯成鳥獸花樹之形,以禦泥淖。不棄碎礫,而天下之畫圖斯在矣。糞溷,至穢之物也,爲其糞田也,則惜之如金,道無遺灰,拾馬矢者,奉畚而尾隨,積庤方正,或八角,或六楞,或爲樓臺之形。觀乎糞壤,而天下之制度斯在矣。故曰瓦礫糞壤,都是壯觀,不必城池宫室,樓臺市鋪,寺觀牧畜,原野之曠漠,烟樹之奇幻,然後爲壯觀也。（卷六）

這裏既可以聯想到《莊子》"道在瓦甓"、"道在屎溺"的邏輯,體現觀察者見微知著的本領,也可以加强作者對民生日用之微的觀察角度,於細微處可見精神,還可以打破常人對旅行獵奇心理的執著。自居"下士"的這番言説,也能呼應到"中士"關於"自耕鹽陶冶,以至通工惠商,莫不學焉"的"北學"態度。

二、"覘天下之大勢"

朴趾源寫《熱河日記》時,是以善於"覘天下之大勢"而自負的。這種自信,也傳遞到了金景善的筆端,且表現得更爲理性了。除了觀念上的改進,當然也與清朝前期久歷盛世,迨於嘉道之際國體民風顯示轉接期的守成與變化有關。

兹從三個方面來稍加展示《燕轅直指》中較具有時代與歷史縱深感的筆觸。

其一,關於承平盛世的理解。

在叙述沿途所見城池關隘而聯繫到明清興替的歷史時,金景善幾乎不用"胡"、"胡人"、"胡虜"、"胡皇"等鄙稱清朝。大概朝鮮士人對明朝的"鄉愁"般的情感多少總是潛藏的,金景善幾乎沒有流露,唯有一處還是讓讀者感到了一絲融入血脈潛流中的惆悵:

> (又行五里,入寧遠城東門)城南十里許,閭有覺華島,我國水路朝天時下陸處。而按先祖文貞公《朝天日記》言:渡覺華島前洋,遇風濤,屢經危險;及到泊,清游騎猶四散抄掠,道路不通;呈文於軍門,請回泊登州,從南路進京云云。當時艱險,有如此。今到其地,尤如目擊,而漠然但見山高而水清。屏孫衡命,乃得緩驅坦道,幾忘飲冰之苦,謂之幸歟? 舉目山河,有今昔之殊,則謂之不幸,可也。(卷二)

他的先祖金堉於崇禎九年(1636)出使時,因清軍專據中國東北部,中朝之間陸路交通受阻,故使團走的是更爲艱險的海路。如今踏上先祖履經之地,突然間感到"舉目河山,有今昔之殊"。這裏借用"新亭對泣"之典,據《世說新語·言語》所載名言:"風景不殊,正自有山河之異。"①此語在《晉書·王導傳》中字句略異:"風景不殊,舉目有江河之異。"②感歎江山換了主人! 這是金景善抒發明清易代之痛。

但金景善内心的歷史權衡有着更豐沛的理性成分。例如,他述及明總兵吳三桂等與清太宗松山之役:"是役也,殺明兵五萬三千七百,獲馬七千四百、駝六十、甲胄九千三百。自杏山南至塔山,赴海死者甚衆,漂蕩如雁鶩。清軍誤傷者只八人,餘無挫衄云。其語太涉夸張,而蓋其勃興之迹則亦可謂天授也。或曰,清兵進圍錦州,洪承疇率王樸、吳三桂等八大將,將

① 劉義慶撰、余嘉錫箋疏:《世說新語箋疏》,中華書局,2007年版,第109頁。
② 房玄齡等:《晉書》,中華書局,1974年版,第1747頁。

兵三十萬,往援之,師次松山。清主自督戰。樸、三桂等俱夜遁,承疇與總
兵曹變蛟堅守之。清兵進圍,城尋破,變蛟等皆死,承疇出降云。”(卷二)其
中的史料傳說來源不一,金景善也提醒可能“語涉夸張”,但他能敘及“蓋其
勃興之迹則亦可謂天授也”,顯示對清朝至少是較爲客觀而中立的史家立
場。儒家的教義一向是“天聽自我民聽”,天之所助必定要以民心向背爲
準。金景善在《燕轅直指》卷二内專記《祖家兩牌樓記》曰:“此即祖家牌
樓,世所稱燕行奇觀之一,今見信然。蓋祖氏,遼薊世將也。曾祖名鎮,祖
名仁。仁之兩子,長曰承訓,我國壬辰倭寇時,以遼東總兵,領三千騎,最先
來援者也,是大樂之父。次曰承教,是大壽之父。從昆弟以四世將家,並守
雄鎮,國家倚爲長城,乃天下重任也。百戰凌、錦之間,清人不能窺關外者
四年,功亦不少。但其時爲何如時也,封疆日蹙,腹心有先潰之慮,距國亡
不過五六年耳。不思與士卒同甘苦,而厚自封殖,憑恃寵靈,起樓治第,競
奇務新,畢竟身爲俘虜,墜盡家聲,爲天下僇,豈不惜哉!”祖氏作爲“遼薊世
將”,有功於平定朝鮮壬辰倭亂,但在“國亡”臨頭之際縱其貪念,於此對明
亡之因實多反省。

　　金景善對清朝立國帶來的長治久安給予了正面的重視,他從不同角度
反映清朝的昇平景象。如在駐京留館時所寫的《元宵燈火記》:“元宵之爲
燈夕,所由來尚矣,我國之用四月八日,已失其古,而且懸燈之法亦不相似,
我務高而彼務多。中國之金吾弛禁,鼓樂達朝,已自十四夜伊然,無家不懸
燈,瑰麗燦爛,色色奇巧。其多懸者,外自屋簷,内至中霤,殆無片隙,或至
數三百椀,而皆琉璃羊角。且有結棚而懸之者,棚制四圍立高柱,架樑加椽
爲井間,而下豐上殺,每井懸燈,隨井多少而計其燈數,或高或低,一城通
明。士女來往,車馬雜沓,達夜不已,亦可見昇平賁飾之象也。”(卷五)又記
京城八景之一的“棋盤街翫月”:“催進夕飯,與副使及諸人,聯車出棋盤街
翫月。街在正陽門内,即八景之一也。游人簇擁,殆無着足之地,遂還從東
天安門外,轉過東四牌樓,車馬填咽,朱輪繡轂,競鬬光艷,來來去去,殆乎
人肩相摩。夾道文牕繡户,萬燈羅絡,晃朗如白晝,明月失其光,可謂昇平
盛事,天下勝賞。古所謂廣陵觀燈,未知與此何如也,然譯輩猶以爲薦荒之
餘,不及前日之富奢云。”(卷五)當然,他在《紙砲記》中也有過感歎:“且焴
藥,即兵之利器,而糜費無節,至於此甚,吾不知其可也。”(卷五)當他實地
考察國子監時,也對前清沿續下來的“海内昇平,文教烜赫”的名實有所追
核:“按明洪武四年詔選州縣諸生秀俊者入國子監。當時干戈甫訖,流離未

還,猶得二千七百八十二人。二十六年監生八千一百二十四人。永樂十九年監生九千八百八十四人。今清御宇既久,海内昇平,文教烜赫,生徒之盛應駕軼前代,而歷視諸舍,十空八九,況值釋奠,參享儒生不過四百,而皆滿洲蒙古,無一漢人。漢人雖官至公卿不得家京城,則首善之地雖游學之士亦不敢居耶? 抑有他意耶?"(卷四)

金氏對於清朝治下的都市繁華、生計嫺熟的民生百態,其評價還是比較正面而積極的。在他筆下,清帝往往也獲好評,特別是康熙的克制私慾、與民蕃衍生息、引來西洋技術等多被稱讚。作爲道光朝的使者,金氏也涉及了"今皇帝"的若干評價,如《瀛臺冰戲宴記》曰:"清制,每年十二月二十三日,皇帝設宴於此。侍衛親軍聚冰上,以旗槍鼓角,進退擊刺,各呈其藝,而施賞焉,即所謂冰戲也。舊我使到燕,每趁正朝,自前年皇帝有旨,使趁此宴……冰戲,以皇旨權停。蓋今皇帝不喜技戲,兼以年荒故也云。"(卷三)遇"年荒"而有此節制娛樂的態度,也是善政之端。金氏對出使時碰上的"年荒",印象深刻,也使他格外留意到國家的荒政應該如何處置。就觀察而分析,比如他到達"中後所,循城東至西門外止宿。閭閻稠密,市肆夾路,首尾三四里,殆肩磨不可行。蓋其富麗,亞於瀋陽,而過於山海關云"。他由該地製帽廠的從畜牧業到手工業、商業的產業鏈,看出其好處還包括"兼有救荒之道",《帽廠記》稱:"中國今歲之荒,求之我東,未有其倫云,而不甚有遑汲底意。我東之人,一日不再食,食不滿盂,則謂之饑。凡所以充腹,惟知有穀。穀一不熟,則束手待死,可勝歎哉!"(卷二)在"人物謠俗"條載:"今年慘歉,問其米價,則與我國乙亥春同。而沿路賑民,舉無浮黃之色。且見流乞不多,蓋其措處有法。而往往設大地炕,以處流民。其行乞幼兒,別有措處,名曰育嬰堂。"(卷六)還有一處推測道光皇帝"性好簡便",並利用音樂通政的傳統樂教原理,證明當世"非亂世":

已而皇帝從殿後門出坐殿上云。按前輩所記,言入至午門前祗迎,隨駕入太和庭云,而今則不然,未知節次緣何異昔,而或者今皇帝性好簡便而然耶? 殿陛樂作,其音節迫促,絕不類大國之響,然而無闒緩哀怨之意,則亦非亂世之音。況其鐘磬諸音,爽亮高越,亦自可聽。想其金石諸器,精鍊中度,非外國比也。樂止,而又警鞭三聲。鞭訖,而又作樂於太和門樓上。樂止,鴻臚官立於階上臚唱,恰如我國之臚聲,而大而且清,響滿庭中。於是,東西班隨臚唱,行三拜九叩頭禮,無

一參差，亦無喧譁聲。禮畢，殿上有讀書聲，聲亦洪暢，聞是新正陳賀
表及頒詔文云。讀訖，又作樂。樂止，皇帝還内，亦從後門。（卷四）

從朝廷的新歲賀正禮樂中作如此判斷，也是對承平之世的一種理解。雖然
這裏對廟堂氣象少了"大國之響"有所失望，但作者對民間的評價仍没有失
去信心，且看他講"糞""屎"之例：

　　拾馬糞者，相望於道上。荷簣持四枝小鐵鎗，見馬行，不計遠近。
隨其放屎，而以鎗收納於簣中，務農勤嗇之風可見。而糞堆皆成樣子，
圓中規，方中矩，三角中句股，平者如盤，穹者如傘，潤滑如塗壁，凝堅
如巖石。無論中外，凡所經營鋪置，皆整飭端方，無一事苟且彌縫之
法，無一物狼藉雜亂之形。雖至牛欄、豚栅、柴堆、溷庤，莫不端直有
度，精麗如是，所謂大規模細心法也。（卷六）

也恰合於朴趾源所謂"壯觀在糞壤"之論。同卷有一條記載："罵辱絶無醜
語，其尋常罵話則曰没良心、甚麽東西、賤漢。嫚語侵辱則曰王八淬子、雜
種、狗淬子。其最發怒者不過曰天火燒、火眼佛出世。"嬉戲記趣中也不無
實相。
　　其二，滿漢關係的實態。
　　毋庸置疑，明清易代導致滿漢緊張。但是在矛盾、摩擦中也有交流或
融合。民族關係的背後有政治意識的擾動，又滲透到風俗民情的運化中。
所以，瞭解清朝滿漢關係的實態，既可以透露士人政治心態的變化，又可以
感觸制度風俗的構成。
　　《燕轅直指》對滿漢間相互影響的比重、層次等的記述，往往顯示清整
的概括力，如關於語言：

　　清人皆能漢語漢書，而漢人不能滿語滿書，故凡闕中衙門機密事
皆用清語奏御，文字皆以清書繙譯。閭巷則滿漢皆用漢語，故滿人後
生多不解清語，皇帝患之，每選年幼聰慧者送甯古塔學滿語云。
（卷六）

服制髮式因清初統治者以强權推行，屬於敏感話題。明亡以後，東人以持

有中華衣冠禮樂之統而自傲，其情可原。但中國之境，滿漢混居，子孫繁衍，數代以後，亦難於苛責漢人裝束不能“思舊懷明”。何況正如朴趾源所言：“中州人士，康熙以前，皆皇明之遺黎也。康熙以後，即清室之臣庶也。固將盡節本朝，遵奉法制。若造次談論，輸情外藩，是固當世之亂賊也。”游歷中土的朝鮮人，不必“一遇中州之士，見其誇張休澤，則輒謂一部《春秋》，無地可讀；每欺燕趙之市，未見悲歌之士”。所以，朝鮮使者的采訪方式也應當有所調整。在嘉慶六年（1801），朝鮮使團書狀官李基憲撰有《燕行録》，載使臣問一位仕清的漢人曰：“尊所着衣冠是古制否？”答曰：“生今之世，反古之道，災及其身。既生於清，則不得不遵清制也。”①實際上，在清朝制度推行已久的嘉道之世，一味逼問這些問題，顯得徒增糾纏。所以，《燕轅直指》卷三載，使團成員聖申“出游街上，轉至庶常館。館在太清門外稍東不遠處，即翰林肄業之所也。諸學士間數日輒一至，考核詩文云。故欲入見矣，譯官止之曰：舊時我人之入燕也，或至此館，討論文史。近來則輒阻閡不得入。蓋翰苑多古家名族，其文章見識，皆非常品。與東人稍相親狎，則輒問曰：何忍薙髮左衽，從官本朝乎？聽者厭苦之。自是戒門者，禁東人之出入云。故不求入見，而直還云”。服制固然承載一定的意識形態，但也是生活智慧的某種積澱，金景善就清朝服飾寫有專記，他一方面肯定了金昌業《稼記》曰：“補服則文禽武獸，悉遵明制。”清制中已融入明制元素，另外他也肯定清式“此等服色，雖非華制，其貴賤品級，章章不紊。我東自謂冠帶之國，而品級之別，不過在帶與貫子，至於補服，則不分文武貴賤。副使之仙鶴，與上使同，其文紊亂。”（卷六）他還評價中土流行的黑色、窄袖等也有其生活上的便利。金氏描寫燕京戲劇演出場所時，聯想到朝鮮的“大冠闊衣”也未必在任何場合都合適：

　　　戲事方始，戲主爲設茶、酒、果羞及溺器於各人之前。觀到劇處，齊笑齊止，無或喧聒。雖淫褻嬉慢之中，節制之整嚴，有如師律之不可犯，亦足見大地規撫之一端。東俗則凡係觀光，大冠闊衣，簇立數匝，喧譁不止。加以餅餌、酒草、沽衒之聲半之，後來者無由觀聽，擠挨之不已，甚至於投石相撲，視此豈不媿哉！（卷四）

---

① 李基憲：《燕行日記》下，林基中編：《燕行録全集》（65），第110—111頁。

抑揚之際,擺脱了唯以華夷觀論章服的輿論慣性。

也許是滿族審美要求之所在,亦不無國家昇平物力豐富之效,衣袴襪鞋以紋繡爲之也成爲其制式特點,在衣着時尚方面似乎女性表現得更領先。金景善觀察曰:

> 清女不纏脚,故亦或穿靴。
>
> 女子無論滿、漢,皆被綺羅,塗粉簪花。而其夫則衣服弊惡,面貌醜陋者多,乍見者或認爲其奴。
>
> 男子之鞋,狀如我國皮鞋。而但足樣皆廣,故鞋頭不尖而圓廣。
>
> 女子之鞋,漢女弓足,故其穿鞋,驟見之,有若着屐。滿女不纏足,故鞋如男鞋。而皆以綵帛造成,制極奢麗。(卷六)

客觀地看,衣飾的時樣或時尚也處於流動傳播之中。金景善也敏鋭地記録了這一點,其《琉球館記》記:"其人不削髮,頂髻如我制,而但不着網巾,以蠟脂貼斂鬖髮。其朝冠則以黄帛爲之,制如我國耳掩而有樑。樑數不同,以别官階之高下。衣袴襪鞋,以紋繡爲之,皆倣滿制,而加以黄帛廣帶。其下隷則其冠制,如我國足道里樣,所着非錦而布,亦以别貴賤也。"(卷三)在琉球人的服制中,既有明代的遺存,可以與朝鮮相印證,也有吸納"滿制"之處。凡此都採取了客觀反映的口吻。

其三,貿易利市的觀察。

清朝與周邊諸國的朝貢體系儘管有弱化消解的趨勢,但以朝鮮使者的素養而論,他們受儒學尤其是理學的濡染很深,對朝貢體系中的"禮"意的重視可謂浹肌入髓。這比較容易使他們程度不同地漠視對商貿活動的觀察與評價。嘉慶八年(1803)海東人徐長輔撰《薊山紀程》,其"風俗"條下就説:"清人立國之規大抵導風俗以禽獸之,率天下之民而愚之,一曰無等威,一曰賤名檢,一曰尚貨財。"①貨財等經濟活動的考量似乎有理由予以扼制。

不可否認,金景善對朝貢體系的禮數自然是相當敏鋭,兹舉其載歲末:"皇帝御保和殿,設年終宴。惟正副使入參,例也。歸後問其節次,則五鼓詣保和殿門下,少憩,入就殿庭。須臾,皇帝出坐,有命召兩國使臣皆上殿。

---

① 徐長輔:《薊山紀程》卷五,林基中編:《燕行録全集》(66),第568頁。

禮部侍郎前來,引我使在前。未及没階,忽令琉球使先上,未知何故也。舊例,班次必先我使。而今忽易次者,招見之私異於班行之禮而然歟?抑別有事端而然也?"接着,還特地記載了清朝禮部官員因如上"班次"失誤而受到責罰的事項:"聞通官輩傳言,禮部侍郎被重勘。問其由,則今日宴席,令琉球使先登殿上,朝鮮次之,以做錯爲罪云。"(卷三)

不過,從整體上着眼的話,能看到作者對貿易利市的觀察還是比較積極的,這既構成他來自北學派的對民生日用包括"通工惠商"悉心瞭解學習的內容,也對清朝中期北方城市繁華以及通過貿易紐帶而內外流通的世界趨勢有所認知。金景善入境後對所經之市集狀況多有描寫,如寫:"行至沙流河中火(午餐)。適值市日,種種物貨,夾路開肆。趁市者率多騎驢。交易之法,自有定價,不費多辭,故人衆雖叢雜,而絕無喧嘩之聲,亦可貴也。"(卷二)到達北京以前,沿途所經的規模較大的城鎮,以中後所、瀋陽、山海關稱盛,金氏讚其爲"富麗"。如在瀋陽,他觀察到:"通衢大道,肩磨轂擊,市廛夾路,物貨充積,如皮物茶屬則比北京猶勝云。雕窗彩閣,碧榜金扁,輝映左右。其他各色工匠,如鉅木造車造椅桌,打造鉛鐵銅錫之器及舂米縫衣彈棉之類,在在皆備。而器械莫不便利,一人所爲,可兼我國十人之事。《稼記》云:'此處市肆,百物皆有,與北京無異,但無書册云。'而今則册肆亦間多有之。鳳城及栅門所有册子,皆自此出去云。"(卷一)商貿與製造業交相促進,金氏讚歎中國器械便利省力十倍於東國;皮物茶屬等南北貨物交匯;也成爲書籍行銷的重要中轉地,比之康熙末年金昌業《稼記》説没有怎麼看到書店,情況已改善,而且中朝邊境鳳城等地的書籍貿易也有助於理解清朝與海東的書籍之路。他還記載了清初詩家王士禛全集的價格,抵宿永平府時,"有人持《王漁洋全集》共六十卷,願賣之。問其價,討銀七十兩云"(卷五)。還觀察到,商業營利的模式運用在城市文化娛樂生活中,其《場戲記》記營建戲臺:"其創立之費銀,已七八萬兩,又逐歲修改,招戲子,設戲收息,上納官稅,下酬戲雇,其餘則自取之。其收錢之多,可知也。戲臺之制,築甎爲廣廈,高可六七丈,四角均齊,廣可五六十間。間皆長梁,就北壁下,截九分一,設間架,隔以錦帳。帳左右有門,門垂簾子,蓋藏戲具而換服之所也。帳前向南築方壇,周可七八間,此則演戲之所也。自方壇前至於南壁下,疊置長凳,前者稍低,後者漸高,使觀戲者鱗踞,便於俯觀也。南西東三壁,別作層樓,每一間各有定賈。南壁正中最上樓賈,爲白銀十兩云。南壁西隅,只設一門,一人守之,觀者到門,先收錢,乃許入。觀者

之衆寡，價爲之低仰。戲事方始，戲主爲設茶、酒、果羞及溺器於各人之前。觀到劇處，齊笑齊止，無或喧聒。”（卷四）

也可以見到關於中國與境外商品流通的記載，如在《帽廠記》中，金景善驗證了當地製帽業的發達，“中國人所着帽子及我國之冠帽皆出於此”，其外銷方式往往由入燕的使者和隨員擔當，“我人多約買，或至數千，立例於去時留約，回還時輸來”。（卷二）訂貨於進京途中，回程時順道取貨。中國與西方的商貿聯繫也在逐漸建立，金景善記京城的鄂羅斯館時曰：

> 鄂羅斯館，在玉河館後街乾魚衚衕不過半里許。鄂羅斯，或稱阿羅斯，或稱俄羅嘶，以其人皆鼻大，故或稱大鼻猹子，即蒙古別種也。其國蓋在大漠外絶域，史無所見，不知在何處。而聞其人自言其國幅員甚大，東西三萬餘里，南北二萬餘里。東南接琉球、安南。東北接蒙古。西南接大小西洋。西通流沙之外，不知爲幾萬里。東距中國爲五萬里云。儘如是，則其大殆數倍於中國矣。意其夸誕之辭，而四至地界亦未知是否。自古以來，初非朝貢之國。而康熙時，自來通好，要學漢語漢書。中國以綏遠之義，授館以處之。然嚴其門禁，無得出入。其來住人員之多少，替歸年限之久速，應有定式而不可知。然燕市所買石鏡及鼠皮，多其國所産，然則其來通，似爲交易之利也。（卷三）

朝貢體系素來也影響着對世界地理的知識視野，對於俄羅斯國，因“史無所見”，故金氏仍不能斷定地界傳説的確否。由此聯想到，道咸之世的中國學界有識之士怎樣湧動起瞭解世界地理的熱情，這也是一種背景參照。

商業交易的發達必然帶來社會的流動性，但清人在這方面有其管理。金景善觀察社會風俗時注意到，“商旅往來者皆有簿，録姓名、居往、物貨、名數。詰姦防僞，極其嚴備”。城郭市肆的繁榮與消費發達相與推助，京城尤爲突出，“京城内外，不知爲幾十萬户，而除卻宫闕府廨寺廟之外，過半是市廛。各樣物貨，殆雲委霧集。而民生日用，不可無者，實不過十之一二。其餘皆玩好無用之物，猶此見售而取利。可知其習俗之侈靡，而亦可見中國之大”。（卷六）雖然金景善對商業氣氛訝其侈靡，但對交易規模中的大國氣度仍是心儀的。當然他也覺察到，鴉片吸食現象是可怪可怖之事,他"借見近日《塘報》,別無可觀,而御史馬光勳所奏請嚴禁弁兵吸食鴉片煙,以肅營伍一摺",備錄此奏摺,並認爲:"蓋鴉片煙者,出自西洋。其法殺純陽男子,以其膏血,栽培南草,作膏食之。或云以罌粟和藥煎成,能令人收攝精神,記起幼時事。而但筋骨弛廢,氣血耗減,不久即死,故屢煩禁飭,而終不止熄云。"(卷五)當世鴉片之禍的沉重陰霾也有所披露。

　　近年以來,清史研究界對清朝中期史的研究出現重新省思的趨勢,尤其是對嘉慶朝廷的有效治理和"可持續"的政治運作給予了相應的積極評價,而不是一味强調18、19世紀之交所潛伏的崩潰"危機"①。朝鮮士人金景善入清的時間是道光十二年(1832),他咨訪和記錄的清朝,雖參考融合了前輩燕行使者的見聞,但更直觀地反映了19世紀頭數十年政情民生相沿而來的社會諸相,多有耐人尋味處。以上所述,意在引起讀者更多關注,並與清朝中期史研究視野相參證。

（作者單位：南京大學文學院）

---

① 美國學者羅威廉 2011 年撰《乾嘉變革在清史上的重要性》一文,認爲"中外學界對於嘉慶朝研究出現了新氣象",並評述了相關史學成果,可參。師江然譯,載《清史研究》2012 年第 3 期。

清代越南使節於中國廣東的文學活動

——兼爲《越南漢文燕行文獻集成》進行補充 *

陳益源

【摘　要】17—19 世紀,廣東與越南一直有很密切的文學交流,其中 19 世紀内奉派到北京難得途經廣東的燕行使,以及直接到廣東公幹的越南派員,都扮演著十分重要的腳色。本文廣搜清代越南使節潘輝益、武輝瑨、段浚、阮偍、吳仁靜、鄭懷德、李文馥、汝伯仕、范富庶、潘輝泳、范芝香、鄧輝𤊓、范慎遹、阮述等人在廣東(以廣州爲主,兼及佛山等地)與港澳地區活動的漢字文獻記錄,以掌握這些越南使節們在廣東購書、刻書的經過,及其與諸多廣東文人的交往互動情況,藉以從"他者"的角度重現中越文學交流的若干真相,豐富嶺南文學發展史的内涵,並兼爲中越合作出版的《越南漢文燕行文獻集成(越南所藏編)》進行補充。

【關鍵詞】清代　越南使節　燕行文獻　廣東　澳門　香港

前　言

近四百多年來,廣東地區與越南之間的文學交流非常頻繁,但以此爲重點而進行深入研究者並不多,北京大學夏露《17—19 世紀廣東與越南地

---
* 本文乃臺灣"科技部"補助之專題研究計劃"《越南漢文燕行文獻集成》的補充與考證"(編號:102 - 2410 - H - 006 - 105)研究成果之一,特此致謝。

區的文學交流》一文，是這個領域内的一篇傑作。該文强調明清鼎革之際，大批廣東人不服清朝統治，渡海抵達越南中南部謀生，後來隨著海上貿易的發展，兩地之間的人員流動與文化交流日益頻繁，文人之間贈答酬唱、請序題詞、書信往來等文學交流也十分普遍，例如 18 世紀中期越南南方河仙文壇領袖鄭天賜（廣東人後裔）組織河仙招英閣詩社與廣東白社進行詩歌酬唱，留下漢文詩集《河仙十詠》，實屬中越文壇佳話，而在此前後，廣東木魚書代表作《花箋記》流傳到越南，經越南北方大文豪阮輝嗣改編爲喃文六八體長詩《花箋傳》，成爲越南劃時代的經典作品，因此她從文人間詩歌酬和以及書籍傳播所帶來的文學影響的角度，來揭示 17—19 世紀廣東文學與越南文學的深刻關係①。

　　在夏露上述論文中有一小節名爲“來廣東處理公務的越南文士的相關文學活動”，係利用中國復旦大學文史研究院、越南漢喃研究院合編的《越南漢文燕行文獻集成（越南所藏編）》②，提到越南使節鄭懷德 1802 年出使中國是經廣東至熱河的，而“19 世紀以後，由於北部灣地區海洋文化交流日益頻繁，互相參觀海軍演習或處理中越海難事件中，一些越南文士來到廣東，公務之餘甚至公務途中都進行了相關文學活動”，她主要是介紹其中最爲突出的使節李文馥（與同行者汝伯仕等人）。

　　實際上，單就《越南漢文燕行文獻集成》二十五册來看，其中於中國廣東活動的越南使節，絶不僅有鄭懷德、李文馥、汝伯仕等人而已。再者，《越南漢文燕行文獻集成》乃集大成之作，嘉惠學界之功不可没，毋庸置疑，但遺憾的是這套集成仍存在版本選擇失當、遺漏重要著作、出版説明錯誤等若干缺陷。本文在重新完整梳理清代越南使節於中國廣東的文學活動相關文獻時，一方面既要倚重《越南漢文燕行文獻集成》的公開出版，另一方面則可藉此機會兼而爲之進行補充，以示對主其事者的感謝與回饋。

　　以下謹按年代先後，條列清代越南使節姓名及其與廣東有關的文獻作品，依序進行討論。

---

① 該文收入於王三慶、陳益源主編：《東亞漢文學與民俗文化論叢（二）》，臺北：樂學書局，2011 年版，頁 191—218。
② 葛兆光、鄭克孟主編，上海：復旦大學出版社，2010 年版。凡二十五册，以下均簡稱爲《越南漢文燕行文獻集成》。

一、1790 年,潘輝益《星槎紀行》、武輝瑨 《華程後集》、段浚《海煙詩集》

　　按理説,越南派遣使節團出使中國的目的,主要是到北京進行歲貢、瞻覲、賀壽、謝恩、告哀、請封或乞師,而其行進的路線一般是由越南諒山入關進中國廣西,經湖南至湖北漢陽,在後黎朝結束(1788)以前"使舟過此,順流東下,歷江西、江南至揚州始起旱,經山東、直隸入京",到了阮朝(1802)之後,則改爲"自漢口起旱,過武勝關,入河南,經直隸"入京①,是不會經過廣東的。不過,這樣不輕易更改的路線也不是完全不會變更,個中原因頗多(包含中國國內發生地方動亂或自然災害等),與廣東有關者幾乎全屬特例,因此益顯難得。至於西山朝阮文惠、阮光纂時代(1788—1802),其情況則更加複雜。

　　例如目前所見清代越南使節行至廣東而有留下詳細記録者,較早的一次即出現在西山朝阮文惠光中三年(清乾隆五十五年,1790),那年是清高宗乾隆皇帝八旬壽慶,安南名義上由國王阮文惠親自帶領使節團來華賀壽(實則係由其弟冒名頂替),伴君而行的是三位文學造詣頗高的禮部尚書潘輝益(1751—1822)、工部尚書武輝瑨(1749—?)與翰林待制段浚。或許是因爲這次使團層級最高,因此使團行進路線與沿途接待均有特殊安排,故而在來程時由廣西繞道廣東北上,走的路線接近於過去的一條"古使路"②。

　　難得的是,1790 年的這三位大使都留下了與廣東有關的詩作,我們先看潘輝益的《星槎紀行》,他在廣州寫下《赴廣城公館》,並有小序記録他們在"五月朔後,舟抵花地津",進入繁華的省城謁見福總督,入住城西貢院,接受端午節優厚款待、文書酬應的忙碌情況,之後經番禺有《望趙武帝祠》、在英德縣有《遊觀音巖》、在清遠縣有《題飛來寺》、離開廣東省界又有《韶州江次奉餞廣東張皋臺回治》諸作;其《題飛來寺》有小序説是伴送官"要陪

---

① 參見潘輝注:《輶軒叢筆》,收入《越南漢文燕行文獻集成》第十一册,頁95。
② 這條"古使路"是經梧州東下廣東,經廣州、南雄入湖南,在《越南漢文燕行文獻集成》中多次被提及,詳參張茜:《清代越南燕行使者眼中的中國地理景觀——以〈越南漢文燕行文獻集成〉爲中心》,第二章第二節"燕行使者之交通路線",上海:復旦大學歷史地理研究中心碩士論文,2012 年,頁 12—16。

臣各賦詩,轉呈總督公,即委石工勒諸山壁"①。

　　再看武輝瑨記錄此行的《華程後集》,集中有《客中端午感成》、《登明遠樓》、《月夜泊石角墟》、《題禺峽飛來寺和郡守張浮山詩韻并引》、《又應制奉題一首限來字》這五首詩作於廣東,第四首詩的引文述及飛來寺的來歷與故事,第五首則説是"應制奉題"而且限以"來"字爲韻②。

　　對照起來,同行的翰林待制段浚所寫《海煙詩集》在廣東留詩較多,依序有《江樓久望》、《安平江晚眺》、《答問》、《吊城西黄同石》、《客中端陽》、《雨後沙塘(聯句)》、《登峽西飛來寺走筆書于壁》、《又應制一首付石》、《奉擬〔餞〕廣東按察使張大人護送過界回省》③。

　　以上三位越南使節與廣東有關的詩作,我們也可以在《海翁詩集》④、《海派詩稿》⑤、《段先生詩集》、《柴山進士潘公詩集》⑥、《燕臺秋詠》⑦等書之中看得到。

二、1795 年,阮偍《華程消遣集》

　　同樣是在越南西山朝,阮偍(1761—1805)撰於 1795 年的《華程消遣

---

① 詳見《越南漢文燕行文獻集成》第六册,頁 208—214。潘輝益《題飛來寺》詩曰:"山閣疏鐘落水限,祥光線繞楚王臺。瀑泉疑出星河水,飛寺傳聞午夜雷。地迹高標甌粤外,禪宗上溯達摩來。躋攀更喜紅雲近,萬歲牌前遇奉杯。"

② 詳見《越南漢文燕行文獻集成》第六册,頁 354—357。武輝瑨題飛來寺《又應制奉題一首限來字》詩曰:"叼隨玉輦上崔嵬,爲問禪僧訪過來。水石一囊真造化,風雷半夜幻樓臺。獅乘香杳月常在,猿崗烟深花自開。釋道方同皇道泰,登臨宛似到蓬萊。"

③ 詳見《越南漢文燕行文獻集成》第七册,頁 17—21。段浚題飛來寺《又應制一首付石》詩曰:"一夜風雷成化域,千秋流峙護層臺。泉飛碧漢雙條下,石繪丹霞兩半開。像教不隨單履去,猿聲常自半雲來。扈從忽上金天路,萬道祥光繞曲隈。"

④《越南漢文燕行文獻集成》第七册在《海煙詩集》之後又另外收錄段浚的《海翁詩集》,内容大致相同,文字互有長短,可供校勘,例如《答問》一詩,《海煙詩集》注云"在廣東公館有峽西人雷啓、劉檜雲",《海翁詩集》題作《在廣東館有峽西人雷檜雲問本國形勢提封廣狹風俗好尚名山大川用何官制崇何學術土物所産以何爲貴因走筆示之》;又如《海煙詩集》之《吊城西黄同石》,《海翁詩集》則題作《過城西吊黄璞同石甫》。

⑤ 書藏越南漢喃研究院圖書館,編號:A.310。

⑥《段先生詩集》、《柴山進士潘公詩集》,曾與《夢梅亭詩草》合抄於一册(扉頁僅題作《張夢梅詩》),書藏越南漢喃研究院圖書館,編號:VHv.79;這二本詩集,又曾同時被抄録在勞崇光《日南風雅統編》之後,合訂成一册(未題書名),書藏越南漢喃研究院圖書館,編號:A.2822。

⑦ 收入《越南漢文燕行文獻集成》第七册,作者署"西山朝·武輝瑨、吳時任、潘輝益撰"。

集》,收入《越南漢文燕行文獻集成》第八册,也與廣東有關。

按阮偍曾於西山阮氏光中二年(清乾隆五十四年,1789)、景盛三年(乾隆六十年,1795)兩度擔任乙副使出使北京,第一次進京仍依慣例經廣西、湖南、湖北、河南、直隸北上,第二次使清時則臨時改變進京路線:

> 一行人在進入廣西平樂府境内時,突然接到乾隆諭旨,命改走廣東,經由江西、江蘇、山東進入直隸。據《清高宗實錄》卷一四八七乾隆六十年九月條記載,是年貴州、湖南一帶爆發苗民起義,歷數月而未平。乾隆以湖南軍務繁忙,恐無法兼顧貢使,故遣六百里加急諭令,命繞道而行。①

今檢阮偍《華程消遣集》之《後集》"冬什四之二",其中有《封川晚泊》、《德江夜泛》、《肇慶夜泊》、《三水晚眺》、《清遠晚泊》、《題飛來寺石刻》、《英德晴眺》、《望夫崗》、《題觀音岩》、《途中偶憶老契温如子心契海派兄》、《江程曉望》、《旅中遣興》、《曹溪口偶占》、《白茫夕泛》、《韶州懷古》、《仁化江口夜間偶成》、《南雄起旱》等十七首詩寫於廣東境内,但因"護送官惟恐不及程限,連夜開舟"②,"使船到此,隨即夜發,未及遊賞"③,詩作多以他個人的抒情書懷爲主,偶而注及廣東當地名勝與里程,例如《題飛來寺刻石》詩題有注:"寺門臨流,對岸群山列翠,寺傍有飛瀑泉及古洞,是孫生遇白猿古迹,爲粵東一勝概。賦依前部得來字。"詩云:

> 謾談鷲嶺與蓬萊,勝景爭如此佛臺。翠擁慈雲群島列,清涵明月一江開。洗塵泉自巖腰落,掃俗風從洞口來。拾級擬尋猿迹古,悠悠碧樹又蒼苔。④

從詩題(《題飛來寺刻石》)與注文("賦依前部得來字")看來,五年前(1790)前部使節(潘輝益、武輝瑨、段浚)所題飛來寺詩果然"勒諸山壁",至於目前是否依舊存在? 待考。

---

① 引自《越南漢文燕行文獻集成》第八册《華程消遣集》出版説明,頁104,撰文者:鄭幸。
② 語見《德江夜泛》詩題小注,《越南漢文燕行文獻集成》第八册,頁203。
③ 語見《肇慶夜泊》詩題小注,同上,頁204。
④ 《越南漢文燕行文獻集成》第八册,頁205。

三、1798 年,吳仁靜《拾英堂詩集》

《越南漢文燕行文獻集成》第八册收録有鄭懷德(1765—1825)的《艮齋
觀光集》,第九册收録有吳仁靜(約 1763—1813)的《拾英堂詩集》,他們二
人曾於越南阮朝嘉隆元年(清嘉慶七年,1802)一起從海路經廣東出使中
國,其背後的緣由,第八册《艮齋觀光集》的出版説明考證得十分清楚:

> 按此番出使,係阮朝首次向清朝派出使團,由鄭氏任正使,吳仁
> 靜、黄玉蘊任副使。值得一提的是,該使團的行程與其他使團不同,即
> 並非由鎮南關入境,而是從海路出發,繞過雷州半島,由廣東虎門登
> 陸,然後折向廣西,與同年十一月出發的請封使者黎光定等人會合於
> 桂林,偕同北上。對此,集中《和雲間姚建秀才見贈原韻》一詩夾注略
> 作解釋云:"我國中興,平一僭亂,並獲僞東海王莫觀扶等,係廣東人,
> 命使部一並械送到粤海。"檢《清史稿》卷五二七、《清仁宗實録》卷一
> ○六的相關記載,可知確有此事,以其時阮朝尚未獲得清政府的承認,
> 故行此舉以表誠意。①

而第九册《拾英堂詩集》出版説明也説吳仁靜的這部詩集:

> 集中詩作,除卷末《丁卯年季欽命賜封高綿國王途經廣義茶曲江
> 遇洪水駐節龍頭山》等數首可明確判斷非燕行文獻外,其餘均作於嘉
> 隆元年(清嘉慶七年,1802)吳氏出使清朝之際。按此行係阮朝首次向
> 清朝派遣使團,同行者尚有正使鄭懷德、乙副使黄玉蘊。同年十一月,
> 阮朝又派出黎光定等組成請封使團,求改國號爲"南越"。因此名未得
> 清廷允可,故二使團在粤滯留數月之久,次年四月始偕同北上。②

經查,越南嘉隆元年(1802)正使黎光定、副使黎正路、阮嘉吉等組成的請封

---

① 頁 277,撰文者:鄭幸。
② 頁 3,撰文者:鄭幸。

使團只在廣西滯留而已,未到廣東①,這年真正到廣東的只有鄭懷德任正使,吳仁靜、黃玉蘊任副使的械送廣東盜匪回粵使團,其中黃氏無書留下,而鄭、吳二人均有涉及廣東的相關記錄,可供參照。

問題是,當我們詳細比對鄭懷德《艮齋觀光集》、吳仁靜《拾英堂詩集》二書之後,赫然發現他們二人在廣東地區的行程記錄幾乎完全沒有交集,這是怎麼回事?

原來吳仁靜的《拾英堂詩集》並非如《越南漢文燕行文獻集成》所言"……均作於嘉隆元年(清嘉慶七年,1802)吳氏出使清朝之際"。根據鄭瑞明《清代越南的華僑》的研究,先祖是廣東人的吳仁靜有很深的文學造詣,在外交方面也很有表現:

> 世祖十九年(1798),因延慶留鎮阮文誠、鄧時常等的疏薦,"奉國書從清商船如廣東,探訪黎主消息,既至,聞黎主已殂,遂還"。
>
> 世祖二十一年(1800),爲感謝廣東瓊州陵水縣地方官給賜衣糧予風難漂至的廣南水師,奉派往粵爲"謝恩使",並"兼請入貢事例"。
>
> 嘉隆元年(1802),充如清甲副使,隨同鄭懷德等入清。
>
> 嘉隆六年(1807),因應真臘王禎之請封,奉命爲正使,偕陳公檀等"齎(齋)敕印封禎爲高綿國王,定三年一貢,以是年爲始"。
>
> 嘉隆十二年(1813),與嘉定城總鎮黎文悅等率舟師一萬三千餘人送真臘國王匿禎歸國。②

由於《拾英堂詩集》卷首有廣東順德陳濬遠嘉隆五年(1806)、葵江阮迪吉嘉隆六年(1807)、乂安鎮督學裴楊瀝嘉隆十年(1811)的三篇序文,因此他這本詩集極可能是他前四次出使的詩文合集,而非只限於嘉隆元年(1802)那趟行程;待我們細讀廣東順德陳濬遠《拾英堂詩集序》之後,謎團即可解開:

> 丙寅之三月,予到越南,主於故人兵部吳侯家。吳侯出詩草兩帙

---

① 詳見黎光定《華原詩草》、阮嘉吉《華程詩集》,收錄在《越南漢文燕行文獻集成》第九册。
② 引自鄭瑞明《清代越南的華僑》第三章"華僑對越南近代政治建設的貢獻",臺北:嘉新水泥公司文化基金會,1976 年 5 月,頁 67。按:引文中的"鄧時常",《大南正編列傳初集》卷一一之《吳仁靜傳》作"鄧陳常",《大南實錄》第四册,日本慶應義塾大學言語文化研究所複印本,1962 年 1 月,頁 1139。

示予,且囑予曰:"子□爲我序之。"予閱諸作,其一則作於奉命訪黎之日,其一則作於縛盜入貢之年……①

按此處所謂"丙寅"指的是嘉隆五年(1806),那年三月陳濬遠從廣東到越南吳仁靜家作客,吳仁靜出示《拾英堂詩集》初稿請他寫序,顯然第一部分正是世祖十九年(1798)"如廣東,探訪黎主消息"期間的作品,而且當初他也不是真的在六月一到廣東確定黎朝已無後人便立即折返,因爲陳濬遠在序中也又提到"吳侯昔年來粤,與予盤桓累月"。

今查《拾英堂詩集》,以第三十七首《説情愛》爲界,在此之前,從《僊城旅次》到《和張稔溪留別原韻》共三十六首均當作於吳仁靜 1798 年"奉命訪黎之日";在此之後,自《壬戌年孟冬使行由廣東水程往廣西和鄭艮齋次笠翁三十韻》以下才是作於 1802 年"縛盜入貢之年"。從前面的這三十六首詩看來,吳仁靜曾於仙城(廣州)停留,游過海幢寺,與同僚陳俊、何平乘舟游覽赤下鐵巷,去到水辨村,旅寓龍山黄氏祠堂,最特別的是,從他《到澳門倩陳濬遠達余來意與劉照張稔溪知之》、《和香山詩社雪聲原韻》、《和香山詩社對梅原韻》、《冬日偕香山詩社諸子過普濟院尋梅》、《澳門旅寓春和堂書懷》等詩來看,他這次奉命到廣東打探後黎愍帝出亡中國及其相關消息,停留的時間從六月到冬日大約長達半年之久,而且還去了澳門,並難得地參與了澳門香山詩社的詩會活動,和陳濬遠、劉照(劉三哥)、張稔溪等詩友唱和同游。他此次廣東之行以詩贈別的對象除了上述諸位之外,還有施世禄、程克家、黄奮南、符礴溪等人,可見他確實與廣州、澳門的中國廣東文人互動甚爲密切,而這也很可能跟他"其先廣東人"②的身份有關吧。

四、1802 年,鄭懷德《艮齋觀光集》

1802 年率團"縛盜入貢"的鄭懷德,字止山,號艮齋,他也是中國華僑後裔,《大南正編列傳初集》卷一一《鄭懷德傳》只言"其先福建人",詳細地説,應是"福建省福建府長樂縣福湖鄉人",祖父鄭會反清,留髮南投越南南

---

① 《越南漢文燕行文獻集成》第九册,頁 7—8。

② 語見《吳仁靜傳》,《大南正編列傳初集》卷一一,《大南實録》第四册,頁 1139。

方邊和鎮福隆府平安縣清河社①。他曾編輯黎光定、吳仁靜和自己之作爲《嘉定三家詩集》，故而三人有“嘉定三家”的美譽。

鄭懷德 1802 年從海路出發的緣由已如上述，至於更具體的使程路線，本可參見描繪該次使程的《華程圖》②，惜圖已佚，幸《鄭懷德傳》有詳細記錄：

> （嘉隆元年）五月，陞户部尚書，充如清正使，齋遞國書品物，竝將西山册印，及械送齊桅匪夥僞東海王莫觀扶、統兵梁文庚、樊文才等，由廣東省投遞。同甲乙副使兵部參知吳仁靜、刑部參知黃玉蘊，乘白燕、玄鶴二戰船，自順安出口，行抵粵洋三洲塘，遇颶風，德乘白燕船先泊上川沙堤，靜、蘊所乘玄鶴船漂入大澳。七月，同到粵東虎門關。兩廣總督覺羅吉慶以事聞，清帝諭準使部取路前往廣西進京。適王師克復安南，命兵部尚書黎光定等來請封，德等仍留桂省俟發。嘉隆二年夏四月，自廣西開船，抵湖北漢陽縣漢口起陸，歷萬里長城，逾古北口。八月，至熱河行在拜覲，是月陛辭，偕錫封使廣西按察使齊布森，由南關回國。三年春，行宣封禮，充通譯使。邦交禮成，扈駕還京，領部務如故。③

從這段詳細的文字記錄中，我們可以得知鄭懷德、吳仁靜分乘“白燕號”、“玄鶴號”二艘戰船，遭遇颱風之後，一泊上川沙堤漁港，一漂香港大澳漁村，然後才在廣東虎門會合，可見上節所述吳仁靜《拾英堂詩集》所載澳門相關詩作確實是 1798 年之作；又，鄭懷德能夠擔任嘉隆三年（1804）宣封禮的通譯使，可見他的漢語水平頗高，足以印證他在《使行自述》所注：

> □□廣西通事陳貴病死，余初以廣東語應酬，後漸熟北音官話，凡當官問答，余自應之，一路如此。④

① 參見鄭瑞明《清代越南的華僑》第三章“華僑對越南近代政治建設的貢獻”，頁 63。
② 《艮齋觀光集》最後有一首《題華程圖》，詩題注云：“使行別有按認在行，一路山川城郭塘汛路程，畫成圖本。”《越南漢文燕行文獻集成》第八册，頁 344。
③ 《大南實録》第四册，頁 1135。
④ 《越南漢文燕行文獻集成》第八册，頁 344。

　　祖籍福建而又能講廣東話、北音官話的鄭懷德，其《艮齋觀光集》在《冬月由廣東水程往廣西省會請封使取路進京道中吟同吳黄兩副使次笠翁三十韻》之前有詩十八首都與廣東有關，由於漢喃研究院圖書館所藏《艮齋詩集》（編號 A.780）之中的《觀光集》有錯簡，《越南漢文燕行文獻集成》第八册在收録它時不察，造成閲讀上很大的障礙，故有必要將這十八首的詩題依序排列如下：

　　　　《壬戌年奉使大清國經廣東洋分三洲塘遇颶風》
　　　　《過冷汀洋有感》
　　　　《虎門關夜泊》
　　　　《贈虎門左翼總兵黄標》
　　　　《贈東莞縣正堂范文安》
　　　　《贈粤城伴使蔡世高外委》
　　　　《浥洲古塔》
　　　　《使行次廣東書懷》
　　　　《珠江花艇》
　　　　《花田灌叟》
　　　　《留題十三行主潘同文花園》
　　　　《遊海幢寺贈慧真上人》
　　　　《宿白雲山寺》
　　　　《粤中懷古》
　　　　《和雲間姚建秀才見贈原韻》
　　　　《浙江監生陸鳳梧丐題竹白扇三枝兼索贈》（三首）①

　　綜觀鄭懷德的廣東詩作，乃以感懷、酬贈爲主，他曾到浥洲、珠江、花田、十三行主潘同文花園、白雲山寺，留下不少有史料價值的社會觀察記録；而他在廣東所接觸的對象，包括虎門左翼總兵黄標、東莞縣正堂范文安、粤城伴使蔡世高、海幢寺僧慧真上人、雲間秀才姚建、浙江監生陸鳳梧

① 《越南漢文燕行文獻集成》第八册之《艮齋觀光集》，現在的第"二八五"頁應與第"二八一"頁互調，現在的第"二八六"頁應與第"二八二"頁互調，現在的第"二八三"、"二八四"頁不動，如此方合該書原始編排的順序。

等人,則與吳仁靜《拾英堂詩集》前三十六首詩所提到的廣東文人完全没有任何交集,顯見二人雖然 1802 年同時出使來到廣東,但《拾英堂詩集》和《艮齋觀光集》所記録的廣東之行並非同時,前後相差有四年之久。

五、1833—1836 年,李文馥《粤行吟草》等六種、汝伯仕《粤行雜草編輯》

根據許文堂《十九世紀清越南外交關係之演變》一文及其整理的《越南遣使大清一覽》表,我們可以看到越南明命三年(清道光二年,1822)曾派胡文奎、黎元亶"赴廣東採買";明命十年(道光九年,1829)曾派阮文章等人前往廣東;明命二十年(道光十九年,1839)曾派張好合、阮文功、潘顯達等乘"南興號"船及清船多艘,"如廣東公務";紹治三年(道光二十三年,1843)張好合又再度奉派"解犯至廣東";紹治五年(道光二十五年,1845),曾派杜俊大、枚常德、黎止信、管奇胡等人"解送清俘於廣東";紹治六年(道光二十六年,1846),曾派吳金聲等六人照領官項,搭從清商船,"往廣東採買清貨";紹治七年(道光二十七年,1847),又派杜文海、胡得宣等人照例領官帑,搭載清商船,"如東採買清貨"①。可惜目前我們還找不到上述六次越南使節廣東之行的文學專集②。不過,在這之間,1833—1836 年,倒是又有李文馥、汝伯仕(含上述之阮文章、杜俊大)等越南使節以各種理由被派到廣東與澳門,爲廣東文化與嶺南文學留下了許多珍貴的文獻記録。

李文馥(1785—1849),字鄰芝,號克齋,河内永順縣湖口坊人,祖籍中

① 許文堂論文與一覽表,收入於許文堂主編《越南、中國與臺灣關係的轉變》,臺北:"中央研究院"東南亞區域研究計劃,2001 年 12 月,頁 77—127。其中,1822 年的使者黎元亶,字雲漢;而《越南遣使大清一覽》關於 1829 年阮文章(字焕乎)出使地點雖然注云"不詳",亦當屬廣東無疑,理由是旅居廣東的知名文人繆艮曾有一首《再用行人黄健壽和墨池八首元韻奉贈》詩注云:"劉墨池嘗謂:南國使臣黎君雲漢、阮君焕乎,先後奉國王命,購拙刻《文章遊戲》回國。"越南國使汝伯仕又有一篇《中外耆英會記》寫道:"焕乎以己丑歲(1829)銜命來粤,因其友黎雲漢而識墨池。"這二篇詩文都收入於繆艮道光十四年(1834)所彙編的《中外群英會録》,越南漢喃研究院圖書館藏有二種抄本,編號:A. 138、A. 3039。
② 當中出現二次的越使張好合(號亮齋),一生至少五度出使中國,今存《夢梅亭詩草》(收入於《越南漢文燕行文獻集成》第十二册),乃阮朝明命十二年(清道光十一年,1831)以甲副使身份出使北京賀道光皇帝五十大壽的燕行詩集,與廣東之行無關。

國"大明國福建處漳州府龍溪縣西卿社二十七都"①,他最爲人所稱道的是從明命十一年（1830）下小西洋効力起,到紹治元年至二年（1841—1842）奉使中國燕京告哀止,他在這十一二年間至少有多達十一次的出國訪問（其中六次到中國）,足迹遍及菲律賓（吕宋）、新加坡、馬來西亞（馬六甲、檳城）、孟加拉、印度（加爾各答）和中國,儼然成爲越南阮朝周游列國的著名外交官②。兹將其四次出使廣東（含澳門租界）的有關資料列表如下③:

時　　間	外　　國	任　　務	相關著作
明命十四年（1833）夏—冬	廣東（含澳門）	分乘平字一、平字七兩大船,護送廣東水師梁國棟、樊耀陞失風戰船回廣東（李文馥搭的是平字七號船）	《粤 行 吟 草》、《澳門誌行詩抄》
明命十五年（1834）夏—冬	廣　　東	管駕平字五號船,護送風飄廣東水師外委陳子龍歸國	《粤行續吟》
明命十六年（1835）夏—冬	廣　　東	捕獲解送搶掠於廣南洋分的三名水匪回廣東	《三之粤集草》、《仙城侣話集》、《二十四孝演歌》
明命十七年（1836）秋—冬	澳　　門	奉駕平洋號船到澳門,察訪師船音訊	《鏡海續吟》

以上李文馥廣東之行的相關著作,《澳門誌行詩抄》已佚,其餘皆存,照道理應該都收入《越南漢文燕行文獻集成》才是,不過遺憾的是《越南漢文燕行文獻集成》居然遺漏了《粤行續吟》,而且可能將《二十四孝演歌》視作喃文著作或與燕行文獻關係不大,所以也没有加以收録。難得的是《越南漢文燕行文獻集成》注意到 1833 年與李文馥同行的汝伯仕另外有部《粤行雜草編輯》,但可惜選錯了版本。以下按諸作成書先後順序,加以簡介,並對《越南漢文燕行文獻集成》進行必要的補充。

《粤行吟草》是李文馥 1833 年第一次到廣東、澳門的詩文記録,此次越

---

① 語見李文馥所編《李氏家譜》,越南漢喃研究院圖書館藏書,編號: A.1057。
② 詳參陳益源《周游列國的越南李文馥及其華夷之辨》、《越南李文馥筆下十九世紀初的亞洲飲食文化》等文,收入陳益源《越南漢籍文獻述論》,北京: 中華書局,2011 年 9 月。
③ 資料主要來源爲越南《大南實録·李文馥傳》和李氏著作,而李文馥這幾次出使到中國的經過,尚見載於中國《清實録》、《清會典事例》和《廈門志》、《海南雜著》諸多書籍之中。

南"行价六人"：李文馥(字鄰芝)、阮文章(字煥乎)、黎文謙(字受益)、黃炯(字健齋)、汝伯仕(字元立)，另有一人姓名不詳。阮文章因其亡友黎雲漢的緣故而認識廣東劉墨池(名文瀾)，經由劉墨池作東(其子劉伯陽坐陪)，李文馥等人結識了寓居廣州的錢塘繆艮(字兼山，號蓮仙)，而有七月五日的珠江群英聚會，中外文友彼此唱和，現場揮毫作畫，其樂融融；八月九日則由梁毅菴(名釗)邀約越南使節到花苑泛舟，與陳任齋(號昌運，別號清溪)、趙沛農等人另有一場樓船文會。八月既望，李文馥曾在梁毅菴的陪同下，到澳門五天，撰有《以事之澳門和同舟梁毅菴二首》(附毅菴二作)、《澳門即事》、《登洋人博物館》、《自澳門回舟過陳家灣》、《過白石灣》、《香山港》、《舟中遣興》和《〈澳門誌行詩抄〉序》等作，爲1833年的澳門留下了寶貴的文獻。《越南漢文燕行文獻集成》將《粵行吟草》收入第十三冊，出版說明有段文字應當更正：

> ……此集也收有李氏的幾篇文章。不過其中《中秋玩月賦》一篇，疑爲繆艮之作。因此文於"西湖堤畔"下有自注"余之籍里"，不似李氏口氣，而繆氏乃浙江錢塘人，此時正客遊於廣東巡撫幕下。①

事實上，李氏籍里屬河內永順縣湖口坊，就在河內的"西湖"(與杭州"西湖"同名)邊上，這篇《中秋玩月賦》的作者仍是李文馥本人無疑。

1833年李文馥等人的廣東之行，除了李文馥撰有《粵行吟草》之外，同行的黃炯也撰有同樣名爲《粵行吟草》的詩集，汝伯仕也寫有《粵行雜草》，繆艮曾爲這三本書都寫了序②。可惜黃氏之書業已不存，而汝氏之書幸有其子汝以烜在二十幾年後(1857)重新編輯傳世，《越南漢文燕行文獻集成》特別予以收入第十三冊，出版說明提到：

> 本書最顯著的特點，是記錄了使臣與中國士大夫交遊往來的許多情況和細節，如與時任兩廣總督盧坤、廣東巡撫朱桂楨等的交往，與繆艮、陳春山、劉文瀾等更有詩作唱和與交流。……據本書卷首目錄，卷下末本應附有汝伯仕廣東之行所購的一千六百七十四種書之書目，但

---

① 語見《越南漢文燕行文獻集成》第十三冊，頁3，撰文者：金菊園。
② 三篇序文都收在繆艮所編《中外群英會錄》。

關載，未知何故。①

此言亦需更正。按《粵行雜草編輯》卷下計收"餽贈詩（二十四首）"、"徵詩啓（一篇）"、"詩社（三十四首）"、"聯課（二對）"、"書目（一千六百七十四）"，這些都是汝伯仕所收集的廣東文學史料，其"書目"實爲 1 762 種，該份書單並非汝伯仕所購之書，而是當年他從廣州書店"筠清行"抄録下來售書清單，其中究竟有多少種被他購回不得而知，但該書目仍在，只可惜《越南漢文燕行文獻集成》選錯了版本，當初不該選擇漢喃研究院所藏編號 VHv. 100 的版本（題《元立粵行雜草詩》，120 頁），而應使用藏書編號 VHv. 1797/1—2 的本子（題《粵行雜草》，248 頁），這本卷下所抄録的《筠清行書目》完整無缺②。

《粵行續吟》是李文馥 1834 年第二次到中國廣東的詩文集，其書尚存，惜爲《越南漢文燕行文獻集成》所漏收。該書目前至少存有二部抄本，一部抄在《粵行吟草》之後、《三之粵集草》之前，扉頁僅署"貴書/粵行吟草/李文馥"，漢喃研究院藏書編號 A. 2685/2，另一部也是抄在《粵行吟草》之後，編號 A. 300，極可能因此而受忽略。今檢閲全書，可以看到他此行與廣東當地文友繆艮、梁毅菴、陸雲波、陸謙莽（名吉）、梁夏峰（名玉書）、楊燕石（名瑜）、吳湘雲、陳香池彼此唱和之作；李文馥曾説繆艮"與余最相契"，所以他在爲客居廣東的江蘇孝廉楊燕石《越南記畧新編》寫序之餘，甚至還主動替他寫信託繆艮代爲謀館；此外，他還曾爲去年所認識的陳任齋書寫輓詩加以哀悼，足見他與廣東衆文友"交情之厚"③。也就在這一年（1834），繆艮將去年珠江群英會所有的唱和詩文，加上今年與越南使節團二度重逢的有

---

① 語見《越南漢文燕行文獻集成》第十三冊，頁 106，撰文者：李慧玲。

② 詳參陳益源《清代越南使節在中國的購書經驗》一文，收入陳益源《越南漢籍文獻述論》，《筠清行書目》作爲該文之附録，載於頁 17—48。承蒙上海復旦大學周振鶴教授指正，書目中四種"閩板"書不必校改作"閩板"（《閩板不是閩板——讀〈筠清行書目〉》，2012 年 8 月 5 日《南方都市報》），於此申謝。

③ 編號 A. 2685/2 之《粵行續吟》抄本書尾增《附抄梁毅菴見寄詩并引》，李文馥注云："紹治五年乙巳（1845）臘見寄，以見交情之厚，因附抄於此。"原來這是兩人一別十年之後（1845）梁毅菴在廣東託越粵使節"鑑湖杜君"（即杜俊大）帶回越南給他的問候。此外，編號 A. 300 之《粵行續吟》抄本則另抄有甲午（1834）秋永順李文馥（鄰芝）與錢塘繆艮（蓮仙）、潮陽陳作舟（笠漁）、下相陸吉（謙菴）、花縣楊瑜（燕石）、昆陵吳瀚（湘雲）等五位詩友聯吟"三十夜月"的《詠月詩集》，每人五韻，詩前有序，仿佛別抄成冊。

關新作,編成《中外群英會録》一書,並交付出版①,成爲中越文人詩文交流的重要成果②。《越南漢文燕行文獻集成》當初若能注意到《粵行續吟》、《中外群英會録》的存在,皆予收録,則内容益顯完備。

《三之粵集草》、《仙城侶話集》、《二十四孝演歌》三種,都是李文馥1835年第三次到廣東的作品。《三之粵集草》中有《舟進獵德江即事》、《詠寒暑表(有引)》、《廣東城記事》、《廣東省城災記(并引)》等重要的廣東社會史料,值得注意;同時,他這次再到中國時,與他"交誼殊切"的繆艮已不幸過世,靈柩正停放在廣州大東門外的地藏庵之"浙紹義莊"中,八月二日,李文馥偕同事陳秀穎、杜俊大以及南海梁毅菴、江蘇陸吉等人,辦下酒果、香燭等物,至停棺的第二連房致弔,酌酒焚香,取次拜奠,另作《輓繆蓮仙三首》及《弔蓮仙文》以哀③。以往我們對這位寓居廣東二十五年,被錢鍾書譽爲"時代的先驅者"、郭沫若呼籲"予以一定的注意"的繆艮④,所知有限,知其於清乾隆三十一年(1766)生於浙江杭州,至於卒年則往往不詳正確時間或寫錯時間⑤,多虧《三之粵集草》的記載,方能水落石出。李文馥1835年此行除了《三之粵集草》之外,另有二部著作,都是他在廣東與同行使節杜俊大、陳秀穎的作品彙編,一是《仙城侶話集》,已收入《越南漢文燕行文獻集成》第十三册,確實有與《三之粵集草》互相參閱的價值;另一部爲《二十四孝演歌》,或名爲《二十四孝演音》,乃中國"二十四孝"故事的喃文譯本,現存者除了有紹治五年(1845)刊本、嗣德二十四年(1871)錦文堂刊本、成泰十二年(1900)觀文堂刊本之外,還分別被附載在《掇拾雜記》、《勸孝

① 如今中國境内不知何處有藏。可喜的是,越南河内漢喃研究院圖書館仍藏有抄本二部,編號:A.138、A.3039。
② 相關研究可參考王偉勇《中越文人"意外"交流之成果——〈中外群英會録〉述評》一文,載於王三慶、陳益源主編:《東亞漢文學與民俗文化國際學術研討會論文集》,臺北:樂學書局,2007年版,頁519—561。
③ 參見李文馥《三之粵集草》之《輓繆蓮仙三首》、《偕同事陳是軒杜鑑湖南海梁毅菴江蘇陸謙莽諸君共舟往弔繆蓮仙感作》、《詣蓮仙櫬所哭成一律並記》、《弔蓮仙文》,《越南漢文燕行文獻集成》第十三册,頁255—261。
④ 詳參陳益源、賴承俊:《寓粵文人繆艮與越南使節的因緣際會——從筆記小説〈塗説〉談起》,《明清小説研究》2011年第2期,頁212—226。關於繆艮比較完整的研究,可另參賴承俊:《繆艮其人及其作品研究》,臺南:成功大學中文系碩士論文,陳益源指導,2011年7月。
⑤ 如葉春生《嶺南俗文學簡史》説他"卒年不可考"(廣州:廣東高等教育出版社,1996年6月,頁53),或如陳邦炎主編《曲苑觀止·清代卷》誤斷其卒於1830年(臺北:臺灣古籍出版公司,2001年版,頁824)。

書》、《孝順約語》、《驪州風土記》、《詩文並雜紙》等書之中,在越南廣泛流傳。《越南漢文燕行文獻集成》第十三册《三之粵集草》的出版説明曾注意到:

> 書中所録最有特色的作品是李文馥的"二十四孝"系列,如《閲二十四孝故事感作》、《二十四孝演歌引》、《詠二十四孝詩序》等,李氏決心把這些"古之聖人賢人"的故事"演之土音",以便"易於成誦",從中可見他對中國文化的仰慕。①

不過,由於《二十四孝演歌》、《詠二十四孝詩》的原作並没有完整收入《三之粵集草》,因此大家可能不瞭解:《二十四孝演歌》乃起因於杜俊大(曾任永隆省按察使)在1835年十月於廣州從《日記故事》中讀到"二十四孝",頗有感觸,"惜未聞有演之土音,使婦孺皆得習而化之者",故請求長於演音歌曲的李文馥將它們一一譯成六八體的喃文,而《二十四孝演歌》在每則演音之前,仍先引述漢字原文,李文馥在完成《二十四孝演歌》之後,曾請杜俊大、陳秀穎(曾任承天府尹)過目、寫跋,隔月(十一月)三人各作《詠二十四孝詩二十四首》繫於演音之後,而此舉又得到當時在廣州的中國文友譚鏡湖(秋江)、梁釗(毅菴)的唱和,也隨之續作《和李陳杜詠孝詩二十四首》②。因此,獨立完整且影響頗大的《二十四孝演歌》還是有收入《越南漢文燕行文獻集成》的必要的。

《鏡海續吟》是李文馥1836年第二次到澳門的作品集,書名顯然有賡續1833年《澳門誌行詩抄》的用意。《越南漢文燕行文獻集成》第十四册所收爲漢喃研究院藏編號A.303的抄本,該院所藏二本李文馥所撰《學吟存草》(編號:A.2047、A.2740)也都附載此書,值得取資校勘,深入研究,因爲這本《鏡海續吟》:

> 作者或敍經歷,或詠澳門之風土人情,或抒發思鄉之情,在鴉片戰爭前,以澳門社會風貌爲體裁的詩文並不多見,而李文馥以一名外國

---

① 語見《越南漢文燕行文獻集成》第十三册,頁231,撰文者:李慧玲。
② 以上可另參陳益源《清代越南使節筆下的孝感及其孝感孝子故事》,國際亞細亞民俗學會中國分會:《重陽與亞洲孝道文化國際論壇論文集》,2014年9月。

人的視覺審視澳門的社會實情，並以漢文形式記載下來，這無疑是極其寶貴的，對清代澳門史研究有著重要的史料價值。①

當然，在史料價值之外，《鏡海續吟》還記錄了他與澳門分府馬士龍、香山縣丞金天澤，以及廣東故交的友好互動，1833 年曾陪他到過澳門的南海梁毅菴特別坐船來探望，他不僅賦詩相贈，又託梁毅菴幫他送詩給去年在廣州認識的譚秋江；再者，他也曾和澳門觀音閣現場石刻詩作，展現了他過人的文學才華②。

總之，在 1833—1836 年之間，李文馥《粵行吟草》、《粵行續吟》、《三之粵集草》、《仙城侶話集》、《二十四孝演歌》、《鏡海續吟》等六種，以及汝伯仕的《粵行雜草編輯》，乃至由繆艮主編的《中外群英會錄》、參與創作的《詠月詩集》，都是越南使節於中國廣東、澳門租界從事文學活動的重要文獻，價值匪淺。

六、1851 年，范富庶《東行詩録》

平心而論，《越南漢文燕行文獻集成》遺漏重要著作的情況比想象的還要嚴重，載於范富庶《蔗園全集》③卷四的《東行詩録》又是一例。

范富庶（1820—1881），字教之，號竹堂，別號蔗園，其六代祖范志齋"自北來"，隸籍於廣南省延福縣東嶠社，他生於明命元年（1820），紹治三年（1843）便擢進士及第，授翰林院編修，嗣德四年（1851）以本職充内閣行走，奉派從"瑞鷥船"送清把總吳會麟回廣東，此行著有《東行詩録》，嗣德十六年（1863）復充如西副使，與正使潘清簡、陪使魏克憻出使富浪沙（即法國）

① 語見陳文源《清代越南國使李文馥與〈鏡海續吟〉》，載於《澳門史研究Ⅳ》，頁107—110。
② 其《登鏡海神山觀音閣步鐫石元韻》詩曰："海共長天一色鮮，神州絕頂漾清漣。白環沙塢低塵國，碧鎖林梢罟洞天。浩劫百年看水月，征帆萬里接雲煙。淪胥世界誰超悟，點化靈機欲叩禪。"自注云："遍地皆尚耶穌不尚佛。"《越南漢文燕行文獻集成》第十四冊，頁 11。據筆者於澳門現場考察，李文馥所和對象乃清乾隆三年（1738）仲夏林國楦所題："水碧沙明遠映鮮，蓮花仙島湧清漣。岸窮海角應無地，路轉林深別有天。一任飛潛空際色，半分夷夏雜人煙。幽心已托南溟外，獨坐松陰覺妙禪。"而這首正是澳門現存較早的詩家佳構。
③ 《蔗園全集》二十六卷，漢喃研究院圖書館藏有刊本六種、抄本一種，本文所根據的是成泰年間的刊本，編號：A.2692。

和衣坡儒(即西班牙),該行著有《西行日記》、《西浮詩草》,嗣德三十四年(1881)卒,享年六十二①。

　　據《東行詩錄》載,嗣德四年(1851)三月,范富庶奉派從官船"瑞鷺號"送清國飄風把總吳會麟回廣東,六月初六早上從廣平省茶山澳出洋,舟過七洲、廣州老萬山,曾失路至潮州平海城,然後於初十折返烏門,之後舟泊虎門外,直到六月二十三日才由廣東雷州知府南澳砲臺參府同司事通言等率舟師護送官船入獵德江,於獵德砲臺權寄火藥,而派員則乘小舟入省城廣州公幹。他們在廣州一直停留超過半年(那一年閏八月),直到十二月十六日才又由獵德江發舟,十九日晚上自魯萬海口放洋,二十二日中午即入奠海口,舟抵沱瀼汛。范富庶《舟抵沱瀼汛誌事》詩中也説:"彊半載餘成命重,纔三日夜片帆輕。"那麼他們到底身負什麼重責大任要在廣東待那麼長的時間呢?

　　和1830年代李文馥、汝伯仕等人如東目的類似,范富庶等人名爲送清國飄風把總吳會麟回廣東,實則"瑞鷺號"船上"多帶稻米名材壓艙,又官銀二萬兩備採市貨物"②,所購之物明確可考者有二,一爲花地的珍貴花木③,一爲廣州城中的圖書,後者有二詩可證:

《檢官書呈同事諸人》

　　一片羈懷半載餘,陳編日夜度居諸。他年若檢東行記,贏得隨舟萬卷書。④

《檢印板書(《四書》板印出)聞同館鄰房理曲》

　　片片梨鐫細繹尋,分明畫出聖賢心。個中自有無窮樂,安得旁人盡解音。⑤

又,范富庶另一首《過文石適杜湘舲余猷庭同在坐書遺》,也有小注説明他忙著檢買官書:

---

① 傳見《大南正編列傳二集》卷三四,《大南實錄》第二十册,日本慶應義塾大學言語文化研究所複印本,1981年9月,頁7984—7988。並參阮思僩所撰:《皇朝誥授榮祿大夫柱國協辦大學士前海安總督兼充總理商政大臣范文懿相公神道碑》,載於《蔗園全集》卷首。
② 引文見於《大南正編列傳二集》卷三四《枚英俊傳》,《大南實錄》第二十册,頁7982。
③ 范富庶《自珠江泛舟至花地萃林園紀事》一詩有注云:"公幹買花木到此,花地亦名花埭。"
④ 引自《蔗園全集》卷四《東行詩錄》,漢喃研究院圖書館藏書,編號:A.2692,頁17a。
⑤ 同上,頁17b。

杜、余二人皆前次行价文字遊也,辰(時)以檢官書,不過文石已一月矣,因書贈文石,兼柬同坐。①

除了執行公務之外,范富庶在廣東的半年多裏,早在舟泊虎門外期間即登沙角砲臺,參觀南邊山村陳氏南雪草堂、太平街嘉蘭山樓,也曾在獵德江邊致奠紹治初年在該處失事的越南官兵②,並登赤岡墻,均有題詩。此外,他曾到廣州城西數里石濂和尚所建長壽寺、城西夜市,也有詩記錄城中中元節放河燈、中秋夜江樓看花艇,以及廣東海關點兵、花地王氏花園(萃林園)的盛況,另有《珠江紀見雜咏》(十截),歌詠花田、海幢寺、天后廟會、賽火神、咸豐選八旗宮女、十三行、黃浦江洋船、茶樓、耶蘇教譯書、市井買賣,是他對廣州社會生活的深度觀察,極具文學與歷史的價值。

范富庶在廣州的文學活動,還包括他應廣州秀才黎文石(名寶)、黎鏡卿(名方亮)的邀請,偕同僚(正行价黎直軒、著作阮玉汝、典簿阮有光、修撰武黃中等)幾度往訪黎氏山房,與黎氏兄弟以及在座文士余猷庭、杜湘舲等人互有酬唱之作;此外,他也曾同修撰武黃中官,去拜訪過梁毅菴,相互唱答。席間,黎氏兄弟、余猷庭不斷提及前次派員杜鑑湖(俊大)、枚貞叔(德常)和他們過去的交往③,梁毅菴也念念不忘前次派員李鄰芝(文馥)、黃健齋(炯)二十年前的舊交情④,他甚至還出示當地詩社二題(《贈拾字紙僱》、《閏中秋觀月》)請范富庶聯吟。《東行詩錄》載有《回帆有日留贈諸知己且以誌別》,分別留贈黎文石、黎鏡卿、梁毅菴,又有《上船日鏡卿親往送別自行价以下七言絕句次元韻留別山房文會諸君子》,分別寫給黎文石、黎鏡卿、杜湘舲、余猷庭、冼安榮(六僑居士)、張鏡池(兆蓉)、黎虞庭(維樅),以

---

① 引自《蔗園全集》卷四《東行詩錄》,漢喃研究院圖書館藏書,編號:A.2692,頁26a。
② 《獵德江次致奠年前失事員弁誌感》詩有注云:"紹治初年送犯,辰(時)派員已上公館,武弁丁留船,因點燈檢火藥,誤落爐,為所害,後凡船至粵者,皆於獵德砲臺權寄火藥。"
③ 當指上文所言越南紹治五年(道光二十五年,1845)杜俊大、枚常德、黎止信、管奇胡等人奉派"解送清俘於廣東"之行。
④ 梁毅菴與李文馥、黃健齋等越南使節結識於1833年,詳見上文,距離1851年確實即將屆滿二十年。又按:《東行詩錄》有《同武黃中過梁毅菴坐間遍訪我國前次派員李鄰芝黃健齋諸公且有懷舊之情因書短律二首投贈》一詩,詩尾注云:"《楚庭耆舊遺集》載:乾隆辰(時),南海縣人刑部主事顏慤恪有《懷安南四君子》詩。我南黎未辰(時)黎侗、鄭憲等四人,以國事來與中州士夫往還,多見推許。"經查《越南漢文燕行文獻集成》第六冊有後黎朝黎侗《北行叢錄》、黎惟亶《使軺行狀》,但未見相關記錄,尚待繼續追索。

及顏、鍾、馮三人，由此可以看到范富庶此行所主要交往的一批廣東文人①。

七、1855 年，潘輝泳《駰程隨筆》、范芝香第二次使程詩集

潘輝泳（1801—1871），字涵甫，號柴峰，嗣德五年（1852）即已奉命擔任嗣德六年至八年（清咸豐三年至五年，1853—1855）答謝部正使，出使中國：

> 潘輝泳此行，適逢中國發生震驚中外的太平天國運動，故其與前此越南使臣燕行的最大不同，一是經行路綫頻繁改變，二是返程時多處受阻，在中國滯留三年纔由海路返回越南。這些在《駰程隨筆》中均有真實而詳確的反映。②

按《駰程隨筆》收錄潘輝泳一百七十餘首 1853—1855 年的北使詩作③，只有最後六首作於廣東：

> 《梧州發棹》
> 《粵東江館漫述》
> 《粵館接廣安來文恭讀硃筆喜作》
> 《初春游花地歷謁煙雨海幢諸寺興作》（附錄《粵東學生陳立卿次韻送別》）
> 《陳立卿錄呈虞復武宅卿游花地之作仍用元韻答贈》（附《陳生錄呈原筆》）

---

① 范富庶此行出發之前曾去拜訪從善郡王倉山白毫子，"公以所著及選詩，付倩清文人評閱"（語見《途間往候倉山公敬上短韻》詩注），此顏、鍾、馮三人和張鏡池，都曾在黎氏山房文會中爲范富庶隨身所攜帶的從善郡王倉山白毫子《獻風集》題詩。又，范富庶自己的《蔗園全集》之《蔗園詩草》，批評者除了越南王親、大臣之外，尚有皇清榜眼黃資水自元（戊辰科第一甲進士及第第二名）序、監學黎簴庭（維樅）跋、紀園老人史澄（穆堂）評、番禺陳澧（蘭甫）評、南海陳簡書（磻石氏）評，由此亦可見其與中國文人之交情。
② 語見《越南漢文燕行文獻集成》第十七冊《駰程隨筆》出版説明，頁 223—224，撰文者：陳正宏。
③ 劉春銀、王小盾、陳義主編之《越南漢喃文獻目錄提要》誤作"壬子年（1852）至癸丑年（1853）使華時所作"，臺北："中央研究院"中國文哲研究所，2002 年版，頁 755。

《渡海》

《梧州發棹》注云乙卯年(1855)"四月十三日自梧州開船,十六日抵廣東省城津次",《渡海》注云"十月初十日開船,十一日出虎門,十四日經澳門放洋",可見他經由海路返回越南前在廣州停留半年之久,曾與乙副使武文俊(字宅卿)等人游覽花地參觀煙雨、海幢諸寺,並和粵東學生陳立卿有詩文唱和,這位陳立卿,潘輝泳詩注有云"立卿,陳邦達,南海縣人,母貫河內省轄",言下之意似指他的母親是越南人,詳情如何則未可知。

　　可以留意的是,1855 年經由海路返回越南的越南使節團有二,除了答謝部潘輝泳、劉亮翰、武文俊之外,另有一范芝香、阮有絢、阮惟充之歲貢部,二部同行,因此若能檢閱范芝香等人的使程記錄,或許可以有所發現。果然,我們在《越南漢文燕行文獻集成》第十七册署名"阮朝·范芝香撰"的《志庵東溪詩集》中,看到了他作於廣東的幾首詩:

　　　　《粵東館中接廣東來文恭讀硃諭喜作》
　　　　《夜聞鄰館理曲》
　　　　《粵東懷古》
　　　　《同游花地次宅卿元韻》
　　　　《花地偶占》(四絶)
　　　　《次韻留贈陳生那達兼以誌別》

按《志庵東溪詩集》,漢喃研究院圖書館藏編號 A. 391 號之抄本原題爲"東作阮文理撰",《越南漢文燕行文獻集成》考證此集第一、第二部分分別對應范芝香(？—1871,字士南,號郿川)紹治五年(清道光二十五年,1845)、嗣德五年(清咸豐二年,1852)兩度出使清朝,故改署作者爲"阮朝·范芝香撰",的確可信①。問題是,此集書名中的"志庵"、"東溪詩集",乃是東作人阮文理的字號與作品②,既然考證得知此集作者不是阮文理,那麼書名其實

---

① 詳見《越南漢文燕行文獻集成》第十七册《志庵東溪詩集》出版説明,頁75—76,撰文者:鄭幸。又,范芝香第一次出使清朝著有《郿州使程詩集》,該書亦收入《越南漢文燕行文獻集成》第十五册。

② 按阮文理,范富庶《蔗園全集》卷首有其小傳云:"阮志軒,河内進士,官至撫軍,諱文理,東作社人。"傳見《大南正編列傳二集》卷三一(《大南實録》第二十册,頁7941—7942),知其爲明命十三年(1832)進士,著有《東溪詩集》四卷、《文集》五卷、《自家要語》一卷。

也不應該繼續援用《志庵東溪詩集》才是。

　　我們將 1855 年潘輝泳《輶程隨筆》、范芝香第二次使程詩集内與廣東有關的作品互校，可知後者之“接廣東來文”當是“接廣安來文”筆誤，而“陳生那達”亦可能是“陳生邦達”之訛。

八、1865—1868 年，鄧輝𤏸
《東南盡美録》、《柏悦集》

　　礙於太平天國之亂所成的時局動蕩，越南自清咸豐五年（1855）潘輝泳、范芝香等二部如清使團返越之後，至同治七年（1868）黎峻、阮思僩、黄竝“四貢並進”①之前，中、越間有長達十幾年的正常貢使被迫停止，其權宜之計則是派遣鄧輝𤏸“以‘欽派如東公幹、鴻臚寺卿、辦理户部事務’的身份，於嗣德十八年乙丑（清同治四年，1865）、二十年丁卯（清同治六年，1867）兩次奉使中國廣東”②。

　　鄧輝𤏸（1825—1894，字黄中，號醒齋），他在 1865—1866 和 1867—1868 年二度兩次奉使中國廣東期間的詩文，後來彙集成《東南盡美録》一書，現收入《越南漢文燕行文獻集成》第十八册，出版説明簡介該書反映鄧輝𤏸在華生活的豐富多彩（包括與在華越僑、廣東商人的親密互動，甚至在廣州娶了“異國姫”並生下孩子），以及該書在中越關係史和晚清史的重要價值，此外：

> 　　書中所記佛山書坊梁氏拾芥園爲鄧氏刊刻《鄧黄中詩鈔》、《四十八孝詩畫》、《辭受要規》、《鄧惕齋言行録》、《柏悦集》等書（《拾芥園梁惠存書贈》），則爲研究越南漢籍裏的中國代刻本，提供了珍貴的文獻資料。③

---

① “四貢”指的是咸豐七年（1857）、咸豐十一年（1861）、同治四年（1865）、同治八年（1869）這四次越南到中國四年一度的歲貢。
② 參見《越南漢文燕行文獻集成》第十八册《東南盡美録》出版説明，頁 3—4，撰文者：陳正弘。又按：漢喃研究院圖書館藏有《鄧黄中文鈔》（編號：VHv.834/1—4），卷一有其“微行真容”自題，夾注云：“乙丑，是夏，余奉派如粵，剃髮結辮，一如清粧。”這是一則頗爲難得的有趣記載。
③ 語見《越南漢文燕行文獻集成》第十八册，頁 4。

根據漢喃研究院圖書館藏書以觀,鄧輝𤏸編輯出版的《四十八孝詩畫全集》（AC. 16）扉頁題"嗣德丁卯（1867）冬新鐫/鄧黃中家草",《辭受要規》（A. 491、VHv. 252）、《鄧黃中詩鈔》（VHv. 249、VHv. 833、）均題"嗣德戊辰（1868）秋七月新鐫/鄧季書堂藏板",《柏悅集》（A. 2459、VHv. 2395）、《東南盡美錄》（A.416）均題嗣德戊辰（1868）冬十月"鄧季祠堂藏板",這些印本和出版於嗣德戊辰年（1868）的《鄧惕齋言行錄》,無論所署出版者爲何,確實都是廣東佛山梁惠存的拾芥園所代刻①。

綜觀《東南盡美錄》一書所載鄧輝𤏸詩文與自注,梁惠存（"南海縣佛山鎮人,五雲樓梁逸堂從弟"）,以及旅居廣東河南土地巷的越僑李紹榮（"茂瑞,廣南清鄉人,行人司七品行人、謹信司主事李履正諱泰鵠之子"）、秀才蘇心畲（"道芳,番禺縣人"）、參將盧雨人（"名爲霖,廣東東莞縣人"）、蘇偉堂（"名烺,廣東人"）、湯雉山（"湯,廣東人"）、廩生湯警盤（"警盤,雉山之長子"）、羅堯衢（"蘇偉堂蒙師……廣東人"）、崑美正行吕堯陛（"廷輝,鶴山縣人,游商廣南,經數十稔"）、武舉梁醴亭（"恩平縣人"）、葉棣新（"尊樓,南海縣人"）、廣東河南星士陳奇章、黎倫福商號主人黎華甫（"英,南海縣人,素業織"）、楊慧卿（"啓智,南海縣人"）、進士高子登（"學瀛,番禺縣人"）、秀才梁介男（"晉望,番禺縣人"）、梁荔圃（"宜勉,南海縣佛山鎮人……梁惠存之叔"）等,都是鄧輝𤏸在廣東期間所結交的對象。其中曾爲《鄧黃中詩鈔》寫過序的蘇偉堂,亦在香港經商,鄧輝𤏸説自己"余來港,曾寄宿焉",可見他不只長住廣州,還到過香港②。再者,根據《鄧黃中文抄》的記載,鄧輝𤏸個人也在廣東得到不少中國書,包括南海楊慧卿送他《康熙御題耕織圖》、古板《金湯借箸十二籌》,他自己購得的《大宋四六選》,以及他到五雲樓想找《昨非菴集》,主人梁逸堂告訴他:"此書甚益心身,奈前者西夷燒佛山鎮,梨棗盡付火司矣!"乃改贈其家藏的《二味集》,這幾種書他

---

① 與《拾芥園梁惠存書贈》所注（"余赴粵,曾以《鄧黃中詩鈔》、《四十八孝詩畫》、《辭受要規》、《鄧惕齋言行錄》、《柏悦集》諸部書付梓,皆出惠存一人之手"）相符。又按:越南陳文玾編有《北書南印板書目》,收書 679 種（全文附載於陳益源《越南漢籍文獻述論》,頁 71—86）,其中第 16 種即是《四十八孝詩畫》,殊不知此書乃南人（鄧輝𤏸）加工後的北書,又是在北國（廣東佛山）代工刊印後而傳回越南的。

② 鄧輝𤏸《〈辭受要規〉自序》亦曾説道:"乙丑（1865）夏以來,欽奉別派,遍往外國廣東、香港、澳門,本國廣南以北諸地方。"序載於《鄧黃中文抄》卷三,漢喃研究院圖書館藏書,編號:VHv. 834/3。

後來都帶回越南並且很快予以重刻①。

　　《越南漢文燕行文獻集成》第十八册收有鄧輝燼的《東南盡美録》，未收《柏悦集》，不過如果要考察他在中國廣東的文學活動，《柏悦集》也是不可或缺的。《越南漢喃文獻目録提要》著録《柏悦集》，説：

　　　　今存承天省鄧季族祠堂嗣德二十一年（1868）印本二種。

　　　　賀詩二十八首，鄧輝燼編輯；本書内容爲鄧輝燼出使中國廣東時，賀其弟登第的詩，其中一首由鄧輝燼自作，此外皆由中國人作。②

　　如前所述，《柏悦集》嗣德二十一年（1868）的印本（二種實爲同一版本）是在中國廣東佛山代刻的；而賀鄧輝燼弟弟鄧輝燦榮登該年七月越南鄉試舉人榜第九名的二十七位友人中，除了越僑李紹榮以及高子登、蘇心畬、梁介男、黎華甫、梁荔圃、蘇偉堂、楊慧卿之外，尚有進士吕善卿（“元勳，鶴山縣人”）、舉人吕雲浦（“乾，鶴山縣人”）、楊瑞人（“鵬南，鶴山縣人”）、副榜楊瑶石（“瓊，南海縣人”）、秀才宋袞庭（“朝理，番禺縣人”）、楊秋田（“其菘，南海縣人”）、吕麗山（“璣，鶴山縣人”）、趙韞卿（“獻琛，番禺縣人”）、監生張湘浦（“文瀾，番禺縣人”）、陳鏡蓉（“光彦，順德縣人”）、王福順（“拔萃，福建省人”）、蘇星衢（“敬宗，三水縣人”）、李保卿（“文祐，紹榮之子”）、蘇子城（“維宗，偉堂之弟”）、潘濟之（“文海，南海縣人”）、楊樾（“南海縣人”）、潘裕和（“海士，南海縣人”）、潘利和（“乾士，南海縣人”）、潘紀照（“樹標”）等，這無疑也爲我們查考 1860 年代廣東文壇活動意外提供了一些寶貴的線索。

九、1883—1884 年，范慎遹、阮述《建福元年如清日程》、《往津日記》

　　清代越南派往中國的最後一個使節團，是由范慎遹（1825—1885，字觀

---

① 詳見《鄧黄中文抄》卷三《清康熙御題耕織圖副本》、《重鐫金湯借箸十二篇》、《重鐫宋四六選》、《重鐫二味集》等書的序文。其中《清康熙御題耕織圖副本》嗣德己巳年（1869）鄧季祠堂重印本，漢喃研究院圖書館仍藏有三本（編號：VHv.823、VHv.824、AC.603），亦被陳文玾編入《北書南印板書目》的第 600 種，書名簡稱爲《耕織圖副本》。

② 劉春銀、王小盾、陳義主編，頁 755。

成,號望山)、阮述(1842—?,字孝生,號荷亭)所率領、取道海路的天津訪問團,相關文獻記録有三:《建福元年如清日程》《往使天津日記》《往津日記》,作者或署范慎遹,或署阮述。1966 年法國漢學家戴密微(P. Demieville)曾將阮述《往津日記》的一份舊抄本送給饒宗頤教授(原書現仍藏於香港大學饒宗頤學術館),饒教授撰有《阮荷亭〈往津日記〉鈔本跋》,並由陳荆和教授整理、注釋,冠以精闢的解説,早於 1980 年在香港正式出版,因此知之者衆,繼續深入研究的學者亦多①。《越南漢文燕行文獻集成》第二十三册所收録的是《建福元年如清日程》,題爲"阮朝·范慎遹、阮述撰",本文暫先以此做爲討論的對象。

《建福元年如清日程》出版説明提到:

> 全書以日記的形式,記載了范、阮二人自阮朝嗣德三十五年十二月二十一日(一八八三年一月二十九日)受命從越南出發,至嗣德三十六年十二月二十九日(一八八四年一月二十六日)返抵越南的全部經過,其内容主要涵蓋三個方面,一是外交交涉,二是沿途見聞,三是人物交往,相關記載具有較高的史料價值。②

其中涉及澳門、香港和廣東者,是去程自嗣德三十六年正月初六日"午牌至澳門洋分"、初七日"丑牌抵香港"開始,至二十四日"申牌自港開行"止(1883 年 2 月 13 日—1883 年 3 月 3 日);返程則是自嗣德三十六年十一月十五日"船到香港津次",至十二月初八日"酉牌過澳門"止(1883 年 12 月 14 日—1884 年 1 月 5 日)。由於《建福元年如清日程》是呈遞御覽之用,内容偏重外交交涉,越南使節在廣東所交往的中國人物在去程時僅簡略提及清朝官員唐應星、吴俊熊、馬復賁、周炳麟、石和鈞等人與之筆談而已,回程在香港的筆談對象則包括英國人清副將麥士尼、新安縣知縣沈春暉,其間阮述還曾帶翻譯到循環報館拜訪王韜。整體而言,此次越南使節在中國廣東、港澳地區的文學活動記載似乎十分有限。

---

① 例如鄭永常《嗣德帝的最後掙扎:1880—1883 年的中越秘密接觸》、陳三井《中法戰爭前夕越南使節研究:以阮述爲例之討論》二文(收入許文堂主編《越南、中國與臺灣關係的轉變》),以及龔敏《阮述〈往津日記〉引發的學術因緣——以香港大學饒宗頤館藏戴密微、饒宗頤往來書信爲中心》(載於《社會科學論壇》2011 年第 3 期,頁 43—49)。

② 《越南漢文燕行文獻集成》第二十三册,頁 174。

　　然而,阮述個人私撰的《往津日記》則與《建福元年如清日程》重點不
一,詳略有別,例如返程時嗣德三十六年十一月,《建福元年如清日程》
記載:

　　　　二十八日,臣阮述帶通事輝到循環報館訪王韜(上海返回香港),
少頃回棧。①

《往津日記》則寫道:

　　　　二十八日,往循環報館訪王紫詮。紫詮自上海初回,見余甚喜。
即欲投席招請文士歡飲,余以現有國喪,不敢宴樂,辭之。②

再加上這趟使程其實使節們一開始並非同時出發,據《往津日記》記載,阮
述個人早就提前於嗣德三十五年十二月八日帶人"偕清官唐景崧、馬復賁
往香港、廣東公幹"③,他在十二月廿二日(1833 年 1 月 30)已"夜過澳門",
廿三日"早過萬山,午抵香港",住在上環信和源棧,廿四日"略覽香港形
勝",廿五、廿六與管辦香港招商分局張祿如(名麐孫)、管辦廣東招商分局
吳香圃(名俊熊)交往,廿九日"至文裕堂買書",三十日"往訪王紫詮(諱
韜)",對王韜以及彼此之間的筆談內容有非常詳細的描述④,嗣德三十六年
元旦"王紫詮、石清泉⑤與招商局張祿如皆來賀節",初四日"與石清泉、阮

---

① 《越南漢文燕行文獻集成》第二十三冊,頁 261。
② 引自陳荊和編注《阮述〈往津日記〉》,香港:中文大學出版社,1980 年版,頁 61—62。
③ 語見《阮述〈往津日記〉》,頁 19。《建福元年如清日程》嗣德三十五年十二月二十一日亦有注
　 云:"由臣阮述已於是月初十日,奉準齎送國書前往廣東呈候。"《越南漢文燕行文獻集成》第二
　 十三冊,頁 178。
④ 文曰:"紫詮江蘇長洲人,博學能文。年前粵匪之亂,上書當事,陳破賊計;又團鄉勇以應官軍。
　 適爲讒人誣以通匪,紫詮乃避之外洋,遍遊歐洲各國。其於言語文字、人情風物,多習而知之,又
　 能揣摩中外大局,發爲議論,以寄懷抱。今在香港主循環日報館。聞余至,喜甚。邀坐筆談,歷
　 敍我國派員陳梅宕(希曾)、黎合軒(調)、潘九霞(炳)諸公曩時往來交遊之雅,及竹堂范協揆學
　 識詩才,素所嚮慕,恨不得見。間又訊及我國與法人交涉現情,纔片刻間,彼此談紙已盈寸矣。
　 席間贈余以所著詩集,余回寓,亦以葦野、妙蓮詩集贈之。"《阮述〈往津日記〉》,頁 23。
⑤ 有注云:"名應麒,廣東人。寓香港管我學童學習英字事。"陳荊和注引《大南寔録正編》第四紀
　 卷五六嗣德三十四年二月條的相關記載,説:"可見這些學童於年前即來港留學,爲留學香港之
　 首批越南學生。"詳見《阮述〈往津日記〉》,頁 68。

夢仙乘小火船至九龍山官許景堂試放水雷礮”,初五日“坐河南輪船赴省。……寓于揚仁街何昭記店”,初六日“石清泉之子和鈞與其弟慶鈞來見”,初七日“是晚至五雲樓買書,樓已失火,移居他店,書籍亦多殘缺”,初九日、初十日與唐應星互訪,十一日、十二日與馬鐵厓(即馬復賁)互訪,“日晚至招商局訪唐應星”,十五日馬鐵厓等人邀“至杏花樓小飲,微醺而散”,十六日往觀機器局,見總辦温子紹(號瓠園),十七日“遊粵秀山”與觀音閣道士一起喝茶……廿二日與唐應星、馬鐵厓、周竹卿(即周炳麟)等人搭“富有號”船回港①,廿三日“又聞王紫詮病,往探之”。

　　兩相比較之下,阮述《往津日記》實比呈遞御覽之《建福元年如清日程》更富史料價值,《越南漢文燕行文獻集成》在《建福元年如清日程》、《往使天津日記》這二本大同小異的文獻之中選刊“多三幅上海、香港、天津的手繪簡圖”的前者,並無不妥,但它未能將阮述這部具私人日記性質的《往津日記》一併收入,則可謂是失算了。

結　語

　　以上按年代先後所討論的越南使節及其作品,都是與越南使節本人在廣東、港澳地區的活動直接有關的文獻作品,其他間接的文字也有不少,例如嗣德二年(清道光二十九年,1849)出使過中國的阮文超(1799—1872,號方亭)可能沒有到過廣東,但他的《方亭隨筆錄》卷四則收有一篇《香澳情勢》②,頗有可觀之處,而他另外一部詩集《璧垣藻鑑》③,則出現了《與廣東遊子廖掄英》一詩。又如嗣德二十一年(清同治七年,1868)出使過中國的阮思僩,其《燕軺詩文集》中《梧州八首》(其三)詩曰:“十六年前使節過,江湖滿地阻干戈。我來正及清平會,人海無塵水不波。”注云:“咸豐四年,謝貢兩部使臣回到梧州城,遇挺匪之變,被圍數月,圍既解,復因潯南太一路

① 有注云:“是日,搭客一百九十餘人,太半爲兩粵舉人赴京會試者,周竹卿亦在行焉。”《阮述〈往津日記〉》,頁28。
② 《方亭隨筆錄》六卷,河內越南國家圖書館、漢喃研究院圖書館均有收藏,漢喃研究院圖書館另有一名爲《四海考説》的抄本(編號:A.2240),實爲《方亭隨筆錄》卷四之節抄,《香澳情勢》亦見其中。
③ 書藏漢喃研究院圖書館,編號:A.2589。

匪梗,改道粵東回國。"①這是對 1855 年潘輝泳、范芝香等人的追憶,而《寄贈湘潭覃(譚)荔仙》一詩有注曰:"荔仙三十年前遊廣東,與李鄰芝文馥相遇,詩酒更佳,是日登舟,攜所著《四照堂詩集》見贈,談次,首問消息,並問其詩已未刊行?"②則反映出中國文友對 1833—1836 年李文馥廣東之行的念念不忘。類似這樣的材料,當然也值得注意③。

　　總而言之,本人在夏露《17—19 世紀廣東與越南地區的文學交流》一文,以及中越合編《越南漢文燕行文獻集成(越南所藏編)》的基礎上,廣搜清代越南使節於中國廣東進行文學活動的相關文獻,並竭盡所能,進行甄別與補充,發現從 1790 年開始,到 1884 年爲止,在這近一百年內,計有潘輝益、武輝瑨、段浚、阮偍、吳仁靜、鄭懷德、李文馥、汝伯仕、范富庶、潘輝泳、范芝香、鄧輝㷤、范慎遹、阮述等十四位越南使節到過中國廣東、港澳地區活動,目前仍有《星槎紀行》、《華程後集》、《海煙詩集》、《華程消遣集》、《拾英堂詩集》、《艮齋觀光集》、《粵行吟草》、《粵行雜草編輯》、《粵行續吟》、《三之粵集草》、《仙城侶話集》、《二十四孝演歌》、《鏡海續吟》、《東行詩錄》、《駰程隨筆》、范芝香第二次使程詩集、《東南盡美錄》、《柏悅集》、《建福元年如清日程》、《往津日記》等超過二十部著作存世。

　　這二十部以上的越南使節文獻,都是從"他者"的角度,爲中越交通史、兩國外交史、中國社會史進行了許多詳實的觀察與記錄,其中關於這些越南使節與廣東、香港、澳門當地文人來往的密切情形,還有雙方都被保留下來的唱和之作,乃至對於當時書籍刊刻、販售情形的描述文字,無疑地,必

---

① 《燕軺詩文集》,收入《越南漢文燕行文獻集成》第二十册,引文見頁 44—45。

② 同上,引文見頁 155。

③ 又按:漢喃研究院圖書館藏有一抄本《廣東省府州縣名演歌》(編號: A. 1961),其內容爲廣東《全省十府十州八十縣》的七言體漢文演歌,並附《中國圖版》、《中國道路攷》和《羊城八景》(珠江夜月、大通煙雨、白雲曉望、蒲澗濂泉、景泰僧歸、石門返照、金山古寺、波羅浴日)的文字介紹;另藏有一名爲《北京縣城五十七詠》的抄本(編號: A. 2230),其實不限於北京,也並非五十七首,內容是自《北京大城》一路由北往南歌詠到《鎮南關》,包括廣東境內的《南雄府城》、《韶州府城》、《英德縣城》、《清遠縣城》、《肇慶府城》等。這二部文獻,疑似都與越南使節暨廣東有關,然因《越南漢喃文獻目錄提要》都將之著錄爲"中國重抄重印本",作者不詳,來歷不明,有待日後詳作考證。補記:上述《北京縣城五十七詠》抄本,經初步與《越南漢文燕行文獻集成(越南所藏編)》第一册《使華手澤詩集》進行比對,得知與後黎朝馮克寬(1528—1613)萬曆二十五年(1597)出使北京的返程詩作有很大程度的雷同,而且內容比《使華手澤詩集》所載還更爲完整,絕非"中國重抄重印本",值得我們注意。

能協助我們重現中越文學交流的若干真相,豐富嶺南文學發展史的内涵。我們期待這一大批豐富的中越文學史料,能够得到學界更多的注目,加以妥善運用。

（作者單位：臺灣成功大學中文系）

《嶺南學報》徵稿啓事

　　本刊是人文學科綜合類學術刊物，由香港嶺南大學中文系主辦，上海古籍出版社出版，每年出版兩期。徵稿不拘一格，國學文史哲諸科不限。學報嚴格遵循雙向匿名審稿的制度，以確保刊物的質量水準。學報的英文名爲 *Lingnan Journal of Chinese Studies*。

　　《嶺南學報》曾是中外聞名的雜誌，於 1929 年創辦，1952 年因嶺南大學解散而閉刊。在這二十多年間，學報刊載了陳寅恪、吳宓、楊樹達、王力、容庚等 20 世紀最著名學者的許多重要文章，成爲他們叱咤風雲、引領學術潮流的論壇。

　　嶺南大學中文系復辦《嶺南學報》，旨在繼承發揚先輩嶺南學者的優秀學術傳統，爲 21 世紀中國學的發展作出貢獻。本刊不僅秉承原《嶺南學報》"賞奇析疑"、追求學問的辦刊宗旨，而且充分利用香港中西文化交流的地緣優勢，努力把先輩"賞奇析疑"的論壇拓展爲中外學者切磋學問的平臺。爲此，本刊與杜克大學出版社出版、由北京大學袁行霈教授和本系蔡宗齊教授共同創辦的英文期刊《中國文學與文化》(*Journal of Chinese Literature and Culture*，簡稱 *JCLC*) 結爲姐妹雜誌。本刊不僅刊載來自漢語世界的學術論文，還發表 *JCLC* 所接受英文論文的中文版，力爭做到同步或接近同步刊行。經過這些努力，本刊冀求不久能成爲展現全球主流中國學研究成果的知名期刊。

　　徵稿具體事項如下：

　　一、懇切歡迎學界同道來稿。本刊發表中文稿件，通常一萬五千字左右。較長篇幅的稿件亦會考慮發表。

　　二、本刊將開闢"青年學者研究成果"專欄，歡迎青年學者踴躍投稿。

　　三、本刊不接受已經發表的稿件，本刊所發論文，重視原創，若涉及知識産權諸問題,應由作者本人負責。

四、來稿請使用繁體字,並提供 Word 和 PDF 兩種文檔。

五、本刊採用規範的匿名評審制度,聘請相關領域之資深專家進行評審。來稿是否採用,會在兩個月之内作出答覆。

六、來稿請注明作者中英文姓名、工作單位,並附通信和電郵地址。來稿刊出之後,即付予稿酬及樣刊。

七、來稿請用電郵附件形式發送至:Ljcs@ ln. edu. hk。

編輯部地址: 香港新界屯門　嶺南大學中文系（電話:［852］2616 - 7881）

撰 稿 格 式

一、文稿包括三部分：本文、中文提要及不超過 6 個的關鍵詞。

二、請提供繁體字文本，自左至右橫排。正文、注釋使用宋體字，獨立引文使用仿宋體字，全文 1.5 倍行距。

三、獨立引文每行向右移入二格，上下各空一行。

四、請用新式標點。引號用""，書名、報刊名用《》，論文名及篇名亦用《》。書名與篇（章、卷）名連用時，用間隔號表示分界，例如：《史記・孔子世家》。

五、注釋請一律用脚注，每面重新編號。注號使用帶圈字符格式，如①、②、③等。

六、如引用非排印本古籍，須注明朝代、版本。

七、各章節使用序號，依一、（一）、1.、（1）等順序表示，文中舉例的數字標號統一用（1）、（2）、（3）等。

八、引用專書或論文，請依下列格式：

（一）專書和專書章節

甲．一般圖書

1. 楊伯峻：《春秋左傳注》，北京：中華書局 1990 年修訂版，第 60 頁。

2. 蔣寅：《王夫之詩學的學理依據》，《清代詩學史》第一卷，北京：中國社會科學出版社 2012 年版，第 416—419 頁。

乙．非排印本古籍

1.《韓詩外傳》，清乾隆五十六年（1791）金谿王氏刊《增訂漢魏叢書》

本,卷八,第四頁下。

2.《玉臺新詠》,明崇禎三年(1630)寒山趙均小宛堂覆宋陳玉父刻本,卷第六,第四頁(總頁 12)。

(二) 文集論文

1. 裘錫圭:《以郭店〈老子〉爲例談談古文字》,載於《中國哲學》(郭店簡與儒學研究專輯)第二十一輯,瀋陽: 遼寧教育出版社 2000 年版,第 180—188 頁。

2. 余嘉錫:《宋江三十六人考實》,載於《余嘉錫論學雜著》,北京: 中華書局 1963 年版,第 386—388 頁。

3. Ray Jackendoff, "A Comparison of Rhythmic Structures in Music and Language", in *Rhythm and Meter*, eds. Paul Kiparsky and Gilbert Youmans (San Diego, California: Academic Press, 1998), pp. 15 – 44.

(三) 期刊論文

1. 李方桂:《上古音研究》,載於《清華學報》新九卷一、二合刊(1971年),第 43—48 頁。

2. 陳寅恪:《梁譯大乘起信論僞智愷序中之真史料》,載於《燕京學報》第三十五期(1948 年 12 月),第 95—99 頁。

3. Patrick Hanan, "The Chinese Vernacular Story", *The Journal of Asian Studies* 40.4 (Aug. 1981): pp. 764 – 765.

(四) 學位論文

1. 吕亭淵:《魏晉南北朝文論之物感説》,北京: 北京大學學位論文,2013 年,第 65 頁。

2. Hwang Ming-chorng, "Ming-tang: Cosmology, Political Order and Monument in Early China" (Ph. D. diss. , Harvard University, 1996), p. 20.

(五) 再次徵引

再次徵引時可僅出列文獻名稱及相關頁碼信息,如:

注①　楊伯峻譯注:《論語譯注》,第 13 頁。

九、注解名詞,注脚號請置於名詞之後;注解整句,則應置於句末標點符號之前;若獨立引文,則應置於標點符號之後。

十、英文提要限 350 個單詞之內,中英文提要後附關鍵詞,一般不超過6 個。

十一、標題及署名格式舉例如下（中英文提要亦按同樣格式署名）：

南北朝詩人用韻考

王　力

北京大學中國語言文學系教授